高等职业院校汽车类技能型人才培养"十三五"规划教材

汽车电子控制技术

主　编　敬　东
副主编　周安华　陈　翠　廖杨萌

西南交通大学出版社
·成　都·

图书在版编目（CIP）数据

汽车电子控制技术 / 敬东主编. —成都：西南交通大学出版社，2016.11
高等职业院校汽车类技能型人才培养"十三五"规划教材
ISBN 978-7-5643-5096-3

Ⅰ.①汽… Ⅱ.①敬… Ⅲ.①汽车－电子控制－高等职业教育－教材 Ⅳ.①U463.602.7

中国版本图书馆 CIP 数据核字（2016）第 261254 号

高等职业院校汽车类技能型人才培养"十三五"规划教材

汽车电子控制技术

主编　敬　东

责 任 编 辑	穆　丰
封 面 设 计	何东琳设计工作室
出 版 发 行	西南交通大学出版社 （四川省成都市二环路北一段 111 号 西南交通大学创新大厦 21 楼）
发 行 部 电 话	028-87600564　028-87600533
邮 政 编 码	610031
网　　　　址	http://www.xnjdcbs.com
印　　　　刷	四川森林印务有限责任公司
成 品 尺 寸	185 mm × 260 mm
印　　　　张	20.75
字　　　　数	517 千
版　　　　次	2016 年 11 月第 1 版
印　　　　次	2016 年 11 月第 1 次
书　　　　号	ISBN 978-7-5643-5096-3
定　　　　价	46.00 元

课件咨询电话：028-87600533

前　言

随着汽车智能化技术日新月异，电子控制系统在汽车上应用越来越广泛，从发动机、汽车底盘、行驶安全系统到车身、附属装置的各个方面，汽车技术普遍趋向电子化。针对目前汽车从业人员电控技术仍然薄弱的现状，进一步加大汽车电控技术职业教育力度已迫在眉睫。

高职高专承担着汽车行业技术技能型人才培养培训工作的主要任务。为深入贯彻国务院《关于大力推进职业教育改革与发展的决定》以及教育部等六部委《关于实施职业院校制造业和现代服务业技能型紧缺人才培养培训工程的通知》精神，我们组织编写了本教材以适应全国各类院校的教学需要。

本书以汽车行业技能型人才培养为目标，在介绍汽车电子控制系统的结构与原理时，注重理论与实际的紧密结合；在介绍检测与诊断方法时，注重其实践性和应用性。本书全面、系统地阐述了现代汽车电子控制系统的组成、结构原理以及检测与诊断方法。全书共 10 个项目，主要内容包括汽车电子控制技术概述，汽油机电控燃油喷射系统，发动机点火控制系统，排气净化与排放控制系统，柴油机电控系统，汽车防滑及稳定控制系统，汽车电控自动变速（ECTCVT）技术，汽车行驶与安全控制系统，汽车电控悬架（EMS）技术，车载网络技术。

本书全面、系统地阐述了汽车电子控制技术在现代汽车上的应用情况。在简要介绍汽车电子控制系统的基本组成和发展趋势之后，本书着重论述了发动机、底盘、车身电子控制系统的结构组成、工作原理等知识，对汽车电子控制系统检测诊断等内容也作了相应的介绍。

本教材项目 1 和项目 10 由重庆机电职业技术学院周安华老师编写，项目 2 和项目 3 由陈翠老师编写，项目 4 和项目 5 由廖杨萌老师编写，项目 6、项目 7、项目 8、项目 9 由敬东老师负责编写。全书由敬东担任主编，周安华、陈翠、廖杨萌担任副主编。在本书编写过程中，王新、孙永科等专家和老师给予了大力支持和无私帮助，在此谨表谢意。

本书的编写参考了大量的资料和文献，在此向原作者表示诚挚的谢意。

由于时间仓促，加上水平有限，书中难免有疏漏和不足之处，恳请各位读者和业内专家批评指正。

编　者
2016 年 5 月

目　录

项目 1　汽车电子控制技术概述

【学习目标】

（1）了解汽车电子控制技术的现状与发展。

（2）熟悉汽车电控技术的组成、分类。

汽车电子控制技术简称汽车电控技术，是指以电器技术、微电子技术、液压传动技术、新材料和新工艺技术为基础，以解决汽车能源紧缺、环境保护和交通安全等社会问题为目的，旨在提高汽车整车性能（包括动力性、经济性、排放性、安全性、舒适性、操纵性、通过性等）的新技术。

2009 年 10 月 20 日，我国首次年产第 1 000 万辆汽车下线。2011 年 1 月 10 日，中国汽车工业协会发布 2010 年汽车产销数据：“国内汽车产销双双超过 1800 万辆，创全球历史新高，再次蝉联全球第一”。这些数据标志着我国已经成为世界最大的汽车生产国和最大的汽车消费市场，同时也彰显了汽车产业对国民经济的支柱作用。因此，研究汽车电控技术是每一位与汽车技术有关人员必然面临的课题。

任务 1.1　汽车电控技术发展历程

1.1.1　汽车电控技术发展历程

随着电子技术和信息技术的迅猛发展，传统汽车机械系统与电子技术、信息技术不断融合，汽车产品的电子化、网络化和智能化水平不断提高。汽车电子装置的装备数量和成本不断增加，有的汽车电子装置占整车造价的 1/3，高级轿车有的装有几十个微控制器、上百个传感器。电子化的程度已成为衡量汽车技术水平的主要标志之一。

汽车电子技术主要包括硬件和软件方面的内容：硬件包括微机及其接口、执行部件、传感器等；软件主要是以汇编语言及其他高级语言编制的各种数据采集、计算判断、报警、程控、优化控制、监控、自诊断系统等程序。

微控制器（MCU）是整个系统的核心，负责指挥其他设备工作。目前汽车上用的 MCU 以通用单片机和高抗干扰及耐振的汽车专用微处理器为主，其速度和精度要求不像计算用微机高，但抗干扰性能较强，能适应汽车振动大等恶劣的工作环境。有的由单机控制向集中控制发展，而汽车集中控制也由原来的多个微控制器通信向网络化管理过渡。

汽车控制技术的发展经历了机械控制或液压—机械控制、电子电路（即分立电子元件电路与集成电路）控制、微型计算机（即模拟计算机和数字计算机）控制和车载局域网控制等过程。

汽车电子控制技术的发展过程，大致可分为电子电路控制、微型计算机控制和车载局域网控制三个阶段。

第一阶段（1953—1975年）：模拟电子电路控制阶段，即采用分立电子元件或集成电路组成电子控制器进行控制。汽车电子设备主要采用分立电子元件组成电子控制器，从而揭开了汽车电子时代的序幕。主要产品有二极管整流式交流发电机、电子式电压调节器、电子式点火控制器、电子式闪光器、电子式间歇刮水控制器、晶体管收音机、数字时钟等。

第二阶段（1976—1999年）：微型计算机控制阶段，即采用模拟计算机或数字计算机进行控制，控制技术向智能化方向发展。汽车电子设备普遍采用8位、16位或32位字长的微处理器进行控制，主要开发研制专用的独立控制系统和综合控制系统。主要产品有微机控制发动机点火系统、电子控制发动机燃油喷射系统、发动机燃油喷射与点火综合控制系统、发动机空燃比反馈控制系统、巡航控制系统、电子控制自动变速系统、防抱死制动系统、牵引力控制系统、四轮转向控制系统、车身高度自动调节系统、轮胎气压控制系统、安全气囊系统、座椅安全带收紧系统、自动防追尾碰撞系统、前照灯光束自动控制系统、超速报警系统、车辆防盗系统、电子控制门锁系统、自动除霜系统、通信与导航协调系统、安全驾驶监测与警告系统和故障自诊断系统等。

第三阶段（2001年至今）：车载局域网控制阶段，即采用车载局域网（LAN，Local Area Network）对汽车电器与电子控制系统进行控制。国内外中高档轿车目前都已开始采用车载局域网LAN技术。采用LAN技术的国外轿车有奔驰、宝马、大众、保时捷、美洲豹、劳斯莱斯等系列汽车。例如，在BMW AG（宝马公司）2004年新推出的BMW 7系列轿车上，就装备了70多个微处理器（电控单元），利用8种车载局域网分别按这些电控单元的作用连接起来。其中，连接多媒体装置的网络就选用了多媒体定向系统传输网（MOST，Media Oriented System Transport）。MOST协议是21世纪车载多媒体设备不可缺少的高速网络协议。国内采用LAN技术的有一汽奥迪A6L、宝来、上海帕萨特B5、波罗、广州本田、东风雪铁龙等轿车。电子控制器网络化的多路集中控制系统不仅是汽车电器线束分布方式和电子控制系统控制技术的发展方向，而且也是火车、船舶、机器人、机械制造、医疗器械以及电力自动化等领域控制技术的发展方向。

1.1.2　汽车电控技术的优势

由于电子技术、计算机技术和信息技术等新技术的发展和应用，汽车电子控制在控制的精度、范围、适应性和智能化等多方面有了较大发展，实现了汽车的全面优化运行。因此，在降低排放污染、减少燃油消耗、提高安全性和舒适性等方面，电子控制汽车有着明显的优势。

1. 减少汽车修复时间

据统计，目前汽车电气设备的故障约占汽车总故障的1/3。主要原因是因为汽车构造比较复杂，零部件比较多，工作环境不可控制（如道路条件，环境的温、湿度），再加上人为的因素，所以汽车的可靠性差，无故障间隔时间短；而随着电气设备在汽车零部件中比例的增加，电气设备的故障率还会提高。由于电子控制汽车均装有自诊断系统，提高了故障诊断的速度和准确性，从而缩短了汽车的修复时间，带来很好的社会效益和经济效益。

2. 节 油

汽车发动机采用电子综合优化控制，与传统的化油器式发动机相比，可以节约燃油消耗 10% ~ 15%。汽车是一个较复杂的多参数控制的机械，而且行驶条件随机变化。对其采用优化控制后，计算机可以对控制对象的有关参数（如温度、气体压力、转速、排气成分）进行适当采样，然后进行数据处理，最终控制汽车的执行机构，这样便可使汽车在最佳工况下工作，以达到节油目的。发动机各部件的优化控制主要有：电子控制点火装置、电子控制汽油喷射和混合气浓度控制装置等，此外还有发动机闭缸控制节油装置、怠速控制、废气再循环控制和爆震控制等优化控制。

3. 减少空气污染

用传感器控制的发动机空燃比闭环控制系统，可以保证实际空燃比处于理论空燃比附近工作。若加装废气再循环和三元催化净化等装置，不但可以节约燃油，而且废气中碳氢化合物（HC）的体积分数可降低 40%，氮氧化合物（NO_x）的体积分数可降低 60% 左右。

4. 减少交通事故

电子技术在汽车安全方面得到应用后，使整车的安全性能提高。交通事故主要由人的主观因素和客观因素所造成。减少人的主观因素造成事故的电子装置有：防止酒后驾车和驾驶员瞌睡的电子装置、检查人的心理状态和反应时间的电子装置等。减少由于客观原因造成事故的电子装置有：电子控制防滑装置、智能驾驶信息系统、汽车主要参数报警装置和安全气囊等。

5. 提高乘坐舒适性

汽车的舒适性包括平顺性、噪声控制、空气温度和湿度调节以及居住性等。通常所说的乘坐舒适性，主要是指乘客对振动的适应程度。振动主要由路面、轮胎、发动机和传动系通过不同途径传递到人体，其振动的幅度和频率对人体影响较大。采用电子技术后，可以根据汽车的运行情况和路况适时控制减振器的阻尼等参数，从而提高乘坐舒适性。车内温度、湿度、灯光等，可根据环境条件及人的要求自动控制在合适的程度。

目前，发达国家的轿车电子产品应用已占车价的 25% 以上，随着量子力学的重大发现和纳米技术的推广应用，还将进一步推进汽车技术的发展。预计高级轿车在近 10 年内电子器件成本将达到轿车总成本的 40%，其中电子器件消耗的顶峰功率也将由目前的 2 ~ 3 kW 增长到 8 ~ 10 kW。由于汽车电器设备的广泛应用，按 8 kW 计算，14 V 的汽油车电器系统（蓄电池 12 V）电流约达 570 A。因此，美、欧等汽车制造商和零部件供应商已在讨论将汽车电器系统由 12/14 V 向 36/42 V 转化，预计 42 V 汽车电器系统的应用已为时不远了。

1.1.3 汽车电控技术现状

作为汽车工业与电子工业的结合，汽车电子产业目前正飞速发展。汽车电子技术不仅推动了汽车工业的发展，同时也极大地促进了电子产品市场的发展。现代汽车电子技术在改善汽车动力性、经济性、安全性、行驶稳定性和乘坐舒适性等方面发挥着不可替代的作用。具体来说，汽车电子技术的应用主要可分为以下五个方面：

1. 动力传动电子控制系统

动力传动电子控制系统主要包括发动机电子控制（包括汽油机和柴油机）、自动变速器控制（ECT，CVT/ECVT等）以及动力传动总成的综合电子控制等。控制系统主要由各种传感器、执行机构和电控单元（ECU）组成。其主要是保证汽车在不同的工况下均能保持在最佳状态下运行，并简化驾驶员的有关操作，从而降低油耗和排放，减小动力传动系统的冲击，减轻驾驶员的劳动强度，提高汽车的动力性、经济性和舒适性。

2. 底盘电子控制系统

底盘电子控制系统包括制动防滑与动态车身控制系统（ABS/ASR，ESP/VDC）、牵引力控制系统、悬架及车高控制系统、轮胎监测系统（TPMS）、巡航控制系统（CCS）、转向控制系统（4WS）、驱动控制系统（4WD）等，主要用于提高汽车的安全性、舒适性和动力性等。

近些年来，这类控制系统已在普通轿车上广泛采用。

3. 车身电子控制系统

车身电子装置是在汽车环境下能够独立使用的电子装置，它与汽车本身的性能并无直接关系，以节约能源、改善乘坐舒适性、提高汽车档次以及增加享受型功能等为目的，多属辅助性功能。车身电子控制系统包括电子控制安全带、安全气囊、主动式膝垫、车内气候控制、电子防盗系统、遥控门锁、电动座椅、电动后视镜、电子仪表板、灯光控制、轮胎压力监测、车载防撞雷达控制、自动空调控制、视野照明控制、自动防撞系统等，以及满足不同用电设备的电源管理系统。

4. 车载信息系统

车载信息系统是把IT技术应用到汽车上的产物，与汽车本身的性能无直接关系。它包括汽车信息系统（汽车行驶的自身信息系统、车载通信系统、语音信息系统、上网设备和行车电脑等）、导航系统、汽车音响及电视娱乐系统（数字式收音机、音响、冰箱、电视、CD/DAT）等，具有信息处理、在线故障诊断、通信、导航、防盗、语音识别、图像显示、安全和娱乐等多种功能。

5. 车载故障自诊断系统

汽车控制的电子化也带来了新的问题。一方面，汽车电子控制系统日趋复杂，给汽车维修工作带来了越来越多的困难，因而对汽车维修技术人员的要求也越来越高；另一方面，电子控制系统需要安全容错处理，汽车不能因为电子控制系统自身的突发故障导致汽车失控和不能运行。针对这种情况，汽车电子控制技术设计人员在进行汽车电子控制系统设计的同时，增加了故障自诊断功能模块。它能够在汽车运行过程中不断监测电子控制系统各组成部分的工作情况，如有异常，可根据特定的算法判断出具体的故障，并以代码形式存储下来，同时启动相应故障运行模块功能，使有故障的汽车能够被驾驶到修理厂进行维修，维修人员可以利用汽车故障自诊断功能调出故障码，快速对故障进行定位和修复。因此，从安全性和维修便利的角度来看，汽车电子控制系统都应具备故障自诊断功能。

自 1979 年美国通用汽车公司率先在其汽车电子控制系统中采用故障自诊断功能后，世界上各大汽车厂商纷纷效仿，都在各自生产的电控汽车上配备了故障自诊断功能模块。故障自诊断功能已成为新车出厂和修理厂故障检测不可缺少的重要手段。经过几十年的发展，故障自诊断模块不仅能够解决汽车电子控制系统的安全性问题和存储记忆汽车故障，还能够实时提供汽车的各种运行参数。

1.1.4 汽车电子控制系统的发展趋势

目前，随着人们对汽车的安全、环保、舒适、娱乐等要求的不断提高，汽车电子技术在功能多样化、系统集成化、体积微型化、系统网络化等方面不断取得新的突破。如发动机电子控制系统由 20 多个子系统组成，体现了功能多样化；ABS/ARS 一体化、ABS /ASR /VDC 集成化系统，体现了系统集成化；在硬件上共用传感器、控制元件、线路，减少了元器件数量和连接点数目，提高了可靠性；在软件上实现了信息融合、集中控制，提高了控制的可靠性和实时性。

电子元器件的多功能、微型化、智能化带来了汽车电子控制系统的微型化。汽车上已经开始越来越多地使用 CAN，LIN 等总线技术，进入了系统网络化时代。

未来汽车电子技术将在以下方面取得突破：

1. 传感器技术

车用传感器是促进汽车向高档化、电子化、自动化发展的关键技术之一，随着汽车电子化的发展，自动化程度越高，对传感器的依赖程度也就越大。随着传感器多样化和使用数量的增加，使得传感器朝着多功能化、集成化、智能化和微型化方向发展。这些将使未来的智能化集成传感器不仅能提供用于模拟和处理的信号，而且还能对信号进行放大等处理；同时，它还能自动进行时漂、温漂和非线性的自校正，具有较强的抵抗外部电磁干扰的能力，保证传感器信号的质量不受影响，即使在特别严酷的使用环境下仍能保持较高的精度；另外，它还具有结构紧凑、安装方便等优点，从而免受机械特性的影响。

2. 微处理器技术

微处理器是整个系统的核心，负责指挥其他设备工作。随着汽车电子控制日趋集中化，ECU 需要处理的信息量不断增加，因此 16 位和 32 位 ECU 将成为未来汽车用 ECU 的首选，预计在今后几年内需求量将增加 50%以上，并逐步成为车用 ECU 的主流，开发出具有多路同步实时控制、自带 A/D 与 D/A、自我诊断、高输入/输出等功能的汽车专用 ECU 系统也具有很大的现实意义。

3. 软件新技术

随着汽车电子技术应用的推广，对有关控制软件的需求也将会增加，并可能进一步要求联网功能。因此，要求设计多种类型软件，并开发出通用的高级语言，以满足汽车多种硬件设备的要求。

轿车上多通道传输网络将大大依赖于软件，软件总数的增加及其功能的提高将能使计算机完成越来越复杂的任务。

4. 执行器

目前，汽车上所使用的执行器主要有电磁式、电动式和气动/液动式。电磁和电动式的执行器都是以电为动力的操作机构，具有体积小、质量轻、响应速度快、能耗低等特点，但与气动液动式执行器相比，其输出驱动能力则不足，无法满足未来汽车控制领域大驱动输出的需要。

但是，随着新材料、新工艺、新机构设计的采用，尤其是在未来汽车普遍更换 42 V 新型电源系统之后。其输出驱动能力将大幅度提升，完全可以取代传统的气动/液动系统。

5. 控制策略

除了经典的 PID 控制方法外，随着控制技术的不断发展，一些新的控制方法将更多地应用于汽车的控制系统中。如最优控制理论在汽车悬架系统中的应用，滑模控制在 ABS 控制中的应用，模糊控制在自动变速器控制中的应用，人工神经网络在四轮转向控制中的应用，等等。

此外，未来汽车控制系统的另一个发展方向是将多种功能集成在一起，从而实现更经济、更有效以及可诊断的数据中心。例如，将发动机管理系统和自动变速器控制系统集成为动力传动系统的综合控制（PCM）；将制动防抱死控制系统（ABS）、牵引力控制系统（TCS）和驱动防滑控制系统（ASR）综合在一起进行制动控制；通过中央底盘控制器，将制动、悬架、转向、动力传动等控制系统通过总线进行连接，控制器通过复杂的控制运算，对各子系统进行协调，将车辆行驶性能控制到最佳水平，形成一体化底盘控制系统（UCC）。2015 年每辆汽车上的电子控制单元数量减少到 10 ~ 15 个。相信随着所有这些控制方法在汽车上的成功应用，将极大地改善汽车控制系统的控制质量精度，提高汽车的使用性能。

6. 新型 42 V 供电电源

随着汽车的电子装置越来越多，消耗的电能也逐步增加。现有的 12 V 动力电源，已满足不了汽车上所有电气系统的需要。今后将采用集成起动机/发电机 42 V 供电系统，发电机最大输出功率将会由目前的 1 kW 提高到 8 kW 左右，发电效率将达到 80% 以上。汽车电压升级，除了能减小线束截面积和电机体积外，还可终结目前汽车上使用的机械式继电器，进入固体开关模式，采用电子模块代替目前的分立元件。

7. 车载网络技术

随着汽车上电子电器装置数量的急剧增多，汽车电子技术的功能日益强大、系统日益复杂化。为了进一步提高行驶的经济性，车载电子设备间的数据通信变得越来越重要。为了减少连接导线的数量和减轻其质量，网络、总线技术在此期间有了很大的发展。通信线将各种汽车电子装置连接成为一个网络，通过数据总线发送和接收信息。电子装置除了独立完成各自的控制功能外，还可以为其他控制装置提供数据服务。由于使用了网络化的设计，简化了布线，减少了电气节点的数量和导线的用量，使装配工作更为简化，同时也增加了信息传送的可靠性。

通过数据总线可以访问任何一个电子控制装置，读取故障码以对其进行故障诊断，使整车维修工作变得更为简单。

8. 安全技术

未来汽车安全领域电子控制主要有以下几个方向。

（1）利用雷达技术和车载摄像技术开发各种自动避撞系统。

（2）利用近红外技术开发各种能监测驾驶员行为的安全系统。

（3）高性能的轮胎综合监测系统。

（4）自适应自动驾驶系统。

（5）驾驶员身份识别系统。

（6）安全气囊和 ABS/ASR，以及车身动态控制系统将更加完善。

9. 多媒体娱乐与智能通信系统

随着第 4 代移动通信技术和计算机网络技术的不断发展，未来汽车正朝着移动办公室、家庭影院方向发展，为驾驶员和乘客提供行进中的实时通信和娱乐信息，并把汽车和道路及其他远程服务系统结合起来，构建未来的智能交通系统（ITS）。具体功能有：

（1）提供丰富的多媒体设施环境，利用 GPS，GSM 网络实现导航、行车指南、无线因特网以及汽车与家庭等外部环境的互动。

（2）具备远程汽车诊断功能，紧急时能够引导救援服务机构赶到故障或事故地点。

10. 光导纤维在汽车信号传输中的应用

汽车电子技术的进步已使各系统控制走向集中，形成整车控制系统。这一系统除了中心计算机外，甚至包括多达几十个微处理器以及大量传感器和执行部件，组成一个庞大而复杂的信息交换与控制系统，车用计算机的容量要求已与现代 PC 机不相上下，计算速度则要求更高。由于汽车用计算机控制系统的数量日益增多，采用高速数据传输网络日益显得必要。光导纤维可为此传输网络提供传输介质，以解决电子控制系统防电磁干扰的问题。随着光导纤维成本的不断降低，其应用也将降低汽车有关方面的成本。

任务 1.2　汽车电控技术的组成、分类

汽车电控系统是汽车电子控制系统的简称，是指由传感器、电控单元和执行元件组成的、能够提高整车性能的机电一体化控制系统。

汽车电控系统的主要功能是提高汽车的整体性能，包括动力性、经济性、排放性、安全性、舒适性、操纵性与通过性等。

1.2.1　汽车电控系统的基本组成

在同一辆汽车上，配装有若干个电子控制系统。每一个电子控制系统，都能实现不同的控制功能。汽车车型不同、档次不同，采用的电子控制系统也不尽相同。但是，汽车上每一个电子控制系统的基本结构都是由传感器（传感元件）与开关信号、电控单元（ECU）和执行器（执行元件）三部分组成，如图1.1所示，这是汽车电子控制系统的共同特点。

图 1.1　汽车电控系统的基本组成

1. 传感器

传感器是将各种非电量（物理量、化学量、生物量等）按一定规律转换成便于传输和处理的另一种物理量（一般为电量）的装置。

传感器相当于人的眼、耳、鼻、口、舌。在汽车电子控制系统中，传感器的功用是将汽车各部件运行的状态参数（各种非电量信号）转换成电量信号并输送到各种电控单元。

车用传感器安装在汽车上的不同部位。汽车型号和档次不同，装备传感器的多少也不相同。有的汽车只有几只传感器，有的汽车装备有50多只传感器。一般来说，汽车装备传感器越多，则其档次就越高。

按检测项目不同，汽车电子控制系统采用的传感器可分为以下几种类型。

（1）流量传感器。如发动机燃油喷射系统采用的翼片式、量芯式、涡流式、热丝式与热膜式空气流量传感器等。

（2）位置传感器。如发动机燃油喷射和微机控制点火系统采用的曲轴位置传感器（又称为发动机转速与曲轴转角传感器）、凸轮轴位置传感器、节气门位置传感器，电子调节悬架系统采用的车身位置（又称为车身高度）传感器，信息显示系统和液面监控系统采用的各种液面位置（或高度）传感器，自动变速系统采用的选挡操纵手柄位置传感器，巡航控制系统采用的节气门拉线位置传感器，电子控制动力转向系统采用的转向盘转角传感器等。

（3）压力传感器。如发动机控制系统采用的进气歧管压力传感器、大气压力传感器、排气压力传感器、汽缸压力传感器，自动变速系统采用的燃油压力传感器，发动机爆震控制系统采用的爆震传感器等。

（4）温度传感器。如发动机冷却液温度传感器、进气温度传感器、排气温度传感器、燃油温度传感器，自动变速系统采用的自动传动液温度传感器，空调控制系统采用的车内温度传感器等。

（5）浓度传感器。如发动机控制系统采用的氧传感器、安全控制系统采用的酒精浓度传感器等。

（6）速度传感器。如防抱死制动系统采用的车轮速度传感器、车身纵向和横向加（减）

速度传感器，发动机控制系统采用的转速传感器，发动机、自动变速以及巡航控制系统采用的车速传感器，变速器输入轴转速传感器以及输出轴转速传感器等。

（7）碰撞传感器。如辅助防护系统采用的滚球式、滚轴式、偏心锤式、压电式和水银式碰撞传感器等。

2. 电控单元（ECU）

汽车电子控制单元简称电控单元，又称为汽车电子控制器或汽车电子控制组件，俗称"汽车电脑"。

电控单元是以单片微型计算机（即单片机）为核心所组成的电子控制装置，具有强大的数学运算、逻辑判断、数据处理与数据管理等功能。

电控单元是汽车电子控制系统的控制中心，其主要功用是分析处理传感器采集的各种信息，并向受控装置（即执行器或执行元件）发出控制指令。

3. 执行器

执行器又称为执行元件，是电子控制系统的执行机构。执行器的功用是接受电控单元（ECU）发出的指令，完成具体的执行动作。

汽车电控系统不同，采用执行器的数量和种类也不相同。发动机燃油喷射系统的执行器有电动燃油泵和电磁喷油器；发动机怠速控制系统的执行器是怠速控制阀；燃油蒸气回收系统的执行器是活性炭罐电磁阀；微机控制点火系统的执行器有点火控制器和点火线圈；防抱死制动系统的执行器有两位两通电磁阀或三位三通电磁阀、制动液回液泵电动机；安全气囊系统的执行器是气囊点火器；座椅安全带收紧系统的执行器是收紧器点火器；自动变速系统的执行器有自动传动液液压油泵、换挡电磁阀和锁止电磁阀；汽车巡航控制系统的执行器有巡航控制电动机或巡航控制电磁阀等。

1.2.2 汽车电控的分类

汽车电控系统种类繁多、形式各异，分类方法也不相同。一般可按控制系统的控制目标和控制对象进行分类。

1. 按控制目标分类

根据控制目标不同，汽车电控系统可分为动力性、经济性与排放性、安全性、舒适性、操纵性和通过性控制系统等六种类型，主要控制项目和控制功能如表 1.1 所示。其中，经济性与排放性控制系统具有双重功能，既能降低燃油消耗量，又能减小有害物质的排放量。

2. 按控制对象分类

根据控制对象不同，汽车电控系统可分为发动机电子控制系统、底盘电子控制系统和车身电子控制系统三大类。

表 1.1　汽车电控系统的控制目标与控制项目

类型	控制目标	系统名称	主要控制项目
汽车电子控制系统	动力性	发动机燃油喷射系统（EFI）	喷油时刻（喷油提前角）；喷油量（喷油持续时间）；喷油顺序；喷油器；燃油泵
		微机控制点火系统（MCI）	点火时刻（点火提前角）；点火导通角
		爆震控制系统（EDCS）	点火提前角
		怠速控制系统（ISCS）	发动机输出转矩；液力变矩器锁止时机
		发动机进气控制系统（IACS）	切换进气通路提高充气效率；可变气门定时
		涡轮增压控制系统（ETC）	泄压阀控制；废气涡轮增压器控制
		控制器局域网（CAN）	发动机电控单元（EEC）、自动变速电控单元（ECT ECU）、防抱死制动电控单元（ABS ECU）等
	经济性与排放性	空燃比反馈控制系统（AFC）	空燃比
		断油控制系统（SFIS）	超速断油；减速断油；清除溢流
		电控废气再循环系统（EGR）	排气再循环率
		燃油蒸气回收系统（FECS）	活性炭罐电磁阀控制
	安全性	防抱死制动系统（ABS）	车轮滑移率；车轮制动力
		电子控制制动力分配系统（EBD）	车轮制动力
		电子控制制动辅助系统（EBA）	车轮制动力
		车身稳定性控制系统（VSC）	车轮制动力；车身偏转角度
		驱动轮防滑转调节系统（ASR）	发动机输出转矩；驱动轮制动力；防滑转差速器锁止程度
		安全气囊控制系统（SRS）	气囊点火器点火时机；系统故障报警控制
		座椅安全带收紧系统（SRTS）	安全带收紧器点火时机
		雷达车距报警系统（RPW）	车辆距离；报警；制动
		前照灯光束控制系统（HBAC）	焦距；光线角度

续表 1.1

类型	控制目标	系统名称	主要控制项目
汽车电子控制系统	安全性	安全驾驶监控系统	驾驶时间；转向盘状态；驾驶员脑电图、体温和心率
		防盗报警系统（GATA）	报警；遥控门锁；数字密码点火开关；数字编码门锁；转向盘自锁
		电子仪表系统	汽车状态信息显示与报警
		故障自诊断测试系统（OBD）	故障报警；故障代码存储；部件失效保护；故障应急运行
	舒适性	电子调节悬架系统（EMS）	车身高度；悬架刚度；悬架阻力；车身姿态（点头、侧倾、俯仰）
		座椅位置调节系统（SAMS）	向前、向后方向控制；向上、向下高低控制
		自动空调系统（AHVC）	通风；制冷；取暖
		CD 音响、DVD 播放机	娱乐欣赏
		信息显示系统（IDS）	交通信息；电子地图
		车载电话	通信联络
		车载计算机（OBC）	车内办公
	操纵性	电子控制动力转向系统（EPS）	助力油压、气压或电动机电流控制
		巡航控制系统（CCS）	恒定车速设定；安全（解除巡航状态）
		中央门锁控制系统（CLCS）	门锁遥控；门锁自锁；玻璃升降
	通过性	驱动防滑控制系统（ASR）	发动机输出转矩；驱动轮制动力；防滑转差速器锁止程度
		中央轮胎充放气系统（CTIS）	轮胎气压
		自动驱动管理系统（ADM）	驱动轮驱动力控制
		差速器锁止控制系统（VDLS）	防滑转差速器锁止程度控制

实训　发动机电子控制系统总体结构认识

1. 实训目的

（1）了解发动机电子控制系统总体组成。

（2）区分与识别发动机电子控制系统的主要传感器和执行器。

（3）了解发动机电子控制系统的工作原理。

（4）了解实习用发动机电控单元的型号及对其编码的识别。

2. 实训设备、器材及工量具

常用工具 1 套，丰田车系或大众车系发动机试验台架若干台，动态或静态解剖发动机台架一台，丰田车系整车一辆。

3. 实训原理

电喷汽车的发动机控制，是由发动机电子控制系统（Engine Electronic Control System，EECS 或 EEC）来完成的，其主要功能是控制空燃比、喷油时刻与点火时刻。除此之外，还控制发动机的冷热车启动、怠速转速、最大转速、废气再循环（EGR）、二次空气喷射、爆震、电动燃油泵、故障自诊断以及给其他电控系统发送状态信号等功能。其工作性质是采集发动机各部位的工况信号，根据采集到的信号计算确定最佳喷油量、最佳喷油时刻和最佳点火时刻。发动机电子控制系统由传感器、电控单元和执行器三部分组成。传感器是一种信号检测与转换装置，安装在发动机的各个部位，其功能是：检测发动机运行状态的各种电量参数、物理量和化学量等，并将这些参量转换成计算机能够识别的电量信号输入电控单元。电子控制单元（Electronic Control Unit，ECU）又称为电子控制器，俗称电脑，简称 ECU，是发动机电子控制系统的核心部件，其功能是：根据各种传感器和控制开关输入的信号参数，对喷油量、喷油时刻和点火时刻等进行实时控制。执行器是控制系统的执行机构，其功能是：接受电控单元的控制指令，完成具体的控制动作，从而使发动机处于最佳的运行状态。如图 1.2 所示是发动机电控系统原理图，如图 1.3 所示为捷达发动机控制系统的主要组成部件。

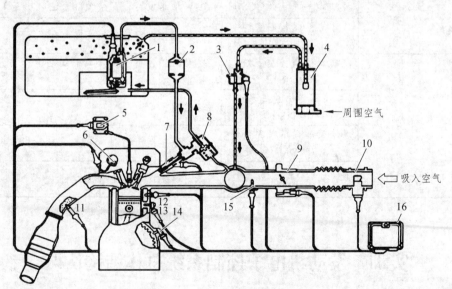

图 1.2　发动机电控系统原理图

1—电动燃油泵；2—燃油滤清器；3—活性炭罐电磁阀；4—活性炭罐；5—带输出驱动级的点火线圈；
6—凸轮轴位置传感器；7—喷油器；8—燃油压力调节器；9—节气门控制组件；10—空气流量计；
11—氧传感器；12—冷却液温度传感器；13—爆震传感器；14—曲轴位置传感器；
15—进气温度传感器；16—发动机控制单元

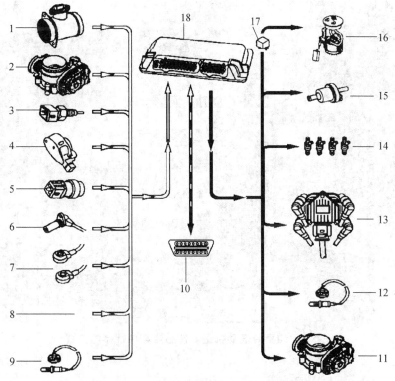

图 1.3 发动机控制系统的主要组成部件

1—空气流量计；2—节气门体/节气门位置传感器/怠速开关；3—进气温度传感器；4—霍尔传感器；5—冷却液温度传感器；
6—曲轴位置传感器；7—爆震传感器（No-1/No-2）；8—辅助信号：车速信号 RSS/空调开关信号 STA；
9—氧传感器；10—故障诊断通信接口（TDCL）；11—怠速控制电动机；12—氧传感器加热器；
13—电火控制器与点火线圈；14—喷油器；15—活性炭罐电磁阀；
16—电子油泵；17—油泵继电器；18—控制单元（ECU）

4. 实训步骤及操作要点

（1）讲解

由实验指导教师按照 LEXUS LS400 发动机或者帕萨特 1.8T 发动机台架上的实物讲解电子控制系统的总体组成。包括传感器、执行器、电控单元、燃油系统、炭罐系统、爆震和反馈控制等。讲解顺序：传感器——从进气（空气流量计）开始，到排放（氧传感器）结束；执行器——从电子油泵开始，到节气门控制器结束；电控单元——ECU 和防盗控制器。

传感器讲解顺序：空气流量计→节气门定位计→进气温度传感器→霍尔传感器→冷却液温度传感器→曲轴位置传感器→爆震传感器→辅助信号（车速信号和空调开关信号）。

执行器讲解顺序：电子油泵→炭罐电磁阀→喷油器→辅助控制（氧传感器加热器、空调电磁离合器等）→节气门控制组件（怠速控制阀）。

（2）演示

由实验指导教师启动 LEXUS LS400 发动机或者帕萨特 1.8T 发动机实验台，结合实物（如图 1.4），让学生现场观察各传感器与执行器的工作情况。

图 1.4　帕萨特发动机主要传感器与执行器的位置

1. 填空题

（1）从传统意义讲，汽车由_____、_____、_____、和_____四部分组成。

（2）电子信息技术的发展推动了汽车技术向_____与_____方向迈进。

（3）汽车电子控制技术是_____与_____结合的产物。

（4）现代汽车电子控制技术的控制方式有_____和_____两种。

（5）汽车上任何电子控制系统都是由_____、_____和_____三部分组成。

（6）随着_____系统、_____网控制和_____技术的成熟，使汽车电子控制系统的集成化成为汽车技术发展的必然趋势。

（7）_____技术和_____技术的发展，加快了汽车智能化进程。

（8）电控单元是汽车电子控制系统的_____，其主要功用_____信息，并向执行元件发出_____。

2. 判断题

（1）微机处理机的出现给汽车仪表带来了革命性的变化。（　　　）

（2）随着嵌入式系统、局域网控制和数据总线技术的成熟，使汽车电子控制系统的智能化成为汽车技术发展的必然趋势。（　　　）

（3）智能传感器是一种带微型计算机，兼有检测、判断、信息处理等功能的传感器。（　　）

（4）功能材料是发展传感器技术的另一重要基础。（　　）

（5）传感器是将各种电量（电流或电压）按一定规律转换成便于传输和处理的另一种物理量的装置。（　　）

（6）汽车电子化越发达，自动化程度越高，对传感器依赖性就越大。（　　）

（7）随着电控器件在汽车上越来越多应用，车载电子设备间的导线连接变得越来越重要。（　　）

3. 思考题

（1）汽车电子控制技术能够提高汽车哪些性能？

（2）按控制目标不同，汽车电子控制系统可以分为哪些类型？

（3）汽车电子控制技术发展的必然趋势是什么？

（4）汽车电子控制系统采用的传感器和执行器分别有哪些？

项目 2　汽油机电控燃油喷射系统

【学习目标】

（1）掌握电控燃油喷射系统的分类、特点。
（2）掌握电控燃油喷射系统的组成及控制功能。
（3）掌握汽油发动机电控系统各传感器、执行器的构造，以及工作原理和检测方法。
（4）掌握怠速控制装置的结构及工作原理。

任务 2.1　汽油机燃油喷射系统概述

汽油喷射系统于 20 世纪 30 年代首次用于军用飞机发动机上，1954 年德国奔驰汽车公司首次在奔驰 300SL 汽车上装用了机械式汽油喷射系统，简称 K 型汽油喷射系统。

20 世纪 60 年代末期，在 K 型的基础上出现机电组合式汽油喷射系统，简称 KE 型。如德国奔驰 380SE、500SL 轿车。

1967 年，BOSCH 公司推出 D 型 Jetronic 模拟式汽油喷射系统。

1973 年，BOSCH 公司推出 L 型 Jetronic 的汽油喷射系统。由于采用了测量空气流量的方法控制喷油量，因此提高了控制精度，同时还开发出机械式汽油喷射系统。

1979 年，BOSCH 公司推出了集点火与喷油于一体的数字式发动机综合电子控制系统。在这期间，美国 GM 公司的 DEFI、FORD 公司的 EEC、丰田公司的 TCCS 等纷纷出场，这些都是综合控制的电子系统。

自 20 世纪 60 年代德国 BOSCH 公司研制成功电控燃油喷射系统 EFI 后，燃油喷射系统经历了晶体管、集成电路到微机处理三大发展进程。目前各国汽车上应用的电控燃油喷射系统都是以 BOSCH 公司产品为原型发展而来的。目前汽车工业发达的国家在汽油发动机上均采用电控燃油喷射系统，以满足日益严格的排放要求。

2.1.1　汽油机燃油喷射系统的分类

燃油喷射系统在发动机上的应用可按以下形式分类。

1. 按汽油喷射部位不同分类

（1）缸内喷射。该喷射方式是将汽油直接喷射到汽缸内，故又称缸内直喷式。缸内喷射需要较高的喷射压力（3 ~ 4 MPa），因喷油器直接安装在发动机缸盖上，其本身必须能够承受燃气所产生的高温、高压，且受到发动机结构制约，故这种方式目前采用还较少。随着材料及制造技术的提高，该方式动态响应性好、功率和扭矩可以同时提升、油耗低等优势得以体现，在高档轿车汽油机上应用越来越多。

（2）缸外喷射（进气管喷射）。该喷射方式是目前普遍采用的喷射方式。根据喷油器数量和安装位置的不同又可分为两种：一种是在进气总管的节气门上方装有 1~2 个喷油器的单点节气门体喷射方式，也称为单点喷射方式（SPI）。由于采用的喷油器少，易于实现计算机控制，成本比多点喷射方式低，但存在各缸燃料分配不均匀和供油滞后等缺点，现已淘汰，如图 2.1（a）所示；另一种是在各缸的进气歧管上分别装有一个喷油器的多点喷射方式（MPI），多点喷射实行各缸独立喷射供油，被现代轿车广泛使用，如图 2.1（b）所示。与缸内喷射比较起来，由于采用低压（0.3~0.4 MPa）喷射，成本低、工作效果好，是目前四冲程汽油机最常用的喷射方式。

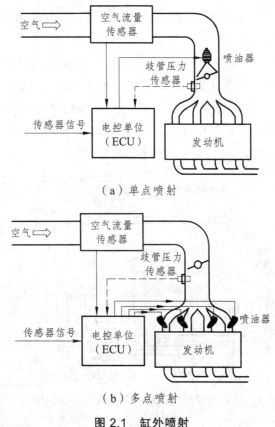

（a）单点喷射

（b）多点喷射

图 2.1　缸外喷射

2. 按喷射控制装置的形式不同分类

（1）机械式。燃油的计量是通过机械传动与液体传动来实现的，即 K 型系统。

（2）电子控制式。燃油的计量是由电控单元及电磁喷油器实现的，即 EFI（Electronic Fuel Injection）型系统。

（3）机电一体混合控制式。和机械式喷射系统一样，它也是通过机械、液体喷射装置实现控制的，同时它还设有一个电控单元、多个传感器和电液混合气调节器来调节混合气的成分，从而提高了控制的灵活性，扩展了控制功能，即 KE 型系统。

目前 K 型和 KE 型喷射系统已基本淘汰，EFI 系统成为汽油机燃油喷射系统的主流。

3. 按喷射方式不同分类

（1）间歇喷射或脉冲喷射式。对每一个汽缸的喷射都有经计算确定的喷射持续期，喷射多数是在进气过程中的某段时间内进行的，喷射持续时间对应所控制的喷油量。所有的缸内直接喷射系统和多数缸外喷射系统都采用间歇喷射的方式。

（2）连续喷射或稳定喷射式。燃油喷射的时间占用全工作循环的时间，连续喷射都是喷在进气管道内，而且大部分的燃油是在进气门关闭后喷射的，因此大部分燃油也是在进气道内蒸发的，K 型、KE 型系统多采用这种喷射方式，现已淘汰。

4. 按空气流量的测量方式不同分类

按空气流量的测量方式，电子控制汽油喷射系统可分为速度密度控制型、质量流量控制型和节流速度控制型等形式。

（1）速度密度控制型（D 型 EFI 系统）。它是通过检测进气歧管的压力（真空度）和发动机的转速，推算发动机吸入的空气量，并计算燃油流量的速度密度控制方式。D 型系统是最早的、典型的多点压力感应式喷射系统。美国的通用、福特和克莱斯勒，日本的丰田、本田、铃木和大发等主要汽车公司，都有类似的产品。由于空气在进气管内的压力波动，该方法的测量精度稍差，并且响应性较慢，其系统组成如图 2.2 所示。

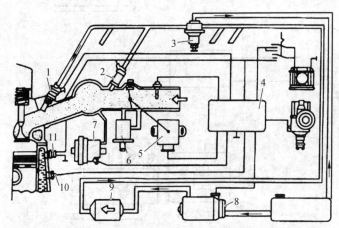

图 2.2　进气歧管压力计量式电控汽油机燃油喷射系统

1—喷油器；2—冷启动阀；3—燃油压力调节器；4—电控单元（ECU）；5—节气门位置传感器；
6—怠速空气调整器；7—进气压力传感器；8—燃油泵；9—燃油滤清器；
10—水温传感器；11—热限时开关

（2）质量流量控制型（L 型 EFI 系统）。这种方式用空气流量传感器直接测量发动机吸入的空气量，其测量的准确程度高于 D 型，故可更精确地控制空燃比。系统组成如图 2.3 和图 2.4 所示。

① 叶片式电控汽油机燃油喷射系统。采用叶片式空气流量传感器和卡门旋涡式空气流量传感器的电控汽油机燃油喷射系统，其空气流量的计算方式均属体积流量型，即计量进入汽缸的空气的体积量，以控制混合气空燃比的最佳值，如图 2.3 所示。

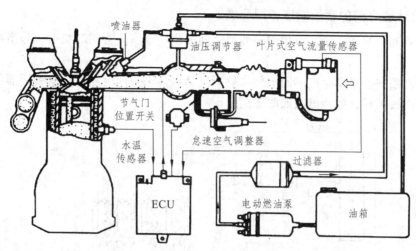

图 2.3　叶片式电控汽油机燃油喷射系统

D 型 EFI 系统、L 型 EFI 系统均采用多点间歇喷射方式，配用这两种系统的发动机可获得良好的综合性能。

② 热线式和热膜式电控汽油机燃油喷射系统。若采用体积流量型的空气流量计量方式时，需要考虑大气压力的修正问题，且叶片式空气流量传感器有体积大、不便安装和加速响应慢等缺点，致使以质量流量型的空气流量计量方式，即热线式（见图 2.4）和热膜式空气流量传感器很快诞生。这种方法直接测量进入汽缸内空气的质量，将该空气的质量转换成电信号，输送给 ECU，再由 ECU 根据空气的质量计算出与之相适应的喷油量，以控制最佳空燃比。

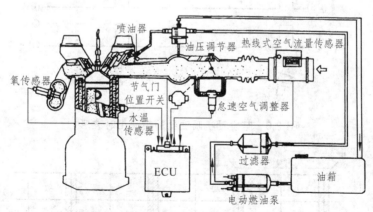

图 2.4　热线式电控汽油机燃油喷射系统

（3）节流速度控制型。节流速度控制型利用节气门的开度和发动机的转速，推算每一循环吸入发动机的空气量，根据推算出的空气量，再计算汽油喷射量。由于该类型是直接测量节气门开度的角位移，所以过渡响应性能好。它在竞赛汽车中得以应用，有些单点喷射系统也采用该方式。但是，由于吸入的空气量与节气门开度和发动机转速的关系是一个复杂的函数关系，所以不容易准确测定吸入的空气量。

5. 按喷油器之间的喷油顺序不同分类

对于多点间歇喷射系统，可根据喷油器之间的喷油顺序分为同时喷射、分组喷射和顺序喷射。

（1）同时喷射。早期生产的间歇燃油喷射发动机多采用同时喷射。其喷油器的控制电路和控制程序都较简单，控制电路如图 2.5 所示。

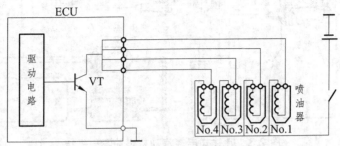

图 2.5　同时喷射的控制电路

所有的喷油器并联连接，微机根据最先进入做功行程的缸为基准，在该缸排气行程上止点前某一位置，ECU 输出喷油指令信号，控制功率三极管的导通和截止，从而控制各喷油器电磁线圈同时接通和切断，使各缸喷油器同时喷油、断油。通常曲轴每转一圈，各缸喷油器同时喷射一次。如图 2.6 所示为某发动机喷油器的喷油正时波形。由于在发动机的一个工作循环中喷射两次，因此有人称这种喷射方式为同时双次喷射。两次喷射的燃油，在进气门打开时一起进入汽缸。如图 2.7 所示为同时喷射正时图。

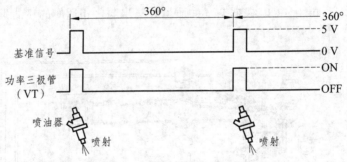

图 2.6　某发动机喷油器的喷油正时波形

图 2.7　同时喷射正时图

由于这种喷射方式是所有各缸喷油器同时喷射，所以喷油正时与发动机进气、压缩、做功、排气的循环没有关系。其缺点是由于各缸对应的喷射时间不可能达到最佳，有可能造成各缸的混合气形成不一样。这种喷射方式不需要气缸判别信号，目前已基本淘汰。

（2）分组喷射。分组喷射一般是把所有汽缸的喷油器分成2～4组。4缸发动机一般把喷油器分为两组，由微机分组控制喷油器，两组喷油器轮流交替喷射。分组喷射的控制电路如图2.8所示。每一个工作循环中，各喷油器均喷射一次或两次。一般发动机每转一圈，只有一组喷射。如图2.9所示为分组喷射正时图。

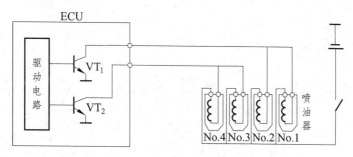

图2.8　分组喷射的控制电路

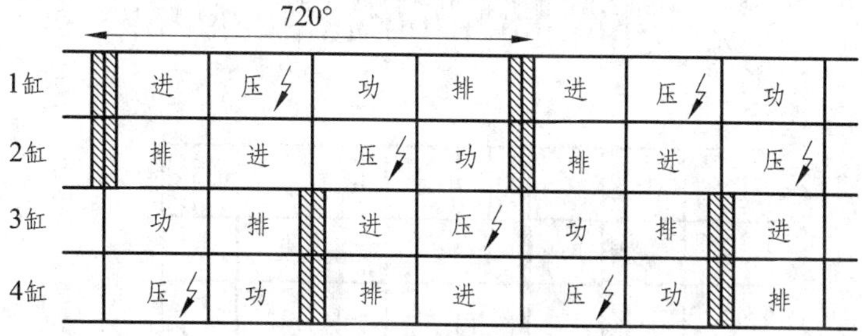

	720°							
1缸		进	压	功	排		进	压	功
2缸		排	进	压	功		排	进	压
3缸		功	排	进	压		功	排	进
4缸		压	功	排	进		压	功	排

图2.9　分组喷射正时图

（3）顺序喷射。顺序喷射也称为独立喷射。曲轴每转两圈，各缸喷油器都轮流喷射一次，且像点火系统一样，按照特定的顺序依次进行喷射。北京切诺基汽车发动机就采用顺序喷射方式。顺序喷射的控制电路如图2.10所示。各缸喷油器分别由微机进行控制，驱动回路数与汽缸数目相等。

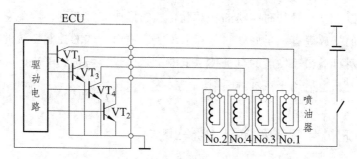

图2.10　顺序喷射的控制电路

顺序喷射方式由于要知道向哪一缸喷射，因此应具备汽缸判别信号，常称为判缸信号。采用顺序喷射控制时，应具有正时和缸序两个功能。微机工作时，通过曲轴位置传感器输入的信号，可以知道活塞在上止点前的位置，再通过判缸信号相配合，可以确定向上止点运行的是哪一缸，同时应分清该缸处于压缩冲程还是排气冲程。因此当微机根据判缸信号、曲轴位置信号，确定该缸处于排气冲程且活塞行至上止点前某一喷油位置时，微机输出喷油控制信号，接通喷油器电磁线圈电路，该缸即开始喷射。北京切诺基汽车发动机在各缸排气冲程上止点前 64°开始喷射，其 4 缸发动机的喷油顺序是 1→3→4→2，6 缸发动机的喷油顺序是 1→5→3→6→2→4。如图 2.11 所示为 4 缸发动机顺序喷射正时图。

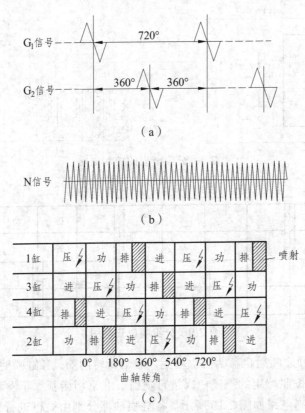

图 2.11　日本本田 4 缸发动机顺序喷射正时图

顺序喷射可以设立在最佳时间喷油，对混合气的形成非常有利，因此它对提高燃油经济性和降低有害物的排放等有一定好处。尽管采用顺序喷射方式的控制系统的电路结构及软件都较复杂，但这对日益快速发展的电子技术来说，是比较容易得到解决的。顺序喷射方式既适用于进气管喷射，也适用于汽缸内喷射。

2.1.2　汽油机电控燃油喷射系统的优点

汽油机电控燃油喷射系统有如下优点：

（1）能实现空燃比的高精度控制。其一，采用多点喷射（MPI）独立向各缸喷油，使各缸空燃比偏差减小；其二，通过闭环控制系统中的氧传感器反馈机能，可进一步精确控制空燃比；其三，在汽车运行地区的气压、气温、空气密度变化时或加速行驶的过渡运行阶段，空燃比均可及时地得到适当修正；其四，点火控制、怠速控制等辅助系统的采用，使各种工况都有最佳空燃比。

（2）充气效率高。在进气系统中，由于没有像化油器那样的喉管部位，进气压力损失小。只要合理设计进气管道，就可充分利用吸入空气的惯性增压作用，增大充气量，提高输出功率，增加发动机的动力。

（3）瞬时响应快。当汽车处于加减速行驶的过渡运行阶段时，空燃比控制系统能够迅速响应，使汽车加减速反应灵敏；当汽车在不同地区行驶时，对大气压力或外界环境温度变化引起的空气密度变化，可以进行快速的空燃比修正。

（4）启动容易，暖机性能好。在发动机启动时，可以用 ECU 计算出启动供油量，并且能使发动机顺利经过暖机运转。

（5）节油和排放净化效果明显。能提供各种运行工况下最适当的混合气空燃比，且燃油雾化好，各缸分配均匀。使燃烧效率提高，有害气体排放量降低。

（6）减速、限速断油功能，能降低废气排放量，节省燃油。减速时，节气门关闭，发动机仍以高速运转，进入汽缸的空气量减少，进气歧管内的真空度增大。在化油器系统中，此时会使黏附于进气歧管壁面的汽油由于歧管内真空度急骤升高从而蒸发后进入汽缸，使混合气变浓，燃烧不完全，排气中 HC 的含量增加。而在电控燃油喷射发动机中，当节气门关闭而发动机转速超过预定转速时，喷油就会停止，使排气中 HC 的含量减少，并可降低燃油消耗。

（7）便于安装。电控燃油喷射系统大致上是由空气系统、燃油系统和控制系统组成的，它是不存在机械驱动等问题的分散型系统，有利于在发动机上安装。

一般而言，与传统的化油器发动机相比，装有电控燃油喷射系统的发动机功率可提高 5% ~ 10%，燃料消耗降低 5% ~ 15%，废气排放量减少 20%。由于转矩特性的明显改善，瞬时响应快，汽车的加速性能大大提高。使怠速平稳，冷启动更容易，暖机更迅速。但存在价格偏高，维修要求高等缺点。

任务 2.2　汽油机电控燃油喷射系统的组成与控制功能

汽油机电控燃油喷射（EFI）系统，以 ECU 为控制中心，利用安装在发动机不同部位上的各种传感器来检测发动机的各种工作参数。根据这些参数选择 ECU 中设定的程序，通过控制喷油器精确地控制喷油量，使发动机在各种工况下都能获得最佳空燃比的混合气。此外，电控燃油喷射系统通过 ECU 中的控制程序还能实现启动加浓、暖机加浓、加速加浓、全负荷加浓、减速调稀、强制怠速断油、自动怠速控制等功能，满足发动机在特殊工况下对混合气的要求，使发动机获得良好的燃油经济性和排放性，也提高了汽车的使用性能。

2.2.1 电控燃油喷射系统的组成

电控燃油喷射系统一般由三个子系统组成，即空气供给系统、燃油供给系统和电子控制系统。

1. 空气供给系统

空气供给系统的作用是提供、测量和控制燃油燃烧时所需要的空气量。

以 L 型 EFI 系统为例，空气经过空气滤清器过滤后，由空气流量传感器计量，通过节气门体进入进气总管，再分配到各进气歧管。在进气歧管内，从喷油器喷出的燃油与空气混合后被吸入汽缸内燃烧。

在冷却水温较低时，为加快发动机暖机过程，设置了快怠速装置，由空气阀来控制快怠速所需要的空气量。可以通过怠速调整螺钉调节怠速转速，用空气阀控制快怠速转速，也可由 ECU 操纵怠速控制阀控制怠速与快怠速，如图 2.12 所示。

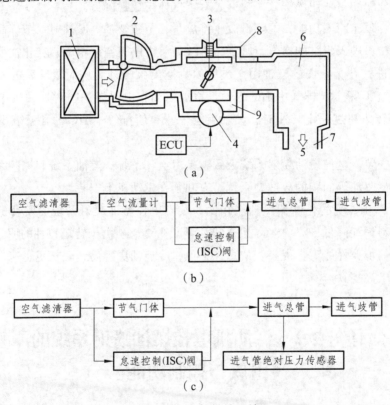

图 2.12　空气供给系统

1—空气滤清器；2—空气流量传感器；3—节气门；4—怠速（空气）控制阀；
5—至汽缸；6—进气总管；7—进气歧管；8—节气门体；9—旁通气道

2. 燃油供给系统

燃油供给系统的作用是向发动机精确地提供所需要的燃油量。燃油供给系统一般由燃油箱、电动燃油泵、燃油滤清器、喷油器、燃油脉动阻尼器（部分汽车没有）、燃油压力调节器及供油总管等组成，如图 2.13 所示。

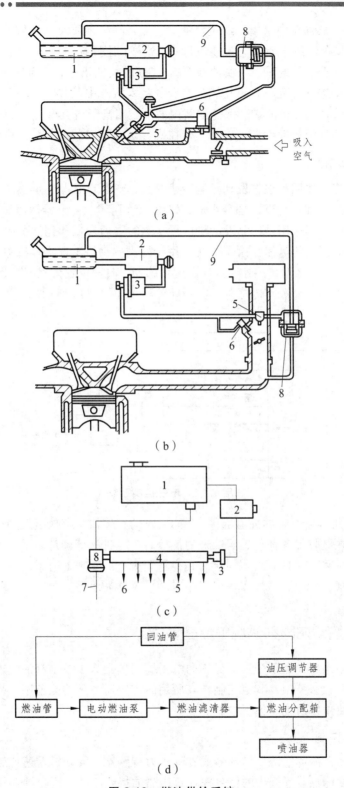

（a）

（b）

（c）

（d）

图 2.13　燃油供给系统

1—燃油箱；2—燃油泵；3—燃油滤清器；4—供油总管；5—喷油器；
6—冷启动喷油器；7—真空管；8—油压调节器；9—回油管

燃油由燃油泵从油箱中泵出，经过燃油滤清器，除去杂质及水分后，再送至燃油脉动阻尼器（部分汽车装在回油管上），以减少其脉动。这样，让具有一定压力的燃油流至供油总管，再经各供油歧管送至各缸喷油器。喷油器根据 ECU 的喷油指令，开启喷油阀，将适量的燃油喷于进气门前，待进气冲程时，再将燃油混合气吸入汽缸中。装在供油总管上的燃油压力调节器用于调节系统油压，目的在于保持油路内的油压略高于进气管负压 300 kPa 左右。此外，为了改善发动机的低温启动性能，有些车辆在进气歧管上安装了一个冷启动喷油器。

3. 电子控制系统

电子控制系统的作用是根据发动机运转状况和车辆运行状况确定燃油的最佳喷射量。该系统由传感器、ECU 和执行器三部分组成，如图 2.14 所示。传感器是信号转换装置，安装在发动机的各个部位，其作用是检测发动机运行状态的物理参数和化学参数等，并将这些参数转换成计算机能够识别的电信号输入 ECU。用于检测发动机工况的传感器有：空气流量传感器、进气压力传感器、水温传感器、进气温度传感器、曲轴位置传感器、节气门位置传感器、车速传感器、氧传感器、爆震传感器、空调开关等，如图 2.14 所示。

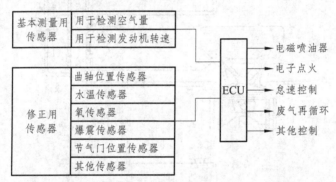

图 2.14　电子控制系统

ECU 是发动机控制系统的核心部件。在 ECU 的存储器中存放了发动机各种工况的最佳喷油持续时间，在接收了各种传感器传来的信号后，经过计算确定满足发动机运转状态的燃油喷射量和喷油时间。ECU 还可以对多种信息进行处理，实现 EFI 系统以外其他诸多方面的控制，如点火控制、自诊断、故障备用程序启动、仪器显示等。

2.2.2　电控燃油喷射系统的控制功能

20 世纪 80 年代后，大部分发动机用的电子控制单元除了控制汽油喷射之外，同时还可以进行点火控制、怠速控制及其他控制，其所用的传感器各项功能公用，从而使整个系统结构简化。电控燃油喷射系统有如下控制功能。

1. 喷油量的控制

电子控制单元根据空气流量传感器或进气压力传感器、发动机转速传感器、进气温度传感器、冷却水温度传感器等提供的信号而计算出喷油持续时间，因喷油器针阀的行程是一定的，故喷油量的大小取决于喷油器喷油持续时间的长短，发动机各种工况的最佳喷油持续时间存放在电子控制单元的存储器中。

　　喷油量的控制即喷油器喷射时间的控制，要使发动机在各种工况下都处于良好的工作状态，必须精确地计算出基本喷油持续时间和各种参数的修正量，其目的是使发动机燃烧混合气的空燃比符合要求。尽管发动机型号不同，基本喷油持续时间和各种修正量的值不同，但其确定方式和对发动机的影响却是相同的。下面分别予以介绍。

　　（1）启动喷油控制。在发动机启动时，由于转速波动大，无论 D 型 EFI 系统中的进气压力传感器，还是 L 型 EFI 系统中的空气流量传感器，都不能精确地测量进气量，进而不能确定合适的喷油持续时间，因此启动时的基本喷油时间不是根据进气量（或进气压力）和发动机转速来计算确定的，而是 ECU 根据启动信号和当时的冷却水温度确定的。ECU 根据水温信号确定基本喷油持续时间，再根据进气温度和蓄电池电压进行修正，得到启动时的喷油持续时间。启动时的喷油持续时间如图 2.15、图 2.16 所示。

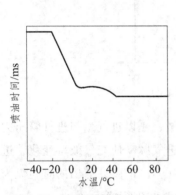

图 2.15　启动时基本喷油时间

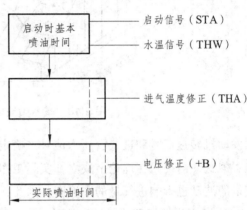

图 2.16　启动时喷油时间的确定

　　由 THW 信号检查启动时水温—喷油时间图得出基本喷油时间，再根据进气温度传感器 THA 信号对喷油时间进行修正。由于喷油器的实际打开时刻较 ECU 控制其开时刻存在一段滞后（见图 2.17），从而造成喷油量不足，且蓄电池电压越低，滞后时间越长，故需对电压进行修正。

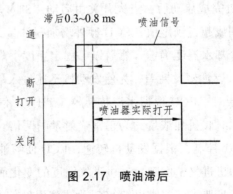

图 2.17　喷油滞后

　　（2）启动后的喷油控制。发动机转速超过预定值时，ECU 确定的喷油信号持续时间满足以下公式：

$$喷油信号持续时间 = 基本喷油持续时间 \times 喷油修正系数 + 电压修正值$$

式中，喷油修正系数是各种修正系数的总和。

① 基本喷油时间。D 型 EFI 系统的基本喷油时间可由发动机转速信号（Ne）和进气管绝对压力信号（PIM）确定。用于 D 型 EFI 系统的 ECU 内存储了一个基本喷油时间三维图（三元 MAP 图），如图 2.18 所示。它表明了与发动机各种转速和进气管压力对应的基本喷油时间。

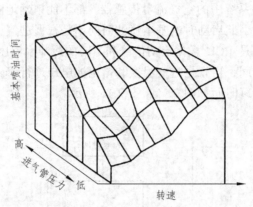

图 2.18　基本喷油时间三维图

根据发动机转速信号和进气管压力信号来确定喷油量，是以进气量与进气管压力成正比作为前提。但这一前提只在理论上成立，实际工作中，进气脉动使充气效率变化，进行再循环的排气量的波动也影响进气量的准确度。因此，由三元 MAP 图计算出的时间仅为基本喷油时间，ECU 还必须根据发动机转速信号（Ne）对喷油时间进行修正。

L 型 EFI 系统的基本喷油时间由发动机转速和空气量信号（VS）确定。这个基本喷油时间是实现既定空燃比（一般为理论空燃比：$A/F = 14.7$）的喷射时间。

② 启动后各工况下喷油量的修正。在确定基本喷油时间的同时，ECU 由各种传感器获得发动机运行工况信息，对基本喷油时间进行修正。

a. 启动后加浓。发动机完成启动后，点火开关由启动（STA）位置转到接通点火（ON）位置，或发动机转速已达到或超过预定值，ECU 额外增加喷油量，使发动机保持稳定运行。喷油量的初始修正值根据冷却水温度确定，然后以一固定速度下降，逐步达到正常。

b. 暖机加浓。冷机时，燃油蒸发性差，为使发动机迅速进入最佳工作状态，必须供给浓混合气。在冷却水温度较低时，ECU 根据水温传感器（THW）信号相应增加喷射量，由图 2.19 所示，水温在 – 40 ℃ 时暖机加浓量约为正常喷射量的两倍。暖机加浓还受节气门位置传感器中的怠速触点（IDL）控制，根据发动机转速，ECU 使喷油量有少量变化。

c. 进气温度修正。发动机进气密度随发动机进气温度的变化而变化，ECU 根据信号修正喷油持续时间，使空燃比满足要求。通常以 20 ℃ 为进气温度信号的标准温度，低于 20 ℃ 时空气密度大，ECU 增加喷油量，使混合气不致过稀；进气温度高于 20 ℃ 时，空气密度减小，ECU 使喷油量减少，以防混合气浓度偏浓。增加或减少的最大修正量约为 10%。由进气温度修正曲线可知，修正操作约在进气温度为 – 20 ~ 60 ℃ 之间进行，如图 2.20 所示。

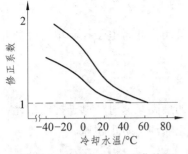

图 2.19 暖机加浓修正曲线图

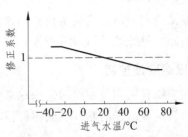

图 2.20 进气温度修正曲线

d. 大负荷加浓。发动机在大负荷工况下运转时，要求使用浓混合气以获得最大功率。ECU 根据发动机的负荷增加喷油量。发动机负荷状况可以根据节气门开度或进气量的大小来确定，故 ECU 根据进气压力传感器、空气流量传感器、节气门位置传感器输送的信号判断发动机负荷状况，决定相应增加的燃料喷射量。大负荷的加浓量约为正常喷油量的 10% ~ 30%。有些发动机的大负荷加浓量还与冷却水温度信号（THW）有关。

e. 过渡工况空燃比控制。发动机在过渡工况下运行时，为获得良好的动力性、经济性、响应性，空燃比应进行相应变化，即需要适量调整喷油量，这就要求 ECU 要检测到相应的工况信号。工况信号有：进气管绝对压力（PIM）或空气量（VS）、发动机转速信号（Ne）、车速（SPD）、节气门位置、空挡启动开关（NSW）和冷却水温度（THW）。

f. 怠速稳定性修正（只用于 D 型 EFI 系统）。在 D 型 EFI 系统中，决定基本喷油时间的进气管压力，在过渡工况时相对于发动机转速将产生滞后。节气门以下进气管的容积越大，怠速时发动机转速就越低，这种滞后时间越长，怠速就越不稳定。进气管压力变动，发动机转矩也变动。由于压力也较转速滞后，造成发动机转速上升时，转矩也上升，转速下降时，转矩也下降。

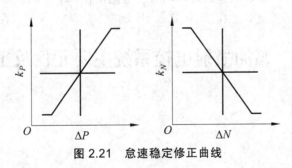

图 2.21 怠速稳定修正曲线

为了提高发动机怠速运转的稳定性，ECU 根据 PIM 和 Ne 信号对喷油量进行修正。随压力增大或转速降低，增加喷油量；随压力减小或转速增高，减少喷油量，如图 2.21 所示。

2. 喷油正时控制

在多数发动机中，其喷油正时是不变的。但在电子控制间歇喷射系统中采用顺序喷射时，电子控制单元还要有燃油喷射系统的汽缸辨别信号，会根据发动机各缸的点火顺序和随发动机工况的不同而将喷油正时控制在最佳时刻。

3. 减速断油控制

汽车减速行驶时，驾驶员松开加速踏板，节气门关闭，此时电子控制单元会断开燃油喷射控制电路，停止喷油以降低排放和燃油消耗。

4. 限速断油控制

当发动机转速超过安全转速或汽车车速超过设定的最高车速时，电子控制单元将会在发动机临界转速或减速时断开燃油喷射控制电路，以停止喷油，防止超速。

5. 溢油消除控制

启动时，若将加速踏板踩到底，系统将进行断油控制。

6. 冷启动喷油器喷油时间控制

为了提高低温时发动机的启动性能，有的汽车在进气总管上安装了一个冷启动喷油器，其喷油时间由热限时开关控制，或由电子控制单元和热限时开关同时控制，也可由电子控制单元单独控制。不过，大部分汽车现已取消了冷启动喷油器。

7. 燃油泵的控制

在装有电控燃油喷射系统的汽车上，电子控制单元对油泵的控制有两种形式：一种是当点火开关打开后电子控制单元指令汽油泵运转 2~3 s，以产生必需的油压，若发动机没启动，则电子控制单元将油泵控制电路断开，使油泵停止工作，在发动机启动和运转过程中，电子控制单元控制汽油泵正常工作；另一种形式是只有发动机运转时，油泵才工作。

8. 汽油泵泵油量的控制

多数发动机例如丰田 7M-GE、7M-GTE，其油泵的泵油量是随发动机负荷的变化而变化的，即发动机在启动、高转速、大负荷工况时，油泵提高转速以增加泵油量；当发动机在低转速、中小负荷工作时，油泵低速运转，以减少电能消耗和油泵的磨损。

任务 2.3　燃油喷射电控系统主要元件及工作原理

2.3.1　发动机 ECU

1. 基本组成

发动机 ECU（控制单元）主要由微处理器、输入电路、输出电路、A/D 转换器等组成，如图 2.22 所示。ECU 的作用是根据传感器经输入电路送来的信号，用存储器中的控制程序进行运算和处理之后输出控制信号，通过输出电路控制点火器、喷油器、怠速控制阀等执行机构的工作。

（1）输入回路：微处理器只能识别 0~5 V 的数字信号。但传感器输送给发动机 ECU 的信号有两种：一种是数字信号，一种是模拟信号。输入电路可将模拟信号的杂波滤去，或将数字信号作削峰处理，换算成 0~5 V 的方波，以便微处理器识别。

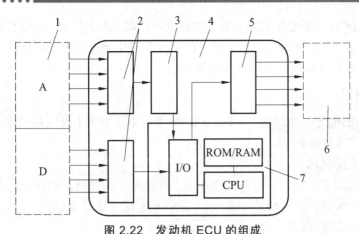

图 2.22 发动机 ECU 的组成

A—模拟信号输入；D—数字信号输入；1—传感器；2—输入回路；3—A/D 转换器；
4—电控单元；5—输出回路；6—执行器；7—微处理器

（2）A/D 转换器：微处理器不能直接处理模拟信号，A/D 转换器可将模拟信号转换成数字信号，然后输入微处理器进行处理。

（3）微处理器：微处理器包括中央处理器（CPU）、存储器和输入输出接口。中央处理器是整个控制系统的核心，所有的数据都要在 CPU 内进行运算，当接收到传感器的信号后，中央处理器根据预先设定的程序进行运算，控制燃油喷射、点火、怠速、排放系统等。

存储器主要用来储存信息，分为随机存储器（RAM）和只读存储器（ROM）。

随机存储器（RAM）是既能读出又能写入的存储器，其主要用来存储计算机操作时的可变数据，如发动机的学习参数、故障代码等，起暂时储存作用。当电源切断时，所有存入 RAM 的数据会完全丢失。在发动机运行过程中，为了长期保存存入 RAM 的某些数据，如故障代码、空燃比学习修正值等，防止点火开关关闭时这些数据的丢失，RAM 一般都通过专用的后备电源电路与蓄电池直接连接，使它不受点火开关的控制。但当后备电源电路断开或蓄电池上的电源线拔掉时，存入 RAM 的数据也会丢失。

只读存储器（ROM）用来储存一系列控制程序，如喷油特性脉谱图、点火正时脉谱图等，是制造厂一次性写入的，只读存储器中的内容不可更改。

输入/输出接口是 CPU 与传感器、执行器进行正常通信的控制电路，是微型计算机中不可缺少的部分。

（4）输出回路：输出回路将低电压的数字信号转换成可以驱动执行器工作的控制信号。一般是由 CPU 输出的信号控制大功率电子元件（如三极管）的导通与截止，控制执行器的供电或搭铁，从而控制执行器的动作。

ECU 按照拟定的程序对各项输入参数进行比较、计算，产生输出信号送往执行器。执行器再将电子信号转换为机械动作，实现对系统进行控制和调节。

2. 基本功能

ECU 是控制系统的核心。ECU 按照一定的程序对各种输入信号进行运算、储存、分析、处理，然后输出指令，控制相关执行元件工作，以达到快速、准确、自动控制发动机工作的目的。

电控发动机 ECU 的主要控制功能有：燃油喷射控制、点火控制、怠速控制、进气增压控制、尾气排放控制、充电控制、空调压缩机控制、冷却风扇控制和发动机转速控制等。除此之外，ECU 还具有失效保护、故障自诊断等功能。

3. 电源控制

发动机 ECU 的电源电路包括：+ B、+ B_1 接通电路或 EFI 主继电器工作电路。电源电路有点火开关控制式和发动机 ECU 控制式两种。

（1）点火开关控制式。

如图 2.23 所示，EFI 主继电器由点火开关直接控制。当接通点火开关，电流进入 EFI 主继电器线圈，触点闭合，给发动机 ECU 的 + B 和 + B_1 端子提供电压。

（2）发动机 ECU 控制式。

如图 2.24 所示，当点火开关处于 ON 时，蓄电池向发动机 ECU 的 IG/SW 端子供电；发动机 ECU 通过 M-REL 向 EFI 主继电器提供控制信号，使 EFI 主继电器接通，从而蓄电池通过 EFI 主继电器向发动机 ECU 的 + B 端子提供电源电压。

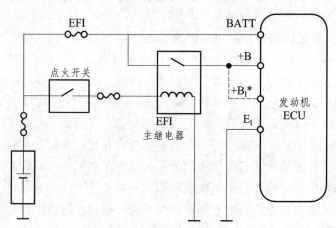

图 2.23　点火开关控制 ECU 电源

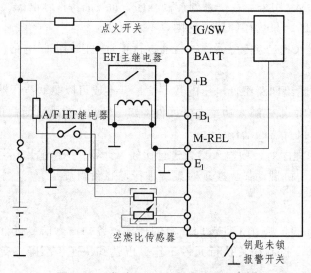

图 2.24　发动机 ECU 控制 ECU 电源

4. 搭铁控制

发动机 ECU 有三条基本的搭铁电路，有 E_{01}、E_{02}、E_1、E_2、E_{21} 等接地端子，如图 2.25 所示。

（1）发动机 ECU 工作搭铁电路（E_1）。E_1 是发动机 ECU 的搭铁端子，通常接在发动机进气室附近。

（2）传感器搭铁电路（E_2、E_{21}）。发动机 ECU 的 E_2 和 E_{21} 端子是传感器搭铁端子，与 ECU 内部电路中的 E_1 端子相连，通过外部搭铁使传感器搭铁电位与发动机 ECU 搭铁电位有相同值，以防止传感器检测电压值产生误差。

（3）用于驱动执行器工作的搭铁电路（E_{01}、E_{02}）。

发动机 ECU 的 E_{01} 和 E_{02} 端子是执行器搭铁端子，用于喷油器、怠速控制阀和氧传感器加热器等执行器的搭铁。与 E_1 端子一样都连接在发动机进气室附近。

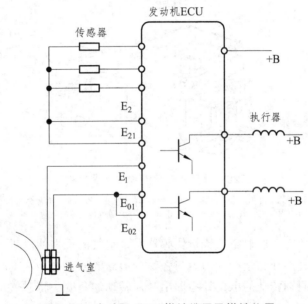

图 2.25　发动机 ECU 搭铁端子及搭铁位置

2.3.2　主要传感器结构及工作原理

汽油喷射电子控制系统中，发动机 ECU 就是对信号输入装置的信号进行综合分析和处理，通过控制喷油量，使发动机具有最佳性能。信号输入装置包括传感器和一些控制开关，主要包括空气流量传感器、进气压力传感器、曲轴位置传感器、凸轮轴位置传感器、节气门位置传感器、冷却液温度传感器、进气温度传感器、启动开关、空挡启动开关、空调开关、动力转向开关和制动灯开关等。

1. 空气流量传感器

空气流量传感器（空气流量计）是测量发动机进气量的装置，它将吸入的空气量转换成电信号送至 ECU，作为决定喷油量的基本信号之一，主要用于 L 型 EFI 系统。

根据测量原理不同，空气流量传感器有叶片式、卡门旋涡式、热线式及热膜式几种类型。

1）叶片式空气流量传感器

（1）结构及工作原理。

叶片式空气流量传感器又称风门式、翼片式或活门式空气流量传感器，主要由测量叶片、缓冲叶片、阻尼室、回位弹簧、电位计、旁通气道等组成，此外还包括其上的怠速调整螺钉、燃油泵开关及进气温度传感器等，如图 2.26 所示。

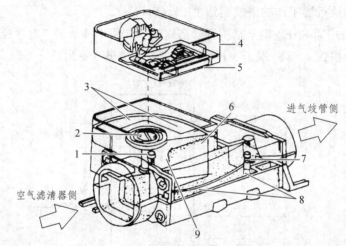

图 2.26 叶片式空气流量传感器的构造

1—进气温度传感器；2—回位弹簧；3—阻尼室；4—电位计；5—接线插头；
6—缓冲叶片；7—怠速调整螺钉；8—旁通气道；9—测量叶片

来自空气滤清器的空气通过空气流量传感器时，空气的推力使测量叶片（测量板）打开一个角度，当吸入空气推开测量叶片的力与弹簧变形后的回位力相平衡时，测量叶片随即停止转动，与测量叶片同轴转动的电位计检测出叶片转动的角度，将进气量转换成直流电压信号（VS）送给 ECU（信号范围为 0～5 V）。根据电路设计的不同，叶片式空气流量传感器又分为两种形式：一种在进气量变大时，直流电压信号值升高（即所谓正向设计）；另一种在进气量增大时，直流电压信号值降低（即所谓反向设计）。

燃油泵开关装在空气流量传感器内，只有当发动机运转，空气流量传感器测量叶片转动时，燃油泵开关才闭合。只要发动机停止运转，燃油泵开关便处于断开状态，即使点火开关闭合，燃油泵也不工作。

为了使测量叶片在吸入空气流量急剧变化和气流脉动时仍平稳转动，在空气流量传感器上设置了与测量叶片做成一体的缓冲叶片（也称为补偿板，一般将它们统称为叶片）和阻尼室。在旁通气道上设有怠速调整螺钉，如图 2.27 所示。调整该螺钉可以改变怠速时的混合气浓度。

进气温度传感器将测得的进气温度信号送给 ECU，以便 ECU 发出指令，根据进气温度来修正喷油量。

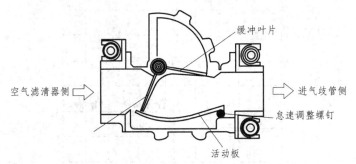

图 2.27　叶片部分的结构

（2）叶片式空气流量传感器的工作电路。

叶片式空气流量传感器的工作电路如图 2.28 所示，ECU 通过 V_c 端子向传感器提供 12 V 的工作电压，传感信号从 V_s 端子输入 ECU，空气流量传感器 E_2 端子经机体直接搭铁；THA 和 E_2 端子分别为叶片式空气流量传感器上进气温度传感器信号输入端子和搭铁端子。F_c 和 E_1 端子为油泵触点端子。

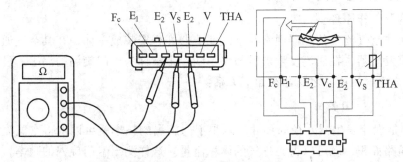

图 2.28　叶片式空气流量传感器电路图

（3）波形测量。

关闭所有附属电气设备，启动发动机，并使其怠速运转。当怠速稳定后，检查怠速时空气流量传感器输出电压信号，其波形如图 2.29 所示。加速和减速试验，应有类似图 2.29 中所示的波形出现。

波形测量的操作步骤是：先将发动机转速从怠速加至油门全开（加速时不宜太急），油门全开后持续 2 s，但不要使发动机超速运转；再将发动机降至怠速运转，并保持 2 s；再从怠速急加速至油门全开，然后急收油门使发动机回至怠速，定住波形。

（4）波形分析。

测量出的波形电压值可以参照资料进行对比分析（见图 2.29）。当叶片式空气流量传感器正常工作时，怠速输出电压约 1 V，油门全开时电压应超过 4 V，全减速（急抬油门）时输出的电压并不是很快地从全加速电压回到怠速电压。通常（除 TOYOTA 汽车外）叶片式空气流量传感器的输出电压都是随空气流量的增加而升高的。波形的幅值在空气流量不变时应保持稳定，一定的空气流量应有相对应的输出电压，这样，当输出电压与空气流量不相符时就可以从波形图中检查出来。当发生这种情况时，发动机的工作状况会受到明显的影响。

另外，在急加速时出现如图 2.29 波形所示的小尖峰，是由于翼板过量摆动而引起的，而 ECU 恰恰是根据这一点来判定是否有加速加浓信号的。

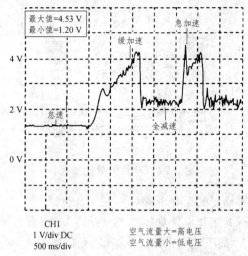

图 2.29　翼板式（叶片式）空气流量传感器波形分析

2）卡门旋涡式空气流量传感器

（1）结构及工作原理。

卡门旋涡式空气流量传感器通常与空气滤清器外壳安装成一体，在其空气通道中央设置一锥状的涡流发生器，在涡流发生器后部将不断产生被称为卡门旋涡的涡串。设卡门旋涡的频率为 f，它与空气流速 v 之间存在如下关系：

$$f = 0.2v/d$$

其中，d 是涡流发生器外径的尺寸。测得卡门旋涡的频率就可以求得空气流速，空气流速乘以空气通路面积，就可以得到进气的体积流量。这样测出卡门旋涡的频率，即可确定空气流量的大小。

当然，卡门旋涡式空气流量传感器与叶片式空气流量传感器直接测得的均是进气的体积流量，因此在流量传感器内装有进气温度传感器，以便对随气温而变化的空气密度进行修正，正确地计算出进气的质量流量。与叶片式空气流量传感器相比，卡门旋涡式空气流量传感器具有体积小、重量轻、进气道结构简单、进气阻力小、充气效率高等优点。

卡门旋涡式空气流量传感器主要包括光电式和超声波式两种。如图 2.30 所示为光电式卡门旋涡空气流量传感器的工作原理。超声波式卡门旋涡空气流量传感器工作原理如图 2.31 所示。

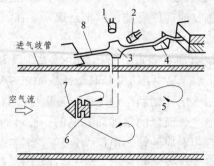

图 2.30　光电式卡门旋涡空气流量传感器的工作原理

1—发光二极管；2—光电管；3—反光镜；4—板簧；5—卡门旋涡；
6—导压孔；7—涡流发生器；8—全波段

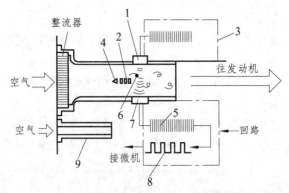

图 2.31　超声波式卡门旋涡空气流量传感器工作原理

1—信号发生器；2—涡流稳定器；3—超声波发生器；4—涡流发生器；5—与涡流数对应的疏密声波；
6—卡门旋涡；7—接收器；8—整形矩形波（脉冲）；9—旁通通路

光电式的空气流量传感器的检测部分由反光镜、发光二极管和光电管等组成。空气流经涡流发生器时，压力发生变化。这种压力变化经导压孔作用于薄金属制成的反光镜表面，使反光镜产生振动。反光镜振动时，将发光二极管投射的光反射给光电管，对反射光信号进行检测，即可得到旋涡的频率。频率高时对应的进气量大。

使用超声波式的卡门旋涡式空气流量传感器，是利用卡门旋涡引起的空气密度变化进行测量的。如图 2.31 所示，在与空气流动方向垂直的方向上安装超声波发生器，在与其相对的位置上安装接收器。卡门旋涡造成空气密度变化，受其影响，超声波发生器发出超声波到达接收器的时机或变早或变晚，测出其相位差，利用放大器使之形成矩形波，矩形波的脉冲频率即为卡门旋涡的频率。

（2）卡门旋涡式空气流量传感器的工作电路。

卡门旋涡式空气流量传感器的工作电路如图 2.32 所示，ECU 通过 V_c 端子向传感器提供 5 V 的工作电压，传感信号从 KS 端子输入 ECU，空气流量传感器 E_2 端子经机体直接搭铁，THA 和 E_1 端子分别为光电式卡门旋涡空气流量传感器上进气温度传感器信号输入端子和搭铁端子。

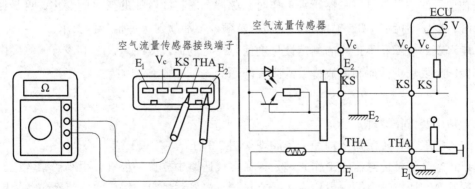

图 2.32　卡门旋涡式空气流量传感器的工作电路

（3）波形测量。

启动发动机，在不同转速下试车，把较多的时间用在发动机性能测试及排除故障的转速段内进行检测，观察示波器波形的显示。

确认在任何给定的运行方式下，波形的幅值、频率、形状脉冲宽度等判定性尺度是一致、可重复及正确的。

确认在空气流量一定的情况下，流量传感器能产生稳定频率和脉宽信号。

（4）波形分析。

如图2.33所示，大多数情况下，波形的振幅应为5 V（凌志车为4 V），同时也要按照判定性尺度一致原则观察波形的形状、矩形脉冲的拐角及垂直下降是否一致。

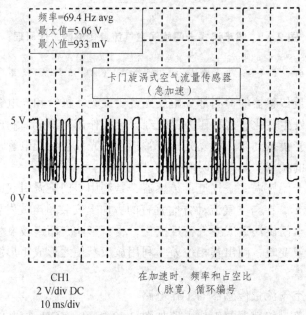

图2.33 卡门旋涡式空气流量传感器波形分析

在稳定的空气流量下空气流量传感器产生的频率也应是稳定的，且无论值的大小如何，都应该是一致的。

这种型号的空气流量传感器正常工作时，脉冲宽度将随转速的变化而变化，这是保证加速加浓时，传感器能向ECU提供非同步加浓及额外燃油喷射脉冲信号的要求。

可能出现的故障和不正确的判定性尺度使脉冲宽度伸长或缩短，不应该有的峰尖以及圆角，都会影响发动机性能和造成排放升高等问题。

3）热线式空气流量传感器

（1）结构及工作原理。

热线式空气流量传感器结构和工作原理如图2.34所示。

热线式空气流量传感器的工作原理是，在空气通路中放置一根直径很小的铂丝，工作时经通电后发热，所以这根铂丝也称为热线或热丝。当发动机启动后，空气流经铂丝周围时带走其热量，使其温度下降，热线电阻变化导致电桥失去平衡，此时与铂丝相连的桥式电路将改变电流，以保持铂丝温度恒定。即当空气流量变化时，流过铂丝的电流也随之发生变化。将这种变化的信号输入ECU，即可测得空气流量。

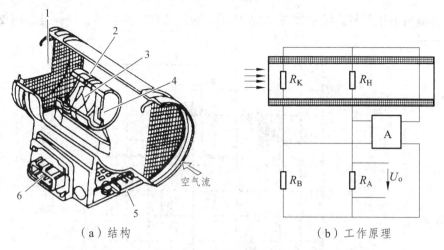

（a）结构　　　　　　　　　　　（b）工作原理

图 2.34　热线式空气流量传感器结构和工作原理

1—防护网；2—取样管；3—铂金热线；4—温度补偿电阻；5—控制电路板；6—电接头

　　流量传感器的前后端均装有金属防护网，前面的用于进气整流，后面的用于防止发动机回火时把铂丝烧坏。防护网用卡箍固定在壳体上。流量传感器的铂丝和进气温度传感器都安装在主气道中的取样管内，这种传感器称为主通式热线空气流量传感器。热线式空气流量传感器在使用一段时间后，由于铂丝表面受空气尘埃玷污，造成热辐射能力降低而影响传感器的测量精度，因此控制电路中设计有"自洁电路"来实现自洁功能。每当 ECU 接收到发动机熄火的信号时，ECU 将控制自洁电路接通，将铂丝加热到 1000 ℃ 左右，并持续 1 s 时间，使黏附在铂丝上的尘埃烧掉。另一种防止铂丝玷污的方法是提高其表面温度，一般将表面温度设定在 200 ℃ 以上，以便烧掉玷污物。

　　热线式空气流量传感器大多是模拟电压信号传感器，多数热线式空气流量传感器在空气流量增大时，输出电压也随之升高。热线式空气流量传感器内部温度补偿电路比较复杂，输出电压信号被送到 ECU，ECU 根据这个信号来计算发动机负荷，判定燃油供给量和点火正时等。

　　（2）热线式空气流量传感器的工作电路（见图 2.35）。

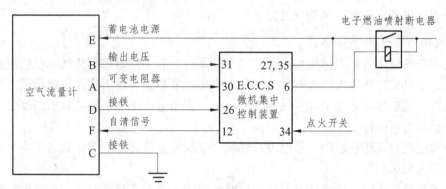

图 2.35　热线式空气流量传感器工作电路

　　（3）波形测量。

　　关闭所有附属电气设备，启动发动机，并使其怠速运转。怠速稳定后，检查怠速时空气流量传感器输出电压信号,波形如图 2.36 所示。做加速和减速试验,应有类似图 2.36 中所示的波形出现。

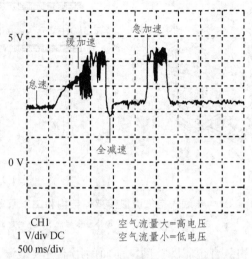

CH1
1 V/div DC
500 ms/div

空气流量大=高电压
空气流量小=低电压

图 2.36　热线式空气流量传感器波形分析

（4）波形分析。

与维修资料中输出电压的正确参考值进行比较,通常热线式空气流量传感器输出的电压范围,是从怠速时超过 0.2 V 升至油门全开时的 4 V 以上,全减速时的输出电压应比怠速时的电压稍低些。

发动机运转时,波形的幅值在不断地跳动,这是正常的。由于热线式空气流量传感器中没有任何机械运动部件,所以它的测量值不会受到运动部件惯性因素的影响,因此它能快速地对空气流量的变化做出反应。在图 2.36 中所示的发动机加速时波形中的杂波,是由各缸进气口上的空气流脉动引起的,这是正常的,一般 ECU 中的处理电路会清除这些杂波信号。

不同车型其传感器输出电压有一定的差异。根据怠速时输出电压是否为 0.25 V,可以判断空气流量传感器的好坏。许多劣质的空气流量传感器会出现在怠速时输出电压太高,而在节门全开时输出电压又不到 4 V 的现象。另外,当其他系统正常时,根据混合气是否正常或发动机是否冒黑烟,也可以判断空气流量传感器的好坏。

4）热膜式空气流量传感器

热膜式空气流量传感器结构如图 2.37 所示。其结构和工作原理与热线式空气流量传感器基本相同,只是把发热体由热线改为热膜。热膜是把发热金属铂固定在树脂薄膜上构成的。这种结构可使发热体不直接承受空气流动所产生的作用力,增加了发热体的强度,提高了空气流量传感器的可靠性。

热膜式空气流量传感器的工作原理与热线式空气流量传感器的工作原理基本相同。其产生的信号多为模拟信号。

热线式和热膜式空气流量传感器的响应速度很快,能在数毫秒时间内反映出空气流量的变化,因此其测量精度不会受到进气脉动的影响(气流脉动在发动机大负荷、低转速时最为明显),测量精度高。因其测量的是空气流量,避免了因海拔不同引起的误差。此外,它还具有进气阻力小，无磨损部件，使用寿命长等优点。

当空气流量传感器出现故障时，发动机启动困难，怠速不稳，容易熄火，加速性能差，但有备用系统时，故障征兆能有所缓解。

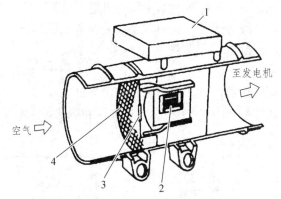

图 2.37　热膜式空气流量传感器结构

1—控制电路；2—热膜；3—进气温度传感器；4—金属网

2. 进气压力传感器

进气压力传感器用于 D 型汽油喷射系统中。它在汽油喷射系统中所起的作用和空气流量传感器相似。进气压力传感器根据发动机的负荷状态测出进气歧管内的绝对压力（真空度），并转换成电压信号，与转速信号一起输送到电控单元（ECU），作为确定基本喷油量的依据。在当今发动机电子控制系统中，应用较广泛的有半导体压敏电阻式、真空膜盒式两种。另外电容式、表面弹性波式应用很少。

1）半导体压敏电阻式进气压力传感器

（1）结构及工作原理。

半导体压敏电阻式进气歧管绝对压力传感器如图 2.38 所示，它由压力转换元件（硅膜片）和把转换元件输出信号进行放大的混合集成电路组成。压力转换元件是利用半导体的压阻效应制成的硅膜片。硅膜片的一侧是真空室，另一侧导入进气歧管压力，所以进气歧管内绝对压力越高，硅膜片的形变越大，其形变量与压力成正比。附着在薄膜上的应变电阻的阻值则产生与其变形量成正比的变化。利用这种原理，可把进气歧管内压力的变化变换成电信号。

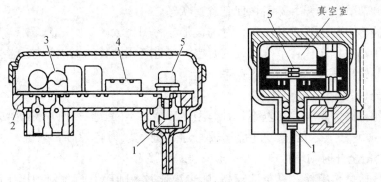

图 2.38　半导体压敏电阻式进气歧管绝对压力传感器

1—滤清器；2—塑料外壳；3—MFI 燃油滤清器；4—混合集成电路；5—压电转换元件

除了表面弹性波式（SAW）进气压力传感器是数字输出信号以外，几乎所有的进气压力传感器的输出信号都是模拟量信号。当用示波器测试进气压力传感器时，模拟量信号和数字量信号的设定和步骤也是不同的。

模拟量进气压力传感器的工作原理，是将发动机进气管的压力（真空度）转变为可变的电压输出信号。一般都是三线传感器，其中两条线是参考电源的正、负极，参考电源的电压为 5 V，剩下的一条是输入 ECU 的信号线。

（2）波形测量。

关闭汽车所有附属电气设备，启动发动机，并使其怠速运转。当怠速运转稳定后，检查怠速输出信号的电压，其波形如图 2.39 所示。做加速和减速试验，应有类似图 2.39 中所示的波形出现。

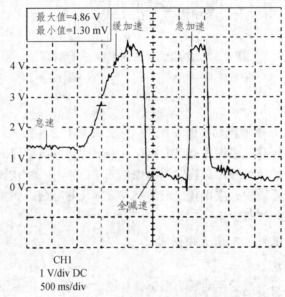

CH1
1 V/div DC
500 ms/div

图 2.39　模拟量输出进气压力传感器波形

先将发动机转速从怠速加到节气门全开（注意：加速时不宜过急，缓缓加速），并保持约 2 s，不应超速。

再减速回到怠速状况，持续约 2 s。

再急加速到节气门全开，然后再回到怠速状态。

然后定住波形，仔细观察其波形，并与波形参考图比较。

也可以用手动真空泵代替节气门处的真空，对进气压力传感器进行抽真空测试，即观察真空表读数值与输出电压信号的对应关系。

（3）波形分析。

从汽车专用维修资料中，可查到各种车型传感器在不同真空度时所对应的输出电压值，将这些参数与示波器显示的波形进行比较。通常进气压力传感器的输出电压在怠速时为 1.25 V，当节气门全开时则略低于 5 V，全减速时则接近 0 V。

大多数进气压力传感器在真空度较高时（全减速时 80 kPa），产生对地电压信号接近 0 V；而真空度较低时（接近大气压、全负荷 10 kPa 时），产生的电压信号接近 5 V。有些进气压力传感器设计成相反方式，即当真空度增高时输出电压增高，真空度降低时输出电压也降低。进气压力传感器工作时，波形的幅度应保持在接近特定的真空度范围内，波形幅度的变化也不应有较大的偏差。当传感器的输出电压不能随发动机真空度变化时，从波形图中能明显地看出来，这时发动机运转也会不正常。

2）真空膜盒传动式进气管压力传感器

真空膜盒传动式进气管压力传感器的结构和工作原理如图2.40、图2.41所示。真空膜盒传动式进气管压力传感器的结构主要由膜盒、铁心、感应线圈和电子电路等组成。膜盒由薄金属片焊接而成，其内部被抽成真空，外部与进气歧管相通。外部压力变化将使膜盒产生膨胀和收缩的变化。置于感应线圈内部的铁心和膜盒联动。感应线圈由两个绕组构成，其中一个与振荡电路相连，产生交流电压，在线圈周围产生磁场；另一个为感应绕组，产生信号电压。当进气管压力变化时，膜盒带动铁心在磁场中移动，使感应线圈产生的信号电压随之变化，该信号电压由电子电路检波、整形和放大后，作为传感器的输出信号送至ECU。

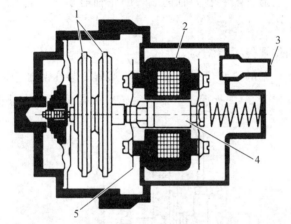

图2.40　真空膜盒传动式进气管压力传感器的结构

1—膜盒；2—感应线圈；3—至进气歧管；4—铁心；5—回位弹簧

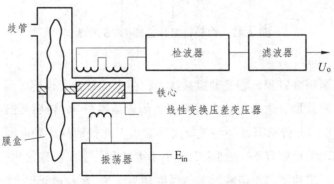

图2.41　膜盒传动式进气管工作原理

3. 曲轴和凸轮轴位置传感器

1）曲轴位置传感器（CPS）和凸轮轴位置传感器（CIS）的功用与形式

曲轴位置传感器（CPS）又称为发动机转速与曲轴转角传感器，安装在曲轴的前部、中部或飞轮上，其作用是采集曲轴转动角度信号、曲轴位置信号和发动机转速信号，并输入控制单元，以便确定点火时刻和喷油时刻。

凸轮轴位置传感器又称为判缸传感器，为了区别于曲轴位置传感器（CPS），凸轮轴位置传感器一般都用 CIS 表示。凸轮轴位置传感器安装在凸轮轴的前部、后部或分电器内，其作用是采集进气凸轮轴的位置信号，并输入控制单元 ECU，以便控制单元 ECU 识别 1 缸压缩上止点，从而进行顺序喷油控制、点火时刻控制和爆震选择控制。此外，凸轮轴位置信号还用于发动机启动时识别出第一次点火时刻。因为凸轮轴位置传感器能够识别出是哪一缸活塞即将到达上止点，所以称其为判缸传感器。凸轮轴与曲轴位置传感器的结构原理完全相同，检测方式也相同。

曲轴位置传感器和凸轮轴传感器所采用的结构随不同的车型而不同，它可以分为磁感应式、光电式和霍尔式 3 大类。大多数汽车将这两种传感器制成一体，且这两种传感器同类型时工作原理完全相同，它通常安装在曲轴前端、凸轮轴前端、飞轮上或分电器内。

2）磁感应式曲轴位置传感器

（1）磁感应式曲轴位置传感器结构。

桑塔纳 2000GSi 型轿车的磁感应式曲轴位置传感器安装在曲轴箱内靠近离合器一侧的缸体上，结构及安装部位如图 2.42 所示，主要由磁感应式传感器和信号转子组成。

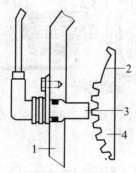

图 2.42 曲轴位置传感器 CPS 的结构

1—缸体；2—齿缺（基准标记）；3—传感器磁头；4—信号转子

磁感应式传感器用螺钉固定在发动机缸体上，由永久磁铁、传感线圈和线束插头组成。传感线圈又称为信号线圈，永久磁铁上带有一个传感器磁头 3，传感器磁头正对安装在曲轴上的齿盘式信号转子 4，传感器磁头与磁轭（导磁板）连接而构成导磁回路。在齿盘式信号转子的圆周上间隔均匀地制有 58 个凸齿、57 个小齿缺和一个大齿缺输出基准信号，对应于 1 缸或 4 缸上止点前一定角度。大齿缺所占的弧度相当于两个凸齿和三个小齿缺所占的弧度。因为每个凸齿和小齿缺所占的曲轴转角均为 3°，所以大齿缺所占的曲轴转角为 15°。

曲轴位置传感器 G28 与控制单元 J220 的连接如图 2.43 所示。端子 1 为转速与转角信号正极，与控制单元 56 端子连接；端子 2 为转速与转角信号负极，与控制单元 63 端子连按；端子 3 为屏蔽线端子，与控制单元 67 端子连接。

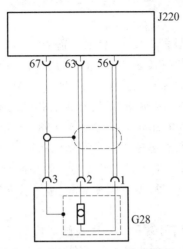

图 2.43　曲轴位置传感器 G28 与控制单元 J220 的连接

（2）磁感应式传感器的工作原理。

当信号转子的凸齿接近磁头时，凸齿与磁头间的气隙减小，磁路磁阻减小，磁通量增大，磁通变化率增大，所以感应电动势 E 为正（$E>0$）。

当信号转子凸齿的中心线与磁头的中心线对齐时，虽然信号转子凸齿与磁头间的气隙最小，磁路的磁阻最小，磁通量最大，但是由于磁通量不可能继续增加，因此磁通变化率为零，感应电动势 E 为零（$E = 0$）。

当信号转子凸齿离开磁头时，信号转子凸齿与磁头间的气隙增大，磁路磁阻增大，磁通量减小，所以感应电动势 E 为负值（$E<0$）。

信号转子每转过一个凸齿，传感线圈中就会产生一个周期的交变电动势（电动势出现一次最大值和一次最小值），传感线圈相应地输出一个交变电压信号。因为信号转子上有一个大齿缺，所以当大齿缺转过磁头时，信号电压所占的时间较长，即输出信号为一宽脉冲信号，如图 2.44 所示。该信号对应于 1 缸或 4 缸上止点前一定角度。控制单元 ECU 接收到宽脉冲信号时，便可知道 1 缸或 4 缸上止点位置即将到来，至于即将到来的是 1 缸还是 4 缸，则需根据凸轮轴位置传感器输入的信号来确定。由于信号转子上有 58 个凸齿，因此信号转子每转一圈（发动机曲轴转一圈），传感线圈就会产生 58 个交变电压信号，并输入给电子控制单元 ECU。

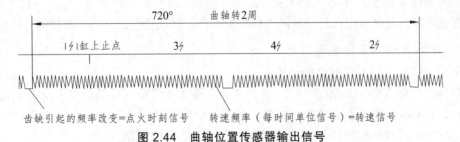

图 2.44　曲轴位置传感器输出信号

磁感应式传感器的突出优点是不需要外加电源，永久磁铁起着将机械能变换为电能的作用，其磁能不会损失。当发动机转速变化时，转子凸齿转动的速度将发生变化，铁芯中的磁通变化率也将随之发生变化。转速越高，磁通变化率就越大，传感线圈中的感应电动势也就越高。

① 曲轴转速的检测。

每当信号转子随发动机曲轴转动一圈，传感线圈就会向控制单元 ECU 输入 58 个脉冲信号。因此，ECU 每接收到曲轴位置传感器 58 个信号，就可知道发动机曲轴旋转了一圈。如在 1 min 内 ECU 每接收到曲轴位置传感器 116 000 个信号，ECU 便可计算出曲轴转速为 2000 r/min（$n = 116\ 000/58 = 2000$）；如 ECU 每分钟接收到曲轴位置传感器 290 000 个信号，ECU 便可计算出曲轴转速为 5000 r/min（$n = 290\ 000/58 = 5000$）。依次类推，ECU 根据每分钟接收 CPS 脉冲信号的数量，便能迅速计算出发动机曲轴旋转的转速。

发动机转速信号和负荷信号是电控系统最重要、最基本的控制信号，ECU 根据这两个信号就能计算出以下三个基本控制参数：基本喷油时间、基小点火提前角、点火闭合角（导通角）。

② 曲轴转角的检测。

因为曲轴位置传感器 CPS 信号转子上的大齿缺对应的信号为基准信号，所以控制单元 ECU 控制喷油时间和点火时间是以大齿缺对应的信号为基准的。信号转子上每个凸齿和每个小齿缺所占的曲轴转角均为 3°，大齿缺所占的曲轴转角为 15°，所以控制单元 ECU 接收到大齿缺对应的信号后，其内部分频电路将凸齿信号和小齿缺信号进行分频处理，便可得到曲轴转角信号。如将 3°分成 3 等份，则每等份所曲轴转角即为 1°，从而便可精确控制点火时间、喷油时间和点火线圈初级绕组导通角。

③ 曲轴转角的控制。

在电控系统中，控制单元 ECU 控制喷油时间、点火线圈初级绕组导通角等参数都是通过控制时间来进行控制的，因此需要说明曲轴转角与时间的对应关系。例如，当发动机工作在 2000 r/min 转速时，曲轴位置传感器输入控制单元 ECU 的信号为 116 000 个凸齿信号（2000×58 = 116 000 个高电平信号）、114 000 个小齿缺信号（2000×57 = 114 000 个低电平信号）和 2000 个大齿缺信号（2000×1 = 2000 个低电平信号）。曲轴每转一圈所占的时间为：60 000/2000 = 30 ms，58 个凸齿和 57 个齿缺所占的时间为：30/120×（58 + 57）= 28.75 ms，一个大齿缺相当于 5 个凸齿或小齿缺，所占的时间为：30/120×5 = 1.25 ms，每个凸齿信号或小齿缺信号所占时间为：28.75/115 = 0.25 ms，因为一个凸齿或一个小齿缺信号所占曲轴转角为 3°，所以每 1°曲轴转角所占时间为：0.25×1°/3°≈0.083 ms。设大齿缺信号后第一个凸齿信号对应于上止点前 60°（相当于提前 0.083×60≈5.0 ms），1 缸点火提前角为上止点前 20°（相当于提前 0.083×20≈1.67 ms），那么控制单元 ECU 接收到 1 缸上止点前的基准信号（大齿缺信号）后 3.33 ms（5.0 − 1.67 = 3.33 ms）时刻，向点火控制器发出指令，切断初级绕组电流，使次级绕组产生高压电，在火花塞电极之间跳火点燃可燃混合气，从而实现提前 20°点火。

3）霍尔式曲轴位置传感器

（1）霍尔式曲轴位置传感器的结构。

切诺基吉普车 2.5 L（四缸）、4.0 L（六缸）电控燃油喷射式发动机采用了霍尔式曲轴位置传感器，它安装在变速器壳体上，如图 2.45 所示。该传感器向计算机提供发动机转速与曲轴位置（转角）信号，作为计算喷油时间和点火时刻的重要依据之一。

2.5 L 四缸电控发动机的飞轮上制有 8 个凹槽，如图 2.46（a）所示。8 个凹槽分成两组，每 4 个槽为一组，两组之间相隔角度为 180°，同一组中相邻两个凹槽之间间隔角 20°。4.0 L 六缸电控发动机的飞轮上制有 12 个凹槽，如图 2.46（b）所示。12 个凹槽分成三组，每 4 个槽为一组，相邻两组之间间隔角度为 120°，同一组中相邻两个凹槽之间间隔角度为 20°。

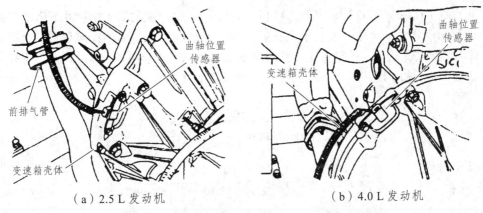

（a）2.5 L 发动机　　　　　　　　　（b）4.0 L 发动机

图 2.45　切诺基吉普车曲轴位置传感器的安装位置

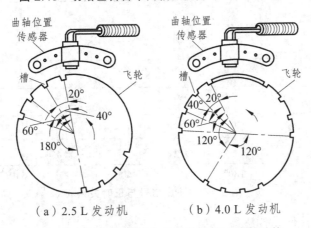

（a）2.5 L 发动机　　　　（b）4.0 L 发动机

图 2.46　切诺基吉普车曲轴位置传感器的结构

（2）霍尔式曲轴位置传感器的工作原理。

发动机飞轮相当于传感器的信号转子。根据差动霍尔式传感器的工作原理可知，当发动机飞轮上的凹槽转过霍尔传感器头部时，凹槽与磁头之间的气隙就会发生变化，在传感器的信号电路中就会产生霍尔电压。传感器输出的信号电压高电平为 5 V，低电平为 0.3 V。

① 曲轴转速的检测。飞轮上的每一组槽转过霍尔传感器头部时，传感器信号电路中就会产生一组共 4 个脉冲信号。其中，四缸发动机每转一圈产生两组共 8 个脉冲信号；六缸发动机每转一圈产生三组共 12 个脉冲信号。对于四缸发动机，计算机每接收到 8 个信号，即可知道曲轴旋转了一圈，再根据接收 8 个信号所占用的时间，就可计算出曲轴转速。对于六缸发动机，计算机每接收到 12 个信号，即可知道曲轴旋转了一圈，再根据接收 12 个信号所占用的时间，就可计算出曲轴转速。

② 曲轴转角的检测。电子控制系统控制喷油和点火时，都有一定的提前角，因此需要知道活塞接近上止点的位置。切诺基吉普车在每组信号输入计算机时，可以知道有两个汽缸的活塞即将到达上止点位置。例如：在四缸发动机控制系统中，利用一组信号，计算机可知 1、4 缸活塞接近上止点；利用另一组信号，可知 2、3 缸活塞接近上止点。在六缸发动机控制系统中，利用一组信号，可知 1 与 6 缸、2 与 5 缸、3 与 4 缸活塞接近上止点。由于第 4 个槽产生的脉冲下降沿对应于活塞上止点前 4°（4°BTDC），因此第 1 个槽产生的脉冲信号下降沿对

应于上止点前 64°（64°BTDC），如图 2.47 所示。当 1、4 缸对应的第 1 个脉冲下降沿到来时，计算机即可知道此时 1、4 缸活塞位于上止点前 64°，从而便可控制喷油提前角和点火提前角。但是，仅有曲轴转角信号，计算机还不能确定是哪一缸位于压缩冲程，哪一缸位于排气冲程，为此还需要一个汽缸判别信号，即需要一只凸轮轴位置传感器。

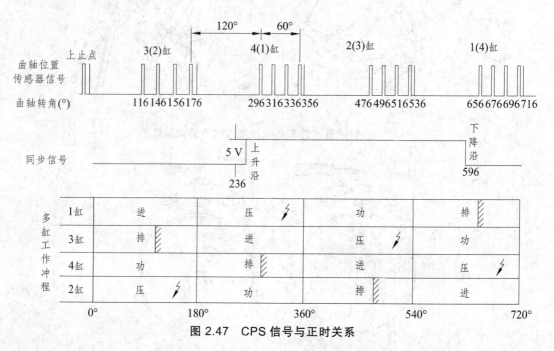

图 2.47　CPS 信号与正时关系

4）光电式凸轮轴位置传感器

下面介绍日产公司光电式凸轮轴位置传感器的结构和工作原理。日产公司光电式凸轮轴位置传感器设置在分电器内，它由信号发生器和带缝隙光孔的信号盘组成，如图 2.48 所示。信号盘安装在分电器轴上，其外围有 360 条缝隙，每条缝隙产生 1°凸轮轴转角信号；外围稍靠内侧分布着 6 个光孔（间隔 60°），产生 120°信号，其中有一个较宽的光孔是产生对应第 1 缸上止点的 120°信号的，如图 2.49 所示。

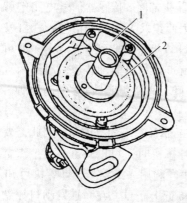

图 2.48　光电式凸轮轴位置传感器

1—曲轴转角传感器；2—信号盘

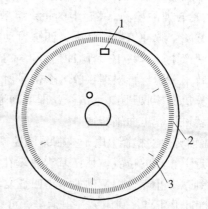

图 2.49　信号盘的结构

1—120°信号孔（第 1 缸）；2—1°信号缝隙；3—120°信号孔

信号发生器安装在分电器壳体上，主要由两只发光二极管、两只光敏二极管和电子电路组成，如图2.50所示。两只发光二极管分别正对着光敏二极管，发光二极管以光敏二极管为照射目标。信号盘位于发光二极管和光敏二极管之间，当信号盘随发动机凸轮轴运转时，因信号盘上有光孔，产生透光和遮光的交替变化，造成信号发生器输出表示凸轮轴位置和转角的脉冲信号。如图2.51所示为光电式信号发生器的作用原理。

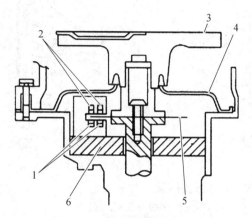

图2.50 信号发生器的布置

1—光敏二极管；2—发光二极管；3—分火头；
4—密封盖；5—转盘；6—电子电路

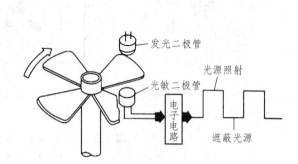

图2.51 光电式信号发生器作用原理

当发光二极管的光束照射到光敏二极管上时，光敏二极管因感光而导通；当发光二极管的光束被遮挡时，光敏二极管截止。信号发生器输出的脉冲电压信号经过电子电路放大整形后，即向电控单元输送曲轴转角1°信号和120°信号。因信号发生器安装位置的关系，120°信号在活塞上止点前70°输出。发动机曲轴每转2圈，分电器轴转1圈，则1°信号发生器输出360个脉冲，每个脉冲周期高电位对应1°，低电位亦对应1°，共表征曲轴转角720°。与此同时，120°信号发生器共产生6个脉冲信号。

4. 节气门位置传感器

节气门位置传感器（TPS）安装在节气门体上，用以检测节气门的开度，它通过杠杆机构与节气门联动，反映发动机节气门的开度及怠速、加速、减速和全负荷等不同工况。

1）开关量输出型节气门位置传感器

如图2.52所示为桑塔纳2000型轿车和天津三峰客车的开关触点式节气门位置传感器，它主要由活动触点、怠速触点、功率触点、节气门轴、控制杆、导向凸轮及导向凸轮槽等组成。活动触点可在导向凸轮槽移动，导向凸轮由固定在节气门轴上的控制杆驱动。怠速时，活动触点（Vc）与怠速触点（IDL）相接触，以反映节气门处于全关闭状态；全负荷时，活动触点与功率触点（PSW）相接触，以反映节气门处于大开度的状态；部分负荷时，活动触点与任一触点都不接触。这种传感器的不足之处是两头灵敏，中间稍显不足。

2）线性可变电阻输出型节气门位置传感器

奥迪100轿车（V6发动机）即采用了这种传感器，如图2.53所示，它有两个与节气门轴同轴的触点，一个触点可在可变电阻器上滑动，将节气门开度值转化为电压值；另一个专门用于确定节气门完全关闭时的位置，提供准确的怠速信号。设置怠速触点，不但可以精确地确定怠速工况，而且可以用怠速时的电压值对反映节气门开度的电压值进行修止，以提高控制精度。它与 ECU 的连接线路如图 2.54 所示。

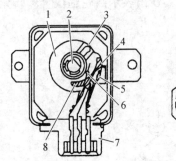

（a）桑塔纳 2000 型轿车节气门位置传感器结构

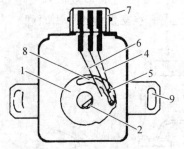

（b）工作示意图

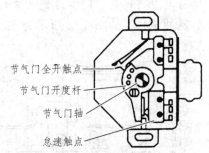

节气门全开触点

节气门开度杆

节气门轴

怠速触点

（c）天津三峰客车节气门位置传感器结构

图 2.52　开关量输出型节气门位置传感器

1—导向凸轮；2—节气门轴；3—控制杆；4—活动触点；5—怠速触点；
6—功率触点；7—导线插头；8—导向凸轮槽；9—调整螺钉槽

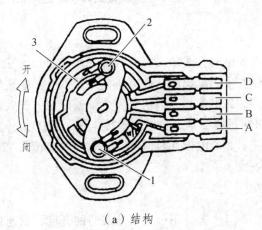

（a）结构

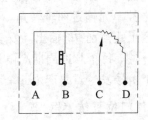

（b）电路

图 2.53　线性可变电阻输出型节气门位置传感器

1—怠速开关滑动触点；2—线性电阻器滑动触点；3—电阻体；
A—基准电压；B—节气门开度信号；C—怠速信号；D—接地

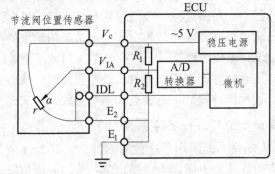

图 2.54　线性可变电阻输出型节气门位置传感器与 ECU 的连接线路

（1）波形测量。

接通点火开关，发动机不运转，慢慢地让油门从怠速位置到全开，并重新回至油门全闭。反复几次，动作要慢。所测波形如图 2.55 所示。

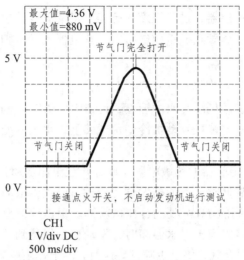

图 2.55　模拟式节气门位置传感器波形

（2）波形分析。

① 典型的线性节气门位置传感器波形如图 2.55 所示。准确的节气门位置传感器电压范围应通过厂家资料获取。其波形上不应有任何断点、对地尖峰或大波折，特别应注意在前 1/4 油门运动中的波形，因为这段通常是在驾驶中最常用到的传感器碳膜电位计上的部分，因此前 1/8 ~ 1/3 的碳膜往往最先磨损，从而使得波形出现异常输出信号。

有些车上有两个节气门位置传感器，一个用于主 ECU，另一个用于变速器控制。发动机节气门位置传感器的信号与变速器节气门位置传感器的信号相对应，变速器节气门位置传感器在怠速时产生的信号略低于 5 V，在节气门全开时则低于 1 V。有的汽车设计却刚好相反。

② 典型的线性节气门位置传感器故障波形如图 2.56 所示。该故障现象为在节气门转到

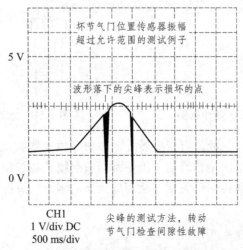

图 2.56　模拟式节气门位置传感器故障波形

小于半开处汽车会猛然窜动，然后又恢复正常。检测得知节气门位置传感器的波形成间歇性波动，并且不是每次节气门开闭时传感器都出现异常，有时甚至会良好地工作较长时间。

5. 温度传感器

温度传感器包括水温传感器、进气温度传感器、燃油温度传感器、排气温度传感器等。它有热敏电阻式、半导体晶体管式、扩散电阻式、热电偶式等多种形式。不过在汽车上广泛采用的是热敏电阻式。

1）水温传感器结构及工作原理（CTS、ECT）

水温传感器用于检测发动机冷却水的温度，其结构如图 2.57 所示。通常采用负温度系数热敏电阻检测水温。传感器安装在发动机冷却水通路上，水温的变化将引起电阻值的变化，水温升高，电阻值下降。

ECU 中的电阻与水温传感器的热敏电阻串联，热敏电阻的阻值发生变化时，所得 THW 处的分压值随之改变。水温低时，燃油蒸发性比较差，应供给浓的混合气。由于水温低，热敏电阻阻值大，ECU 检测到的 THW 处的分压值就高。根据该信号，ECU 增加燃油喷射量，使发动机的冷机运转性能得以改善。水温高时，发动机已经达到了正常工作温度，混合气形成条件比较好，可用较稀混合气，要求少喷油。这时，由于热敏电阻阻值随水温上升而降低，则 ECU 检测到了相应的小分压值，并依此信号减少喷油量。

如图 2.58 所示为冷却液温度传感器的工作电路。ECU 内部的 5 V（或 12 V）电压通过分压电阻 R 加在冷却液温度传感器内的热敏电阻上，再通过 ECU 搭铁构成回路。传感器信号为加在热敏电阻上的电压，温度越高，电阻越小，信号电压就越低；温度越低，电阻越大，信号电压就越高。信号电压为 5 V，表明传感器断路；信号电压为 0 V，表明传感器短路。

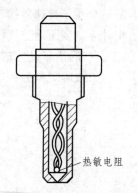

图 2.57　热敏电阻式水温传感器

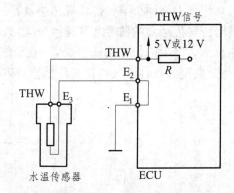

图 2.58　水温传感器的工作电路

冷却液温度传感器的常见故障有传感器外部破损、插接器插接不牢、导线断开、热敏电阻阻值不准确等。冷却液温度传感器信号不正常会引起喷油量控制、点火提前角控制、冷启动喷油量控制及废气再循环控制等失常，从而导致启动困难、怠速不稳、油耗上升和失速等故障。

2）进气温度传感器结构及工作原理（ATS、IAT）

进气温度传感器的结构与工作原理与水温传感器相同，也是采用热敏电阻检测进气的温度。无论 D 型 EFI 系统，还是采用叶片式空气流量传感器或卡门旋涡式空气流量传感器的 L 型 EFI 系统中，均应考虑空气密度对实际进气量的影响。空气密度是随空气的温度和压力的变化而变化的。进气温度传感器的作用就是检测进气温度，并将检测结果送 ECU，以便根据温度变化进行喷油量修正，获得最佳空燃比。

D 型 EFI 系统中进气温度传感器安装在空气滤清器壳体内或进气总管内。L 型 EFI 系统中的进气温度传感器装在空气流量传感器内或者进气总管内。

（1）进气温度传感器及其控制电路。

进气温度传感器的核心是负温度系数的热敏电阻（温度越高，电阻值越低，输出信号越低）。其结构、工作原理与冷却液温度传感器相同，其工作电路如图 2.59 所示。

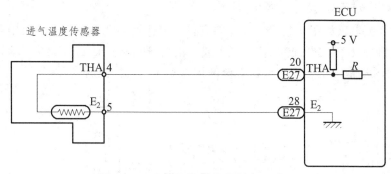

图 2.59 进气温度传感器的工作电路

（2）进气温度传感器的常见故障与危害。

进气温度传感器感受温度部分被废气返流污染，使传感器热敏元件感受进气温度变化的灵敏度下降，导致电阻值不能反映实际进气温度。可拆下传感器，用清洗剂清洗，晾干后可恢复正常。

传感器内部线路接触不良或传感器热敏元件性能不良，使传感器无信号或信号不正常。进气温度传感器信号失真时，ECU 对混合气浓度和点火提前角的修正会出现偏差，导致发动机动力不足、加速缓慢、怠速不稳，甚至会造成冷机时无怠速；会造成燃油经济性下降，出现爆燃现象；会影响到 ECU 对 EVAP 和 EGR 的控制精度。

在某特定的温度范围内发动机运转不正常，读取数据流时进气温度没有随热机连续升高，输出电压（温度信号）不时地被中断，说明进气温度传感器有故障，应更换。

6. 开关信号

1）启动开关信号（STA）

启动开关电路如图 2.60 所示。启动开关信号向 ECU 提供启动电路接通并工作的信息。用来判断发动机是否处于启动状态。在发动机启动时，进气管内混合气流速慢、温度低、燃油雾化差。为了改善发动机启动性能，在启动发动机时必须使混合气加浓。ECU 利用 STA 信号确认发动机处于启动状态，自动增加喷油量，进行加浓修正，同时对点火提前角也进行修正。

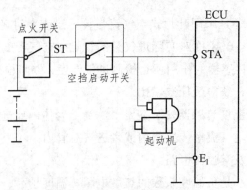

图 2.60 启动开关信号电路

2）空挡启动开关信号（NSW）

空挡启动开关电路如图 2.61 所示。在装有自动变速器的汽车上，ECU 根据空挡启动开关信号判别变速器是处于"P"或"N"（停车或空挡），还是处于"L""2""D"或"R"状态（行驶状态）。NSW 信号主要用于怠速系统的控制和起动机的控制。

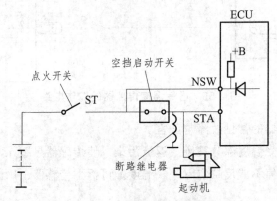

图 2.61 空挡启动开关信号

若自动变速器处于"L""2""D"或"R"等挡位行驶挡时，空挡启动开关断开；若自动变速器处于"P"或"N"挡位时，空挡启动开关闭合，发动机才能启动。

3）空调开关信号（A/C）

空调开关信号是用来检测空调压缩机是否工作的，它一般与空调压缩机电磁离合器电源接在一起。当空调开关打开，压缩机工作时，发动机负荷增大，A/C 开关向 ECU 提供高电平信号以控制发动机怠速时的喷油量、点火提前角和怠速转速等。

4）动力转向开关信号（PSW）

采用动为转向装置的汽车，当转向盘由中间位置向左、右转动时，由于动力转向油泵工作而使发动机负荷增大，并在此时动力转向开关接通，向 ECU 输入信号，以修正喷油量、点火提前角等。动力转向开关是一个压力开关，安装在动力转向系统的高压油路中。

5）制动开关信号

此开关在汽车制动时接通，向 ECU 提供高电平信号，ECU 根据这个信号对喷油量、点火正时、自动变速器等进行相应的控制。

7. 电控系统的基本检查程序

在对发动机电控系统进行故障检测诊断时，为了确定故障的性质和部位，少走弯路，在对汽车进行初步直观检查后，可按图2.62所示的基本检查程序进行检查。

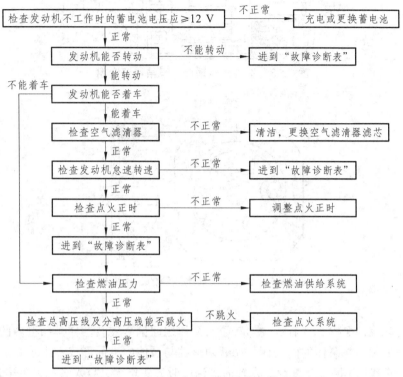

图 2.62　发动机电控系统的基本检查程序

2.3.3　主要执行器结构及工作原理

1. 电动汽油泵

1）电动汽油泵的构造与工作原理

电动汽油泵的作用是从油箱中吸入汽油，将油压提高到规定值，然后通过供给系统送到喷油器。

电动汽油泵为了能利用汽油进行冷却，通常将永磁式驱动电动机、泵体和外壳三部分做成一体。

按机械泵体结构的不同，电动汽油泵可分为滚柱式、蜗轮式、齿轮式和叶片式等。按安装位置的不同，电动汽油泵又可分为内装式和外装式。内装式电动汽油泵安装在油箱内部，其优点是不易产生气阻和泄漏，有利于热油输送，且工作噪声小和安全性高。外装式电动汽油泵串接在油箱外部的输送管路中，容易布置，但噪声大，且易产生气泡形成气阻。外装式一般采用滚柱式电动汽油泵。

（1）滚柱式电动汽油泵。

滚柱式电动汽油泵属于外装泵，主要由驱动电动机、滚柱泵、安全阀、单向阀和阻尼减振器等组成，如图2.63所示。滚柱式电动汽油泵的工作原理如图2.64所示。

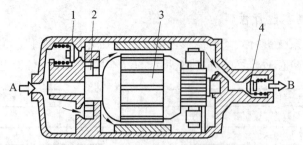

图 2.63　滚柱式电动汽油泵结构示意图

1—安全阀；2—滚柱泵；3—驱动电动机；4—单向阀；A—进油口；B—出油口

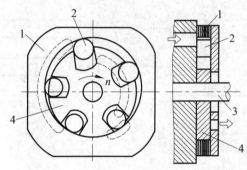

图 2.64　滚柱式电动汽油泵的工作原理

1—泵体；2—滚柱；3—轴；4—转子

滚柱式电动汽油泵中，装有滚柱的转子与泵体之间偏心安装。转子凹槽内的滚柱在旋转惯性力的作用下紧压在泵体的内表面。相邻两滚柱与泵体内表面形成一个油腔。在转子转动过程中，油腔的容积不断发生变化，在转向进油腔时容积增大，吸入汽油；在转向出油腔时，容积减小，压力升高并泵出汽油。

汽油喷射系统中，要求汽油泵供给比发动机最大喷油量还要多的汽油，因而汽油泵的最大工作压力比实际需求值大得多，但喷射系统中油压不能过高，故在汽油泵中设有安全阀。汽油泵工作压力升高到 400 ~ 500 kPa 时，安全阀打开，汽油泵出油腔与吸油腔相通，汽油在泵内循环，避免供油压力过高。

为防止发动机停转时供油压力突然下降而引起汽油倒流，在汽油泵出油口安装了单向阀。当发动机熄火时，汽油泵停止转动，单向阀关闭，这样在供油系统中仍有残余压力。油路中残余压力的存在有利于发动机再启动，并能避免高温时气阻现象的发生。

由于滚柱式电动汽油泵工作过程的非连续性，在油路中的油压有波动，因此在汽油泵出油端还装有阻尼减振器。阻尼减振器内的膜片和弹簧组成的缓冲系统吸收汽油的压力波，降低压力波动和噪声，提高其喷油控制精度。

（2）蜗轮式电动汽油泵。

蜗轮式电动汽油泵属内装泵，主要由驱动电动机、蜗轮泵、单向阀和安全阀等组成。其结构和工作原理如图 2.65 所示。

蜗轮式电动汽油泵的驱动电动机、单向阀和安全阀等的工作过程与滚柱式电动汽油泵相似。汽油泵体部分主要由一个或两个叶轮、外壳和泵盖组成。当叶轮旋转时，叶轮边缘的叶片把汽油从进油口压向出油口。

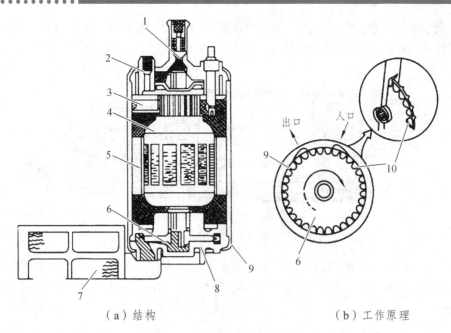

（a）结构 （b）工作原理

图 2.65 蜗轮式电动汽油泵

1—单向阀；2—卸压阀；3—电刷；4—电枢；5—磁极；6—叶轮；
7—滤网；8—泵盖；9—壳体；10—叶片

蜗轮式电动汽油泵的特点是供油压力的脉动小，供油系统中不需要设置减振器，因而易于实现小型化，适合装在油箱内，简化供油系统管路，降低噪声。由于它输送效率低，故主要用于低压且输送量大的场合。

（3）齿轮式和叶片式电动汽油泵。

齿轮式电动汽油泵（又称为转子泵）工作原理与滚柱式十分类似，主要是利用内外齿啮合过程中腔室容积大小的变化，将汽油以一定的压力泵出。由于泵腔数目较多，因而出油压力的波动较滚柱式小。

叶片式电动汽油泵的工作原理则类似于蜗轮式，主要利用液体之间的动能转换来实现汽油的输送和压力升高。叶片式和蜗轮式的主要区别在于叶轮的形状、数目和滚道布置。其优点是两者都能以蒸气和汽油的混合物运转，并能通过适当的放气口分离蒸气，防止气阻。

如图 2.66 所示分别为齿轮式和叶片式电动汽油泵工作原理图。

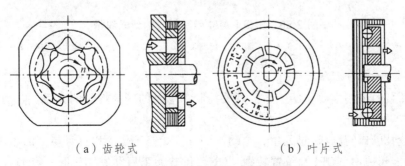

（a）齿轮式 （b）叶片式

图 2.66 电动汽油泵工作原理图

由于汽油极易汽化而形成气泡，引起泵油量明显减少，并导致汽油输送压力的波动，为此，电动汽油泵采用双级泵的结构形式。如图 2.67 所示为由一个永磁电动机驱动的双级泵。

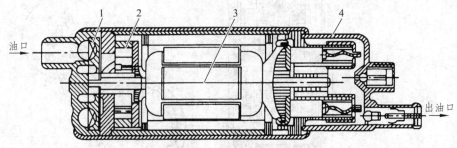

图 2.67　双级电动汽油泵

1—初级泵；2—主输油泵；3—永磁电动机；4—壳体

双级泵由初级泵和主输油泵组成。初级泵（一般为叶片泵）分离蒸气并以较低的压力输送到主输油泵。主输油泵一般为齿轮式或蜗轮式汽油泵，用以提高压力。双级泵具有良好的热输油性能。

（4）带引射泵的新式油箱。

在传统的汽油供给油路中，压力调节器常安装在汽油滤清器之后。一部分燃油通过喷油嘴喷入进气歧管，多余的燃油则通过压力调节器经回油管流回到油箱。丰田 96 款的 RAV4 车将压力调节器和回油管路均移装在油箱内，如图 2.68 所示，并加装回油滤清器和引射泵。

这主要考虑到马鞍形油箱位于后排座下方、传动轴的上方。当油箱液面较低时，油箱便分成 A、B 两腔，为了将 B 腔燃油吸到 A 腔，它利用从压力调节器流回的燃油在引射泵处产生真空吸力，从而将 B 腔油吸到 A 腔。

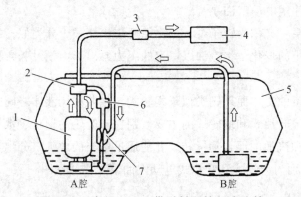

图 2.68　丰田 RAV4 带引射泵的新式油箱

1—油泵；2—压力调节器；3—滤清器；4—接发动机；5—油箱；6—回油滤清器；7—引射泵

2）电动汽油泵的控制

电动汽油泵的控制主要包括油泵的开关控制和油泵的转速控制两方面。电动汽油泵的控制电路应具有下列功能：

① 在发动机启动及运转过程中，电动汽油泵应始终工作，以保证足够的燃油压力。

② 当点火开关由"OFF"位置转到"ON"位置而未启动发动机时，电动汽油泵应能运转 3～5 s，使油路中充满压力燃油，以利于启动。

③ 当发动机熄火后，即使点火开关仍处于"ON"位置，电动汽油泵也应停止运转。

④ 有的发动机为了控制泵油量，还根据发动机的负荷和转速等情况，对电动汽油泵的转速进行控制。

（1）电动汽油泵开关的控制。

① 由点火开关和空气流量传感器内的油泵开关控制的电动油泵控制电路。这种电路用于早期采用叶片式空气流量传感器的波许 L 型汽油喷射系统，其电动汽油泵控制电路如图 2.69 所示。其中控制电动汽油泵电源的继电器有两组互相并联的电磁线圈，任一组线圈通电都会使继电器闭合。线圈 L_1 的一端接点火开关点火挡（IG 位置），另一端与叶片式空气流量传感器连接，通过流量传感器内的电动汽油泵开关搭铁。发动机不运转时，即使点火开关处于开启位置，由于没有进气，空气流量传感器的测量片没有偏转，油泵开关触点断开，故线圈 L_1 不通电，继电器触点断开，电动汽油泵也不运转；发动机运转时，进气流使测量片偏转，油泵开关触点闭合，线圈 L_1 通电，继电器触点闭合，油泵运转。

在线圈 L_1 上还并联着一个电容器。当发动机急减速或大负荷低速运转时，进气脉动有可能使测量片关闭而导致油泵开关触点断开，线圈 L_1 断电，电容器可在线圈 L_1 断电的瞬间向线圈 L_1 放电，使继电器触点保持闭合，防止电动汽油泵停转，保持油压稳定。

线圈 L_1 的一端还与油泵检查插座连接。该插座通常位于发动机附近，可用于检测电动汽油泵控制电路。将这一接头搭铁后，只要打开点火开关，不需要运转发动机，就能使电动汽油泵运转。

线圈 L_2 的一端接启动机或点火开关启动挡（ST 位置），另一端接地。当点火开关转至启动挡，启动发动机时，线圈 L_2 通电，继电器触点闭合。此时，电动汽油泵运转，为发动机提供压力燃油。

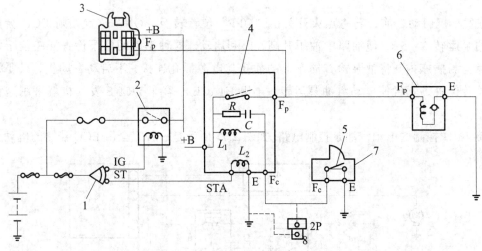

图 2.69　波许 L 型汽油喷射系统的电动汽油泵控制电路

1—点火开关；2—主继电器；3—检查插座；4—电动汽油泵继电器；5—油泵开关；
6—油泵；7—空气流量传感器；8—油泵检查开关

② 由点火开关和 ECU 共同控制的电动汽油泵控制电路。D 型 EFI 系统以及一些采用卡门涡轮式空气流量传感器的发动机采用这种控制电路。其油泵控制电路如图 2.70 所示。电动

汽油泵继电器由点火开关和 ECU 共同控制。继电器中也有两组线圈：一组线圈 L_2 直接由点火开关启动挡控制，在启动发动机时使油泵运转；另一组线圈 L_1 由 ECU 控制，在发动机启动后使汽油泵保持运转。发动机运转时，发动机转速信号（Ne）输入 ECU，ECU 内三极管 VT 导通，继电器线圈 L_1 通电。因此，只要发动机运转，继电器触点总是闭合的。ECU 通过发动机转速信号，来检测发动机的运转状态。如果发动机停止转动，三极管 VT 截止，继电器线圈 L_1 断电，其触点断开，电动汽油泵则停止工作。

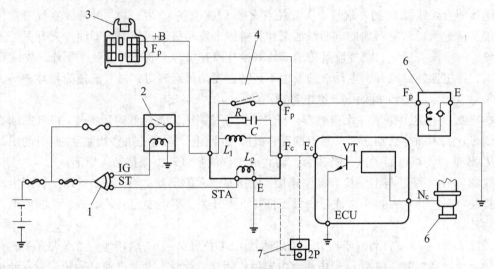

图 2.70　点火开关和 ECU 共同控制的电动汽油泵控制电路

1—点火开关；2—主继电器；3—检查插座；4—电动汽油泵继电器；5—油泵；6—分电器；7—油泵检查开关

在发动机启动之前，若将点火开关由 "OFF" 位置转至 "ON" 位置，则 ECU 会使电动汽油泵运转 3~5 s，使油路中油压升高，以利启动。这种类型的油泵检查插座位于发动机故障检测插座内。将油泵检查插座上的插孔与电源插孔连接，不启动发动机，只要将点火开关转位置，就可使电动汽油泵运转。丰田 HIACE 小客车 2RZ-E 发动机就采用这种控制电路。

③ ECU 控制的电动汽油泵控制电路。如图 2.71 所示是一种完全由 ECU 控制的电动汽油

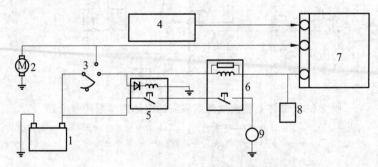

图 2.71　ECU 控制的电动汽油泵控制电路

1—蓄电池；2—启动机；3—点火开关；4—发动机转速传感器；5—主继电器；
6—电动汽油泵继电器；7—ECU；8—检查插座；9—电动汽油泵

泵控制电路。它的油泵继电器只有一组线圈，线圈的一端接点火开关，另一端由 ECU 控制。ECU 根据启动信号及曲轴位置传感器测得的发动机转速信号，控制电动汽油泵的工作。在发动机启动及运转时，使油泵继电器线圈通电，产生磁力，继电器触点闭合，电动汽油泵运转；在发动机未启动时，若将点火开关由 "OFF" 位置转到 "ON" 位置，ECU 会让电动汽油泵运转 3～5 s，以提高油路压力。目前，大部分欧美车型采用这种控制电路。

（2）电动汽油泵转速的控制。

发动机在低速或中小负荷下工作时，供油量相对较小时，需要油泵低速运转，以减少油泵的磨损、噪声以及不必要的电能消耗；发动机在高转速或大负荷下工作时，供油量较大，此时，需要油泵高速运转，以增加油泵的泵油量。一般油泵转速控制分低速和高速两级。目前常见的油泵转速控制方式有以下几种。

① 用电阻器控制的方式。如图 2.72 所示为电阻器式油泵转速控制电路。它在油泵控制电路中，增设了一个电阻器（降压电阻）和电阻器旁路继电器。发动机工作时，ECU 根据转速和负荷，对电阻器旁路继电器进行控制。通过电阻器旁路继电器是否串入油泵电路，就可达到控制油泵电动机上的不同电压，从而实现油泵转速的变化。

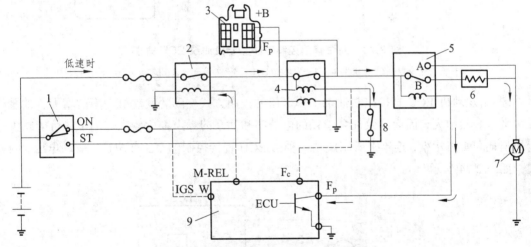

图 2.72　油泵转速控制电路（电阻器式）

1—点火开关；2—主继电器；3—检查插座；4—电动汽油泵继电器；5—电阻器旁路继电器；
6—电阻器；7—油泵电动机；8—油泵开关（空气流量传感器）；9—ECU

发动机在低速或中小负荷下工作时，电阻器旁路继电器触点 B 闭合，电阻器串入油泵电路中，油泵低速运转；当发动机在高速或大负荷下工作时，ECU 输出信号，切断电阻器旁路继电器线圈的电路，使继电器触点 A 闭合，此时电阻器被短路，油泵电动机直接与电源相通，油泵处于高速运转状态。

② 专用 ECU 控制的方式。采用这种控制方式时，为了对油泵进行控制，特别是对转速进行控制，专设一个油泵 ECU，如图 2.73 所示。油泵 ECU 对油泵转速（泵油量）的控制，也是通过控制加到油泵电动机上的不同电压来实现的。当发动机在启动阶段或在高速、大负荷下工作时，发动机 ECU 向油泵的 FPC 端输入一个高电位信号，此时油泵 ECU 的 Fp 端向油泵电动机供给较高的电压（相当于蓄电池电源电压），使油泵高速运转。发动机启动后，在

怠速或小负荷下工作时，发动机 ECU 向油泵 ECU 的 FPC 端输入一个低电位信号，此时油泵 ECU 的 Fp 端向油泵电动机供给低于蓄电池的电压（约 9 V），使油泵低速运转。当发动机的转速低于最低转速（如 120 r/min）时，油泵 ECU 断开油泵电路，使油泵停止工作，此时尽管点火开关处于接通状态，油泵也不工作。

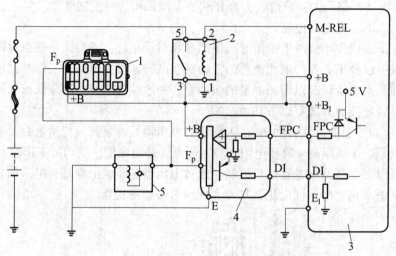

图 2.73 油泵转速控制电路（专设油泵 ECU 式）

1—检查连接器；2—主继电器；3—发动机 ECU；4—电动汽油泵 ECU；5—电动汽油泵

③ 由发动机 ECU 直接控制油泵工作电压的控制方式。随着发动机功率的增大，油泵的泵油量也必然增大，因而导致油泵消耗的电功率和油泵的噪声都比较大。为了尽可能减少电能的消耗和噪声污染，近年来研制成功一种由 ECU 直接控制油泵工作电压（驱动电压）的方式，如图 2.74 所示。

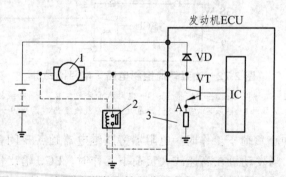

图 2.74 油泵工作电压控制电路（ECU 直接控制式）

1—电动汽油泵；2—主继电器；3—ECU

发动机工作时，发动机 ECU 原则上根据燃油消耗量、需要的回油量和供油装置的温度等通过内部的控制回路 IC，控制功率三极管 VT 进行高频率（约 20 kHz）的导通和截止，以控制 A 点的平均压降值（分压值），使油泵保持在所需的工作电压。油泵工作电压与发动机负荷成正比变化。ECU 在进行实际控制时，油泵的工作电压主要随发动机转速和喷油脉宽变化。如日产千里马 VG30E 发动机在下列各工况下的油泵工作电压值约为 13.4 V。

除以下几种工况外，油泵工作电压值为 9.4～13.4 V。

a. 点火开关转到"ON"位置后 5 s 内发动机被驱动时。

b. 发动机启动 25.5 s 内（温度超过 50 ℃）。

c. 发动机温度超过 90 ℃。

d. 发动机温度低于 10 ℃。

3）典型的汽油泵控制电路

以北京切诺基为例，其电动燃油泵的工作受自动切断继电器、电动汽油泵继电器、电阻器旁路继电器的控制，如图 2.75 所示。

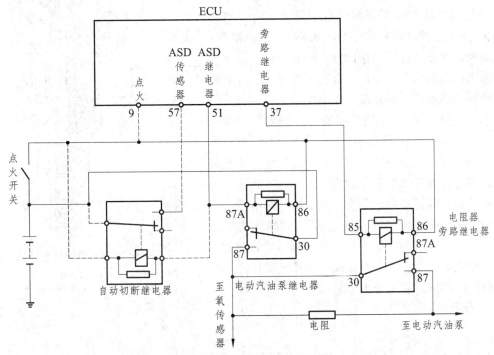

图 2.75　电动燃油泵控制电路

（1）自动切断（ASD）继电器的工作原理。当点火开关处于"ON"位置或"ST"位置时，ECU 使自动切断继电器接地的同时，将监测曲轴位置传感器的信号。如果 3 s 内未收到信号，ECU 会切断自动切断继电器线圈接地电路，从而使自动切断继电器和电动燃油泵继电器触点张开，切断点火线圈、喷射器和电动燃油泵电源电路。

（2）电动燃油泵继电器的工作原理。当点火开关处于"ON"位置或"ST"位置时，ECU 使电动燃油泵继电器线圈的接地电路接通，从而使蓄电池通往电动燃油泵的电源电路接通，电动燃油泵工作。如果 ECU 在 3 s 内未收到"启动"或"行动"信号，则切断电动燃油泵继电器线圈的接地电路，使电动燃油泵停止工作。启动前 3 s 接通是为了使燃油增压，打开开关 3 s 而不启动又自动切断是为了防止电动燃油泵不必要的工作。如果打开开关就启动正常运转，则图 2.75 中 87 A 点一直接地，电动燃油泵持续工作。

（3）电阻器旁路继电器随发动机负荷的变化，通过旁路电阻与旁路继电器的配合，改变电动燃油泵的工作电压及转速，进而改变供油量，适合当时的需求量。一般工况下，ECU 旁路继电器线圈的接地电路断开，旁路电阻串入燃油泵工作电路，电压低，转速低，油量少；大负荷或节气门全开及启动时，ECU 使电阻器旁路继电器线圈的接地电路接通，常开触点闭合使电阻短路，电源电压经旁路继电器直接向电动燃油泵供电，电压高，转速高，油量多。

2. 喷油器

喷油器的作用是根据 ECU 提供的电信号，控制燃油喷射。

1）喷油器的结构及工作原理

（1）结构。喷油器的结构如图 2.76 所示，它由滤网、电接头、电磁线圈、回位弹簧、衔铁和针阀等组成。轴针式喷油器针阀下部还有一段探入喷口的轴针。不喷油时，弹簧将针阀压紧在阀座上，防止滴漏；停喷瞬时，弹簧使针阀迅速回位，断油干脆。轴针式喷油器可使燃油以环状喷出，有利于雾化，且由于轴针在喷口中的不断运动使喷口不易阻塞。

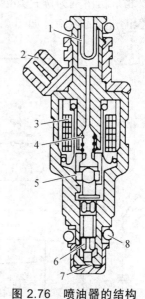

单点喷射（SPI）系统的喷油器位于节气门体空气入口处（油喷射在节气门的上边缘）；MPI 系统的喷油器通过绝缘垫圈安装在各进气歧管或进气道附近的缸盖上，并用供油总管固定。

喷油器有几种不同的分类方式。按用途不同，它可分为 SPI 系统用和 MPI 系统用两种；按燃料的输送位置不同，它可分为上部给油式和下部给油式两种；按喷口形式不同，它可分为孔式和轴针式两种；按电磁线圈阻值不同，它可分为低阻式和高阻式两种，如图 2.77 所示。

图 2.76　喷油器的结构

1—滤网；2—电接头；3—电磁线圈；4—回位弹簧；
5—衔铁；6—针阀；7—轴针；8—密封圈

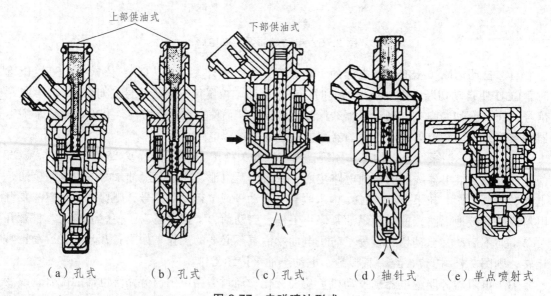

（a）孔式　　　（b）孔式　　　（c）孔式　　　（d）轴针式　　（e）单点喷射式

图 2.77　电磁喷油形式

（2）工作原理。ECU 的喷油控制信号将喷油器与电源回路接通时，电磁线圈通电并在周围产生磁场，吸引衔铁移动，而衔铁与针阀一体，因此针阀克服弹簧张力而打开，燃油即开始喷射。当 ECU 将电路切断时，吸力消失，弹簧使针阀关闭，喷射停止。

喷油量的多少取决于针阀行程、喷口截面积、喷射环境压力与燃油压力的压差及喷油时间。当各因素确定时，喷油量就取决于针阀的开启时间，即电磁线圈的通电时间，亦即喷油量由 ECU 控制。

2）驱动方式

喷油器的驱动方式分为电流驱动与电压驱动两种。电流驱动只适用于低阻喷油器，电压驱动既可用于低阻喷油器，又可用于高阻喷油器，如图 2.78 所示。

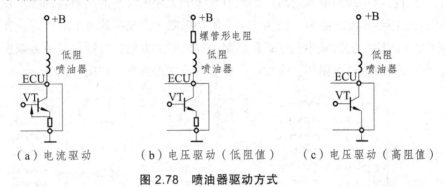

（a）电流驱动 （b）电压驱动（低阻值） （c）电压驱动（高阻值）

图 2.78 喷油器驱动方式

其中，低阻喷油器是指电磁线圈电阻值为 $2\sim5\ \Omega$ 的喷油器，高阻喷油器是指电磁线圈电阻值为 $12\sim17\ \Omega$ 的喷油器。

（1）电流驱动。如图 2.78（a）所示，在电流驱动回路中无附加电阻，低阻喷油器直接与蓄电池连接，通过 ECU 中的晶体管对流过喷油器电磁线圈的电流进行控制。由于无附加电阻，回路阻抗小，开始导通时，大电流使针阀迅速打开，使喷油器具有良好的响应性。针阀打开后，需要的保持电流较小，可以防止喷油器线圈发热，减少功率消耗。

如图 2.79 所示，喷油器由电流驱动时，蓄电池通过点火开关、安全保险主继电器（或 IHJ 熔丝）给喷油器和 ECU 供电。安全保险主继电器与 ECU 的 FS 端相接，经过 ECU 内部喷油器驱动电路接地。

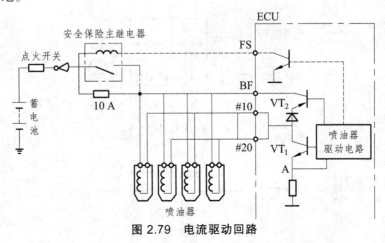

图 2.79 电流驱动回路

点火开关接通时，继电器触点闭合，喷油器驱动电路使 ECU 的 VT_1 导通。流过喷油器线圈的电流在 VT_1 极电阻上产生电压降。A 点电压到达设定值时，喷油器驱动电路使 VT_1 截止。当蓄电池电压为 14 V 时，打开针阀的峰值电流为 8 A，针阀达最大升程后处于稳定、静止状态，保持这一状态的电流为 2 A。此过程中 VT_1 以 20 kHz 的频率导通或截止，即电压变化频率为 20 kHz。VT_2 吸收由于 VT_1 导通和截止时在喷油器线圈中产生的反电动势，避免电流突然减小。由安全保险主继电器供电时，若喷油器线圈电流过大，继电器将自动断开，切断喷油器供电电源。

（2）电压驱动。电压驱动方式的原理如图 2.78（b）、（c）所示。电压驱动方式的驱动能力较低，可直接驱动线圈电阻值高，线圈匝数多，工作电流小的高阻喷油器。在电压驱动回路中使用低阻喷油器时，必须在回路中串入附加电阻。为使喷油器响应性好，在低阻喷油器中减少了电磁线圈匝数以减小电感；在回路中加入附加电阻，可以防止匝数减少后线圈中电流加大，造成线圈发热而损坏。附加电阻与喷油器的连接方式如图 2.80 所示。

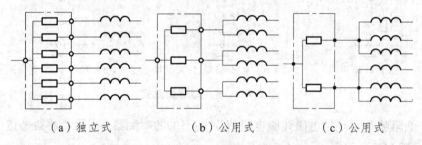

（a）独立式　　　　（b）公用式　　　　（c）公用式

图 2.80　附加电阻与喷油器的连接方式

（3）无效喷射时间。电压驱动方式使驱动回路的构成比电流驱动方式更为简单，但加入附加电阻使回路阻抗加大，导致流过线圈的电流减小，喷油器上产生的电磁引力降低，针阀开启迟滞时间长。针阀开启与喷油信号导通之间有一段迟滞时间，称为无效喷射时间，如图 2.81 所示。在几种驱动方式中，电流驱动的迟滞时间（无效喷射）最短，其次为电压驱动低阻型，电压驱动高阻型最长。

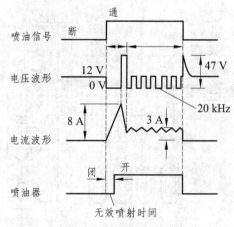

图 2.81　无效喷射时间

任务 2.4　发动机怠速控制系统

2.4.1　怠速控制装置的作用

电控汽油喷射发动机在怠速工况时，节气门近乎全闭，空气通过节气门缝隙及旁通气道进入发动机，由空气流量传感器（或进气压力传感器）检测进气量，并根据转速及其他修正信号控制喷油量，保证发动机的怠速运转。怠速控制装置就是要在发动机内部阻力矩不断变化的情况下，由 ECU 自动维持发动机以稳定怠速运转，并实现快怠速暖机过程。

2.4.2　怠速控制装置的分类

怠速控制的内容包括启动后控制、暖机过程控制、负荷变化的控制和减速时的控制等。怠速控制的实质是通过调节空气通道的流通面积来控制怠速的进气量。目前使用的怠速控制装置，按控制原理可分为节气门直动控制式和旁通空气控制式两类。

1. 节气门直动控制装置

节气门直动控制式直接通过对节气门最小开度的控制来控制怠速，一般运用在单点喷射系统中，不过在大众车系和部分丰田车型多点喷射系统中也有运用。

如图 2.82 所示为节气门直动控制装置的结构与工作原理图。由 ECU 控制直流电动机的正反转和转动量。直流电动机驱动减速齿轮并通过螺旋传动将转动量转变成直线移动，从而控制节气门开度的大小，达到控制怠速进气量和怠速的目的。

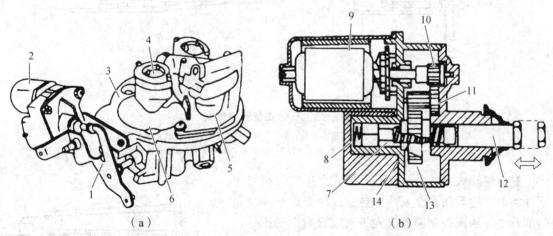

（a）　　　　　　　　　　　　　　（b）

图 2.82　节气门直动控制装置的结构与工作原理图

1—节气门操纵臂；2—怠速执行器；3、6—节气门；4—喷油器；5—调压器；7—防转孔；
8—弹簧；9—电动机；10、11、13—齿轮；12—传动轴；14—丝杠

这种控制形式的优点是结构简单，工作稳定性好，缺点是由于采用了齿轮减速机构导致执行速度慢，动态响应性差，机械磨损较大。

2. 旁通空气控制装置

旁通空气控制装置通过改变旁通流通面积来控制怠速进气量，以达到怠速控制的目的。它又分为两种形式，即机械控制方式的怠速空气阀（AAC）和电控的怠速控制阀（ISCV）。

（1）怠速空气阀（AAC）。

在冷启动时，发动机温度低，摩擦阻力大。为了减少发动机的暖机时间，通过怠速空气阀为发动机提供额外的空气（空气量也由空气流量传感器计量），使发动机快怠速运转，以减少暖机时间。当发动机变成暖机动作后，流经怠速空气阀的空气即被切断，发动机吸入的空气改由怠速控制阀的旁通通道供给，使发动机转入正常怠速运转。

常用的怠速空气阀有双金属片式和石蜡式两种。

石蜡式怠速空气阀在节气门体内，它根据发动机冷却水的温度，控制空气旁通气道截面积，控制力来自恒温石蜡的热胀冷缩。采用这种形式的怠速空气阀，导入发动机冷却水是必要条件，为了简化结构，大多采用与节气门体加热公用的冷却水管路一体化结构。如图2.83（a）所示为此一体化结构的总体构成，如图2.83（b）所示为石蜡式怠速空气阀的结构。发动机冷却水的温度较低时，恒温石蜡收缩，提动阀在外弹簧的作用下打开。随着温度的升高，恒温石蜡膨胀，推动连接杆使提动阀慢慢关闭，发动机怠速运转的转速下降。暖机后，提动阀将完全关闭其空气通道，发动机恢复至正常怠速。

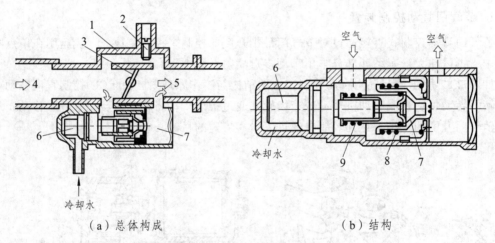

（a）总体构成　　　　　　　　　　　　　（b）结构

图2.83　石蜡式怠速空气阀

1—节气门体；2—怠速调整螺钉；3—节气门；4—来自空气燃油滤清器；
5—通往空气盒；6—恒温石蜡；7—提动阀；8—外弹簧；9—内弹簧

双金属片式怠速空气阀和石蜡式怠速空气阀工作原理类似，它利用双金属片的热胀冷缩变形来控制阀门的开度，从而控制额外进入进气歧管的空气流量，如图2.84所示。

目前在电控发动机的怠速控制中，双金属片式和石蜡式怠速空气阀已较少使用。

（2）怠速控制阀（ISCV）。

怠速控制阀（ISCV）不仅集中了节气门和由怠速

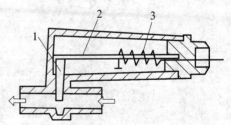

图2.84　双金属片式怠速空气阀

1—阀门；2—双金属片；3—电热丝

调整螺钉控制的旁通气道功能外，而且还能在 ECU 控制下，根据发动机的实际工况来改变怠速时流入发动机的空气量。例如，发动机摩擦力矩变化或其他因素致使发动机怠速转速发生变化时，ECU 可根据接收到的转速信号控制 ISCV 的开度，使转速维持恒定。

旁通空气式的怠速控制机构一般有以下三种。

① 转滑阀式怠速控制阀。如图 2.85、图 2.86 所示为旋转滑阀式怠速控制阀的结构与电路连接图。滑阀被装在电枢轴上，电枢轴上有两个线圈，旋转滑阀的转动角被限制为 90°。在实际运行时，ECU 将检测到的怠速转速实际值（转速传感器输入信号）与编程储存的设定目标值相比较，并根据结果向电枢轴上两线圈交替输出电压，利用电磁线圈的电磁力与永久磁铁的磁力相互作用，使旋转滑阀开度改变，以改变空气旁通道中空气的通过量，直到实际怠速转速与设定目标转速相同为止。

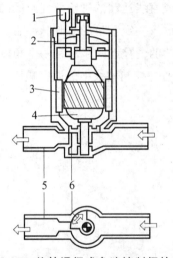

图 2.85　旋转滑阀式怠速控制阀的结构

1—电接头；2—外壳；3—永久磁铁；
4—电枢；5—空气旁通道；
6—旋转滑阀

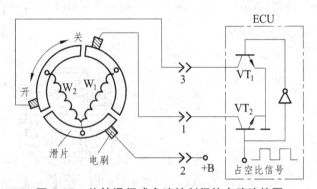

图 2.86　旋转滑阀式怠速控制阀的电路连接图

旋转滑阀式怠速控制阀主要部件有永久磁铁、电枢、旋转滑阀及螺旋回位弹簧、电刷及引线等。旋转滑阀固装在电枢轴上，与电枢轴一起转动，用以控制流过旁通气道的空气量。永久磁铁固装在外壳上，其间形成磁场。电枢位于永久磁铁的磁场中，电枢铁芯上缠有两组绕向相反的电磁线圈 W_1 和 W_2。当电磁线圈 W_1 通电时，电枢带动旋转滑阀顺时针偏转，空气旁通道截面关小；当电磁线圈 W_2 通电时，电枢带动旋转滑阀逆时针偏转，空气旁通道截面开大。电磁线圈 W_1 和电磁线圈 W_2 的两端与电刷集电环相连，经电刷引出与 ECU 相连接。如图 2.86 所示，电枢轴上的电刷集电环，类似电动机换向器结构，它由三段滑片围合而成，其上各有一电刷与之接触。电磁线圈 W_1 和 W_2 的两端分别焊接在相应的滑片上。当点火开关旋至"ON"位置时，接线插头"2"上即有蓄电池电压，电磁线圈 W_1 和 W_2 是否通电，则由 ECU 中控制电磁线圈 W_1 和 W_2 搭铁的三极管 VT_2 和 VT_1 的通断状态决定。由于占空比控制信号（一个脉冲周期中，其通电时间占脉冲周期的百分率）和三极管 VT_1 的基极之间接有反相器，故三极管 VT_1 和 VT_2 集电极输出的相位相反。因此，旋转滑阀式怠速控制阀上的两个电磁线圈总是交替地通过电流，又因两组线圈绕向相反，致使电枢上交替产生方向相反的电磁力矩。由于电磁力矩交变的频率较高（约 250 Hz），且电枢转动具有一定的惯性，所以旋转滑阀将根据控制信号的占空比摆动到一定的角度稳定下来。当占空比为 50% 时，电磁线圈 W_1 和 W_2 的平均通电时间相等，两者产生的电磁力矩抵消，电枢轴停止偏转。当占空比小于 50% 时，电磁线圈 W_1 平均通电时间长，其合成电磁力矩使电枢带动旋转滑阀顺时针偏转，空气旁通道截面关小，怠速降低；反之，当占空比大于 50% 时，空气旁通道截面开大，怠速升高。如此，旋转滑阀根据控制脉冲信号的占空比偏转，占空比的范围约为 18%（旋转滑阀关闭）～82%（旋转滑阀打开）。滑阀的偏转角度限制在 90° 内。

　　② 步进电动机式怠速控制阀。步进电动机式怠速控制阀结构如图 2.87 所示。它是由永久磁铁构成的转子、励磁绕组构成的定子和把旋转运动转变成直线运动的进给丝杠及阀门等部分组成的。步进电动机是一种角度执行机构，当控制系统输入一定数量的控制脉冲后，步进电动机按指定的方向旋转一定的角度。由于其转动是非连续的，控制一步转动一个角度，因而称为步进电动机。步进电动机中有几组电磁线圈，ECU 通过控制相线中的通电顺序，实现其正反转控制。

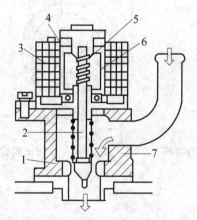

图 2.87　步进电动机式怠速控制阀结构

1—阀座；2—阀轴；3—定子；4—轴承；5—进给丝杠；6—转子；7—阀芯

　　如图 2.88 所示，步进电动机怠速控制阀的转子由 8 对磁极（永久磁铁）构成，N 极和 S 极相间排列。定子有 A、B 两个，每个定子有两个绕组，且各有 8 对爪极，每对爪极相差一个爪的相位角，如图 2.89 所示。爪极的极性是交换的，其极性由 ECU 控制相线绕组的电压脉冲决定。A、B 定子上两绕组分别为 1、3 相绕组和 2、4 相绕组，由 ECU 控制各相的搭铁（见图 2.90）。相线控制脉冲按 1→2→3→4 相顺序依次退后 90° 相位角通电，定子上 N 极向右移动，由于定子绕组爪极和转子永久磁铁的 N 极和 S 极互相吸引到最近距离，而定子的爪极极性随相线控制脉冲的变化而改变，所以转子将随之转动，以保持转子 N 极和 S 极相对齐（见图 2.91），转子正转；反之，相线控制脉冲按 4→3→2→1 相顺序依次退后 90° 相位角通电，定子 N 极向左移动，转子则反转（见图 2.91）。

转子一周分为 32 个步级进行，每个步级转动一个爪极的角度，即 11.25°（一般步进电动机为 0 ~ 125 个步级）

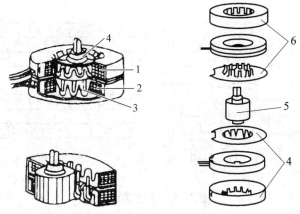

图 2.88　步进电动机结构

1—线圈 A；2—线圈 B；3—爪极；4—定子 B；5—转子；6—定子 A

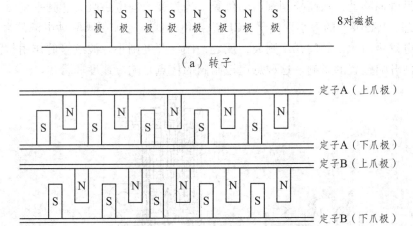

图 2.89　定子爪极的布置

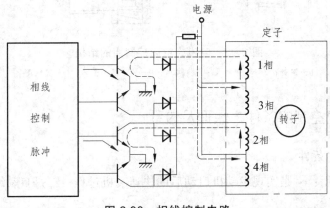

图 2.90　相线控制电路

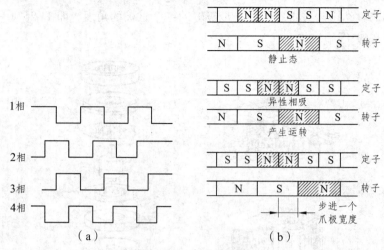

图2.91　步进原理图

③ 电磁式怠速控制阀。如图 2.92 所示为电磁式怠速控制阀的结构。这是一种脉冲线性电磁阀，它由电磁线圈、波纹管、阀轴及阀等主要部件构成。它利用电磁线圈产生的电磁吸力，使阀轴沿轴向移动，从而控制阀门的位置。当弹簧力与电磁吸力达到平衡时，阀门位置处于稳定状态。电磁吸力的大小取决于 ECU 送到电磁式怠速控制阀驱动电流的大小。当驱动电流大时，电磁吸力大，阀门开度则大；反之，阀门开度则小。波纹管的作用是消除阀门上下压差对阀门开启位置的影响。这种怠速控制阀的优点是响应速度非常快。

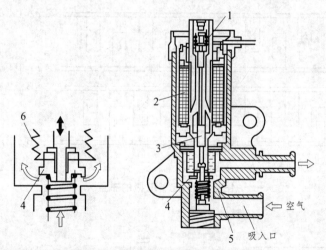

图2.92　电磁式怠速控制阀的结构

1—弹簧；2—电磁线圈；3—阀轴；4—阀；5—壳体；6—波纹管

2.4.3　怠速控制的条件、原理及过程

1. 怠速控制的条件

怠速控制的功用：一是实现发动机启动后的快速暖机过程；二是自动维持发动机怠速在目标转速下稳定运转。

怠速是指发动机在无负荷（对外无功率输出）情况下的稳定运转状态。怠速转速过高，会增加燃油消耗量。汽车在交通密度大的道路上行驶时，约有30%的燃油消耗在怠速阶段，因此怠速转速应尽可能降低。但考虑减少有害物的排放，怠速转速又不能过低。另外，怠速控制还应考虑所有怠速使用条件，如冷车运转与电器负荷、空调装置、自动变速器、动力转向伺服机构的接入等情况，它们都会引起怠速转速变化，使发动机运转不稳甚至引起熄火现象。

通常发动机输出负荷时，其转速是由驾驶员通过加速踏板改变节气门的位置，调节充气量来实现的。但在怠速时，驾驶员的脚已离开加速踏板，驾驶员要对充气量进行随机调节已无能为力。为此，在大多数电控发动机上都设有不同形式的怠速转速控制装置。怠速控制的主要内容有：启动后控制，暖机过程控制，负荷变化的控制以及减速时的控制等。

2. 怠速控制的原理

怠速控制的实质是对怠速时充气量的控制。ECU通过从各传感器的输入信号所决定的目标转速与发动机的实际转速的比较，根据比较得出的差值，确定相当于目标转速的控制量，去驱动控制怠速充气量的执行机构，从而实现对怠速充气量的控制。

怠速控制采用的是反馈控制，因此为避免非怠速状态下实施怠速控制，还必须通过节气门全关信号及车速信号等来判断发动机是否正处于怠速状态，从而启动怠速控制。

与怠速控制有关的信号有：发动机转速、节气门位置、车速、冷却水温度、空挡启动开关、点火开关、空调开关和电器负载等。控制的项目有：怠速、快怠速、空调怠速和电器负载高怠速等。

3. 怠速控制的过程

下面介绍步进电动机式怠速控制系统控制过程。

如图2.93所示为步进电动机怠速控制原理图，控制程序如图2.94所示。步进电动机式怠速控制阀控制电路如图2.95所示。与冷却水温度、空调工作状态相对应的目标转速都储存在ECU的存储器中。ECU根据节气门开启角度和车速信号判断发动机处于怠速工况时，就按一定顺序使三极管VT_1至VT_4依次导通，分别向怠速步进电动机四个绕组供电，驱动步进电动机旋转，调节旁通空气通道的开度，从而调节旁通空气量，使发动机转速达到所要求的目标值。其控制项目主要有以下七项。

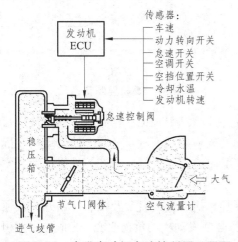

图 2.93 步进电动机怠速控制原理图图

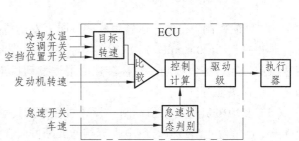

图 2.94 步进电动机怠速控制程序

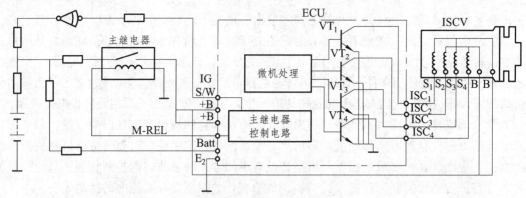

图 2.95　步进电动机式怠速控制阀控制电路

（1）启动初始位置的设定。为了改善发动机再启动时的启动性能，在发动机点火开关闭合后，ECU 将怠速控制阀全部打开（工作 125 步），以便为下次启动做好准备。为了保证怠速控制阀在发动机下次再启动时处于全开位置，在点火开关关闭后，必须继续给 ECU 和怠速控制阀供电。此时，主继电器完成全开设定后，方才断电。

（2）启动控制。发动机启动时，由于怠速控制阀预先设定在全开位置，在启动期间流经怠速控制阀的旁通空气量最大，有利于发动机启动。

发动机启动后，若怠速控制阀仍保持在全开位置，则发动机转速将升得过高。因此，在启动期间或启动后，当发动机转速达到规定值时（此值由冷却水温度确定），ECU 开始控制怠速控制阀，将阀门关小到由冷却水温度所确定的阀门开度位置。如果启动时冷却水温度为 20 ℃，发动机转速达到 500 r/min，ECU 将控制怠速控制阀从全开位置（125 步级）的 A 点关小到 B 点位置，如图 2.96 所示。

（3）暖机控制（快怠速）。在暖机过程中，怠速控制阀从启动后根据冷却水的温度所确定的开度位置开始逐渐关闭阀门，当冷却水的温度达到 70 ℃ 时，暖机控制（快怠速）结束，如图 2.97 所示。

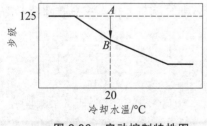

图 2.96　启动控制特性图

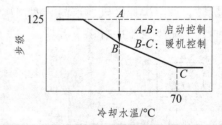

图 2.97　暖机控制特性

（4）反馈控制。在怠速运转过程中，如果发动机的实际转速与 ECU 存储器中所存放的目标转速相差超过 20 r/min，则 ECU 随即控制怠速控制阀相应增减旁通空气量，使发动机实际转速值与目标转速值相同。目标转速值根据发动机工况而定，如空挡启动开关是否接通，空调开关是否接通等。

（5）发动机负荷变化预控制。发动机在怠速运转时，如当空挡启动开关、空调开关接通或断开，尾灯继电器或除雾继电器等接通或断开时，将会使发动机的负荷改变。为避免由此引起的发动机转速的波动，在发动机转速出现变化前，ECU 控制怠速控制阀开大或关小的角度。

（6）电器负载增多时的怠速控制。在怠速运转时，如使用的电器负载增大到一定程度，蓄电池电压就会降低。为了保证 ECU 的 + B 端和点火开关 IC 端具有正常的供电电压，需要控制步进电动机，相应增加旁通空气量，提高发动机怠速运转的转速，提高发动机的输出功率。

（7）学习自控制（自适应控制）。ECU 通过步进电动机的正、反转步数，确定怠速控制阀的位置，达到调整发动机怠速转速的目的。由于发动机在整个使用时间，其性能会发生变化，虽然步进电动机控制阀的位置未变，怠速转速也和初设的数值不同。此时 ECU 可在反馈控制的基础上进行学习控制，使发动机转速达到目标值。与此同时，ECU 将步进电动机转过的步数存储在存储器中，以便在以后的怠速控制中使用。

2.4.4　怠速控制系统及怠速控制阀的检测

皇冠 3.0 轿车怠速控制阀的电路如图 2.98 所示。

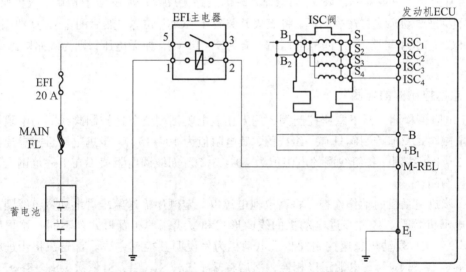

图 2.98　皇冠 3.0 轿车怠速控制阀的电路

1. 怠速控制系统的就车检测

怠速控制系统的就车检测方法有三种，可酌情选用。

（1）发动机怠速运转状况检测。在冷车状态下启动发动机后，暖机过程开始时，发动机的怠速转速应能达到规定的快怠速转速（通常为 1500 r/min）；在发动机达到正常工作温度后，怠速转速应能恢复正常（通常为 750 r/min 左右）。如果冷车启动后怠速不能按上述规律变化，则怠速控制系统有故障。

发动机达到正常工作温度后，在打开空调开关时，发动机怠速转速应能上升到 900 r/min 左右。若打开空调开关后发动机转速下降，则怠速控制系统有故障。

在发动机怠速运转中，若对怠速调节螺钉进行微量转动，发动机怠速转速应不会发生变化（转动后应使怠速调节螺钉恢复原来的位置）。若在转动中怠速发生变化，则说明怠速控制系统不正常。

（2）怠速控制阀的工作状况检查。对于脉冲线性电磁阀式怠速控制阀，可在发动机怠速运转中拔下怠速控制阀线束连接器，观察发动机的转速是否有变化。如此时发动机转速有变化，则怠速控制阀工作正常。对于步进电动机式怠速控制阀，可在发动机熄火后的一瞬间倾听控制阀是否有"嗡嗡"的工作声音（此时步进电动机应工作，直到怠速控制阀完全开启，以利发动机再启动）。如怠速控制阀发出"嗡嗡"声，则怠速控制阀良好。为了检查步进电动机式怠速控制阀的工作状况，也可以在发动机启动前拔下怠速控制阀线束连接器，待发动机启动暖机后再插上，观察发动机转速是否有变化。如果此时发动机转速发生变化，则表明怠速控制阀工作正常；否则，怠速控制阀或控制电路有故障。

（3）ECU 控制电压的检测。对于脉冲线性电磁阀式怠速控制阀，应拔下怠速线束连接器，用万用表电压挡测量其端子电压。如果在发动机运转过程中，怠速控制阀线束连接器端子有脉冲电压输出，则 ECU 和怠速控制系统线路无故障。若无脉冲电压输出，可打开空调开关后再测试。若仍无脉冲电压输出，则怠速控制系统不工作，应检查 ECU 与怠速控制阀之间的线路（是否有接触不良或断路故障）。如怠速系统的线路无故障，则 ECU 有故障，应更换 ECU。

对于步进电动机式怠速控制阀，将点火开关置于"ON"位置，然后测量 ECU 的端 ISC1、ISC2、ISC3、ISC4 与端子 E1 间的电压值（应为 $9 \sim 14\ V$），如无电压，则为线路断路或 ECU 有故障。

2. 怠速控制阀的检测

（1）电阻值检测。拆下怠速控制阀，用万用表电阻挡测量怠速控制阀线圈的电阻值。脉冲线性电磁阀式怠速控制阀只有一组线圈，其电阻值为 $10 \sim 15\ \Omega$。步进电动机式怠速控制阀通常有 $2 \sim 4$ 组线圈，各组线圈的电阻值为 $10 \sim 30\ \Omega$。如线圈电阻值不在上述范围内，应更换怠速控制阀。

（2）步进电动机的动作检查。将蓄电池电源以一定顺序输送给步进电动机各线圈，就可使步进电动机转动。各种步进电动机的线圈形式和接线端的布置形式都不同。这里以皇冠3.0 轿车 2JL-GE 发动机怠速控制阀步进电动机为例说明其检查方法。首先，将步进电动机连接器端子 B_1 和 B_2 与蓄电池正极相连，然后将端子 S_1、S_2、S_3、S_4 依次（$S_1 \rightarrow S_2 \rightarrow S_3 \rightarrow S_4$）与蓄电池负极相接，此时步进电动机应转动，阀芯向外伸出。若将端子 S_1、S_2、S_3、S_4 按相反的顺序（$S_4 \rightarrow S_3 \rightarrow S_2 \rightarrow S_1$）与蓄电池负极相接，则步进电动机应朝相反方向转动，阀芯向内缩入。

实训 2.1　发动机 ECU 的使用和维护

1. 发动机 ECU 的组成及功用

发动机 ECU 的组成及功用如图 2.99 所示。认识发动机 ECU 的组成及功用并填写下表（见表 2.1）。

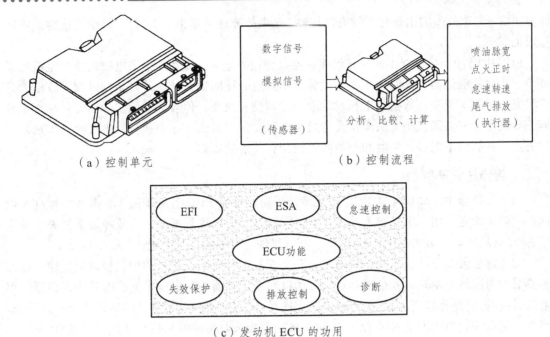

（a）控制单元　　　　　　　　　　　　　　（b）控制流程

（c）发动机 ECU 的功用

图 2.99　发动机 ECU 及其功用示意图

表 2.1　发动机的组成及各部分的作用

ECU 的组成	作　　用
输入回路	
A/D 转换器	
微处理器	
输出回路	

2. 发动机 ECU 的常见故障

发动机 ECU 的常见故障有：焊点松脱、电容器失效、集成元件损坏、控制单元固定脚螺钉松动、电子元器件损坏等。发动机 ECU 一旦出现故障，会造成发动机不能启动或启动困难、无高速、油耗过大等故障。使用时间过长，自然磨损老化、环境因素、电流超载、不规范操作等均会导致 ECU 故障。

如果发动机 ECU 中进水，将造成短路、不可恢复的腐蚀以及插接器损坏等。机件过热和振动，也可能会在电路板中引起微小的裂纹。电磁阀或执行器内的电路短路将导致 ECU 电流超载，如果短路的电磁阀或执行器未被发现和修复，就直接更换发动机 ECU，新换的发动机 ECU 还会再次损坏。因此，在更换新的 ECU 之前，一定要彻底查清 ECU 损坏的原因。在拆装过程中未采取静电防护措施、安装发动机 ECU 之前未断开蓄电池、电源检测时 ECU 回路中电阻较小（电流较大）等也会损坏 ECU。

ECU 上喷油器接地线不实（接触不良）导致发动机失速。汽车在中速行驶中有时会出现发动机失速，发动机转速突然下降 200 r/min 左右，失速时间通常持续数秒，然后发动机转速恢复正常。失速故障的出现时间没有规律性，这类故障通常是由于 ECU 上喷油器接地线不实造成的。

ECU 上喷油器接地线不实，导致喷油器接地电阻增大，流经喷油器电磁线圈的电流明显减小，从而使喷油器开阀时间（在触发脉冲加到电磁线圈后，从脉冲开始到针阀形成最大升程状态的时间）延长，数据流上显示的喷油脉宽没有改变，但喷油器的实际喷油量小于正常值，导致混合气偏稀，仍无法满足发动机工作需要，于是汽车在中速行驶中有时会出现发动机失速，并会留下混合气浓度和燃油修正控制有关的故障码。

3. 维修注意事项

（1）在维修中，如果怀疑 ECU 有故障，可通过检测 ECU 各端子的工作参数与标准参数进行比较来确定。用一个已知无故障的 ECU 替代旧 ECU 进行试验，若故障现象消失，说明原 ECU 有故障。一般情况下，ECU 是不可修复件，有故障必须更换。

（2）对于大部分电控系统，接通点火开关，各个传感器、执行器的正极就被接通，ECU 需要对它们进行控制时，就接通其负极。所以温度传感器输出电压过低，而其他传感器输出电压过高时，应首先检查 ECU 上传感器的搭铁线接触是否良好，传感器的导线是否有断路处。当然，也有少数执行器是通过 ECU 接通正极电源端来对传感器和执行器进行控制的。

（3）ECU 一旦进水或受潮，必须在最短的时间内拆下，擦干净表面浮水，用塑料口袋封闭，用真空机将内部的水分抽干净。不要将 ECU 放入低温烤箱内烘烤，也不要用热风机烘烤 ECU，那样会使水分进入 ECU 电路板内部，造成永久性损坏。ECU 进水后不得继续行驶或重新启动发动机，继续行驶或重新启动发动机可能使进水的 ECU 内部短路。

（4）更换发动机 ECU 之前，需要检查所有的传感器工作是否正常，蓄电池的电压是否正常，搭铁是否良好。

（5）更换发动机 ECU 时，需要识别车辆的年款、厂家、型号、发动机排量、发动机 ECU 上的 OEM 零件号。更换发动机 ECU 后，许多车型必须将 ECU 与发动机进行匹配。

（6）拆卸旧发动机 ECU 和安装新发动机 ECU 之前，都应断开蓄电池。装好发动机 ECU 并重新连接好线束后，再重新接上蓄电池。许多发动机 ECU 在安装后，或断开电源后，必须要经过"再学习"过程。比如，对于某些车型，蓄电池断开后，可能要经过特定程序才能建立基本怠速，而有些车型只需经过短时期的驾驶让 ECU 自我调节。

更换发动机 ECU 之前，需要检查所有的传感器工作是否正常，蓄电池的电压是否正常，搭铁是否良好。

4. 发动机 ECU 电源电路的检修

断开点火开关，BATT 电压为 $10 \sim 14$ V，接通点火开关，$+B$ 或 $+B_1$ 与 E_1 的电压应在 $10 \sim 14$ V 之间。如果电压为 0，则将万用表负极表笔接车身搭铁处，正极表笔接 $+B$ 或 $+B_1$，接通点火开关。如果电压在 $10 \sim 14$ V 之间，说明 E_1 搭铁不良（与车身之间）或 ECU 有故障；如果电压仍为 0，说明蓄电池电源未送到 $+B$（检查 $+B$ 电源电路，如 EFI 15 A 熔断器、易熔线、点火开关等）；如果以上检查都正常，则检查主继电器及蓄电池与继电器之间线路。

（1）蓄电池与发动机 ECU 的 BATT 端子常连接，以防止切断点火开关时，故障码和存储器中的其他数据消失。

（2）有些车辆还为大电流用电系统设置专用继电器，如氧传感器及其加热器电路。

（3）在发动机 ECU 控制停车系统的车辆中，EFI 主继电器也有用钥匙未锁报警开关来控制主继电器。

（4）发动机 ECU 的电源线路可能有四条：BATT、+ B、+ B_1、IGSW。

（5）用万用表检查 BATT 与 E_1 之间的电压。如果电压为 0，则检查 BATT 与搭铁之间电压。如果电压为 12 V，说明 E_1 搭铁不良或电控单元有故障；如果电压为 0，则检查蓄电池正极与电控单元的 BATT 端子之间线路。

实训 2.2　空气流量传感器的检测

1. 热线式空气流量传感器的检测

热线式空气流量传感器连接器有四端子、五端子和六端子三种。

以日产 MAXIMA 轿车 VG30E 发动机热线式空气流量传感器为例。如图 2.100 所示为日产 VG30 发动机热线式空气流量传感器的电路图

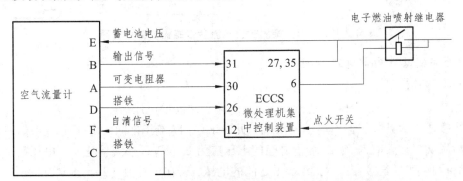

图 2.100　日产 VG30E 发动机热线式空气流量传感器的电路图

（1）检查空气流量传感器输出信号。拔下此空气流量传感器的导线连接器，拆下空气流量传感器。如图 2.101 所示，将蓄电池的电压施加于空气流量传感器的端子 D 和 E 之间（电源极性应正确），然后用万用表电压挡测量端子 B 和 D 之间的电压。其标准电压值为（1.6 ± 0.5）V。如电压值不符，则须更换空气流量传感器。

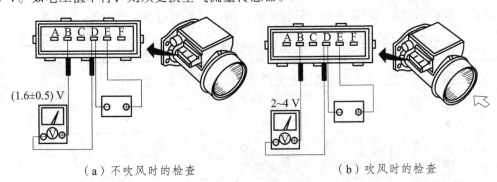

（a）不吹风时的检查　　　　　　　　（b）吹风时的检查

图 2.101　热线式空气流量传感器输出信号的检查

（2）检查自清洁功能。装好热线式空气流量传感器及其导线连接器，拆下此空气流量传感器的防尘网，启动发动机并加速到 2500 r/min 以上。当发动机停转后 5 s，从空气流量传感器进气口处，可以看到热线自动加热烧红（约 1000 ℃）约 1 s。若无此现象发生，则须检查自清洁信号或更换空气流量传感器。

2. 卡门漩涡式空气流量传感器的检测

以雷克萨斯 LS400 轿车卡门旋涡式空气流量传感器为例，反光镜检测方式的卡门旋涡式空气流量传感器电路图如图 2.102 所示，其中 THA 为进气温度传感器。

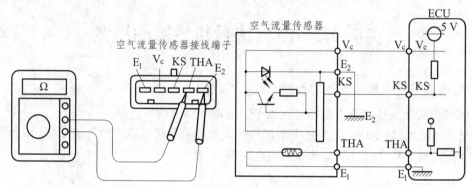

图 2.102　卡门旋涡式空气流量传感器的工作电路

1）外部线路及内部电路检测

（1）在线检测。

首先找出 ECU，测量 ECU 连接器 K_s 与 E_2 端子之间的电压。

其次接通点火开关，但不启动发动机，此时 K_s 与 E_2 端子之间的电压应为 4.5～5.5 V。

然后发动机运转时 K_s 与 E_2 端子之间的电压应为 2～4 V，进气量越大，电压越高。

最后检测 ECU 连接器 V_c 与 E_2 端子之间的电压，若在正常值 4.5～5.5 V 之间，则应检查 ECU 与空气流量传感器之间的导线或空气流量传感器；若电压不正常，则应更换 ECU。

（2）元件检测。拔下空气流量传感器连接插头，测量 THA 与 E_1 之间的电阻值，在 0 ℃ 时阻值为 4～7 kΩ，在 20 ℃ 时阻值为 2～3 kΩ，在 40 ℃ 时阻值为 0.9～1.3 kΩ。如不符合要求，则应更换流量传感器。参数如表 2.2 所示。

2）机械部分检测

检查整流栅、发光二极管及光敏管表面脏污情况、反光镜损坏情况等。

表 2.2　卡门漩涡式空气流量传感器检测数据

检测对象	端子名称	检测条件	标准参数
进气温度传感器	THA—E_1	−20 ℃	10～20 kΩ
		0 ℃	4～7 kΩ
		+20 ℃	2～3 kΩ
		+40 ℃	0.9～1.3 kΩ
		+60 ℃	0.4～0.7 kΩ

续表 2.2

检测对象	端子名称	检测条件	标准参数
进气温度传感器	THA—E_1	插好空气流量传感器插接器，点火开关 ON，进气温度为 20 ℃	1～3 V
		插好空气流量传感器插接器，点火开关 ON，进气温度为 40 ℃	0.5～1.0 V
空气流量传感器	V_c—E_2	拔下空气流量传感器插接器，点火开关 ON	4.5～5.5 V
	K_s—E_2	拔下空气流量传感器插接器，点火开关 ON	4.5～5.5 V
		插好空气流量传感器插接器，点火开关 ON	2.0～4.0 V（脉冲发生）

实训 2.3　进气压力传感器的检测

1. 压敏电阻式进气压力传感器的检测

北京切诺基汽车用半导体压敏电阻式进气歧管绝对压力传感器的检测。该汽车用半导体压敏电阻式进气歧管绝对压力传感器与 ECU 的连接如图 2.103 所示。传感器与 ECU 有三根导线相连：ECU 向传感器供电的电源线（输入传感器的电压为 4.8～5.1 V）、传感器的信号输出线和传感器的接地线。在发动机怠速运转时，进气歧管的真空度较高（绝对压力低），传感器的电阻值大，如图 2.104 所示，传感器输出 1.5～2.1 V

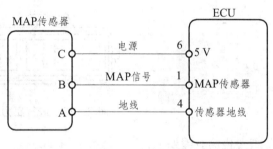

图 2.103　进气压力传感器与 ECU 的连接电路

的低电压信号；当节气门全开时，进气歧管真空度低（绝对压力高），传感器电阻值小，传感器输出 3.9～4.8 V 的高电压信号；静态时输出电压为 4～5 V。

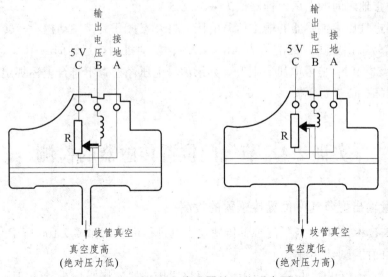

图 2.104　压力传感器的工作示意图

2. 长安悦翔 V7 进气压力传感器的检测

下面以长安悦翔 V7 进气压力传感器为例，介绍进气压力传感器的检测。

长安悦翔 V7 进气温度压力传感器安装在进气歧管上，部件集成了两个传感器：进气压力传感器和进气温度传感器。两个传感器信号都作为空气计量的信号。进气压力感应元件测量因发动机负荷和转速变化而导致进气歧管压力变化。它将这些变化转换为电压输出，进气温度传感器是一个负温度系数电阻。

进气压力温度传感器有 4 个端子。点火开关转动至"ON"位置时，ECM 通过 E_{01} 插头的 109 号端子给传感器 E_{12} 的 3 号端子提供 5 V 的电压，E_{01} 的 85 号端子使传感器 E_{12} 的 1 号端子接地，传感器 E_{12} 的 4 号端子给 ECM 的 E_{01} 插头的 91 号端子一个随进气压力变化的信号，如图 2.105 所示。

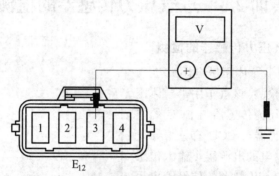

图 2.105　进气压力温度传感器线束插头 E_{12}

检测步骤如下：

（1）读取故障码。转动点火开关，连接诊断仪，读取故障码。

（2）检查进气压力传感器供电电压。转动点火开关至"LOCK"位置，断开进气压力温度传感器线束插头 E_{12}。转动点火开关至"ON"位置，测量进气压力温度传感器线束插头 E_{12} 的 3 号端子与接地之间的电压，标准值为 4.5 ~ 5.5 V。

（3）检测进气压力传感器的输出信号电压。打开点火开关，发动机不运转，检查进气压力传感器的信号输出电压，标准值为 3.8 ~ 4.2 V；发动机怠速运转时，信号电压应为 0.8 ~ 1.3 V；当加大油门时，信号电压应上升。如果信号电压经检查不符合上述规定，说明进气压力传感器已损坏，应进行更换。

实训 2.4　节气门位置传感器的检测

1. 开关量输出型节气门位置传感器的检测

以丰田 IS-E 和 2S-E 的节气门位置传感器为例进行说明，如图 2.106 所示。

（1）端子间的导通性检查。

点火开关置于"OFF"位置，拔下节气门位置传感器连接器，在节气门限位螺钉和限位杆之间插入适当厚度的厚薄规；用万用表欧姆挡在节气门位置传感器连接器上测量怠速触点和全负荷触点的导通情况。当节气门全闭时，怠速触点 IDL 应导通；当节气门全开或接近全开时，全负荷触点 PSW 应导通；在其他开度下，两触点均应不导通，具体情况如表 2.3 所示，否则应调整或更换节气门位置传感器。

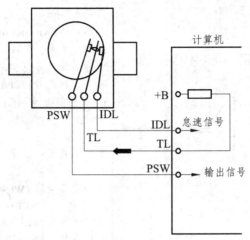

图 2.106　开关量输出型节气门位置传感器与 ECU 的连接电路

（2）开关量输出型节气门位置传感器的调整。

如果检查结果不符合要求，可进行如下调整：松开节气门位置传感器的两个固定螺钉，在节气门限位螺钉和限位杆之间插入 0.7 mm 的厚薄规，并将万用表欧姆挡的接头连接节气门位置传感器端子 IDL 和 E（TL），逆时针平稳地转动节气门位置传感器，直到万用表有读数显示，并用两只螺钉固定；然后再换用 0.50 mm 或 0.90 mm 的厚薄规，再检查端子 IDL—E（TL）之间的导通性，限位杆和限位螺钉之间的间隙为 0.5 mm 时导通（万用表读数为 0），间隙为 0.9 mm 时不导通（万用表欧姆挡读数为∞）。

表 2.3　端子间导通性检查表（丰田 1S-E 和 2S-E）

限位螺钉与限位杆之间的间隙/mm（或节气门开度）	端子		
	IDL—E（TL）	PSW—E（TL）	IDL—PSW
0.5	导通	不导通	不导通
0.9	不导通	不导通	不导通
节气门全开	不导通	导通	不导通

2. 线性可变电阻输出型节气门位置传感器的检测

（1）常见故障及影响。如图 2.107 所示，线性可变电阻输出型节气门位置传感器的常见故障有怠速触点接触不良、电位计电阻值不准确、电位计可动触点接触不良等，各个故障对发动机的影响如表 2.4 所示。

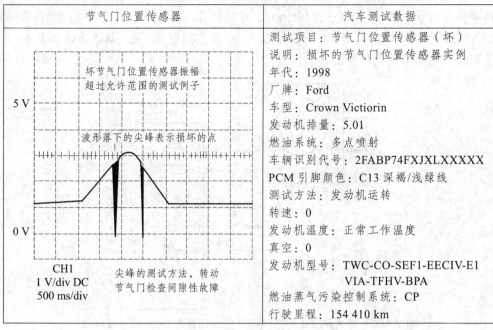

节气门位置传感器	汽车测试数据

图 2.107 节气门位置传感器故障波形

表 2.4 节气门位置传感器的常见故障及影响

故障部位	对汽油喷射系统的影响	对发动机的影响
怠速触点接触不良	无怠速信号	怠速不稳或无怠速
电位计电阻值不准确	节气门开度信号不正确	发动机加速性能不良
电位计可动触点接触不良	节气门开度信号时通时断	发动机加速性能时好时坏

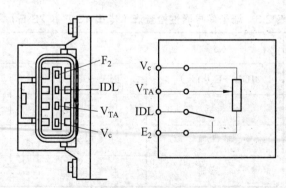

图 2.108 节气门位置传感器原理图（皇冠 3.0 轿车）

（2）传感器端子电压检测。以皇冠 3.0 轿车 2JZ-GE 型发动机用综合型节气门位置传感器为例加以说明，其原理如图 2.108 所示。

当点火开关置于"ON"位置时，用电压表测量 V_c—E_2、IDL—E_2、VTA—E_2 端子间的电压值，应符合如表 2.5 所示的数值。如不符合，则应更换节气门位置传感器。

表 2.5 节气门位置传感器各端子电压

端子	条件	标准电压/V
IDL—E_2	节气门全开	9～14
Vc—E_2	—	4.5～5.5
VTA—E_2	节气门全闭	0.3～0.8
	节气门全开	3.2～4.9

（3）传感器的电阻检测。拔下此传感器的导线插头，用塞尺测量节气门限位螺钉止动杆间的间隙。用手拨动节气门，用万用表电阻挡测量此传感器导线插孔上端子间的电阻，其电阻值应符合如表 2.6 所示的数值。VTA—E_2 二端子间电阻值随节气门开度的增大成正比增加，而且不应出现中断现象。

表 2.6 节气门位置传感器上各端子间电阻值

限位螺钉与限位杆间隙/mm（或节气门开度）	端子名称	电阻值/kΩ
0	VTA—E_2	0.34～6.3
0.45	IDL—E_2	0.50 或更小
0.55	IDL—E_2	无穷大
节气门全开	VTA—E_2	2.40～11.2
	Vc—E_2	3.10～7.20

（4）传感器的调整。如图 2.109（a）所示，拧松节气门位置传感器的两个固定螺钉，将厚度为 0.50 mm 的塞尺插入节气门限位螺钉和止动杆之间，同时用万用表电阻挡测量怠速触点的导通情况，如图 2.109（b）所示，此时应导通，逆时针转动节气门位置传感器，使怠速触点断开，然后按顺时针方向慢慢地转动节气门位置传感器，直到怠速触点刚闭合为止。拧紧节气门位置传感器的两个固定螺钉。

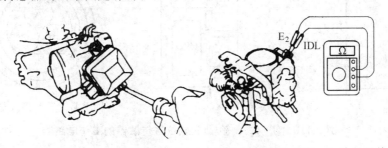

（a）拧松固定螺钉　　（b）测量端子 IDL—E_2 的导通情况

图 2.109 节气门位置传感器的调整

分别用 0.45 mm 和 0.55 mm 的塞尺插入节气门限位螺钉和止动杆之间，同时测量怠速触点的导通情况。当塞尺为 0.45 mm 时，怠速触点应导通；当塞尺为 0.55 mm 时，怠速触点应断开。否则，应重新调整节气门位置传感器。注意：节气门全关时，节气门限位螺钉与止动杆之间应无间隙。

（5）传感器的更换。节气门位置传感器的更换方法是：将节气门开度保持在 45°左右，拧下节气门位置传感器的两个固定螺钉，拆下节气门位置传感器。将新的节气门位置传感器的心轴转到相应的位置，然后装到节气门轴上，拧紧两个固定螺钉。重新调整节气门位置传感器。

实训 2.5　曲轴和凸轮轴传感器的检测

1. 磁感应式曲轴位置传感器的检测

（1）信号及线路检测。

首先用交流电压表 2 V 挡测量其输出电压，启动时电压应高于 0.1 V，运转时电压应为 0.4 ~ 0.8 V；也可用起子接近和离开传感器探头，测量信号电压。

其次用频率表测量其工作频率。

然后用示波器检测其输出信号的波形。

最后，如果在传感器上能检测到电压信号，而在 ECU 连接器上检测不到信号，则应检查传感器至 ECU 之间的导线及插头。

（2）内部电路检测。检测线圈电阻，其阻值为 150 ~ 1000 Ω。

（3）机械部分检测。检查磁性、脏物及气隙大小，气隙为 0.2 ~ 0.4 mm。

2. 霍尔式曲轴和凸轮轴位置传感器的检测

以北京切诺基汽车曲轴和凸轮轴位置传感器为例，介绍霍尔式曲轴和凸轮轴位置传感器的检测，如图 2.110 所示为北京切诺基汽车曲轴和凸轮轴位置传感器的工作电路。

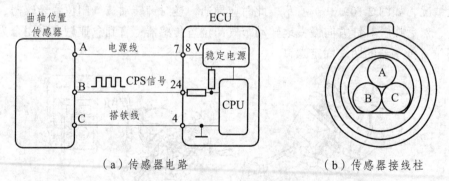

（a）传感器电路　　　　　　　　　　（b）传感器接线柱

图 2.110　霍尔式曲轴/凸轮轴位置传感器的工作电路

（1）检查曲轴位置传感器的电源电压。

接通点火开关，测量曲轴位置传感器电源电压（图中端子 A 与 C）。标准电压值为 8 V，否则应检查 ECU 与传感器之间的连接线路。

（2）检查曲轴位置传感器的信号电压。

接通点火开关，启动发动机并使其怠速运转，测量端子 B 与 C 之间的电压，标准电压值应在 0.3 ~ 5 V 范围内变化（电压表指针来回摆动）。否则，应进一步检查传感器的电源电压及传感器与 ECU 之间导线的连接情况。也可在端子 B 与 C 之间串联一只发光二极管（正极连接 B 端子）和一只 330 Ω 的电阻。发动机正常运转时，发光二极管应间歇闪亮；否则，应进一步检查传感器的电源电压及传感器与 ECU 之间导线的连接情况。

（3）检查传感器的连接线束。

测量传感器与 ECU 之间的连接线路，正常情况下其阻值应小于 0.5 Ω。如果阻值为无穷大，说明线路断路，应更换线束。

3. 光电式曲轴和凸轮轴位置传感器的检测

（1）轮轴位置传感器的线路检查。如图 2.111 所示为韩国现代 SONATA 汽车光电式凸轮轴位置传感器连接器（插头）的端子位置。检查时，脱开凸轮轴位置传感器的导线连接器，把点火开关置于"ON"位置，用万用表的电压挡测量线束侧 4 号端子与地间的电压应为 12 V，线束侧 2 号端子和 3 号端子与地间的电压应为 4.8～5.2 V，用万用表的电阻挡测量线束侧 1 号端子与地间电阻应为 0 Ω（导通），如图 2.112 所示。

（2）机械部分检查。检查光电盘损伤及表面情况。

（3）光电式凸轮轴位置传感器输出信号的检测。用万用表电压挡接在传感器侧 3 号端子和 1 号端子上，在启动发动机时，电压应为 0.2～1.2 V。在启动发动机后的怠速运转周期，用万用表电压挡检测 2 号端子和 J_号端子之间的电压，其值应为 1.8～2.5 V。否则，应更换凸轮轴位置传感器。

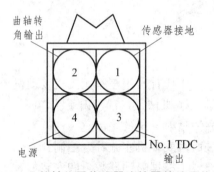

图 2.111　凸轮轴位置传感器连接器的端子位置图

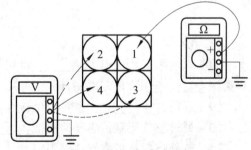

图 2.112　凸轮轴位置传感器线束的测量

实训 2.6　冷却液温度传感器和进气温度传感器的检测

水温传感器、进气温度传感器的检测如下：

进气温度传感器、水温传感器的线路检测及其与 ECU 的连接如图 2.113，图 2.114 所示。两者的检测方法相同。

（1）线路及信号检测。

① 拔下传感器插头，打开点火开关，测量插头上 THW、THA 端子与 E_2 之间的电压，其值应为 5 V。若无电压，则应检查 ECU 连接器上 THW、THA 端子与 E_2 间的电压，若电压值为 5 V，则说明 ECU 与传感器之间的线路发生故障，否则为 ECU 故障。

② 插回插头，启动发动机，测量传感器 THA、THW 端子与 E_2 之间在不同温度下的电压，其值应该在 $0.5 \sim 4\ V$ 之间变化，温度越低电压越高，温度越高电压越低。

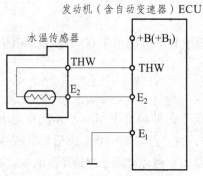
图 2.113　水温传感器电路图

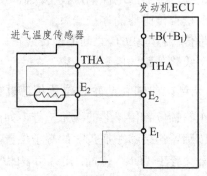
图 2.114　进气温度传感器电路图

（2）内部电路检测。拆下传感器，测量传感器 THW、THA 端子与 E_2 端子间在不同温度下的电阻值，应符合其特性曲线相应温度下的电阻值（查相关手册），否则应更换传感器。

（3）机械部分检查。检查传感器表面有无水垢、脏物等。

练习题

1. 填空题

（1）汽油喷射系统于_____世纪_____年代首次用于军用飞机发动机上，1954 年德国_____公司首次在奔驰 300SL 汽车上装用了机械式汽油喷射系统。

（2）目前，_____系统已经成为汽油机燃油喷射系统的主流。

（3）通过空气流量传感器检测_____，进而对发动机实施综合控制。

（4）缸外喷射是指将汽油喷射在_____部位。根据喷油器数量和安装位置，缸外喷射分为_____和_____两种。

（5）汽油机电控燃油喷射系统由_____、_____和_____三个子系统组成。

（6）发动机燃油喷射电子控制系统的功能是根据发动机运转状况和车辆运行状况确定最佳_____和_____。

（7）ECU（控制单元）主要由_____、_____、_____、_____四部分组成的。

（8）曲轴位置传感器的功用是_____并输入 ECU，作为_____和点火控制的_____信号。

（9）节气门位置传感器的作用是将节气门开度的大小转变为_____并输入 ECU，以便 ECU 判断发动机的_____、_____和_____等，并根据不同工况来控制喷油和点火。

（10）喷油器的功用是根据_____，向进气管内_____雾化汽油。

2. 判断题

（1）目前只有汽车工业发达的国家在汽油发动机上均采用电控燃油喷射系统，以满足日益严格的排放要求。（　　）

（2）缸内喷射是目前大部分汽车采用的汽油喷射方式。（　　）

（3）发动机 ECU 根据空气流量信号和发动机转速信号确定基本喷油时间。（　　）

（4）发动机在启动和加速时，只应采取与曲轴转角无关的异步喷射。（　　）

（5）在发动机启动过程和运转过程中，燃油泵应保持正常工作。（　　）

（6）电控单元内部的微处理器只能识别 0 ~ 5 V 的数字信号。（　　）

（7）ECU 是汽车电子控制系统的控制核心。（　　）

（8）汽车电子控制系统的信号输入装置只包括传感器。（　　）

（9）传感器输出电压变化过缓或电压保持不变，则表明氧传感器有故障。（　　）

（10）喷油器驱动方式有电流驱动和电压驱动。（　　）

3. 思考题

（1）汽油机燃油喷射系统由哪几大部分组成？它们各起什么作用？

（2）汽油机电控燃油喷射系统有哪些优点？

（3）缸内喷射和缸外喷射各有什么特点？同时喷射、分组喷射和顺序喷射有什么特点？

（4）发动机 ECU 的电源电路有哪几条？请加以分析。

（5）热膜式空气流量传感器故障对发动机有何影响？

（6）试分析压敏电阻式进气压力传感器常见故障及对发动机性能的影响。

（7）试分析曲轴位置传感器常见故障及其对发动机性能的影响。

（8）节气门位置传感器常见故障有哪些？如何进行检测？

（9）冷却液温度传感器的作用是什么？冷却液温度传感器发生故障后对发动机性能有何影响？

（10）汽油机电控燃油喷射系统中常用的喷油器有哪些类型？叙述喷油器的检修方法和步骤。

项目 3 发动机点火控制系统

【学习目标】

（1）掌握各种形式的点火控制系统的结构及工作原理。
（2）掌握爆震控制的结构及工作原理。
（3）典型点火系统的认识和检测。

普通的电子点火系统虽然增加了闭合角的控制、恒流控制等，大大提高了点火系统的性能，但还存在着一些缺点，如点火提前角的控制不精确，考虑影响点火提前角的因素不全面（仍采用真空与离心式的点火提前角控制装置）等。为了避免大负荷时的爆震现象，必然采用妥协方式降低点火提前角，这样仍脱离不了机械控制的范围。因此，在电控汽油喷射发动机中广泛采用电子控制点火系统，即通过 ECU 对点火系统进行控制。电控点火控制包括点火提前角的控制、通电时间控制和爆震控制三个方面。

任务 3.1 发动机点火控制系统

电子控制点火系统也称为微机控制点火系统，它主要由三部分组成：监测发动机运行状况的传感器、处理信号并发出指令的微处理器（ECU）、执行 ECU 指令的执行器，执行器包括点火控制器、点火线圈、分电器和火花塞等。其结构如图 3.1 所示。

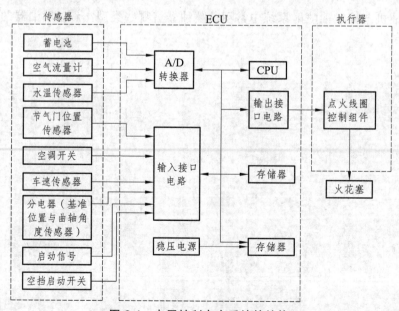

图 3.1 电子控制点火系统的结构

　　电子控制点火系统不仅能根据发动机的转速来控制点火线圈初级电路的通电电流，而且还取消了真空式和机械离心式点火提前装置，由电控单元根据汽油机的运行工况调整和控制点火提前角，使发动机的动力性、经济性、排放等方面的性能达到最优。另外，电子控制点火系统通过爆震传感器对爆震进行反馈控制，使汽油机大部分运行工况都处于爆震的临界状态，使汽油机的动力性潜力得到了充分的发挥。

　　现代轿车采用的电子控制点火系统主要有两种方式：电子控制有分电器点火系统和电子控制无分电器点火系统。

3.1.1　电子控制有分电器点火系统

1. 电　路

　　电子控制有分电器点火系统如图 3.2 所示。ECU 通过传感器得到发动机的转速和负荷信号，查阅存于其内部存储器中的最佳控制参数，从而获得这一工况下的最佳点火提前角和点火线圈初级电路通电时间，将其转换成点火正时指令（IGT）送至点火控制器（模块）。当点火正时指令变为低电平时，点火线圈初级电流被切断，次级线圈中感应出高压，再由分电器送至相应缸的火花塞产生电火花。

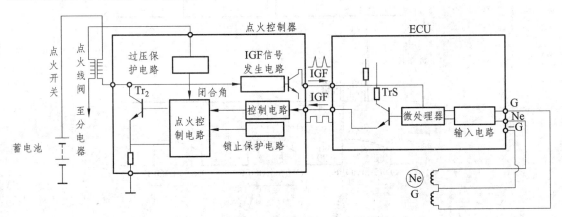

图 3.2　电子控制有分电器点火系统

　　点火线圈初级电流被切断时，触发 IGF 信号发生电路，输出一个点火确认信号 IGF 并反馈给 ECU。如果点火控制器中的功率三极管不能正常导通和截止，则 ECU 中的微处理器接收不到反馈信号 IGF，表明点火系统发生故障，ECU 立即中止燃油喷射。

　　电控点火系统的分电器与传统的分电器相比，取消了断电器等装置，因此不再承担初级点火线圈通断控制的任务，仅起到对高压电的分配作用。在大多数情况下，这种分电器都内装凸轮轴位置传感器，为 ECU 提供凸轮轴位置和上止点信号，有的车型甚至将点火线圈和点火控制器全都集成在一个分电器内。

　　发动机点火系统所采用的点火线圈按磁路不同，可分为开磁路和闭磁路两种。现代电控发动机点火线圈都采用闭磁路式，因为其铁芯是闭合的，磁通全部经过铁芯内部，铁芯的导磁能力约为空气的 10 000 倍。闭磁路点火线圈磁阻小，能有效地降低线圈的磁动势，实现小型化。它可与点火控制器合二为一，甚至可与火花塞一体化。

2. 基本控制方法

下面以磁感应式曲轴位置传感器为例说明其控制方法。六缸发动机在某工况下，发动机的转速为 2000 r/min，ECU 计算出最佳点火提前角为上止点前30°曲轴转角，初级线圈所需通电时间为 5 ms（相当于曲轴转角 60°）。该发动机电控点火系统各种控制信号的时序如图 3.3 所示。Ne 信号 1°（1°信号），转换成方波的上止点 G 信号（120°信号）上升沿在压缩上止点前70°，方波信号宽度为4°曲轴转角。ECU 接收到上止点信号后，在方波的下降沿处，即上止点前66°处开始用 Ne 信号进行计数。当 ECU 计数到第 36 个 1°信号，即压缩上止点前30°时，ECU 控制点火正时指令（IGT）刚好处于下降沿，于是功率三极管截止，切断初级电路，感应出高压电实现点火。由于六缸发动机的点火间隔为120°，而该工况的通电闭合角为60°，因此，ECU 从功率管截止后又重新计数至第 60 个 1°信号时，ECU 控制点火正时指令（IGT）刚处于上升沿，使功率三极管又开始导通，初级线圈开始通电，准备下一个缸的点火。

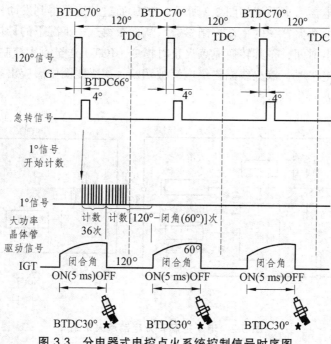

图 3.3　分电器式电控点火系统控制信号时序图

3.1.2　电子控制无分电器点火系统

电子控制无分电器点火系统（DLI）完全取消了传统的分电器，点火线圈产生的高压电直接送到火花塞，因此也称为直接点火系统。由于没有分电器，节省了空间，同时不存在分火头与分电器盖旁电极间产生的火花，因此它可有效地降低点火系统对无线电的干扰。

目前，常用的电子控制无分电器式点火系统有两种方式：双缸同时点火方式和独立点火方式。

1. 无分电器双缸同时点火方式

（1）无分电器双缸同时点火方式的工作原理。双缸同时点火系统是指两个汽缸共用一个点火线圈，其次级绕组的两端分别与两个汽缸上的火花塞相连接，如图 3.4 所示。

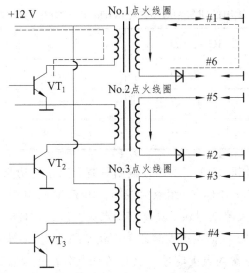

图 3.4 无分电器双缸同时点火方式的工作原理

同时点火方式的一个点火线圈上有两个火花塞串联,当产生高压电时,它对两个火花塞同时点火。当一个汽缸处于压缩冲程准备点火时,另一个汽缸却处于排气冲程。对于压缩冲程的汽缸,由于汽缸压力较高,放电较困难,所需的击穿电压较高;而处于排气冲程的汽缸,压力接近于大气压,放电容易,所需的击穿电压低,很容易击穿。因此当两汽缸的火花塞同时跳火时,其阻抗几乎都在压缩汽缸的火花塞上,它承受了绝大部分电压降,与只有一只火花塞跳火的点火系统相比较,其击穿电压相差不大,而在排气汽缸火花塞上的电能损失也很小,所以从点火能量看对正常点火影响并不大。

(2)无分电器双缸同时点火系统的控制。在无分电器双缸同时点火系统中,ECU 输出的指令除控制点火时刻和通电时间的点火正时指令(IGT)外,还需要输出能够辨别是哪一组汽缸的指令,即辨缸指令(IGD)。

在如图 3.5 所示的无分电器双缸同时点火系统中,曲轴位置传感器采用了磁感应式传感器,该传感器可以向 ECU 提供曲轴转角信号 Ne,活塞上止点位置信号 G_1、G_2。发动机 ECU 根据 G_1、G_2 信号判断出下次进行点火的汽缸组,并发出辨缸指令 IGD_A 和 IGD_B。ECU 输出的辨缸指令与发动机点火汽缸之间的约定如表 3.1 所示。

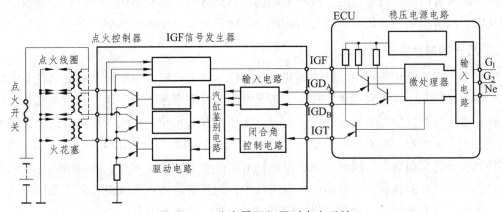

图 3.5 无分电器双缸同时点火系统

表 3.1　ECU 输出的辨缸指令 IGD$_A$. IGD$_B$ 与发动机点火汽缸之间的约定

IGD$_A$ 状态	IGD$_B$ 状态	点火线圈	点火汽缸
低电平 0	高电平 1	1#	1、6 缸
低电平地	低电平地	2#	2、5 缸
高电平 1	低电平 0	3#	3、4 缸

由此可见，发动机工作时，ECU 不停地输出具有点火正时功能和通电时间功能的点火正时指令（IGT）。至于此信号用于哪一组点火线圈，由 ECU 辨缸指令 IGD$_A$ 和 IGD$_B$ 来决定。

（3）点火控制器。点火控制器除了具有辨别点火汽缸，实现点火线圈初级电路的接通和切断功能外，还具有向 ECU 反馈点火控制器工作状态的功能。点火控制器的反馈功能主要是向 ECU 提供火花塞是否正常的点火信号。ECU 在每次发出点火正时指令后，都通过 IGF 信号进行检测。当连续三次没有反馈信号时，ECU 认为点火系统有故障并自动停止喷油，从而避免由于过多可燃混合气未被点燃而导致危险和发生其他机件损坏的事故。

（4）点火线圈。在无分电器双缸同时点火系统中，点火线圈采用小型闭磁路点火线圈，次级线圈的两端分别与两个火花塞相连接。汽缸组合的原则是：一个缸处于压缩冲程的结束时，另一缸处于排气冲程的结束时刻，即同步缸。

当初级电流突然切断时，在次级线圈上会感应出上万伏的高压电动势，加到火花塞电极之间，喷出高压火花，点燃汽缸内的混合气。

然后，当晶体管导通瞬间，初级电流也发生突变，这样在次级线圈中便产生约 1000 V 的电压，如图 3.6 所示。在一般的分电器式点火系统中，1000 V 的高压电不足以击穿火花塞产生跳火。因为分电器中的分火头与旁电极之间的间隙较大，必须要有更高的电压才足以跳过这么大的间隙。而在无分电器点火系统中，这样的电压很可能点燃处于进气冲程中汽缸内的混合气。特别是火花塞间隙较小时，火花塞误跳火的可能性就更大。这将会引起回火等现象的发生，使发动机无法正常运转。为防止这种现象的出现，在点火线圈的次级绕组中串联一个高压二极管，如图 3.7 所示。当功率管导通时，产生的感应电动势反向加在高压二极管上，由于二极管的反向截止功能，1000 V 的高压电就无法使火花塞跳火。而当功率控制三极管截止时，次级绕组产生的高压电与前相反，二极管导通，使火花塞顺利跳火。

2. 无分电器独立点火方式

独立点火方式是指每一个汽缸的火花塞上各配一个点火线圈，单独对本缸火花塞通电点火，如图 3.8 所示。在这种点火方式中，点火线圈与火花塞是制成一体的，直接安装在缸盖上，特别适合于四气门发动机使用。火花塞可安装在双凸轮轴的中间，并在每缸火花塞上直接压装一个点火线圈，以充分利用空间，这对 V 形多缸轿车发动机燃烧室合理紧凑地布置，具有特别重要的实用意义。同时，由于没有机械式分电器和高压导线，因而能量传导损失和漏电损失小，机械磨损或发生故障的机会均减少，而且各缸的点火线圈和火花塞均由金属包着，其电磁干扰大大减小，对发动机电控系统的可靠工作非常有利。

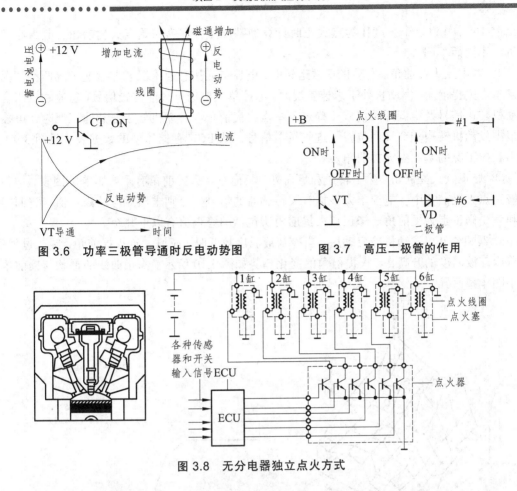

图 3.6　功率三极管导通时反电动势图　　　　图 3.7　高压二极管的作用

图 3.8　无分电器独立点火方式

3.1.3　点火提前角和闭合角的控制

1. 点火提前角的确定与控制

在电子控制点火系统中，电控单元对点火提前角的控制分为发动机启动时点火提前角的控制和发动机启动后点火提前角的控制两种。

（1）发动机启动时点火提前角的控制。发动机启动时，电控单元不进行最佳点火提前角调整控制，而是根据发动机转速信号（Ne）和启动开关信号（STA），以固定不变的点火提前角点火。当发动机转速超过一定值时（大于 500 r/min），则自动转入电控单元控制的最佳点火提前角计算及控制程序。

（2）发动机启动后点火提前角的控制。发动机启动后，电控单元对最佳点火提前角的计算和控制一般按照如下步骤进行：首先根据基准信号（G）与转速信号（Ne）确定初始点火提前角，然后根据发动机转速和负荷确定基本点火提前角，最后根据有关传感器的信号确定修正点火提前角，这三项点火提前角的代数和即为实际的最佳点火提前角。

最佳点火提前角 = 初始点火提前角 + 基本点火提前角 + 修正点火提前角（或点火延迟角）

① 初始点火提前角。为了控制点火正时，电控单元根据上止点位置来确定点火提前角。有些发动机电控单元把 G_1 或 G_2 信号出现后第一个转速信号（Ne）过零点定位于压缩冲程上

止点前 10°，并以这个角度作为点火正时计算的基准点，称为初始点火提前角，其大小随发动机的不同而不同。

② 基本点火提前角。发动机正常运转时，电控单元按怠速工况和非怠速工况两种情况确定基本点火提前角。发动机处于怠速工况时，电控单元根据节气门位置信号（怠速触点闭合）、发动机转速信号及空调开关信号，确定基本点火提前角。发动机处于非怠速工况时，电控单元根据发动机转速和节气门位置（进气量）信号，从 ECU 存储器中的数据表（见图 3.9）中查出相应工况的基本点火提前角。

③ 修正点火提前角。除了转速和负荷外，其他对点火提前角有重要影响的因素，均归入到修正点火提前角中。电控单元根据有关传感器的信号，分别求出对应的修正值，它们的代数和就是修正点火提前角。修正点火提前角所包括的修正值有以下几个。

a. 暖机修正。发动机冷启动后，当冷却液温度较低时，应增大点火提前角，暖机过程中，随着冷却液温度的升高，点火提前角的变化趋势如图 3.10 所示。修正曲线的形状与提前角的大小随车型而异。

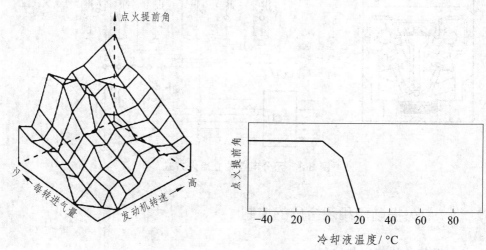

图 3.9　基本点火提前角图　　　　　图 3.10　点火提前角的变化趋势

b. 过热修正。当发动机处于正常运行工况（怠速触点 IDL 断开），冷却液温度过高时，为了避免爆震发生，应将点火提前角推迟。过热修正曲线的变化趋势如图 3.11 所示。

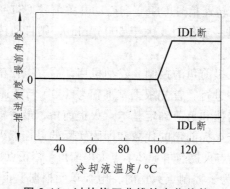

图 3.11　过热修正曲线的变化趋势

c. 怠速稳定性修正。发动机在怠速期间，由于发动机负荷变化（如空调、动力转向等）而使转速改变，ECU 将随时调整点火提前角，使发动机在规定的怠速转速下稳定运转。

发动机处于怠速工况时，ECU 不断地计算发动机的平均转速，当平均转速低于规定的怠速目标转速时，ECU 根据两者的差值大小，相应地增加点火提前角；当平均转速高于规定的目标转速时，相应地推迟点火提前角，如图 3.12 所示。

d. 空燃比反馈修正。装有氧传感器的电控燃油喷射系统进行闭环控制时，ECU 根据氧传感器的反馈信号对空燃比进行修正。随着修正喷油量的增加和减少，发动机的转速在一定范围内波动。为了提高发动机转速的稳定性，在反馈修正油量减少时，适当地增大点火提前角，如图 3.13 所示。

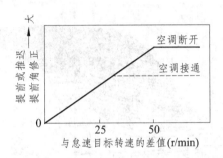

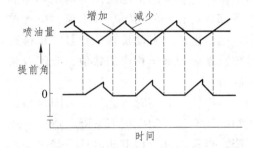

图 3.12　点火提前角的怠速稳定性修正图　　图 3.13　点火提前角的空燃比反馈修正

④ 最大和最小提前角控制。当 ECU 计算出的实际点火提前角（初始点火提前角 + 基本点火提前角 + 修正点火提前角或延迟角）超过一定范围时，发动机将不能正常运转。为了防止出现这种情况，在电控点火系统中，由电控单元对实际点火提前角的数值范围进行限制。最大和最小点火提前角的一般范围为：最大点火提前角 35°～45°，最小点火提前角 – 10°～0°。

2. 闭合角的控制

闭合角的控制又称为通电时间控制。对于电感储能式点火系统而言，当点火线圈的初级通电后，其初级电流是按指数规律增长的。初级线圈被断开瞬间所能达到的断开电流值与初级线圈接通时间长短有关，只有当通电时间达到一定值时，初级电流才可能达到饱和。而次级线圈高压的最大值与初级断开电流成正比，为了获得足够的点火能量，必须使初级电流达到饱和。但是，如果通电时间过长，则点火线圈又会发热，并使电能消耗增大。因此，要控制一个最佳的通电时间，须兼顾上述两方面要求。

影响初级线圈通过电流的主要因素有蓄电池电压和发动机转速。若蓄电池电压下降，在相同的通电时间里初级电流所达到的值将会减小。因此，必须根据蓄电池电压对通电时间进行修正。蓄电池电压修正曲线如图 3.14 所示。

在传统汽油机点火系统中，点火线圈初级电路的接通时间取决于发动机的转速，点火线圈初级绕组通电时间随发动机的转速提高而缩短，这必将导致发动机高速时点火能量降低，点火系统工作可靠性下降。因此，在现代汽车的电控点火控制中，要随着发动机转速的变化对闭合角进行控制，当转速升高时，闭合角应增大，如图 3.15 所示。

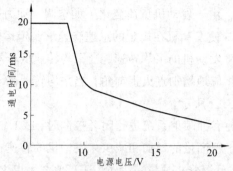

图 3.14　通电时间与电源电压的关系图

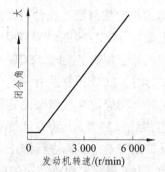

图 3.15　闭合角与转速的关系

为了保证在不同的蓄电池供电电压和不同的转速下都具有相同的初级断开电流，电控单元根据蓄电池电压和发动机转速信号，从预置的闭合角数据表中查出相应的数值，对闭合角进行控制。

当发动机转速升高时，适当增大闭合角，以防止初级线圈通过的电流值下降，造成次级高压下降，点火困难。蓄电池电压下降时，基于相同的理由，也应适当增大闭合角，如图 3.16 所示。

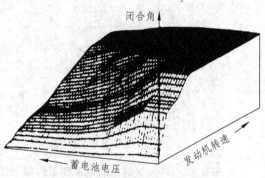

图 3.16　闭合角控制模型

3.1.4　典型电子控制点火系统

典型电子控制点火系统电路如图 3.17 所示，其检测诊断步骤如图 3.18 所示。

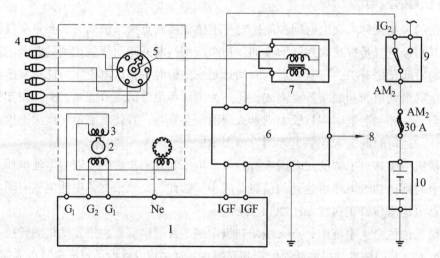

图 3.17　典型电子控制点火系统电路

1—发动机 ECU；2—信号转子；3—传感线圈；4—火花塞；5—分电器盖和转子；
6—点火器；7—点火线圈；8—转速表；9—点火开关；10—蓄电池

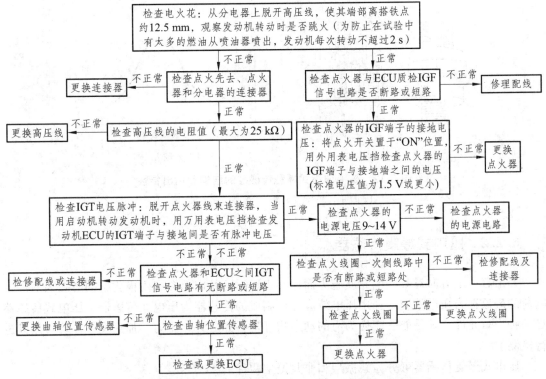

图 3.18　典型电子控制点火系统电路的检测诊断步骤

任务 3.2　爆震控制

爆震传感器用来检测发动机有无爆震发生，它是发动机集中控制系统中的重要部件。

检测发动机爆震可以有三种途径：一是检测汽缸压力，二是检测发动机振动，三是检测燃烧噪声。检测汽缸压力存在的主要问题是传感器安装困难，而且耐久性差；而检测燃烧噪声的方法因灵敏度、精度低也很少采用；现常用检测发动机振动的方法来判断有无爆震。

采用振动检测方法的爆震传感器有磁滞伸缩式和压电式两种，采用缸压检测方法的有火花塞金属垫型，它们都属于能量转换型（发电型）传感器，现分别介绍如下。

3.2.1　磁滞伸缩式爆震传感器

磁滞伸缩式爆震传感器的结构和输出特性如图 3.19 所示。磁滞伸缩式爆震传感器应用较早，它是一种电感式传感器。它由高镍合金的铁芯、永久磁铁、绕组及外壳等组成。其工作原理是：当发动机发生爆震时，铁芯振动使绕组中的磁通量发生变化，从而产生感应电动势。当传感器的固有振荡频率与发动机爆震时的振动频率相同时，传感器输出最大信号，如图 3.19（b）中所示。

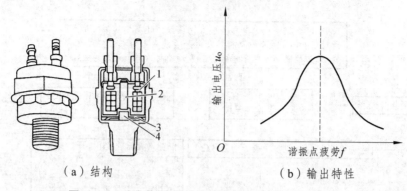

（a）结构　　　　　　　　（b）输出特性

图 3.19　磁滞伸缩式爆震传感器的结构和输出特性

1—绕组；2—铁芯；3—外壳；4—长久磁铁

3.2.2　压电式爆震传感器

当沿着一定方向对某些电介质施力而使其变形时，其内部会产生极化，同时在表面产生电荷的现象称为压电效应。利用压电效应原理制成的传感器为压电式传感器。压电式传感器是一种力敏元件。凡是能够变换为力的动态物理量，如应力、压力、加速度等，均可用其进行检测。

压电式爆震传感器可分为共振型和非共振型两种。

（1）共振型压电式爆震传感器。这种爆震传感器结构如图 3.20 所示。由图 3.20 可知，这种爆震传感器由压电元件、振荡片、基座、外壳等组成。压电元件紧贴在振荡片上，振荡片固定在基座上。选择振荡片的固有频率与被测发动机爆震时的振动频率一致，则当爆震发生时两者共振，压电元件有最大谐振输出。它的输出特性与磁滞伸缩式类似。

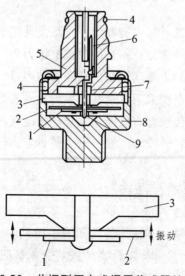

图 3.20　共振型压电式爆震传感器结构

1—压电元件；2—振荡片；3—基座；4—O 形环；5—连接器；6—接头；
7—密封剂；8—外壳；9—引线

（2）非共振型压电式爆震传感器。非共振型压电式爆震传感器实际是一种加速度传感器。它是以接收加速度信号的形式来检测爆震的。如图3.21所示为这种传感器的结构。

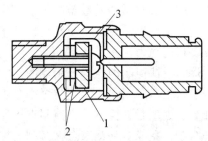

这种传感器与上述共振型传感器的不同之处在于：它内部无振荡片，但设置了一个配重块。配重块以一定预应力压紧在压电元件上。当发动机产生爆震时，配重块就以一正比于加速度的交变力施加在压电元件上，从而产生输出信号。这种爆震传感器在爆震时输出的电压较无爆震时无明显增加，

图3.21　非共振型压电式爆震传感器结构

1—配重块；2—压电元件；3—引线

爆震是否发生是靠滤波器检出传感器输出信号中有无爆震频率来判别的。

比较共振型和非共振型压电式爆震传感器，共振型压电式爆震传感器在爆震时输出电压明显增大，易于测量，但传感器必须与发动机配套使用；非共振型压电式爆震传感器用于不同的发动机时，只需调整滤波器的频率范围就可以工作，通用性强，但爆震信号的检测复杂一些。

3.2.3　火花塞金属垫型爆震传感器

该类传感器是在火花塞的垫圈部位装上压电元件，根据燃烧压力直接检测爆震信息，并将振动压力转换成电压信号输出。该类型爆震传感器一般每缸火花塞安装一个。

压电式爆震传感器与其他压电式传感器一样，必须配合一定的电压放大器或电荷放大器，将信号放大并将高阻抗输入变换为低阻抗输出。

3.2.4　爆震反馈控制

点火提前角是影响爆震的主要因素之一，减小点火提前角是消除爆震的最有效措施。如图3.22所示，在无爆震控制的传统点火系统中，为了防止爆震的产生，其点火时刻的设定必

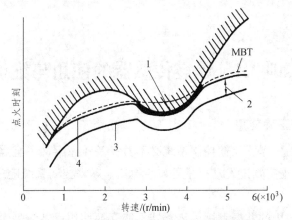

图3.22　爆震反馈控制的点火提前角

1—爆燃范围；2—爆燃控制余量；3—无爆燃控制时点火时刻；
4—有爆燃控制时点火时刻；MBT—最大扭矩时的点火时刻

须远离爆震边缘，否则必然会导致发动机的动力性、经济性不能发挥到最佳。在电控点火系统中，ECU 根据爆震传感器信号，判定有无发生爆震及爆震的强度，并根据其判定结果对点火提前角进行反馈控制，使发动机处于爆震的边缘工作，既能防止爆震发生，又能有效地提高发动机的动力性和经济性。

爆震反馈控制的结构简图如图 3.23 所示，其工作过程是：发动机工作时，爆震传感器的信号输入 ECU，由 ECU 判断爆震是否发生，然后根据曲轴和凸轮轴位置传感器的信号，进行计算、处理后，输出指令控制点火器中功率管的截止时刻，从而控制点火线圈初级电路的断开时刻，完成对火花塞点火时刻的控制。

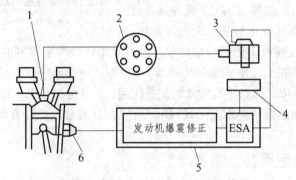

图 3.23　爆震反馈控制系统结构简图
1—火花塞；2—分电器；3—点火器和点火线圈；4—传感器；5—ECU；6—爆燃传感器

当发动机产生爆震时，微机通过爆震传感器的输入信号和比较电路判别出发动机爆震的产生，由微机控制减小点火提前角。爆震强度越大，点火提前角减小的值越大；爆震强度越小，点火提前角减小的值越小。每次以固定的角度使点火提前角减小，若仍有爆震存在，再以固定的角度减小点火提前角，直到爆震消失为止。爆震消失后的一段时间内，系统使发动机维持在当前的点火提前角下工作，此时间内若无爆震发生，则以一个固定的角度逐渐增大点火提前角，直到爆震再次发生，然后又重复上述过程。爆震控制过程就是对点火提前角进行反复调整的过程，最终把点火时刻控制在如图 3.22 所示的接近发动机最大扭矩时的点火时刻。

实训 3.1　爆震传感器的使用与维护

1. 爆震传感器的正确使用

爆震传感器是发动机爆震反馈控制系统必不可少的传感器，一旦爆震传感器信号异常，电控单元 ECU 就不能正确判定发动机是否发生爆震，爆震控制系统随之失效。因此，在使用中应当注意以下几点。

（1）不同发动机使用的共振型爆震传感器不能互换使用。共振型爆震传感器的显著特点是传感器的共振频率与发动机爆震的固有频率相匹配，因此，共振型爆震传感器只适用于特定的发动机，不能与其他发动机互换使用。

（2）非共振型爆震传感器的拧紧力矩不得随意调整，必要时必须按《使用说明书》规定的数值进行调整。非共振型爆震传感器虽然在理论上可用于所有的发动机，但其输出信号电压与传感器上作用力的大小有关，即与传感器固定螺栓的拧紧力矩有关，调整固定螺栓的拧紧力矩便可调整传感器输出的信号电压。因此，传感器的输出特性出厂时都已调好，使用中拧紧力矩不得随意调整。当更换传感器需要调整固定螺栓的拧紧力矩时，必须按规定的数值进行调整。例如，捷达 AT、GTX 型、桑塔纳 2000GSi 型轿车的标准力矩为 25 N·m + 5 N·m。

2. 爆震传感器的检修

丰田皇冠 3.0 轿车 2JZ-GE 型发动机爆震传感器与 ECU 的连接如图 3.24 所示。

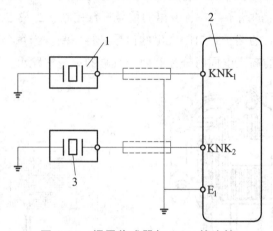

图 3.24　爆震传感器与 ECU 的连接

1，3—爆震传感器；2—ECU

（1）爆震传感器内部电路的检测。点火开关置于"OFF"位置，拔下爆震传感器导线接头，用万用表电阻挡检测爆震传感器的接线端 f 与外壳间的电阻，应为无穷大（不导通）；若为 0 Ω（导通），则须更换爆震传感器。

对于磁伸缩式爆震传感器，还可用万用表电阻挡检测线圈的电阻，其阻值应符合规定值（具体数据见具体车型维修手册），否则应更换爆震传感器。

（2）机械部分检查。检查传感器安装情况（规定力矩拧紧）和变形裂纹情况。

（3）爆震传感器输出信号的检查。拔下爆震传感器的连接插头，在发动机怠速时，用万用表电压挡检测爆震传感器的接线端子与搭铁间的电压，应有脉冲电压输出；若没有，则应更换爆震传感器。

实训 3.2　点火执行元件的检修

微机控制点火系统的执行元件是控制系统的功率输出，任意一个点火执行元件发生故障，点火系统都无法正常点火，发动机就不能正常工作。点火执行元件主要包括点火控制器、点火线圈和火花塞等。由于各型汽车点火执行元件结构各不相同，因此，下面介绍几种典型执行元件的检修方法。

1. 桑塔纳 2000GSi、3000 型轿车点火控制组件的检修

桑塔纳 2000GSi、3000 型轿车采用了无分电器点火系统，每两个气缸共用一组闭磁路式点火线线圈，4 个汽缸共用两组点火线圈。两组点火线圈与点火控制器组装成一体，称为点火控制组件，固定在发动机缸体上，整体结构如图 3.25 所示。在使用过程中，当任意一组点火线圈或点火控制器发生故障时，只能更换点火控制组件总成。

在点火控制组件 N_{152} 壳体上标注有各缸高压插孔标记 A、B、C、D，分别表示 1、2、3、4 缸高压插孔。点火控制组件 N_{152} 的内部电路如图 3.26 所示，两组线圈初级电路的接通与切断由点火控制器 N_{122} 根据电控单元 J_{220} 发出的指令进行控制。1、4 缸共用一个点火线圈 N_{128}，初级电流由电控单元 J_{220} 的端子"78"发出的信号进行控制；2、3 缸共用一个点火线圈 N，初级电流由电控单元 J_{220} 的端子"71"发出的信号进行控制。当每个线圈初级绕组的电流切断时，次级统组中产生的高压电同时分配到两个汽缸的火花塞跳火。

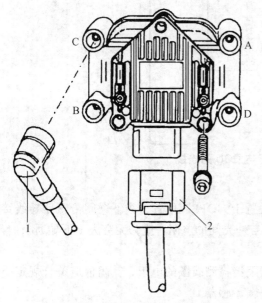
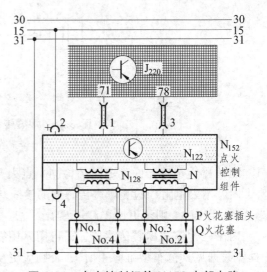

图 3.25　点火控制组件的结构

1—第 3 缸高压线；2—点火控制组件线束插头；
A—I 缸高压插孔；B—2 缸高压插孔；
C—3 缸高压插孔；D—4 缸高压插孔

图 3.26　点火控制组件 N152 内部电路

J_{220}—电控单元；71—2、3 缸点火电流控制端子；
78—1、4 缸点火电流控制端子；N—2、3 缸点火线圈；
N_{122}—点火控制器；N_{128}—I、4 缸点火线圈

1）检查点火控制组件 N_{152} 的电源电压

点火控制组件的检测条件是：蓄电池电压必须高于 11.5 V，发动机转速传感器和凸轮轴位置传感器工作正常。

检测点火控制组件 N_{152} 的电源电压时，从点火线圈组件上拔下四端子线束插头，如图 3.27 所示。将数字式万用表的两只表笔分别连接插头上的"2"端子与"4"端子，接通点火开关时，电源电压标准值应当大于或等于 11.5 V。如电源电压为零，说明点火控制组件至中央线路板中央继电器盒 15 号电源线之间的线路断路，应逐段进行检修。点火控制组件插头上的端子"4"与中央线路板 15 号电源线之间的导线电阻值应小于 1.5 Ω。

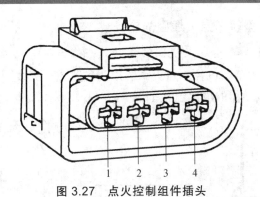

图 3.27 点火控制组件插头

1—2、3 汽缸点火控制信号端子；2—点火控制器 N_{152} 电源正极端子；
3—1、4 汽缸点火控制信号端子；4—搭铁端子

2）检查电控单元 J_{220} 对点火控制组件的控制功能

检测电控单元 J_{220} 对点火控制组件 N_{152} 的控制功能就是检查 J_{220} 是否向 N_{152} 发送控制脉冲信号。控制功可用桑塔纳 2000CSi 型轿车专用检测仪器和工具检测，也可用发光二极管 LED 与串联 510 Ω/0.25 W 电阻组成的 LED 调码器检测，下面以简易的 LED 调码器检测为例说明检测方法。在检测过程中，不要触摸点火控制组件及检测导线。

检测时，首先拔下中央线路板上的燃油泵熔断丝 S_5，使燃油泵停止转动（停止泵油）。然后拔下点火控制组件 N_{152} 线束插头，将 LED 调码器分别连接线束插头"1""4"端子以及"3""4"端子，分别检测 1、4 缸和 2、3 缸点火线圈的控制信号。启动发动机时，如发光二极管闪亮，说明电控单元 J_{220} 的点火控制功能正常。当点火系统发生故障时，如点火控制组件 N_{152} 电源电压和电控单元 J_{220} 的控制功能都正常，就说明点火控制组件 N_{152} 有故障，需要更换新品。

在检测电控单元 J_{220} 控制功能时，如发光二极管不闪亮，说明电控单元 J_{220} 至点火控制组件之间的导线断路或电控单元故障。可用数字式万用表检测线束插头上端子"1"至电控单元"71"号插孔、端子"3"至电控单元"78"号插孔之间的电阻值，标准阻值应当小于 1.5 Ω。如阻值为无穷大，说明导线断路，检修即可。再检查插头上端子"1"至电控单元"78"号插孔或插头上端子"3"至电控单元"71"号插孔之间的导线有无短路故障，阻值为无穷大说明导线良好，阻值为零则说明导线短路。

在检查电控单元的控制功能时，如果发光二极管不闪亮，检查导线又无断路或短路故障，说明电控单元 J_{220} 故障，应予更换新品。

3）检查点火线圈次级绕组电阻

检测次级绕组阻值时可参考图 3.26 进行，为防止损坏点火控制器，检测必须使用高阻抗万用表（万用表内阻不小于 10 kΩ）。检测 1、4 缸线圈次级绕组的电阻时，万用表的两只表笔分别连接高压插孔 A、D；检测 2、3 缸点火线圈次级绕组时，万用表的两只表笔分别连接高压插孔 B、C。在室温条件下，1、4 缸或 2、3 缸点火线圈次级绕组的标准电阻均应为 4000 ~ 6000 Ω。如阻值不符合规定，应更换点火控制器组件。

2. 桑塔纳 2000GLi 型轿车点火线圈的检修

1）桑塔纳 2000GLi 型轿车点火线圈的结构特点

桑塔纳 2000GLi 型轿车微机控制点火系统用闭磁路式点火线圈的结构如图 3.28（a）所示，点火线圈与电控单元 J_{220} 的电路连接如图 3.28（c）所示。

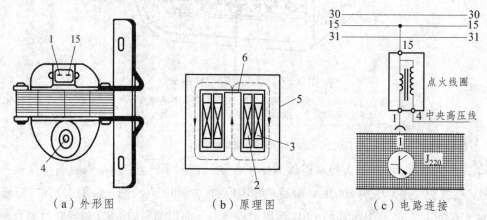

（a）外形图　　　　（b）原理图　　　　（c）电路连接

图 3.28　桑塔纳 2000GLi 点火线圈结构与电路连接

1—点火线圈负极；2—次级绕组；3—初级绕组；4—高压插孔；
5—铁芯；6—气隙；15—点火线圈正极；J_{220}—电控单元

当点火开关接通时，低压电源经点火"15"端子和 15 号电源线加到点火线圈"15"端子（点火线圈正极）上。点火线圈"1"端子（点火线圈负极）与电控单元 ECU 内部大功率三极管连接。其初级电流的接通与切断由发动机电控单元内部电路进行控制。电控单元通过计算闭合角大小来控制点火线圈初级绕组的通电时刻，通过计算点火提前角大小来控制初级电流的切断时刻。

2）桑塔纳 GLi、2000GLi 型轿车点火线圈的检修

当桑塔纳 2000GLi 型轿车点火线圈发生故障时，电控单元 J_{220} 检测不到故障信息，用故障阅读仪也调取不到此故障的有关信息。点火线圈有无故障，可用万用表检测各端子之间的电阻进行判断。桑塔纳 2000GLi 型轿车点火系统的检修参数如表 3.2 所示。

表 3.2　桑塔纳 2000GLi 型轿车点火系统检修参数

项目	技术参数	项目	技术参数
点火线圈形式	闭磁路式	发动机型号	AJR
初级绕组电阻（20 ℃）	1.2~1.4 Ω	点火顺序	1→2→3→4
次级绕组电阻（20 ℃）	6000~8000 Ω	初始点火提前角	12°＋1°（850±50 r/min）
分缸线电阻（20 ℃）	4600~7600 Ω	火花塞型号	W8DC，W9DC
		火花塞电极间隙	0.2~0.9 mm
		火花塞拧紧力矩	25 N·m

　　检测初级绕组电阻时，万用表的两只表笔分别连接端子"15"与端子"1"，阻值应为 1.2 ~ 1.4 Ω；检测次级绕组电阻时，万用表的一只表笔连接高压插孔"4"，另一只表笔连接端子"15"和端子"1"中任意一个端子，阻值应为 6000 ~ 8000 Ω。如阻值过小或为无穷大，说明线圈短路或断路，应予更换。

练习题

1. 填空题

（1）现代轿车采用电子控制点火系统主要有两种方式：＿＿＿＿＿点火系统和＿＿＿＿＿点火系统。

（2）微机控制点火系统主要由＿＿＿＿＿、＿＿＿＿＿和＿＿＿＿＿3 大部分组成。

（3）电控点火控制包括＿＿＿＿＿控制、＿＿＿＿＿控制和＿＿＿＿＿控制三个方面。

（4）常用的电子控制无分电器式点火系统有两种方式：＿＿＿＿＿和＿＿＿＿＿。

（5）电感式爆震传感器利用＿＿＿＿＿原理检测发动机爆震。压电式爆震传感器利用＿＿＿＿＿原理检测发动机爆震。

（6）点火提前角的控制包括＿＿＿＿＿、＿＿＿＿＿两种基本工况控制。

（7）影响初级线圈通过电流的主要因素有＿＿＿＿＿和＿＿＿＿＿。

（8）电控单元对最佳点火提前角的计算首先根据＿＿＿＿＿信号与＿＿＿＿＿信号确定初始点火提前角，然后根据＿＿＿＿＿和＿＿＿＿＿确定基本点火提前角，最后根据有关传感器的信号确定＿＿＿＿＿，这三项点火提前角的代数和即为实际的最佳点火提前角。

（9）＿＿＿＿＿传感器是发动机爆震控制系统必不可少的传感器，一旦该传感器信号异常，＿＿＿＿＿系统就会随之失效。

2. 判断题

（1）电控点火系统一般无点火提前角调节装置。（　　　）

（2）一般来说，缺少发动机转速信号，电控点火系统将不能点火。（　　　）

（3）在无分电器点火系统（一个点火线圈驱动二个火花塞）中，如果其中一个气缸的火花塞无间隙短路，那么相应的另一缸火花塞也将无法跳火。（　　　）

（4）微机控制点火系统按照有无分电器，可分为有分电器点火系统和无分电器点火系统两种类型。（　　　）

（5）发动机负荷增大，最佳点火提前角也应增大。（　　　）

（6）初级点火线圈通电时间和闭合角是相同的两个概念。（　　　）

（7）采用爆震传感器来进行反馈控制，可使点火提前角在不发生爆震的情况下尽可能地增大。（　　　）

（8）双缸同时点火方式是指两个缸的火花塞共用一个点火线圈。（　　）

（9）减小点火提前角是消除爆震的最有效措施。（　　）

（10）任意一个点火执行元件发生故障，微机控制点火系统都无法正常点火。（　　）

3. 思考题

（1）为了保证汽油发动机在各种工况和使用条件下都能可靠点火，点火系统必须具备什么条件？微机控制点火系统有哪些优点？

（2）修正点火提前角考虑了哪些因素？这些因素对发动机的点火提前角有何影响？

（3）什么叫闭合角控制？为什么要进行闭合角控制？

（4）ECU是如何对爆震进行反馈控制的？以四缸发动机为例，介绍无分电器的同时点火系统的控制电路、组成、点火信号和工作原理。

（5）爆震传感器在使用过程中应注意什么？如何检测爆震传感器？如何检测电子点火器和点火线圈？

项目 4　排气净化与排放控制系统

【学习目标】

（1）掌握汽车排放的危害与解决措施。
（2）掌握三元催化剂与氧传感器及闭环控制。
（3）掌握电控废气再循环。
（4）掌握燃油蒸发控制系统。
（5）掌握二次空气喷射系统与曲轴箱通风。

任务 4.1　汽车排放的危害与解决措施

自 20 世纪 70 年代以来，在轿车和轻型货车的设计和维修中，汽车排放控制系统越来越受到重视。我国于 2008 年 9 月 1 日起调整汽车消费税政策（见图 4.1），提高大排量乘用车的消费税率，降低小排量乘用车的消费税率。

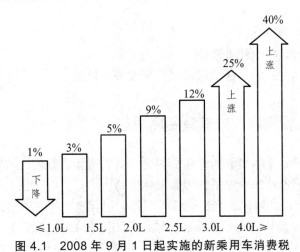

图 4.1　2008 年 9 月 1 日起实施的新乘用车消费税

4.1.1　汽车排放的主要的空气污染物来源

1. 燃烧废气

现代高速内燃机燃烧过程占有的时间极短（1～10 ms 数量级），可燃混合气不可能完全均匀，燃烧室中温度快速变化又不均匀，燃料的氧化反应不可能完全。这意味着内燃机排气中会出现不完全燃烧产物（例如 CO），甚至完全未燃烧的燃料，简称碳氢（HC）。HC 排放值过高的原因还有：发动机缺火，混合气过浓或过稀，或者存在机械故障等。燃烧室内的积炭呈多孔性海绵状结构，因此能在进气行程中吸收燃油蒸气。而在排气行程中将其释放出来。

内燃机燃烧室中最高燃烧温度达到 2000 ℃ 甚至更高（这正是往复式内燃机热功转换效率高的主要原因），助燃空气中的氮在高温下氧化生成各种氮氧化物（$NO + NO_2 \rightleftharpoons NO_x$），成为另一种排气污染物。

2. 曲轴箱排出

曲轴箱排出，是指发动机从压缩到做功行程时，从活塞与汽缸壁的间隙中排出的气体。这是汽缸内燃烧气体的一部分。这些气体进入曲轴箱会造成机油产生热分解，使金属零件加速磨损，加速金属氧化等不良影响，是造成各种故障的原因。所以，必须有新鲜空气不断在曲轴箱内循环，而排出的这些气体进入大气，成为污染源之一。

3. 汽油蒸发

随着外界温度的降低，油箱内部的汽油蒸气凝结，因此产生部分真空，从油箱吸入空气，而随着外界温度的上升，空气与油箱内蒸发的汽油蒸气一起排出。此外，还有从油泵接头处渗出的汽油蒸气，也散入大气。研究已经证明，来自汽车的 HC 排放中有 20%的来自燃油箱和老式汽车的化油器。今天的严格的排气法规要求汽车制造者安装燃油蒸发排放控制系统，从而在这些蒸气进入大气之前，就将它们收集起来。

根据有害气体的来源，解决排气净化有如下途径：

（1）研制低污染动力源的汽车。

（2）促进燃料的完全燃烧。

（3）对发动机进行排气净化处理。

（4）防止汽油蒸气的泄漏：曲轴箱通风；蒸发损失控制。

4.1.2 三种主要有害物对健康和环境的影响

碳氧化合物是形成光化学烟雾的主要成因之一。它刺激眼黏膜、咽喉和支气管，对血液有毒害，可能还有遗传毒性和致癌活性等碳氢化合物。

NO_x 能引起中枢神经的障碍，会影响肺的功能，引起咳嗽、气喘，甚至肺气肿。

一氧化碳（CO）对人体的毒性大家已比较熟悉（见表 4.1）。它是无色无味的气体，对人体血液中输送氧的载体血红蛋白（Hb）的亲和力是氧的 200 ~ 250 倍。

表 4.1　CO 对人体的毒害

$COHb/O_2Hb$	症　状
<0.1	无症状
0.1 ~ 0.2	头痛，注意力下降，心慌
0.2 ~ 0.3	剧烈头痛，头晕，无力

COHb/O$_2$Hb	症　状
0.3 ~ 0.45	呕吐，虚脱
0.45 ~ 0.6	昏迷
>0.6	死亡

4.1.3　空燃比与内燃机排放的关系

汽油机空燃比与排气有害成分的关系如图 4.2 所示。

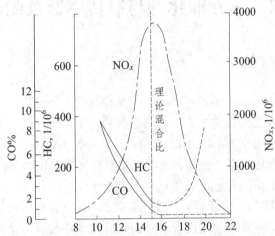

图 4.2　排气中 CO、HC、NO 浓度与空燃比的关系

可燃混合气中空气质量与燃油质量之比为空燃比，空燃比符号为 A/F（A：air——空气，F：fuel——燃料），表示空气和燃料的混合比。空燃比是发动机运转时的一个重要参数，它对尾气排放、发动机的动力性和经济性都有很大的影响。理论上说，每克燃料完全燃烧所需的最少的空气克数，叫做理论空燃比。各种燃料的理论空燃比是不相同的：汽油为 14.7，柴油为 14.3。

空燃比大于理论值的混合气叫做稀混合气，空燃比小于理论值的混合气叫做浓混合气。

与空燃比相似的概念是过量空气系数。过量空气系数是燃烧 1 kg 燃料实际供给的空气质量与理论上完全燃烧 1 kg 燃料所需的空气质量之比，常用符号 λ 表示。λ<1 时，为浓混合气；λ>1 时，则为稀混合气。

由图 4.2 可知：空燃比<14.7 时，随着空燃比的减少，CO 浓度呈线性增加；空燃比>14.7 时，理论上不会有 CO。但因为混合气混合及分配不均等会造成有少量的 CO 产生。

空燃比<14.7 时，随着空燃比的减少，会缺氧与雾化不良从而导致 HC 增加；空燃比>14.7 时，随着空燃比的增大，由于燃料成分过少，用通常的燃烧方式已不能正常着火，产生失火使未燃碳氢化合物 HC 大量排出。点火系统故障或气缸压缩压力故障造成的气缸缺火会导致 HC 排放大量增加，这是因为全部未燃烧的空气/燃油混合气都要从燃烧室排入排气系统。喷油器不工作导致气缸缺火时，由于空气/燃油混合气没有进入燃烧室，所以 HC 排放不会增加；

由于 CO 是燃烧的副产品，当一只气缸不着火时，整个发动机内的燃烧规模有所减小，所以 CO 排放不会增加。在这种情况下，CO 排放还可能有轻微改善。气缸缺火不会使 NO_x 排放增加，这是因为缺火能降低气缸温度。

NO_x 主要成分是 NO（含量为 99%）和 NO_2（含量为 1%）。NO_x 生成有三要素：高温、富氧、氧与氮在高温中停留时间长。空燃比<14.7 时，随着空燃比的减小，含氧量降低，从而 NO 含量减少（氧浓度起主要作用）；空燃比>14.7 时，随着空燃比的增大，NO 含量增加。当空燃比达到大于理论空燃比 10%时，燃烧速度和温度最高，NO 生成量最大；随着空燃比的增大，燃烧温度下降，从而 NO 含量减少。

任务 4.2 三元催化剂与氧传感器及闭环控制

4.2.1 三元催化器

三元催化器外形类似于一个小消声器。因为其较高的工作温度，三元催化器周围的车身部分用隔热板作了保护。之所以称之为三元意思就是汽车废气只要通过转化器本身，就可同时将废气中的三种主要有害物质 CO、HC 和 NO_x 转化为无害物质，它是一种高效率后处理装置。三元催化转化器的净化效率十分高，与电子控制汽油喷射相结合，可以净化 90%以上的有害物质，是现代轿车上的一种标准装置。

从 1975 年起，汽车排气系统开始安装催化转化器。催化转化器可以是颗粒式或者是整体式的。20 世纪 70 年代和 80 年代使用的颗粒式催化转化器中装有一个由数百个小球组成的催化床，发动机排气就通过此催化床（见图 4.3）。在整体式催化转化器中，废气从一个蜂窝状的陶瓷块中通过。催化转化器内的小球和陶瓷块上涂有一层薄薄的铂、钯或铑。并安装在不锈钢的容器内。

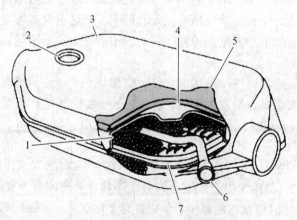

图 4.3 颗粒式催化转化器

1—催化剂；2—填充堵头；3—外壳；4—转换器壳；5—隔热层；6—空气进口；7—空气室

氧化型催化剂将 HC 和 CO 变成 CO_2 和水蒸气 H_2O。氧化型催化剂也可以叫作二元催化转化器（见图 4.4），这是一种早期的设计。

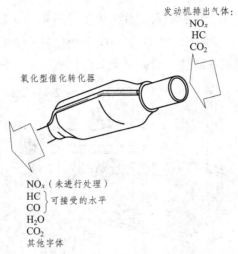

发动机排出气体：
NO$_x$
HC
CO$_2$

氧化型催化转化器

NO$_x$（未进行处理）
HC
CO　　可接受的水平
H$_2$O
CO$_2$
其他字体

图 4.4　二元催化剂将 HC 和 CO 转变成 H$_2$O 和 CO$_2$

1. 三元催化剂工作原理

现代催化转化器属于整体式催化转化器，采用了一个三元催化剂块状陶瓷载体，上有涂层，涂层的作用就是可以让催化剂附着于上，主要物质为氧化铝。此催化剂载体上涂有铂、钯和铑等催化剂金属。这种载体成蜂窝状，内有数百个废气通道。这些通道形成了极大的接触表面积（见图 4.5）。

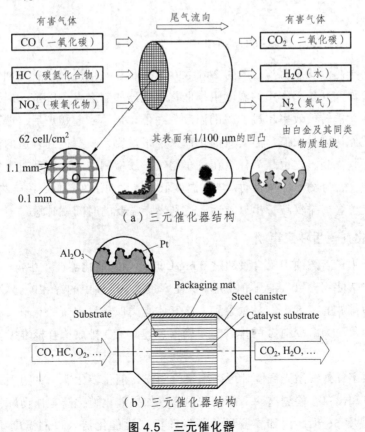

有害气体　　　　　尾气流向　　　　　有害气体

CO（一氧化碳）　　　　　　　CO$_2$（二氧化碳）

HC（碳氢化合物）　　　　　　H$_2$O（水）

NO$_x$（碳氧化物）　　　　　　N$_2$（氮气）

62 cell/cm^2　　　　其表面有 1/100 μm 的凹凸　　由白金及其同类物质组成

1.1 mm
0.1 mm

（a）三元催化器结构

Al$_2$O$_3$　　　Pt
　　　　　　　　　Packaging mat
　　　　　　　　　Steel canister
Substrate　　　　　Catalyst substrate

CO, HC, O$_2$, ...　　　　　CO$_2$, H$_2$O, ...

（b）三元催化器结构

图 4.5　三元催化器

113

三元催化转化器内含有两个单独的陶瓷载体块（见图 4.6）。第一个载体内含有还原催化剂——使 NO_x 还原的铂和钯。当 NO_x（NO_x 和 NO_2）经过第一块载体时，氮原子与氧原子分离，这个氮原子与另一个吸附在载体上的氮原子结合，而形成氮分子（N_2）。具体反应如下：

$$2NO_x === N_2 + O_2 \quad 或 \quad 2NO_2 === 2N_2 + 2O_2$$

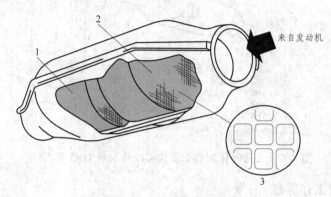

图 4.6　三元催化器分两段

1—氧化催化剂；2—还原催化剂；3—蜂窝结构

氧化催化剂是含有铂和钯的第二个载体。氧化催化剂能燃烧（氧化）碳氢化合物（HC）和一氧化碳（CO），并将它们变为二氧化碳（CO_2）和水（H_2O）。具体反应为：

$$2CO + O_2 === 2CO_2$$

$$HC + O_2 === CO_2 + H_2O$$

当催化剂处于高温状态时（一般为 246~301 ℃），这些金属元素就会加速催化转化器内的化学反应。催化剂开始起作用的温度叫作催化转化器的起燃点（light-off temperature）。起燃点就是催化转化器转换效率超过 50% 的温度。在催化剂达到起燃点后，催化转化器的最大化学转换效率就能达到最大值。温度对催化剂来说很重要，只有达到合适的温度，才能使化学反应的速率达到最高。这也是为什么在汽车尾气排放检测中，冷启动时收集到的气体是很重要的一项检查，因为发动机刚启动，排气温度低，催化剂活性较低，污染物无法高效转化。催化转化器安装位置离排气歧管出口越近，达到燃点需要的时间就越短。

2. 三元催化剂使用注意事项

三元催化器中毒若燃油中铅含量超过 5 mg/L 时会导致催化器严重中毒。所以装备有三元催化器的车辆严禁使用含铅汽油。如果机油消耗率过高，机油中的锌和磷会导致催化器中毒。从三元催化器中排放的 H_2S 最容易觉察到。该气体有类似于臭鸡蛋的味道。更换其他品牌的燃油可解决此现象。为减少 H_2S 的排放，要确保怠速时 CO 排放符合标准以及发动机排气系统工作正常。

非接触式数字红外线激光温度计可以用来检测三元催化转化器（见图 4.7）。将其对准催化转化器的入口和出口，检测这两个部位的温度，如果催化转化器工作良好，其出口温度至少应高于入口温度 56 ℃。比如，测量了某发动机三元催化器入口的温度，其表面温度为

135.3 ℃ 测量了三元催化器出口的温度，其表面温度为 173.3 ℃。经过上述的测量排气温度的检测方法，说明此车的三元催化器处在正常的工作状态。反之，当三元催化转化器的出、入口温度差小于 56 ℃，说明催化转化器工作不良，应予以更换或修理。如果催化转化器工作不良，若汽车上有二次空气喷射系统，应该先检查空气泵系统。检查当发动机在正常的工作温度下工作时，它是否将空气泵入催化转化器。如果没有空气泵入催化转化器，催化转化器的效率就会降低，绝不允许使用一段排气管代替催化转化器。

注意：气缸缺火可能导致催化转化器温度极高而遭受损坏。

图 4.7　检测催化转化器温度的数字温度计

4.2.2　空燃比反馈补偿

当然任何的转化都是有效率的，也都是有条件的，对于催化剂来说，两个最重要的因素，空燃比（A/F）和温度（T）。

其转化效率图如图 4.8 所示。

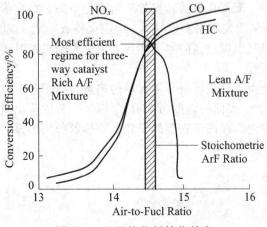

图 4.8　三元催化剂转化效率

图上阴影区域三元催化器最佳工作区，只有在理想空燃比时，这三种污染物的转化效率才会相对同时最高。

1. 闭环控制

空燃比反馈补偿（闭环系统）必须保证空气燃油混合气接近理论空燃比（14.7）以确保三元触媒转化过程充分进行并得到 CO、HC 以及排气中 NO_x 的高净化率。λ 闭环控制系统只有配备氧传感器才能起作用。氧传感器在三元催化器侧的位置监测废气中的氧含量，稀混合气（λ 大于 1）产生约 100 mV 的传感器电压，浓混合气（λ 小于 1）产生约 800 mV 的传感器电压。当 λ 等于 1 时，传感器电压有一个跃变。λ 闭环控制对输入信号作出响应（λ 大于或等于 1 混合气过稀，λ 小于或等于 1 混合气过浓）修改控制变量，产生修正因子作为乘数以修正喷油持续时间。当满足以下任何一个条件时，ECU 退出闭环控制：

（1）当发动机启动时以及发动机启动后喷油量增加时。

（2）发动机冷却液温度偏低时。

（3）当负载高且燃油喷射量增加时。

（4）在燃油切断时。

（5）当氧传感器被冷却时。

闭环是指发动机 ECU 根据氧传感器的反馈信号不断地调整混合气的空燃比，使其值符合规定。根据氧传感器的信号波形可以判断系统是否已经进入闭环控制状态。起动机启动后氧传感器输出的信号电压先逐渐升高到 450 mV，然后进入升高和下降（混合气变浓和变稀）的循环，后者表示燃油反馈控制系统进入了闭环状态。只有当氧传感器在无故障的时候氧传感器的信号电压波形才能反映燃油反馈控制系统的状况；如果氧传感器有故障，那么它所产生的波形就不反映燃油反馈控制系统的状况。

2. 三元催化剂转换效率与温度关系

三元催化器的转换效率除了与混合气的浓度有关外，还与排气温度有关，三元催化器只有在催化剂的温度达到 300 ℃ 以上时才开始工作，当催化剂的温度超过 400 ℃ 时，三元催化器的转换效率将接近 100%。为此在对车辆进行尾气检测之前，一定要对发动机进行充分的预热，直到水温达到 90 ℃。虽然三元催化器需要在高温下才能正常工作，但是如果排气温度过高，超过 815 ℃ 时，催化剂有可能与氧化铝载体烧结产生热老化，导致活化表面积减小，使催化剂失效，这时三元催化器的转换效率将明显下降。在有些三元催化器上安装有排气温度报警装置，当报警装置发出报警信号时，应熄火检查车辆，查明排气温度过高的原因。汽车行驶过程中，出现排气温度过高的原因多数是由于发动机长时间在大负荷下工作或因某些故障造成不完全燃烧所致。

三元催化器工作时会由于氧化反应产生大量的热量，在正常工作期间，三元催化器内部的温度将达到 500 ℃ 以上，表面的温度为 370 ℃ 以上。为了防止损坏车身底部，避免热量进入发动机机舱和驾驶室内，在汽车底部都安装有防热罩和隔热板。

4.2.3 氧传感器

1. 氧传感器的分类

氧传感器是排气氧传感器（Exhaust Gas Oxygen Sensor，EGO）的简称，其作用是通过检测排气中氧离子的含量来获得混合气的空燃比信号，并将该信号转变为电信号输入 ECU。ECU 根据氧传感器的信号，对喷油时间进行修正，实现空燃比反馈控制（闭环控制）。利用氧传感器对混合气的空燃比进行闭环控制后，能将过量空气系数控制在 0.98～1.02 之间的范围内（空燃比 *A/F* 约为 14.7），使发动机能够得到最佳浓度的混合气，从而降低有害气体的排放量。

汽车目前采用的氧传感器有氧化钛式和氧化锆式两种。根据是否加热，又可分为加热型氧传感器与非加热型氧传感器两种。由于氧化钛式氧传感器价格便宜，且不易受到含铅汽油中铅离子的腐蚀，因此桑塔纳 2000GLi、2000GSi，捷达 GT、GTX 型轿车电控汽油喷射系统都采用氧化钛式氧传感器。

2. 氧化钛式氧传感器

1）氧化钛式氧传感器的结构

氧化钛式氧传感器的外形与氧化锆式氧传感器相似，但其体积稍小。捷达 GT、GTX，桑塔纳 2000GLi、2000GSi 型小轿车采用的氧化钛式氧传感器外形如图 4.9 所示。

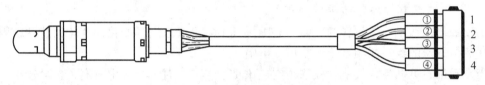

图 4.9 氧化钛式氧传感器外形

1—加热元件正极（白色导线）；2—加热元件负极（白色导线）；
3—氧传感器信号负极（黑色导线）；4—氧传感器信号正极（灰色导线）

氧传感器安装在排气总管上。桑塔纳 2000GLi、2000GSi 型轿车的氧传感器安装在距离排气歧管约 1 m 左右的排气管上；捷达 GT、GTX 型轿车的氧传感器安装在排气谐振腔上，如图 4.10 所示。

氧传感器的内部结构如图 4.11 所示，它主要由二氧化钛管、钢质壳体、加热元件和接线端子等组成。二氧化钛是一种 N 型半导体材料，其阻值取决于周围环境中氧离子浓度的大小，将其制作成管状，以便排气中的氧离子能够均匀扩散与渗透。纯净的二氧化钛材料在常温下呈现高阻状态，但一旦表面缺氧，其晶格就会出现缺陷，阻值随之减小。钛管的内表面与氧离子浓度较高的大气相通，外表面与氧离子浓度较低的排气相通。在钛管的内、外表面上覆盖一层铂金，并各引出一个电极，作为传感器的信号正极与信号负极。外表面的铂金还有催化作用，当混合气偏浓时，由于燃烧不完全，排气中会剩余一定的氧气。铂金可使剩余氧离子与排气中的一氧化碳产生化学反应，生成二氧化碳，将排气中的氧离子进一步消耗掉，从而提高传感器的灵敏度。钢质壳体上制有螺纹，以便于传感器安装。由于氧化钛式氧传感器必须满足以下三个条件才能正常调节混合气浓度，因此将其安装在温度较高的排气管上。同时，为使氧化钛式氧传感器迅速达到工作温度（300 ℃）而投入

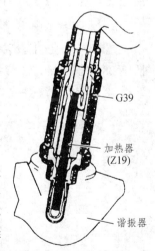

G39

加热器
(Z19)

谐振器

图 4.10 捷达轿车氧传感器安装位置

工作，它采用加热元件对二氧化钛进行加热。加热元件采用热敏电阻，其上绕有钨丝并引出两个电极直接与汽车电源（12～14 V）相连。其工作条件如下：

（1）发动机温度高于 60 ℃。

（2）氧传感器温度高于 300 ℃。

（3）发动机工作在怠速工况和部分负荷工况。

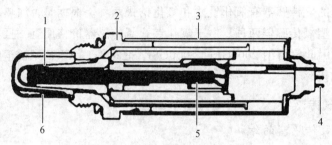

图 4.11　氧传感器的内部结构

1—氧化钛管；2—钢质壳体；3—护套；4—接线端子；5—加热元件；6—传感器护管

2）氧化钛式氧传感器的工作原理

由于二氧化钛半导体材料的电阻具有随排气中氧离子浓度的变化而变化的特性，因此氧化钛式氧传感器的信号源相当于一个可变电阻。

当发动机的可燃混合气浓度较浓（空燃比小于 14.7）时，排气中氧离子含量较小，氧化钛管外表面氧离子很少或没有氧离子，二氧化钛呈现低阻状态，如图 4.12 所示。

当发动机混合气浓度较稀（空燃比大于 14.7）时，排气中氧离子含量较多，氧化钛和外表面的氧离子浓度较大，二氧化钛呈现高阻状态。由此可见，氧化钛式氧传感器的电阻将在混合气空燃比 A/F 约为 14.7（过量空气系数约为 1）时产生突变。

3）氧化钛式氧传感器的工作电路

桑塔纳 2000GLi 型轿车氧传感器工作电路如图 4.13 所示，氧传感器负极信号线与 ECU 插座 28 端子连接，ECU 内部连接一只电阻；传感器正极信号线与 ECU10 端子连接，ECU 内部提供一个恒压源。

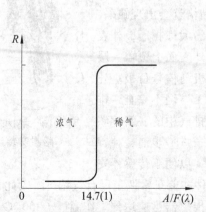

图 4.12　氧化钛式 EGO 输出特性

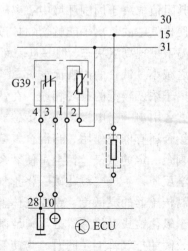

图 4.13　氧化钛式 EGO 工作电路

当点火开关接通时，汽车电源（12~14 V）经熔断器向传感器加热元件提供电压，热敏电阻通电产生热量对二氧化钛进行加热，使其迅速达到工作温度。与此同时，计算机 ECU 中的恒压源向氧传感器供给一个恒定电压。当混合气浓度偏浓时，氧传感器电阻小，经氧传感器与 ECU 内部电阻分压后，ECU 将接收到一个高电平（约 0.9 V）；当混合气浓度偏稀时，氧传感器电阻大，经氧传感器与 ECU 内部电阻分压后，ECU 将接收到一个低电平（约 0.1 V）。

当氧传感器工作正常时，输出电压在高电平（0.9 V）与低电平（0.1 V）之间变动的频率，每 10 s 内变化 8 次以上。

由此可见，氧传感器相当于一个浓稀开关，根据混合气空燃比的变化，向计算机 ECU 输送高电平或低电平信号，因此又称为燃油空气混合比例传感器。

3. 氧化锆式氧传感器

1）氧化锆式氧传感器的结构

氧化锆式氧传感器的结构如图 4.14 所示，主要由钢质护管、二氧化锆制成的陶瓷管（锆管）、电极引线等组成。

二氧化锆（Z_rO_2）是一种同体电解质，将其制作成试管形的陶瓷管，以便排气中的氧离子能够均匀扩散与渗透。氧化锆陶瓷管称为锆管，锆管内外表面部喷涂有一层铂膜作为电极，并与传感器信号输出引线相连接。锆管内表面通大气，外表面通排气。为了防止发动机排出的废气对铂膜产生腐蚀，在锆管外表面的铂膜上还喷涂有一层氧化锆陶瓷粉末（白色）作为保护膜。

氧化锆陶瓷的强度很低，而且安装在排气管上承受排气压力的冲击。为了防止锆管受排气压力冲击而造成陶瓷管破碎，因此将锆管封于钢质护管内。钢质护管上制有螺纹、六角螺边和若干个小孔，螺纹用于安装传感器，六角螺边用于拆卸传感器，小孔利于排气流通，以便排气时能与锆管接触。

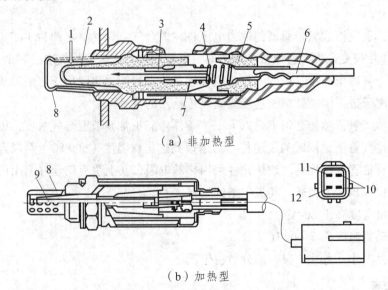

（a）非加热型

（b）加热型

图 4.14　氧化锆式氧传感器的结构

1—排气；2—锆管；3—电极；4—弹簧；5—绝缘座；6—电极引线；7—大气；8—钢质护管；
9—加热元件；10—加热元件引线端子；11，12—信号输出引线端子

2）氧化锆式氧传感器的工作原理

二氧化锆固体电解质属于多孔性材料，氧离子在其内部能够扩散和渗透。当氧离子在锆管中扩散时，锆管内外表面之间的电位差将随氧离子浓度差的变化而变化，因此，锆管相当于一个微电池，如图 4.15 所示，传感器的信号源相当于一个可变电源。

当供给发动机的可燃混合气很浓（空燃比小于 14.7）时，排气中氧离子含量较少。此外，排气叶中尚未完全燃烧的碳氢化合物和一氧化碳等成分，在锆管外表面催化剂铂的催化作用下，将与氧离子发生氧化反应，生成无害的水和二氧化碳，这将使锆管外表面的氧离子浓度进一步降低。由于锆管内表面与大气相通，因此锆管内外表面的氧离子浓度差较大，锆管两个铂膜电极之间的电位差较高，约为 0.9 V，如图 4.16 所示。

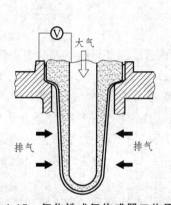

图 4.15　氧化锆式氧传感器工作原理　　　　图 4.16　氧化锆式氧传感器输出特性

当供给发动机的可燃混合气浓度较稀时，由于排气中氧离子含量较高，锆管外表上氧离子浓度较大，因此锆管内外表面之间的氧离子浓度差较小，锆管两个铂膜电极之间的电位差较低，约为 0.1 V。

由此可见，氧化锆式氧传感器的输出电压将在混合气空燃比 A/F 约为 14.7（过量空气系数约为 1）时产生突变。当混合气浓度偏浓时，由于燃烧不完全，排气中会剩余一定的氧气，催化剂铂使剩余氧离子与排气中的一氧化碳和碳氢化合物产生化学反应生成二氧化碳和水，将排气中的氧离子进一步消耗掉，还能提高氧传感器的灵敏度。

由于氧化锆式氧传感器必须满足以下三个条件才能正常调节混合气浓度，因此将其安装在温度较高的排气管上，同时为了使传感器迅速到达工作温度（600 ℃）而投入工作，必须采用加热元件对锆管进行加热。加热元件采用热敏电阻，其上绕有钨丝并引出两个电极直接与汽车电源（12～14 V）相通。其工作条件如下：

（1）发动机温度高于 60 ℃。

（2）氧传感器温度高于 600 ℃。

（3）发动机工作在怠速工况和部分负荷工况。

4. 波形测量

启动发动机后，在 2500 r/min 转速 F 下运转 2～3 min，直到氧传感器产生变化的电压信号。这时系统就进入了闭环控制状态。氧传感器信号电压的变化是由排气中氧含量的变化引起的。ECU 通过调整喷油器的喷油量来改变混合气的浓度时，自然会造成排气中氧含量的变化。即混合气浓度偏浓时，氧含量低，反之则氧含量高。改变混合气浓度的同时也改变了排气中的氧含量，安装在排气管中的氧传感器感知到这个变化后，便输出相应的不同电压信号。因此，如果氧传感器输出的电压信号不正常或根本不变，并不意味着必须更换氧传感器。因为，还有一个原因就是上流动系统（排气以前的系统）出现了故障。如果排气中的氧含量不发生变化（如固定在浓或固定在稀状态），那么，即使按照要求将发动机以 2500 r/min 的转速运转 2 ~ 3 min，氧传感器的信号电压值也是不会发生变化的。如图 4.17 所示为燃油反馈控制系统进入闭环时氧传感器的信号电压波形。从氧传感器的电压信号波形可以看出汽车燃油反馈控制系统的状况。

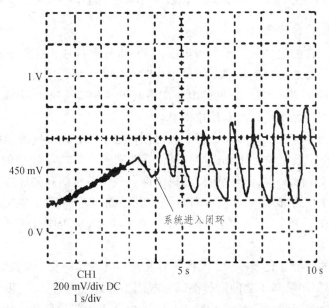

图 4.17　燃油反馈控制系统进入闭环时氧传感器的信号电压波形

由图 4.17 可知，波形先逐渐升高到 450 mV，然后进入下降和升高（混合气变浓或变稀）的循环阶段。后面波形的波动表示燃油反馈控制系统进入了闭环状态。当然，只有当氧传感器在无故障时，其电压波形才能反映燃油反馈控制系统的状况；如果氧传感器出现故障，其波形就不能真实地反映燃油反馈控制系统的状况。

由于氧传感器所处的工作环境比较差，所以在观察氧传感器波形前必须先测试氧传感器本身的性能。在确认其本身正常后，才能对氧传感器的信号波形进行诊断分析。

5. 氧传感器的检修

1）检测加热元件电阻

桑塔纳 2000GSi，捷达 GT、GTX 型轿车氧传感器插头与插座上各端子的位置如图 4.18 所示。加热元件的电阻值在常温条件下为 1 ~ 5 Ω，温度上升时，阻值就会显著增大。在室温下，用万用表对其进行检测。检测时，拔下氧传感器线束插头，检测插头上端子"1""2"之间的阻值。如果阻值为无穷大，说明加热元件断路，应更换氧传感器。

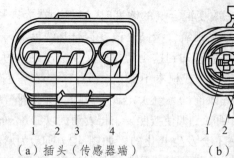
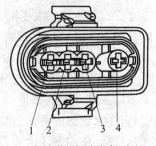

（a）插头（传感器端）　　　　　（b）插座（微机端）

图 4.18　氧传感器插头与插座上各端子的位置

1—加热元件正极；2—加热元件负极；3—信号电压负极；4—信号电压正极

2）检测加热电压和传感器信号电压

氧传感器加热元件的电压为整车电源电压。当点火开关接通，燃油泵继电器触点闭合时，加热元件的电源即被接通。检测加热元件的电压时，应拔下氧传感器插头，启动发动机，检测连接器插座上的端子"1""2"之间的电压应不低于 11 V。如电压为零，说明熔断器断路或燃油泵继电器触点接触不良，分别检修即可。

检测氧传感器信号应包括两方面，即开环时测信号电压，闭环时测信号变化频率。先将插头与插座连接，再将数字式万用表连接到氧传感器端子"3""4"连接的导线上，发动机工作时，电压应为 0.45～0.55 V；当供给发动机浓混合气（节气门踩到底或拔下油压调节器真空管）时，信号电压应为 0.7～1.0 V；当供给发动机稀混合气（拔下空气流量传感器至发动机之间的真空管或拔下 PCV 管），信号电压应为 0.1～0.3 V，否则说明氧传感器失效，应予以更换。

检测氧传感器的信号变化频率时，可将一只发光二极管和一只 300 Ω/0.25 W 的电阻串联后，接在传感器"3""4"端子之间进行测试（或用指针式万用表）。二极管正极连接到"3"端子导线上，另一端连接到"4"端子导线上。发动机怠速或部分负荷运转时，发光二极管应闪亮。如电源电压正常，二极管不闪亮，说明传感器故障，应予以更换。

发光二极管闪亮频率每分钟不低于 10 次。二极管不闪或闪亮频率过低的原因有以下几个方面，这时需要更换氧传感器。

（1）氧传感器加热元件失效。

（2）氧传感器壳体上的透气孔堵塞，或者表面脏污。

（3）氧传感器热负荷过重。

（4）长期使用含铅汽油导致传感器失效。

任务 4.3　电控废气再循环

4.3.1　废气再循环作用、分类

废气再循环（Exhaust Gas Recirculation，EGR）主要用来减少 NO_x 的排放。废气再循环

是发动机工作过程中通过 EGR 阀门，将部分废气返回进气管送入燃烧室进行再循环，由于废气的主要成分是惰性气体，在燃烧过程中吸收热量，从而降低了燃烧最高温度，从而降低 NO_x 的排放。

因为 NO_x 主要是在高温、富氧的条件下生成的，因此采用排气再循环，可有效地降低 NO_x 的生成。电子式排气再循环（EGR）控制系统，不仅结构简单，而且可进行较大 EGR 率（15%～20%）的控制。

EGR 率的计算为：

$$EGR\text{ 率} = \frac{EGR\text{气体量}}{\text{吸入空气量}+EGR\text{ 气量}\times 100\%}$$

式中，EGR 气体量为参与循环的废气量。

此外，随着 EGR 率的增加，燃烧将变得不稳定，缺火严重，油耗上升，HC 的排放量也增加。因此，当燃烧恶化时，可减少 EGR 率，甚至完全停止 EGR。电子式 EGR 控制系统的主要功能，就是选择 NO_x 排放量多的发动机运转范围，进行适量 EGR 控制。

电子控制式 EGR 系统在机械式 EGR（见图 4.19）基础上改进，可分为：开环控制式 EGR 系统和闭环控制式 EGR 系统。

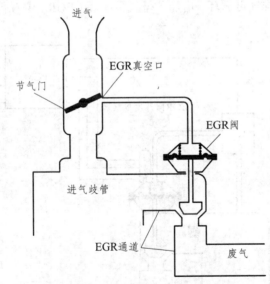

图 4.19　机械式 EGR 系统

1. 开环控制式排气再循环（EGR）控制

如图 4.20 所示为日产 Nissan 车 VG30 型发动机所用的电子式排气再循环控制系统，由排气再循环电磁阀、节气门位置传感器、排气再循环控制阀、曲轴位置传感器、发动机 ECU、水温传感器、启动信号等组成。

废气再循环控制阀控制由排气管到进气管的废气再循环的通道。废气再循环控制阀的动作由作用在其上的真空度控制。真空度取自进气歧管，真空通道由废气再循环电磁阀控制。

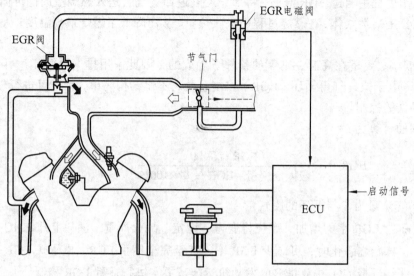

图 4.20 开环式 EGR 系统

2. 闭环控制式排气再循环

相比于开环控制式排气再循环，增加了排气再循环（EGR）位置传感器，如图 4.21 所示。

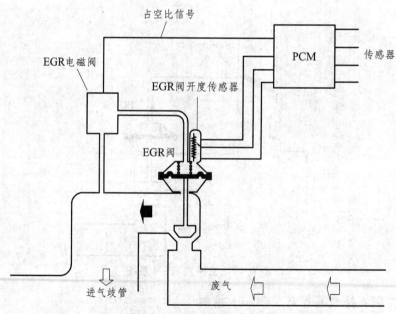

图 4.21 闭环式 EGR 系统

现在的汽车把 EGR 电磁阀和 EGR 阀做成一体（见图 4.22）。

线性排气再循环阀可精确地向发动机提供排气，无需使用进气歧管真空。该阀内有带有轴针的小孔接受发动机 ECU 的命令信号，控制从排气歧管流出，进入进气歧管的流量。发动机 ECU 用节气门位置（TP）和进气歧管绝对压力（MAP）传感器的输入控制轴针位置。

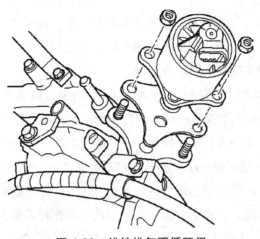

图 4.22　线性排气再循环阀

4.3.2　废气再循环控制过程

日产 VG30E 发动机废气再循环控制系统工作原理是：在发动机工作时，发动机 ECU 根据各传感器（如曲轴位置传感器、水温传感器、节气门位置传感器、点火开关等）送来的信号，确定发动机目前在哪一种工况下工作，以输出指令，控制排气再循环电磁阀打开或关闭，从而控制排气再循环控制阀打开或关闭，使废气再循环进行或停止。

日产 VG30E 发动机废气再循环控制系统由微机集中控制系统装置根据发动机工况控制废气再循环电磁阀的工作，如表 4.2 所示为其废气再循环控制系统在各工况下的工作状况。

表中所列各种工况下，发动机的 ECU 向排气再循环电磁阀供给"接通"信号时，电磁阀接通，阀门关闭，切断了控制排气再循环控制阀的真空通道，使排气再循环系统不再进行排气再循环。

表 4.2　废气再循环各工况下的工作状况

发动机工况	废气再循环电磁阀	废气再循环控制系统
发动机启动时		
节气门开关接通时		
发动机温度低时	ON（电磁阀接通，阀门关闭）	不起作用
发动机转速低于 900 r/min 时		
发动机转速高于 3200 r/min 时		
除以上情况外	OFF（断开）	起作用

在发动机启动时，需要较浓的可燃混合气，而此时进入汽缸的可燃混合气量少，若在启动时让废气再循环，进入进气系统，则会使可燃混合气更稀，进一步增加启动困难。因此，在启动时应关闭废气再循环电磁阀，停止废气再循环控制系统的工作。

当节气门开关接通时，发动机处于怠速或大负荷工况。日产 VG30E 发动机的节气门位置传感器为开关式，因此又把节气门位置传感器称为节气门开关，该节气门开关在节气门关闭和全开时接通，在其他工况时断开。在怠速（节气门关闭）时，节气门关闭，进入汽缸的可燃混合气量较少，若此时废气再循环，进入汽缸，则会使怠速时可燃混合气不能正常燃烧，造成怠速抖动，严重时发动机会熄火；在大负荷工况（节气门全开）时，发动机需要大功率，此时废气再循环，会减小发动机的最大输出功率（废气再循环正是以牺牲发动机功率为代价的）。因此，在节气门开关接通时，废气再循环控制系统停止工作。当发动机温度低时，需要加浓可燃混合气，而废气再循环则会降低可燃混合气浓度，造成燃烧室内的不正常燃烧，影响发动机的正常工作。因此，在发动机温度低时，废气再循环系统不工作。当发动机转速低于 900 r/min 时，发动机到达最低稳定运转转速，若转速继续降低，则发动机会熄火。因此，在发动机转速低于 900 r/min 时，应停止废气再循环控制系统的工作。当发动机转速高于 3200 r/min 时，发动机处于大负荷工况，需要输出大功率，以满足工作需要。因此，在发动机转速高于 3200 r/min 时，应停止废气再循环控制系统的工作，以增大发动机的输出功率。除去上述各工况外，废气再循环电磁阀均打开废气再循环控制阀的真空管路，使废气再循环控制系统工作。废气经再循环再次进入汽缸后，会降低燃烧室内的最高燃烧温度，从而减少排气中 NO_x 含量，降低排气污染。

4.3.3　EGR 系统检测

当发动机处于冷态时（低于 35 ℃），废气再循环阀应在关闭状态，以阻止废气流入进气歧管而引起发动机工作不稳；在发动机转速超过 2000 r/min 时打开废气再循环阀，以减少 NO_x 的生成量。废气再循环阀门的开关状况一般可直接观察（有的车辆则需要用手指或探头触及）。在发动机怠速运转时用手把废气再循环阀打开，若发动机怠速变得粗暴甚至熄火，属正常现象。如果在加速时（转速超过 2000 r/min）废气再循环阀不能打开，则应当检查该阀有无真空度或该阀是否堵塞或损坏。若没有真空度，则应用真空泵检查真空管路是否堵塞以及废气再循环阀膜片密封性是否不良。电动式废气再循环阀带有真空放气孔，因此还要检查其真空放气孔是否堵塞。电动式真空放气阀由排气压力控制，如果排气系统堵塞，阀将不能正常工作。检查排气压力时，如果发动机转速在 2500 r/min，进气真空度应当等于或高于怠速时的进气真空度，如果发动机在 3500 r/min 时，进气真空度应大大高于怠速时的进气真空度，否则表明排气系统被堵塞。用万用表测量 EGR 电磁阀的电阻值，应为 33～39 Ω。不通电时，从进气管侧接头吹入空气应畅通，从通大气的滤网处吹入空气应不通；通电时，与上述刚好相反，如图 4.23 所示。否则 EGR 电磁控制阀损坏，需更换新件。

给 EGR 阀施加 15 kPa 的真空，EGR 阀应能开启；不施加真空时，EGR 阀应能完全关闭，如图 4.24 所示。否则，EGR 阀损坏，需更换新件。

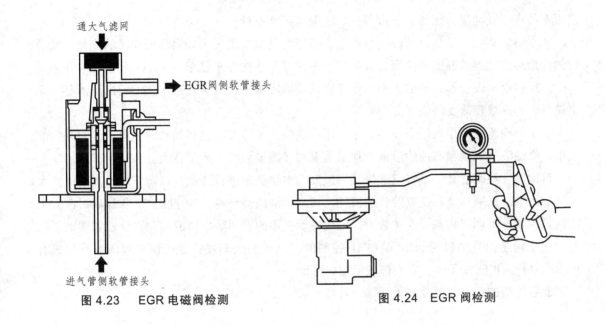

图 4.23　EGR 电磁阀检测　　　　图 4.24　EGR 阀检测

任务 4.4　燃油蒸发控制系统

燃油蒸气排放控制系统又称为燃油蒸气回收系统，主要用来减少 HC 的排放。

汽油是一种易挥发的物体，一种轻质可燃性液体，是碳氢化合物的一种混合液。汽油不像水那样有固定的沸点，而是有一个 30～200 ℃ 的沸点范围。挥发性（蒸发或汽化的倾向）可通过这个温度范围内的汽化特性曲线描述（见图 4.25）。在常温下燃油箱经常充满蒸气，若不加以控制或回收，汽油蒸气将挥发到大气中，造成对环境的污染。

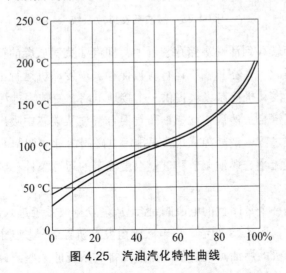

图 4.25　汽油汽化特性曲线

汽油的蒸发排放有 4 个来源。

（1）运转蒸发。是指汽车行驶时从发动机燃油系统逃逸出的蒸气。对于设计正确且运行正正常的汽车发动机，运转蒸发数很少，一般可忽略不计。

（2）热烤蒸发。是指汽车停止行驶时，由于发动机周围失去风扇和迎面风的冷却，发动机的残余热量使燃油温度升高而造成蒸发。它主要发生在汽车停车后 1 h 或更短的时间内。

（3）昼夜蒸发。燃油箱因昼夜温度变化造成的呼吸（换气）现象，使油箱内燃油蒸气流出箱外，构成昼夜蒸发的主要部分。

（4）加油蒸发。是指汽车在加油过程所造成的汽油蒸发，包括加油时油箱中汽油蒸气的溢出，燃油液滴飞溅和燃油的泄漏。加油蒸发和飞溅泄漏蒸发数量很大。

汽油蒸发控制装置就是将汽油蒸气引进发动机燃烧室进行燃烧，以防止燃油蒸气进入大气造成污染，又减少蒸发造成的汽油损耗，提高燃油的经济性。20 世纪 70 年代后，西方工业国家的各种车辆都装备了这种装置。现代发动机中的燃料蒸发排放控制系统已实现电子控制，电磁阀是由发动机控制单元 ECU 控制的。电子燃油蒸发排放控制装置的缩写形式有 EVAP、EEC 和 ECS 几种，它们都表示同一系统。

此系统结构组成如图 4.26 所示。

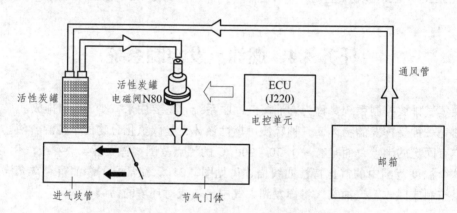

图 4.26　燃油蒸发排放系统

燃油蒸气从燃油箱转移到活性炭储存装置中，即汽油蒸气从燃油箱流入燃油蒸汽回收油管，这些蒸汽被碳罐吸收，并在车辆不运行时被保存。当发动机运行了规定的时间后，符合要求的净化工作条件，发动机控制模块提供一个接地电路，使碳罐排污电磁阀 N80 通电，空气被吸入碳罐并与蒸气混合。然后，此燃油蒸气混合气被从碳芯中吸出并入进气歧管，从而进入气缸中在正常燃烧过程中消耗掉。此碳罐排污电磁阀由脉宽调制（PWM）信号控制其打开还是关闭。根据空气流量、燃油调节和进气温度确定的运行条件，碳罐排污电磁阀脉宽调制占空比发生变化。

碳罐排污电磁阀是一个常闭型的电磁阀，控制从蒸发排放系统进入进气歧管的蒸气流量，其外观与位置如图 4.27，图 4.28 所示。该电磁阀由发动机控制模块进行脉宽调制（PWM），以便精确控制进入发动机的燃油蒸气流量。在蒸发排放系统的某些测试过程中，该电磁阀也会开启，使发动机真空能够进入蒸发排放系统。碳罐控制阀故障码有控制电路电压过低，碳罐控制阀控制电路电压过高，碳罐控制阀控制电路断路。以悦翔为例，检测方法如下：

图 4.27　碳罐电磁阀

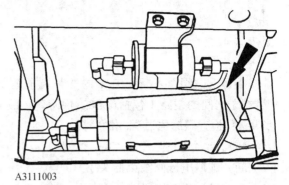

A3111003

图 4.28　碳罐位置（箭头方向）

步骤 1：使用诊断仪对碳罐电磁阀进行主动测试。

（1）连接诊断仪至"故障诊断接口"。

（2）断开活性炭罐电磁阀至活性炭罐真空管。

（3）启动发动机，并打开诊断仪。

（4）进入以下菜单："长安轿车"→"B211"→"联电发动机 ME1788（B211）"→"动作测试"→"碳罐控制阀"。

（5）利用诊断仪使"碳罐控制阀"打开，用手指捂住电磁阀真空接口。

是否有真空吸力？

→是

间歇性故障。

→否

至步骤 2。

步骤 2：检查碳罐电磁阀电阻值。

（1）转动点火开关至"LOCK"位置。

（2）断开活性炭罐电磁阀线束插头 E21。

（3）测量活性炭罐电磁阀两个端子间的电阻值。标准电阻值：20 ℃（68 ℉）26 Ω。

是否电阻值正常？

→是

至步骤 3。

→否

更换碳罐电磁阀。

步骤 3：检查碳罐电磁阀电源线路。

（1）转动点火开关至"LOCK"位置。

（2）断开碳罐电磁排污阀线束插头 E21。

（3）转动点火开关至"ON"位置。

（4）测量碳罐电磁阀线束插头 E21 的 2 号端子与可靠接地之间的电压值。标准电压值：11 ~ 14 V。

（5）连接碳罐电磁阀线束插头 E21。

是否电压值正常？

→是

至步骤 4。

→否

维修碳罐电磁阀线束插头 E21 的 2 号端子至发动机发动机舱线束插头 C01 保险丝 EF02 的 29 号端子之间的线路（包括 EF02 保险丝）故障。

步骤 4：检查碳罐电磁阀控制线路。

（1）转动点火开关至"LOCK"位置。

（2）断开碳罐电磁阀线束插头 E21。

（3）断开发动机控制模块线束插头 E01。

（4）测量活性炭罐电磁阀线束插头 E21 的 1 号端子与 ECM 线束插头 E01 的 94 号端子之间的电阻值，检查线路是否存在断路情况。标准电阻值：小于 5 Ω。

（5）测量活性炭罐电磁阀线束插头 E21 的 1 号端子与可靠接地之间的电阻值，检查线路是否存在对地短路情况。标准电阻：10 MΩ或更高。

（6）测量活性炭罐电磁阀线束插头 E21 的 1 号端子与可靠接地之间的电压值，检查线路是否存在对电源短路情况。

标准电压值：0 V

是否线路检查正常？

→是

检查 ECM 供电线路。

→否

维修碳罐电磁阀线束插头 E21 的 1 号端子至 ECM 线束插头 E01 的 94 号端子之间线路故障。

蒸发排放碳罐

蒸发排放碳罐是一个含有活性炭颗粒的排放控制装置。蒸发排放碳罐用于吸附和储存来自燃油箱的燃油蒸气。燃油蒸气一直储存在碳罐内，当满足一定的条件时，发动机控制模块将使碳罐排污电磁阀通电，使燃油蒸汽被吸入发动机气缸并燃烧掉。

碳罐电磁阀不工作，碳罐损坏，软管断开、开裂，未正确连接到正确的管路上都可导致怠速不良、失速和操纵性能差。

任务 4.5　二次空气喷射系统与曲轴箱通风

4.5.1　二次空气喷射系统

二次空气喷射（Air Injection）系统作为早期控制汽车排放污染物的措施之一，目前与三元催化器配合使用，其作用是在某些工况下，将一定量的新鲜空气引入三元催化器或排气管中，使排气气流中的有害气体（HC 和 CO）与新鲜空气进一步燃烧，生成 CO_2 和 H_2O，从而减少有害气体的排放，同时还加速三元催化器和氧传感器的升温。

有些系统还在冷起动时将空气喷射到靠近排气门的位置，以便于 HC 在离开燃烧室进行燃烧（氧化）。这种氧化过程还会产生额外的热量，有助于催化转化器快速升温到合适温度。

将额外的空气喷射到废气中，能为氧化型催化剂提供额外的氧，从而促进了未燃尽 HC 和 CO 排放物的适当氧化。大多数二次空气喷射系统只能在发动机处于冷态并且 HC 和 CO 排放较高的时候工作很短的时间（少到 15 s）。冷态发动机一般是指冷却液温度在（7.8~47.2 ℃）之间的发动机。如果发动机的冷却液温度低于（7.8 ℃），系统不会启动，以免气门附近出现水气冻结现象，导致进气受阻。

将过多的空气喷入废气流会导致排出的废气被过分稀释，从而导致催化剂效率下降。与汽车上的其他系统一样，必须保持适当的平衡，否则会导致效率的下降。尽管所有的二次空气喷射系统的基本作用和工作原理都是相同的，但所用的方法和部件会因制造厂家和汽车生产时实施的排放法规的不同而有所不同。

按引入新鲜空气方法可分为两种：空气泵系统和脉冲空气系统。空气进入排气系统后分为两部分：一部分进入排气歧管；另一部分进入三元催化器中的空气室内。新鲜空气进入排气歧管和三元催化器的时机由发动机 ECU 控制。

4.5.2 曲轴箱通风

当发动机燃烧过程的末端，一些未燃混合气在高压力下从活塞环漏入曲轴箱内，这种泄漏称为"窜气"。窜气中包含氮氧化合物、一氧化碳和碳氢化合物。这些窜入的混合气不被排除，会稀释曲轴箱内的机油，使机油变质造成发动机机件过早磨损。这些窜气还会从曲轴箱内逸入大气中造成污染。为了避免排放恶化现象，防止窜气排放到大气中，同时防止机油变质，采用曲轴箱强制通风系统。将曲轴箱内的窜气导回进气系统，使窜气经过 PCV 阀从进气歧管进入燃烧室燃烧（见图 4.29）。

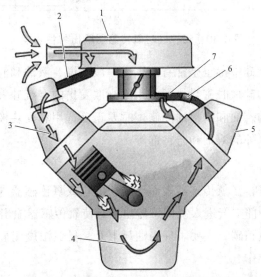

图 4.29 强制式曲轴箱通风系统示意图

实训 4.1 氧传感器故障的检修

氧传感器一旦出现故障，将使电子燃油喷射系统的电脑无法得到排气管中氧浓度的信息，因而无法对空燃比进行反馈控制，会使发动机油耗和排气污染增加，发动机出现怠速不稳、缺火、喘振等故障现象。因此，必须及时地排除故障或更换。

1. 氧传感器的常见故障

1）氧传感器中毒

铅、硅等杂质会使氧传感器和三元催化转换器中毒，使氧传感器输出信号电压发生变化，不能正常工作。铅、硅对氧传感器输出特性的影响如图4.30所示。氧传感器中毒是汽车经常出现的且较难防治的一种故障，尤其是经常使用含铅汽油的汽车，即使是新的氧传感器，也只能工作几千公里。如果只是轻微的铅中毒，接着使用一箱不含铅的汽油，就能消除氧传感器表面的铅，使其恢复正常工作。但往往由于过高的排气温度，而使铅侵入其内部，阻碍了氧离子的扩散，使氧传感器失效，这时就只能更换了。

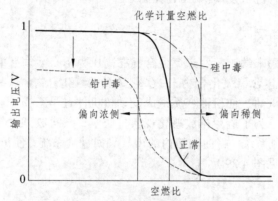

图4.30 铅、硅对氧传感器输出特性影响

另外，氧传感器发生硅中毒也是常有的事。一般来说，汽油和润滑油中含有的硅化合物燃烧后生成的二氧化硅，硅橡胶密封垫圈使用不当散发出的有机硅气体，都会使氧传感器失效，因而要使用质量好的燃油和润滑油。修理时要正确选用和安装橡胶垫圈，不要在传感器上涂敷制造厂规定使用以外的溶剂和防粘剂等。

2）积 碳

由于发动机燃烧不好，在氧传感器表面形成积碳，或氧传感器内部进入了油污或尘埃等沉积物，会阻碍或阻塞外部空气进入氧传感器内部，使氧传感器输出的信号失准，ECU不能及时地修正空燃比。产生积碳，主要表现为油耗上升，排放浓度明显增加。此时，若将沉积物清除，就会恢复正常工作。

3）氧传感器陶瓷碎裂

氧传感器的陶瓷硬而脆，用硬物敲击或用强烈气流吹洗，都可能使其碎裂而失效。因此，处理时要特别小心，发现问题及时更换。

4）加热器烧断

对于加热型氧传感器，如果加热器烧断，就很难使传感器达到正常的工作温度，导致传感器失去作用。

5）氧传感器线路故障

氧传感器线路断路、短路、搭铁或接触不良，都会使 ECU 接收到的信号不正确，以至不能进行空燃比闭环控制。

2. 氧传感器检修

1）氧传感器加热器电阻的检测

如图 4.31 所示，点火开关置于 OFF，拔下氧传感器导线插接器，用万用表欧姆挡测量氧传感器接线端中加热器端子与搭铁端子间的电阻，其电阻值应符合标准值（一般为 4 ~ 40 Ω，具体数值参见具体车型说明书）。如不符合标准，应更换氧传感器。测量后，接好氧传感器线束插接器，以便作进一步的检测。

2）氧传感器反馈电压的检测

先拔下氧传感器线束插接器插头，对照被测车型的电路图 4.32，从氧传感器反馈电压输出端引出一条细导线，然后插好插接器，在发动机运转时从引出线上测量反馈电压。丰田汽车公司生产的小轿车，可从故障诊断插座内的 OX1 或 OX2 插孔内直接测得氧传感器反馈电压（丰田 V 型六缸发动机两侧排气管上各有一个氧传感器，分别和故障检测插座内的 OX1 和 OX2 插孔连接）。

3）丰田 V 型六缸发动机氧传感器反馈电压的检测步骤

（1）将发动机热车至正常工作温度（或启动后以 2500 r/min 的转速连续运转 2 min）。

（2）把电压表的负极测笔接故障诊断插座内的 E、插孔或蓄电池负极，正极测笔接故障检测插座内的 OX、OX2 插孔或接氧传感器线束插头上的引出线。

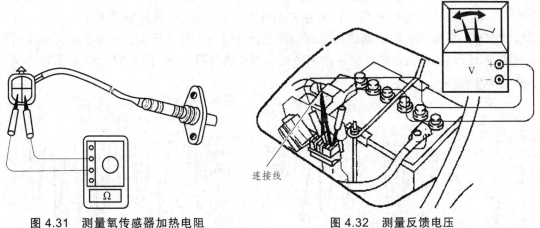

连接线

图 4.31 测量氧传感器加热电阻   图 4.32 测量反馈电压

（3）让发动机以 2500 r/min 左右的转速保持运转，同时检查电压表指针能否在 0 ~ 1 V 之间来回摆动，记下 10 s 内电压表指针摆动次数。在正常情况下，随着反馈控制的进行，氧传感器的反馈电压将在 0.4 V 上下不断变化，10 s 内反馈电压的变化次数应不少于 8 次。

（4）若电压表指针在 10 s 内的摆动次数等于或多于 8 次，则说明氧传感器及反馈控制系统工作正常。

（5）电压表指针若在 10 s 内的摆动次数少于 8 次，则说明氧传感器或反馈控制系统工作不正常，可能是氧传感器表面有积炭而使灵敏度降低，此时应让发动机以 2500 r/min 的转速运转约 2 min，以清除氧传感器表面的积炭。

（6）若电压表指针变化依旧缓慢，则为氧传感器损坏或 ECU 反馈控制电路有故障。

氧传感器是否损坏，可按下述方法检查：拔下氧传感器的线束插头，使氧传感器不再与 ECU 连接，将电压表的正极测笔直接与氧传感器反馈电压输出端连接（拔掉线束插头后测量反馈电压，如图 4.33 所示），然后，发动机正常运转时脱开接在进气管上的曲轴箱强制通风管或其他真空软管，人为地形成稀混合气，此时电压表读数应下降到 0.1 ~ 0.3 V；接上脱开的曲轴箱通风管或真空软管，再拔下冷却液温度传感器接头，且用一个 4 ~ 8 kΩ 的电阻代替冷却液温度传感器（或堵住空气滤清器的进

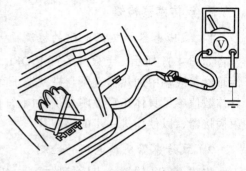

图 4.33　拔掉显示插头后测量反馈电压

气口），人为地形成浓混合气，此时，电压表读数应上升到 0.8 ~ 1.0 V。也可以用突然踩下或松开加速踏板的方法来改变混合气浓度，在突然踩下加速踏板时，混合气变浓，反馈电压应上升；突然松开加速踏板时，混合气变稀，反馈电压应下降。

如果在混合气浓度变化时，氧传感器输出电压不能相应地改变，说明氧传感器有故障。此时可拆去一根大真空软管，使发动机高速运转，以清除氧传感器上的铅或积炭，然后再测试。如果氧传感器反馈电压能按上述规律变化，说明氧传感器良好。否则，须更换氧传感器。

4）氧传感器波形分析

（1）氧化锆式氧传感器。如果汽车排放或行驶性能出现异常，可首先用示波器检测氧传感器的信号波形，其波形如图 4.34 所示。图 4.34（a）是从开环控制到闭环控制的氧传感器信号波形，启动后，传感器输出电压逐渐达到 450 mV 时，开始进入浓、稀转换的闭环控制状态，带加热器的氧传感器从冷车到进入闭环状态需 23 s。图 4.34（b）是良好的氧传感器信号波形。

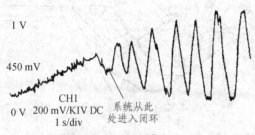

（a）从开环控制到闭环控制的信号波形

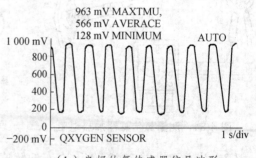

（b）良好的氧传感器信号波形

图 4.34　氧传感器信号波形

用急加速的方法可测试氧传感器是否良好，良好的氧传感器信号最高电压应大于 850 mV，最低电压应在 75 ~ 175 mV，从浓到稀的允许响应时间应少于 100 ms。测试方法如下：发动机运转至正常温度，怠速运转；在 2 s 内将节气门从怠速状态变化到完全打开（发

动机转速一般不超过 4000 r/min），再立即放开加速踏板使节气门全关，连续 5~6 s 动作，即可得到图 4.34 所示波形。其中上升波形是急加速造成的，下降波形是急减速造成的，图中最大幅值应达到 800 mV 以上，最小幅值应小于 200 mV，响应时间少于 100 ms，峰值电压值至少为 600 mV 或大于 450 mV 平均值，则该传感器良好。

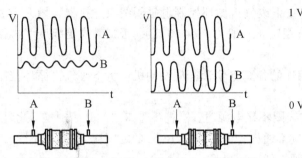

（a）催化净化转换正常　（b）催化净化转换不正常

图 4.35　主、副氧传感器波形

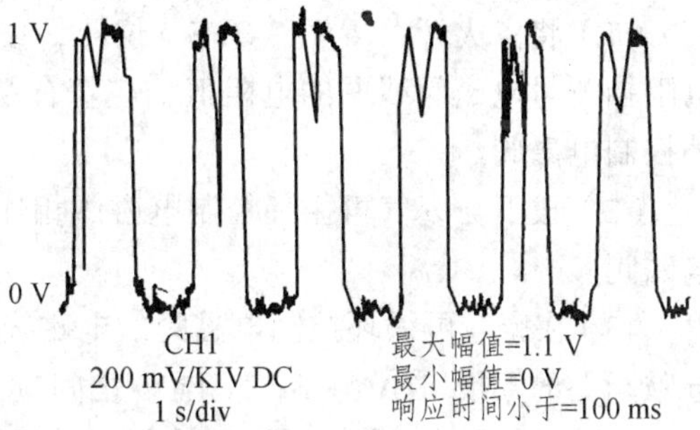

CH1
200 mV/KIV DC
1 s/div

最大幅值=1.1 V
最小幅值=0 V
响应时间小于=100 ms

图 4.36　急加速方法测试氧传感器信号波形

有的车上有主、副两个氧传感器，它们分别提供了催化净化之前和催化净化之后的氧含量输出电压。主氧传感器用作混合比控制的反馈信号，副氧传感器用于测试催化净化的效率，如图 4.35 所示是正常和不正常的催化净化器前后主、副氧传感器波形，当催化净化效率降低，副氧传感器信号的幅值会增大。

（2）氧化钛式氧传感器。氧化钛式氧传感器信号波形如图 4.36 所示。传感器信号在 0~1.1 V 间变化，与氧化锆式氧传感器的输出电压信号相反，混合气浓时信号电压低，混合气稀时信号电压高。

实训 4.2　EGR 的检修

EGR 系统工作不良会造成发动机排气污染增加、功率下降、怠速运转不稳定，甚至熄火。

1. 废气再循环控制系统的初步检查

对于废气再循环控制系统，应首先检查其真空软管有无破损，连接处有无松动、漏气等；若无，再做进一步检查。

2. 废气再循环控制系统的就车检查

废气再循环控制系统的就车检查可按下列步骤进行。

（1）启动发动机，使发动机怠速运转。

（2）将手指按在废气再循环阀上，检查废气再循环阀有无动作。

（3）在冷车状态下踩下加速踏板，使发动机转速上升至 2000 r/min 左右，此时手指上应感觉不到废气再循环阀膜片的动作（废气再循环阀不工作）。

（4）在发动机热车（水温高于 50 ℃）后再踩下加速踏板，使发动机转速上升至 2000 r/min 左右，此时手指应能感觉到废气再循环阀膜片的动作（废气再循环阀开启）。

若废气再循环阀不能按上述规律动作，则表示废气再循环控制系统工作不正常，应检查该系统的各零部件。

3. 废气再循环控制电磁阀的检查

废气再循环控制电磁阀按下述步骤检查：

（1）将点火开关置于"OFF"位置，拔下废气再循环控制电磁阀线束连接器，用万用表电阻挡测量电磁阀线圈的电阻值，应符合规定（一般为 20 ～ 50 Ω）；否则，应更换废气再循环控制电磁阀。

（2）拔下与废气再循环控制电磁阀相连的各真空软管，从发动机上拆下废气再循环控制电磁阀。

（3）在废气再循环控制电磁阀的电磁线圈不接电源时，检查各管口之间是否通气。此时，电磁阀上的管接口 A 与 B，A 与 C 之间应不通气，但管接口 B 与 C 之间应通气 [如图 4.37（a）所示]；否则，废气再循环控制电磁阀损坏，应更换。

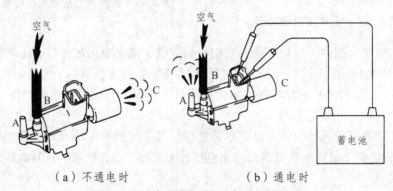

（a）不通电时　　　　　　　　　（b）通电时

图 4.37　废气再循环控制电磁阀的检查

（4）给废气再循环控制电磁阀线圈接上电源 [如图 4.37（b）所示]。此时，电磁阀管接口 A 与 B 之间应通气，而管接口 A 与 C，B 与 C 之间应不通气；否则，废气再循环控制电磁阀损坏，应更换。

4. 废气再循环阀的检查

废气再循环阀的检查步骤如下。

（1）启动发动机，使发动机怠速运转。

（2）拔下连接废气再循环阀与废气调整阀的真空软管。

（3）用手动真空泵对废气再循环阀真空室施加 19.95 kPa 的真空度（见图 4.38）。此时发动机怠速运转情况变坏甚至熄火，说明废气再循环阀工作正常；若发动机运转情况无变化，则表示废气再循环阀损坏，应予以更换。

（4）对设有位置传感器的废气再循环阀，可在发动机停机情况下拔下废气再循环阀位置传感

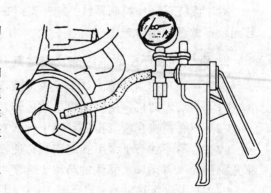

图 4.38　废气再循环阀的检查

器的导线连接器，用万用表电阻挡测量连接器端子 B 与 C 间的电阻，其电阻值应符合规定。然后，拔下连接废气再循环阀与废气调整阀的真空软管，并在用手动真空泵对废气再循环阀真空室施加真空的同时，用万用表电阻挡测量废气再循环阀位置传感器连接器端子 A 与 C 之间的电阻值。其电阻值应随着真空度的增大而连续增大，不允许有间断现象（电阻值突然变为无穷大后又回落）；否则，废气再循环阀损坏，应更换。

5. 废气调整阀的检查

废气调整阀的检查步骤如下：

（1）启动发动机，并将其预热至正常工作温度。

（2）拔下连接废气调整阀与废气再循环阀的真空软管，用手指按住真空管接口 [如图 4.39 （a）所示]，然后检查管接口内是否有真空吸力。在发动机怠速运转时，管接口内应无真空吸力；当踩下加速踏板使发动机转速上升至 2000 r/min 左右时，管接口内应有真空吸力。如果废气调整阀的状态与上述情况不符，则为废气调整阀工作不正常，应拆下该阀做进一步检查。

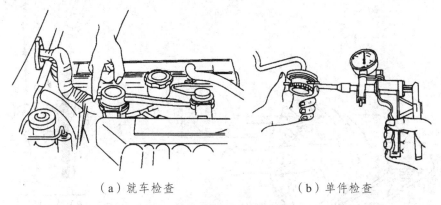

（a）就车检查　　　　　　　　　（b）单件检查

图 4.39　废气调整阀的检查

第一步：拆下废气调整阀，在连接废气再循环控制电磁阀的按口处接上手动真空泵，再用手指堵住连接废气再循环阀真空管的接口，如图 4.39（b）所示。

第二步：向连接排气管的管接口内泵入空气，与此同时，用手动真空泵连接废气再循环控制电磁阀的接口，将其抽成真空。此时，在连接废气再循环阀真空管的管接口处应能感到有真空吸力；在停止抽真空后，真空吸力应能保持住，无明显下降；释放连接排气管的管接口内的压力后，真空吸力也应随之消失。若废气调整阀的状态与上述情况不符，应予以更换。

实训 4.3　活性炭罐控制电磁阀的检测

1. 检测泄漏

拔下活性炭罐电磁阀连接软管，连接电磁阀插头，进入最终控制诊断，选择活性炭罐电磁阀 N80，对准电磁阀进气孔吹气检查阀开、闭是否良好。

2. 检测电磁阀的电阻

应为 22～30 Ω，如图 4.40 所示。

3. 检测电磁阀的供电电压

当用 V.A.G1527 发光二极管测试灯使插头端子 1 搭铁时，试灯应闪亮。

4. 检测电磁阀的动作

用 V.A.G1527 发光二极管测试灯连接插头端子 1 和端子 2，进入最终控制诊断，选择活性炭罐电磁阀 N80，发光二极管测试灯应闪动，如图 4.41 所示。

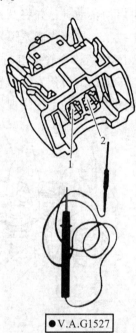

●V.A.G1527

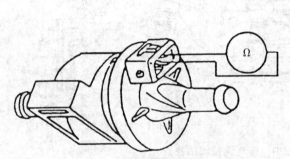

图 4.40　检测电磁阀电阻　　　　图 4.41　检测电磁阀的动作

1. 填空题

（1）排气温度传感器用来检测_____，用以判别_____。

（2）在闭环控制过程中，当实际的空燃比小于理论空燃比时，氧传感器向 ECU 输入的电压信号一般为_____。

（3）在开环控制 EGR 系统中，发动机工作时 ECU 给 EGR 电磁阀通电，停止废气再循环的工况有_____和_____。

（4）三元催化转换器的功能是_____。

（5）汽车排放污染主要来源于_____。

（6）柴油机的主要排放污染物是＿＿＿＿＿＿＿＿。

（7）发动机排出的 NO_x 量主要与＿＿＿＿＿＿＿＿有关。

（8）在三元催化转换器前后各装一个氧传感器的目的是＿＿＿＿＿＿＿＿。

（9）废气再循环的主要目的是＿＿＿＿＿＿＿＿。

（10）减少氮氧化合物的最好方法就是降低＿＿＿＿＿＿＿＿。

（11）进入废气中的氧气较少时，氧化钛式氧传感器的二氧化钛半导体阻值＿＿＿＿＿＿＿＿。

（12）汽油机的主要排放污染物是＿＿＿＿＿＿＿、＿＿＿＿＿＿＿和＿＿＿＿＿＿＿。

（13）EVAP 就是＿＿＿＿＿＿＿＿。

（14）二次空气供给系统在一定情况下，将＿＿＿＿＿＿＿＿送入排气管，以降低 CO 和 HC 的排放量。

（15）发动机工作进行废气再循环时，废气再循环量的多少可用＿＿＿＿＿＿＿＿来表示。

2. 判断题

（1）在所有的 EVAP 系统中，活性炭罐上都设有真空控制阀。（　　　）

（2）气缸内的温度越高，排出的 NO_x 量越大。（　　　）

（3）在冷启动后，立即拆下 EGR 阀上的真空软管，发动机转速应无变化。（　　　）

（4）三元催化转换器一般为整体不可拆卸式。（　　　）

（5）二氧化锆氧传感器输出特性是在空燃比 14.7 附近有突变。（　　　）

（6）一般氧传感器安装在排气管处，三元催化装置前面。（　　　）

（7）燃烧的温度越低，氮氧化合物排出量就越大。（　　　）

（8）EGR 系统会对发动机的性能造成一定的影响。（　　　）

（9）氧传感器内部有一个加热器，可使传感器的输出信号稳定。（　　　）

（10）催化转换器工作时的氧化反应会产生大量的热。（　　　）

（11）活性炭罐受 ECU 控制，在各种工况下都工作。（　　　）

（12）废气再循环的作用是减少 HC，CO 和 NO_x 的排放量。（　　　）

（13）发动机温度过高不会损坏三元催化转换器。（　　　）

（14）发动机排出的 NO_x 只与气缸内的最高温度有关。（　　　）

（15）EGR 控制系统将适量废气重新引入气缸燃烧，从而提高气缸的最高温度。（　　　）

（16）废气再循环取决于 EGR 开度，而 EGR 开度由 ECU 控制。（　　　）

（17）当氧化锆型氧传感器内外侧氧浓度差小时，两电极产生的是高电压（约 1 V）。（　　　）

（18）HC 包括未燃烧和未完全燃烧的燃油、润滑油及其裂解产物和部分氧化物。（　　　）

（19）NO_x 是燃烧过程中形成的多种氮氧化合物，是混合气在高温、富氧下燃烧时产生的。（　　　）

（20）只有当混合气的空燃比保持稳定时，三元催化转换器的转换效率才能得到精确控制。（　　　）

3. 思考题

（1）在现代汽车上装用的排放控制系统都有哪些？

（2）简述氧传感器信号的检测方法。

（3）简述二次空气供给系统的功能。

（4）氧化锆型氧传感器的工作原理是什么？

（5）什么是废气再循环？

项目 5 柴油机电控系统

【学习目标】

（1）掌握柴油机电控系统。
（2）掌握柴油机电控系统的组成及工作原理。
（3）掌握柴油机高压共轨系统。

任务 5.1 柴油机电控系统概述

5.1.1 概 述

柴油机电子控制技术始于 20 世纪 70 年代。20 世纪 80 年代以来，欧美各大汽车企业都竞相开发新产品并投放市场，以满足日益严格的排放法规要求。

由于柴油机具备高扭矩、高寿命、低油耗、低排放等特点，因此柴油机成为解决汽车及工程机械能源问题最现实和最可靠的手段，其使用范围越来越广，数量越来越多。同时对柴油机的动力性能、经济性能、控制废气排放和噪声污染的要求也越来越高。依靠传统的机械控制喷油系统已无法满足上述要求，也难以实现喷油量、喷油压力和喷射正时完全按最佳工况运转的要求。近年来，随着计算机技术、传感器技术及信息技术的迅速发展，使电子产品的可靠性、成本、体积等各方面都能满足柴油机进行电子控制的要求，并且电子控制燃油喷射很容易实现。

实际上，柴油机排气中的 CO 和 HC 比汽油机少得多。其中 NO_x 排放量与汽油机相近，只是排气微粒较多，这与柴油机燃烧机理有关。提高喷油压力和柴油雾化效果，使用预喷射、分段喷射等方式可以有效地改善排放。

经过多年的研究和新技术应用，柴油机的现状已与以往大不相同。现代先进的柴油机一般采用电控喷射、高压共轨、涡轮增压中冷等技术，在质量、噪声、烟度等方面已取得重大突破，达到了汽油机的水平。随着国际上日益严格的排放控制标准（如欧洲Ⅳ、Ⅴ标准）的颁布与实施，无论是汽油机还是柴油机都面临着严峻的挑战，解决的办法之一是采用电子控制燃油喷射的技术。现在，柴油机电子控制技术在发达国家的应用率已达到 60% 以上。柴油机电子控制技术的发展趋势主要有以下几个方面：

（1）高的喷射压力。
（2）独立的喷射压力控制。
（3）改善柴油机燃油经济性。
（4）独立的燃油喷射正时控制。

（5）可变的预喷射控制能力。

（6）最小油量的控制能力。

（7）快速断油能力。

（8）降低驱动扭矩冲击载荷。

燃油喷射系统在很高的压力下工作，既增加了驱动系统所需要的平均扭矩，又加大了冲击载荷。燃油喷射系统对驱动系统平稳加载和卸载的能力，是一种衡量喷射系统的标准。而电喷柴油机技术中的高压共轨技术则大大降低了驱动扭矩冲击载荷。

目前应用在柴油机上的电子控制系统有燃油喷射控制、进气控制、怠速控制、废气再循环控制、废气涡轮增压压力控制、故障自诊断与失效保护控制、尾气后处理等。

5.1.2　柴油机电控系统发展历程

柴油机电控技术是在解决能源危机和排放污染两大难题的背景下，在飞速发展的电子控制技术平台上发展起来的。汽油机电控技术的发展为柴油机电控技术的发展提供了宝贵经验。

柴油机电控系统的开发研究从 20 世纪 70 年代开始，随着微电子技术的发展，8 位微处理器开始在汽车电子控制系统应用，柴油机也开始了电子控制的进程。从结构和功能的角度看，柴油机的电子控制系统包括燃油系统的电子控制（这也是柴油机电子控制的核心问题）和柴油机空气系统的电子控制，后者包括增压压力（可变截面涡轮）控制系统、排气再循环（EGR）控制系统以及为了满足未来更加严格的排放法规而开发的排放后处理电子控制系统。这些电子控系统使得柴油机在动力性、经济性和排放性能等方面都取得了巨大的进步，是继 20 世纪 20 年代用机械喷射代替空气喷射，20 世纪 50 年代采用排气涡轮增压技术之后，柴油机技术的第三次里程碑式的进步。目前，轿车柴油机在保证百公里油耗 3 L 经济性的同时，还能保证排放达到欧Ⅲ、欧Ⅳ甚至更好的排放标准。

柴油机电控系统按发展历程，分为位置控制系统（或称第一代电控喷油系统）、时间控制系统（或称第二代电控喷油系统）和压力时间控制系统（或称共轨系统、第三代电控喷油系统）。位置控制系统包括电控直列泵系统和电控分配泵系统；时间控制系统包括电控泵-喷嘴系统、电控分配泵系统、电控单体泵或直列泵系统；压力时间控制系统（即共轨喷油系统）包括增压式共轨系统（也可称为中压共轨系统）和高压共轨系统，中压共轨系统按其产生高压喷射方式的不同分为蓄压式电控燃油喷射统和液力增压式电控燃油系统。

下面分别对各阶段的电控系统做详细介绍。

1. 位置控制方式

位置控制方式保留了传统机械式喷射系统的基本结构（见图 5.1），只是取消了机械控制部件(调速器等)，增设由新型传感器(安装在喷油泵的齿杆位置传感器和凸轮轴位置传感器)、电磁式执行器和微处理器组成的位置伺服控制系统（见图 5.2，图 5.3），对喷油量和喷油正时进行控制和调节。喷油量通过计算柱塞的初、终位置确定，即根据柱塞供油始点和供油终点间的物理长度（有效压油行程）确定。位置控制方式对原机械控制的喷油泵改动最小，其主要缺点是动态响应速度慢，控制精度低，不能对原来的喷油规律进行修改（除电控可变预行程喷油泵外），喷油压力难以进一步提高。采用位置控制方式的产品分两类：

位置控制式电控直列泵系统（见图 5.2），代表系统有德国 Bosch EDR 系统，日本 Zexel TICS 系统，日本电装 ECD-P2 系统，美国 CAT PEEC 系统。

位置控制式电控分配泵系统（见图 5.3），代表系统有德国 Bosch EDC 系统，日本电装 ECD-I 系统，英国 Lucas EPIC 系统。

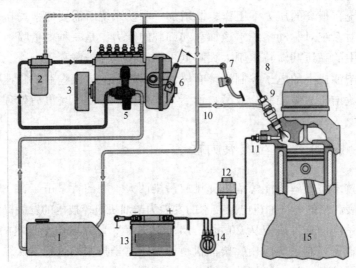

图 5.1　机械式直列泵

1—油箱；2—燃油滤清器；3—调速器；4—直列泵；5—燃油供给泵；6—调速器；7—油门踏板；
8—高压油管；9—喷油嘴；10—燃油回流管；11—冷启动加热器（GZS）；12—GZS 控制器；
13—蓄电池；14—冷启动加热开关；15—柴油机（非直喷）

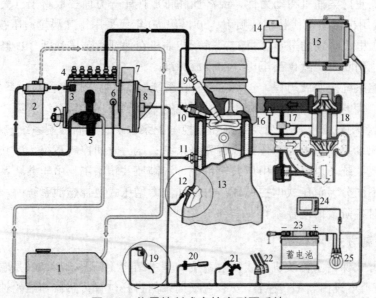

图 5.2　位置控制式电控直列泵系统

1—油箱；2—滤清器；3—电子调节器；4—直列泵；5—燃油供给泵；6—燃油温度传感器；7—供油始点控制器；
8—喷油量控制器；9—喷油器；10—冷启动加热器；11—发动机温度传感器；12—转速传感器；
13—柴油发动机；14—冷启动加热控制器；15—ECU；16—空气温度传感器；
17—增压压力传感器；18—废气涡轮增压；19—油门位置传感器；
20—电器设备接口；21—车速传感器；22—变速箱档位开关；
23—电池；24—诊断接口；25—点火启动开关

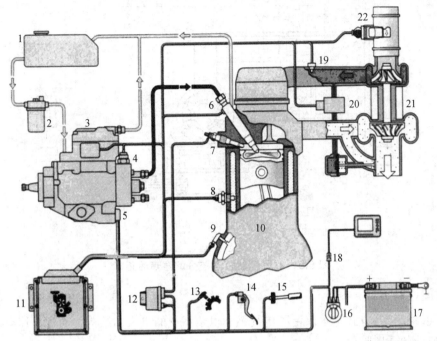

图 5.3 位置控制式电控分配泵系统

1—油箱；2—滤清器；3—回油装置；4—喷油量控制；5—定时控制；6—喷油器；7—预热塞；8—水温传感器；
9—曲轴位置传感器；10—发动机；11—ECU；12—预热塞控制器；13—凸轮轴信号；14—油门位置；
15—电器设备接口；16—点火开关；17—蓄电池；18—诊断接口；19—增压压力传感器；
20—废气放气阀控制器；21—增压器；22—空气流量传感器

位置控制系统的特点是不仅保留了传统的泵-管-喷嘴系统，而且还保留了原喷油泵中的齿条、控制滑套、柱塞上的控制斜槽等控制油量的机械传动机构，只是用电子执行机构和微处理器以及安装在喷油泵的齿杆位置传感器和凸轮轴位置传感器所组成的控制系统取代了原有的机械控制机构。在直列泵上是通过电控供油齿杆位移控制喷油量，通过控制液压提前器实现喷油正时；在分配泵上是通过电控滑套位移控制喷油量（见图 5.4），通过控制 VE 泵上的提前器或改变凸轮相位实现喷油正时（见图 5.5）。

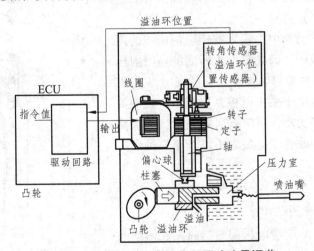

图 5.4 位置控制式电控分配泵喷油量调节

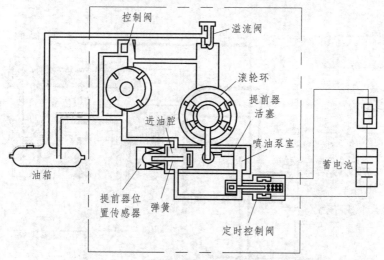

图 5.5　位置控制式电控分配泵喷油正时

2. 时间控制方式

第二代时间控制方式基本保留了传统燃油供给系统的组成和结构，通过高速电磁阀直接控制高压燃油的适时喷射。

在高压油路中设置一个或两个高速电磁阀，利用高速电磁阀的启闭控制喷油泵和喷油器的喷油过程。喷油量由喷油器开启持续时间（高速电磁阀开启的持续时间）、喷油压力大小决定，而喷油正时由高速电磁阀的开启时刻确定。采用时间控制方式，优点是可实现喷油量、喷油正时和喷油速率的柔性控制和一体控制。控制自由度更大，供油加压与供油调节在结构上相互独立，使喷油泵结构得以简化，强度得到提高。高压喷油能力大大加强。

时间控制系统包括电控泵-喷嘴系统、电控分配泵系统、电控单体泵或直列泵系统。这里只介绍泵喷嘴结构和工作原理。

泵喷嘴，顾名思义就是喷油泵与控制单元和喷油嘴组合在一起，即高压油管长度为零的燃油系统。它安装在缸盖上，每个缸都有一个。由于无高压油管，所以可消除长的高压油管中的压力波和燃油压缩的现象，高压容积大大减少，因此可产生所需的高喷射压力。这很符合发动机的要求，大众公司的 TDI 发动机就是使用这个技术。由于采用电控系统使系统控制灵活，通过电磁阀的两次动作可实现可控喷射，大大降低了噪声和振动，并改善了排放，不易产生穴蚀和二次喷射等异常喷射。

以宝来轿车 TDI 系统电控泵喷嘴为例：

1）结构组成（见图 5.6）

控制单元精确控制喷嘴电磁阀激活时刻和激活时间长短，从而精确调节泵喷嘴的喷射始点和喷射量。

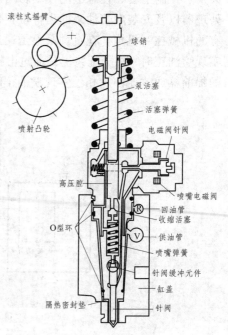

图 5.6　电控泵喷嘴

喷射凸轮有一个陡峭上升面和一个平面下降面，当喷射凸轮转到陡峭面与摇臂接触时，泵活塞被高速向下压并迅速获得一个高喷射压力；当喷射凸轮转到下降面与摇臂接触时，泵活塞缓慢、平稳地上下移动，允许无气泡的燃油流入泵喷嘴的高压腔。

回油管的作用：

（1）来自供油管的燃油冲刷通往回油管的泵喷嘴油道，冷却泵喷嘴。

（2）排出泵活塞出泄出的燃油。

（3）通过回油管内节流孔分离来自供油管内的气泡。

2）混合气的形成和燃烧要求

泵喷嘴技术的喷射循环包括高压腔充注燃油、预喷射循环、主喷射循环和喷射结束四个阶段。

高压腔充注燃油：为喷射循环作准备。

预喷射循环：在主喷射开始之前，少量燃油在低压下喷入燃烧室。可以减少点火延迟。

主喷射循环：以高喷射压力将燃油喷入燃烧室。

喷射结束：压力迅速下降喷嘴迅速关闭。防止燃油在低压下以大颗粒滴入燃烧室，造成燃烧不完全，排放污染严重。

3）工作过程

（1）高压腔充注燃油阶段泵活塞在活塞弹簧作用下向上移动，高压腔内容积增大。喷嘴电磁阀不动作，阀针处于静止位置，供油管到高压腔通道打开，供油管内的油压使燃油流入高压腔。

（2）预喷射循环阶段。

① 预喷射循环开始。喷射凸轮将泵活塞压下，将高压腔内的燃油排出到供油管。控制单元激活喷嘴电磁阀来启动喷射循环，在此过程中，电磁阀阀芯被压入到阀座内，关闭高压腔到油管的通道。高压腔内开始产生压力，当压力达到 18 MPa，喷射针阀上升，预喷射循环开始。

喷嘴针阀阻尼：在预喷射循环，喷嘴针阀行程被液力"阻尼垫"阻尼。因此，可以准确测量喷射量。

② 预喷射循环结束。喷嘴针阀打开后，预喷射立即结束。

（3）主喷射循环阶段。

① 主喷射循环开始燃油压力高于喷嘴弹簧作用力，喷嘴针阀再次上升，主喷射开始。压力上升 205 MPa，进入高压腔的燃油多于经喷孔喷出的燃油。发动机最大功率时的喷有压力最高，高转速时，喷入的油量也大。

② 主喷射循环结束。控制单元停止激活喷嘴电磁阀后，电磁阀弹簧打开电磁阀针阀，燃油被泵活塞排出到供油管，压力下降。喷嘴针阀关闭，喷嘴弹簧将旁通活塞压回到初始位置，主喷射循环结束。

（4）泵喷嘴回油。

3. 压力时间控制方式（共轨系统）

压力时间控制方式柴油喷射系统是国外于 20 世纪 90 年代中期研制的一种新型柴油机电

控技术。它基本改变了传统燃油供给系统的组成和结构，主要以电控共轨（各缸喷油器共用一个高压油管）式喷油系统为特征，直接对喷油器的喷油量、喷油正时、喷油速率和喷油规律、喷油压力等进行时间-压力控制。油压油泵并不直接控制喷油，而仅仅向共轨供油以维持所需的共轨压力，并通过连续调节共轨压力来控制喷射压力。优点是可实现高压喷射（最高达 200 MPa），喷射压力独立于发动机转速，可实现理想喷油规律，具有良好的喷射特性。

共轨喷射系统是柴油机燃油系统的一个发展方向。目前在卡车和轿车柴油机上得到广泛应用，发展速度十分惊人。国外典型的共轨喷射系统：日本电装公司的 ECD-U2 系统，美国 BKM 公司的 Ser-voj et 系统，美国 Caterpiller 公司的 HEUI 系统，等等。

电控高压共轨系统的特点有：

（1）自由调节喷油压力（共轨压力控制）。

（2）自由调节喷油量。

（3）自由调节喷油时间。

喷油的始点、终点可以方便调节。

（4）自由调节喷油率。

可实现预喷射、主喷射和后喷射，可根据排放要求实现多段喷射。

（5）更高的喷油压力。

目前可达 160 MPa，将来可达到 200 MPa。

（6）喷油压力与实际工况相适应。

在高压共轨系统中，喷油压力（共轨压力）与发动机转速和负荷无关，可以独立控制。由共轨压力传感器测出共轨内燃油压力，与设定的目标喷油压力进行比较后进行反馈控制。

（7）与其他电控柴油喷射系统相比，电控高压共轨系统具有较高的经济和技术优势。

（8）控制参数多，控制精确。

（9）动力性、经济性、排气净化性好。

（10）系统油压波动小。

（11）采用高速电磁开关阀控制，控制灵敏度高。

（12）适用范围广。

（13）系统成本高，维修费用高。

任务 5.2　柴油机电控系统的组成及工作原理

柴油机电控技术与汽油机电控技术有许多相似之处，喷油系统都是由传感器、电控单元和执行器三大部分组成，柴油机上所用的传感器和汽油机一样，电控单元在硬件方面也很相似。汽油机技术在国外已经成熟，商品化程度已很高，因此大部分传感器和电控单元已不是难点，也不是柴油机电控技术的难点。柴油机电控技术有两个明显的特点：一是其关键技术和技术难点在于柴油喷射电控执行器；另一个是柴油喷射系统的多样化。

柴油机电子控制系统由传感器、控制单元（ECU）和执行器三部分组成，如图 5.7 所示。

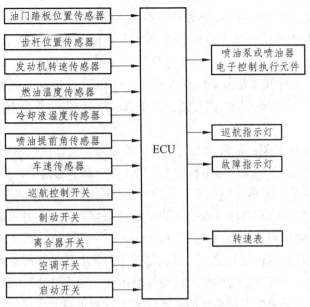

图 5.7　柴油机电子控制系统

电子控制柴油机中的大部分传感器，如转速、压力、温度等传感器以及油门踏板传感器，大多与汽油机电子控制系统是一样的，少量为柴油机电子控制系统所特有。传感器及其他信号输入装置的作用是实时检测柴油机与汽车的运行状态，并把它输入到 ECU 中，在柴油机上使用的主要有以下输入装置。

（1）加速踏板位置传感器。加速踏板位置传感器用以检测加速踏板的位置，即发动机的负荷信号。此信号输入 ECU 后，与转速信号共同决定柴油机的喷油量及喷油提前角，是柴油机电控系统的主控信号。

（2）转速传感器、曲轴位置传感器。转速传感器、曲轴位置传感器用以检测发动机的转速和曲轴位置，与加速踏板位置传感器共同决定喷油量和喷油提前角，是柴油机电控系统的主控信号。

（3）泵角传感器。泵角传感器检测喷油泵转角，与曲轴位置传感器配合共同控制喷油量，并保证在喷油正时改变时不影响喷油量。

（4）溢流环位置传感器。溢流环位置传感器检测溢流控制电磁铁的电枢位置，以反馈控制溢流环的位置。

（5）正时活塞位置传感器。正时活塞位置传感器检测电子控制定时器正时活塞的位置，将喷油正时提前量信号输入 ECU 中。

（6）控制杆位置传感器。控制杆位置传感器检查电子控制柱塞式喷油泵调速器中控制杆的位置，将燃油喷射量的增长信号反馈给 ECU。

（7）控制套筒位置传感器。控制套筒位置传感器检测电子控制分配式喷油泵调速器中控制杆的位置，将燃油喷射的增减信号反馈给 ECU。

（8）着火正时传感器。着火正时传感器检测燃烧室开始燃烧的时刻，修正喷油正时。

（9）水温传感器。水温传感器检测发动机冷却水的温度，修正喷油正时。

（10）进气压力传感器。进气压力传感器检测进气压力，以修正喷油量及喷油正时。

（11）进气温度传感器。进气温度传感器检测进气温度，以修正喷油量及喷油正时。

（12）E/G开关。E/G开关是发动机点火开关，向ECU输出发动机工作状态信号。

（13）A/C开关。A/C开关是空调开关，向ECU输出空调工作状态信号，是怠速控制信号之一。

（14）动力转向油压开关。检测动力转向油压的变化，是怠速控制信号之一。

（15）空挡启动开关。向ECU输出自动变速器是否空挡状态信号，是怠速控制信号之一。

控制单元ECU其核心是单片微机系统，同时包括一些输入/输出（I/O）接口电路和输出通道接口电路等。它们与内存程序一起，负责信息的采集和处理，计算决策和执行程序，并将结果作为控制指令输出到执行器。此外，ECU还有一种通信的功能，即和其他控制系统，如转动装置执行器进行数据传播与交换，再根据汽车其他系统的实时情况，适当修正喷油系统的执行命令，比如，适当修正喷油量、喷油提前角等。与此同时，ECU还可以向其他控制系统输送必要的信息。柴油机电控系统的运算原理，控制策略，程序设计开发等方面与汽油机电控系统基本相同。

执行器的主要功能是根据控制单元送来的指令驱动调节喷油量及喷油正时的相应机构，从而调节柴油机的运行状态。电子控制柴油喷射系统的主要控制量是喷油量和喷油正时。柴油机燃油喷射具有高压、高频、脉动等特点，其喷射压力为60～150 MPa，甚至高达200 MPa，为汽油喷射的几百倍至上千倍。因此，对于柴油机的燃油高压喷射系统实施喷油量电子控制的困难要大得多，而且柴油喷射对喷油正时的精度要求很高。所有这些，导致了柴油喷射的电子控制执行器要复杂得多。在直列泵系统中，有调速器执行器（调节喷油泵的齿杆位移）和提前执行器（调节发动机驱动轴和喷油泵凸轮轴的相位差，从而调节喷油时间），在分配泵系统中也有一些独特的执行器。

任务5.3　柴油机高压共轨系统

5.3.1　柴油机电控共轨系统特点

柴油机共轨式电控燃油喷射技术是一种全新的技术，该技术的主要特点是：

（1）采用先进的电子控制装置及配有高速电磁开关阀，使得喷油过程的控制十分方便，并且可控参数多，益于柴油机燃烧过程的全程优化。

（2）采用共轨方式供油，喷油系统压力波动小，各喷油嘴间相互影响小，喷射压力控制精度较高，喷油量控制较准确。

（3）高速电磁开关阀频响高，控制灵活，使得喷油系统的喷射压力可调范围大，并且能方便地实现预喷射、后喷等功能，为优化柴油机喷油规律、改善其性能和降低废气排放提供了有效手段。

（4）系统结构移植方便，适应范围宽，不像其他的几种电控喷油系统，对柴油机的结构形式有专门要求；尤其是高压共轨系统，均能与目前的小型、中型及重型柴油机很好匹配。

电控高压共轨和电控单体泵优劣势对比如图 5.8 所示：

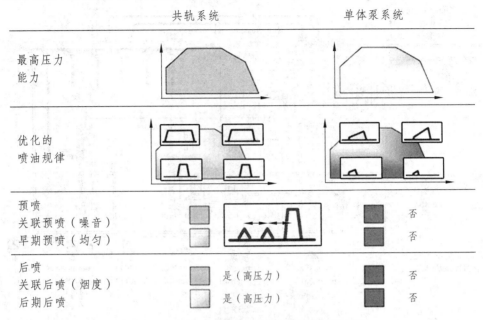

图 5.8　电控高压共轨和电控单体泵优势对比

轿车柴油机三种燃油喷射系统比较如表 5.1 所示。

表 5.1　轿车柴油机三种燃油喷射系统的比较

系统类型	共轨系统	分配泵	泵喷嘴
喷油压力	$P1×10_5$ Pa	$P1×10_5$ Pa	$P1×10_5$ Pa
预喷射	优	一般	良
多段喷射	优	差	一般
发动机设计	良	良	差
喷油泵驱动	优	一般	差
系统成本（含发动机）	良	一般	差

电控高压共轨系统适用于各种类型的轿车，小型、中型及重型柴油机，是目前柴油机的主流技术和发展趋势。

5.3.2 电控高压共轨系统的组成

高压共轨系统（见图 5.9 和图 5.10）由燃油系统和电控系统两部分组成。

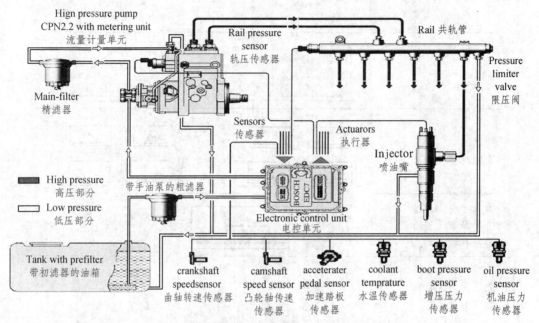

图 5.9 电子控制高压共轨燃油系统的组成结构

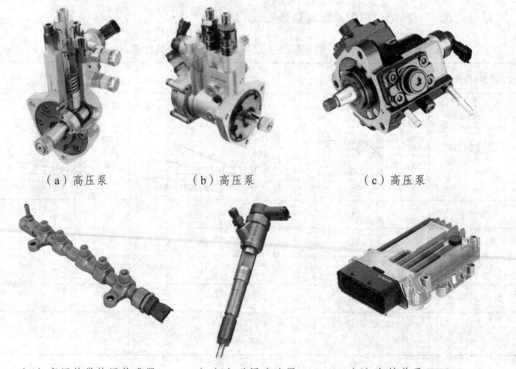

（a）高压泵 　　　（b）高压泵 　　　（c）高压泵

（d）高压轨带轨压传感器 　　（e）电磁阀喷油器 　　（f）电控单元 EDC17

图 5.10 电子控制高压共轨燃油系统的组成部件

电控系统包括 ECU、传感器、执行器。

（1）传感器——采集发动机实际运行状态信息参数，传给 ECU。

主要传感器有：

① 发动机转速传感器（曲轴转速传感器、凸轮轴转速传感器）。

曲轴转速传感器检测发动机转速信号，凸轮轴转速传感器确定工作顺序。

② 加速踏板位置传感器。

检测油门踏板位置信号（驾驶员转矩的要求）。

③ 空气流量传感器（进气压力传感器）。

检测发动机空气流量信号。

④ 增压压力传感器。

检测增压器增压压力。

⑤ 冷却液温度传感器、进气温度传感器。

ECU 根据温度传感器的数值对喷油始点、喷油率及其他参数进行最佳匹配。

⑥ 共轨压力传感器。

采集共轨内燃油压力，进行反馈，控制共轨内的燃油压力。

（2）ECU——根据各种传感器传来的发动机实际运行状态信息，进行计算、分析、发出控制指令，对喷油时间、喷油量、喷油率、喷油压力进行控制。同时具有故障自诊断和故障应急功能。

（3）执行器——电磁阀。

由 ECU 控制各种电磁阀的开启和关闭时刻，对共轨内的喷油压力，喷油器的喷油时间、喷油量、喷油率进行控制。

燃油供给系统的组成主要由油箱、管路、过滤器、齿轮泵、燃油计量单元、柱塞泵、共轨管、喷油器等组成。

（1）供油泵（高压油泵）——将燃油产生高压，供到共轨内。

（2）共轨——用于存储高压，抑止因油泵供油和喷油而产生的波动。实际上是一个燃油分配管，储存在共轨内的燃油在适当的时刻经高压油管送入喷油器，喷入到发动机的气缸内。

（3）喷油器——喷油器是由电磁阀控制的喷油阀，由 ECU 控制电磁阀的开启和关闭，从而控制喷油器的喷油时间和喷油量。

5.3.3 电控高压共轨系统的工作原理和控制功能

共轨式柴油发动机电控系统的工作原理（见图 5.11）与汽油发动机电控系统相似，系统利用各种传感器检测发动机工况，然后根据发动机 ECU 储存的程序控制柴油机喷油泵的喷油量、喷油时间、供油提前角、喷油率及其他执行元件。

1. 电控高压共轨系统的控制功能

（1）调节喷油压力（共轨压力）。

利用共轨压力传感器检测共轨内的燃油压力，从而调整供油泵的喷油量，控制共轨压力。

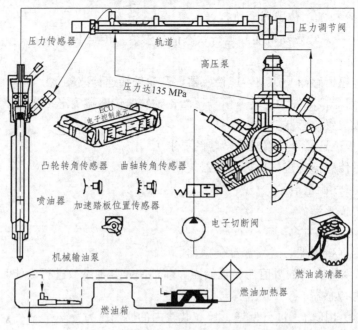

图 5.11　电子控制共轨系统的工作原理

（2）调节喷油量。

根据发动机转速传感器、油门踏板位置传感器，由 ECU 计算出最佳喷油量，通过控制喷油器电磁阀的通电、断电时刻，直接控制喷油器的喷油量。

（3）调节喷油率。

根据发动机的运行工况的需要，设置并控制喷油率，实现预喷射、主喷射、后喷射、多段喷射等。

2. 电控高压共轨系统的喷射方式

（1）一次喷射——在发动机的一个工作循环中，每缸喷油器只有一次喷射，即主喷射。应用于早期的电控高压共轨系统中。

（2）两次喷射——在主喷射之前，进行一次喷油量很小的预喷射，即预喷射＋主喷射。

预喷射的目的：使燃烧噪声明显降低。

注意：预喷射会导致 PM（碳烟）排放增加。因此，预喷射应尽量靠近主喷射。

（3）多次喷射——将每一个工作循环中的喷油过程分成若干段进行，每段喷油相互无关，各自独立。

多次喷射一般包括引导喷射、预喷射、主喷射、后喷射、次后喷射等多段。

多次喷射的目的：控制燃烧速度。

注意：在多次喷射过程中，喷油器电磁阀必须完成多次开启和关闭，能量消耗大。

多次喷射作用如图 5.12 所示。

3. 调节喷油时间

根据发动机转速和负荷，由 ECU 计算出最佳喷油时间，通过控制喷油器电磁阀的通电、断电时刻，从而准确控制喷油器的喷油时间。

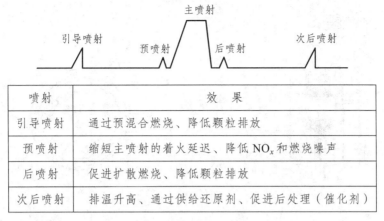

喷　射	效　　果
引导喷射	通过预混合燃烧、降低颗粒排放
预喷射	缩短主喷射的着火延迟、降低 NO_x 和燃烧噪声
后喷射	促进扩散燃烧、降低颗粒排放
次后喷射	排温升高、通过供给还原剂、促进后处理（催化剂）

图 5.12　多次喷射的作用

5.3.4　电控高压共轨系统的主要部件

电控高压共轨燃油系统主要由油箱、输油泵、燃油滤清器、高压油泵、压力控制阀、高压共轨管、限压阀、流量限制器、喷油器等组成，如图 5.13 所示。

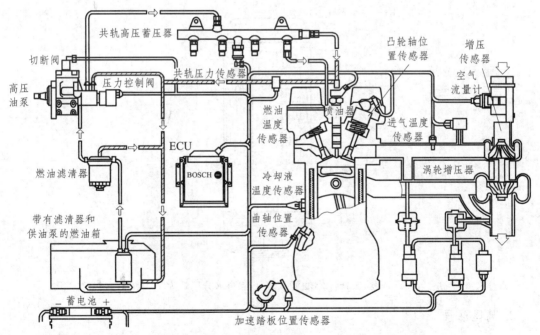

图 5.13　电子控制高压共轨燃油系统各主要部件的分布位置

1. 输油泵

（1）功用——将油箱内的燃油输送到高压油泵。

（2）类型——机械式和电动式。在电控共轨柴油机中，一般采用滚柱式电动输油泵。

（3）组成构造及工作原理（见图 5.14）。

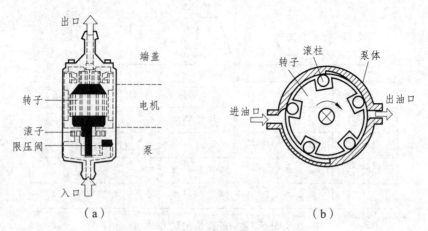

（a）   （b）

图 5.14 滚柱式电动输油泵的构造

2. 燃油滤清器（见图 5.15）

（1）功用——滤除燃油中的杂物，保持油泵、喷油器等元件的清洁；减少燃油中水对燃油供给系部件的腐蚀。

（2）类型——带油水分离器的纸质滤芯燃油滤清器。

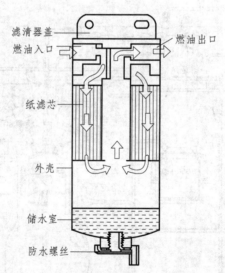

图 5.15 燃油滤清器（带油水分离器）

3. 高压油泵

（1）功用——向高压共轨管内提供高压燃油。

（2）安装位置——安装在发动机机体上，由发动机通过联轴器、齿轮、链条或齿形带传动。

（3）组成构造——主要由泵体、切断阀、安全阀、压力控制器等部件组成，如图 5.16 所示。油泵的断面如图 5.17 所示。

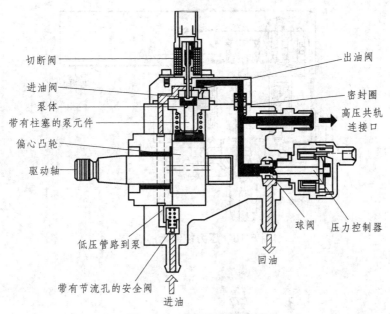

图 5.16　高压油泵的组成

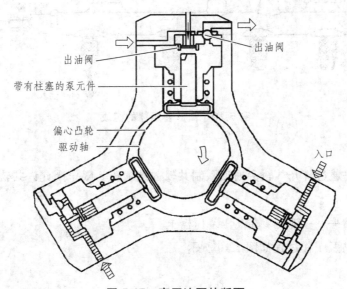

图 5.17　高压油泵的断面

4. 压力控制阀

（1）功用——保持共轨管内压力的恒定。

（2）安装位置——安装在高压油泵上。

（3）组成构造——由电磁铁、弹簧、电枢、球阀等组成，如图 5.18 所示。

5. 高压蓄压器

储存高压燃油，减小共轨内油压的波动，如图 5.19 所示。

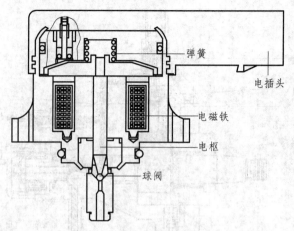

图 5.18　压力控制阀的组成

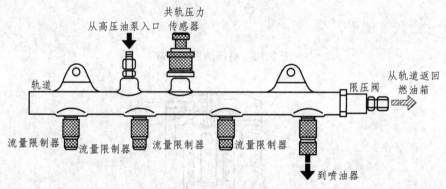

图 5.19　高压蓄压器的组成

6. 限压阀

（1）功用——通过打开共轨旁通道限制共轨内的油压。限压阀允许共轨内短时间的最大油压为 150 MPa。

（2）安装位置——一般安装在高压蓄压器上。

（3）组成构造及工作过程如图 5.20 所示。

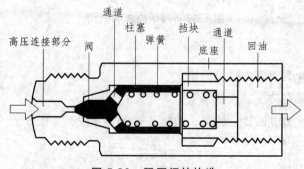

图 5.20　限压阀的构造

7. 流量限制器

（1）功用——限制进入喷油器内的燃油量。

（2）安装位置——安装在共轨上，每缸对应一个。

（3）组成构造如图 5.21 所示。

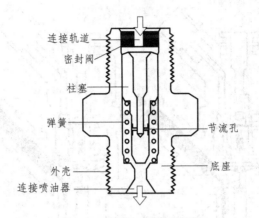

图 5.21 流量限制器的结构

（4）工作原理如图 5.22 所示。

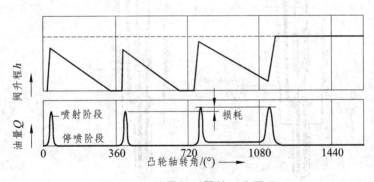

图 5.22 流量限制器的工作原理

8. 喷油器

（1）功用——由电磁阀控制，实现喷油。

（2）组成构造——由喷油嘴、油压活塞、电磁阀等组成。如图 5.23 所示为 BOSCH 共轨式喷油器的结构简图。控制喷射过程的电磁阀安装在喷油器的顶端。当电磁阀断电时，球阀在弹簧力的作用下压紧在电磁阀的阀座上，高压和低压之间的流通通道（高压回路→进油截流孔→柱塞控制腔→溢流截流孔→球阀阀座→低压回路）被隔断，燃油的高压压力直接作用在柱塞顶部，克服喷油器底端针阀承压面上的燃油压力，加上弹簧的预紧力，使得柱塞-针阀向下紧压在喷油器针阀座面上，喷油器不喷射。当电磁阀通电后，电磁力使球阀离开阀座，高压和低压之间的流通通道（高压回路→进油截流孔→柱塞控制腔→溢流截流孔→球阀阀座→低压回路）打开，部分高压燃油经过此通道进入低压回路。由于进油截流孔和溢流截流孔都很小，因此流体的截流作用导致柱塞控制腔的压力小于来自共轨的高压燃油的压力，高压燃油在喷油器针阀承压面上的压力使柱塞和针阀抬起，喷射器就开始喷油。

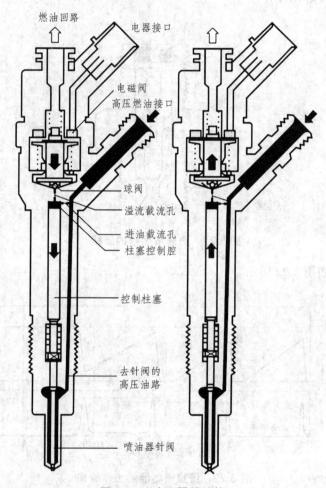

图 5.23　喷油器的结构

整个喷射过程简述如下：当电磁阀通电时，针阀抬起，喷射开始；当电磁阀断电时，针阀落座，喷射结束。由于共轨中的压力一直存在，所以任何时刻喷油器都可以在电磁阀的控制下喷油，这是与第二代时间控制式系统的喷油电磁阀最大的不同之处。

（3）工作原理——由电磁阀直接控制喷油始点、喷油间隔和喷油终点，直接控制喷油量、喷油时间和喷油率。

注意：喷油器实际上完成了传统喷油装置中的喷油器、调速器和供油提前器的作用。

（4）工作过程

喷油器的工作过程分为喷油器关闭（产生高压）、喷油器打开（开始喷油）、喷油器全部打开、喷油器关闭（喷油结束）四个过程，如图 5.24 所示。

（5）控制方式——采用独立喷射。

注意：各个喷油器每循环独立喷射一次，喷油过程按照特定的顺序依次独立进行，驱动回路与气缸数相同。

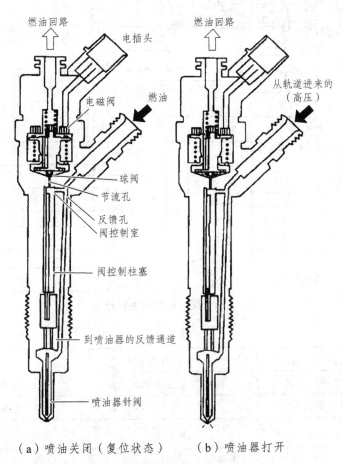

（a）喷油关闭（复位状态）　　　（b）喷油器打开

图 5.24　喷油器的工作过程

实训 5.1　柴油发动机电控系统总体认识

1. 认识柴油发动机电控系统的组成

（1）柴油机电控系统是由传感器、执行器和发动机电控单元 ECU 组成，各组成部分的功用是什么？

（2）根据图 5-25 认识发动机电控系统的组成，标注方框内容并填写下表 5-2，表 5-3。

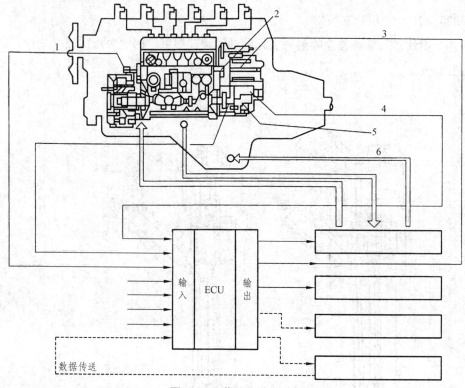

图 5-25 柴油机电控系统组成

表 5-2

代号	元器件名称	代号	元器件名称	代号	元器件名称
	发动机转速传感器		油量控制齿杆		齿杆控制电磁线圈
	齿杆位置传感器		功率放大器		发动机润滑油控制

表 5-3

名称	柴油机电控系统的主要部件		功能	安装位置
传感器				
ECU				
执行器				

2. 熟悉柴油发动机电控系统的分布位置

（1）如图 5-26 所示为柴油发动机燃油喷射系统各部件安装位置示意图，阐述发动机电控系统的作用，并大致描述各部件的安装位置。

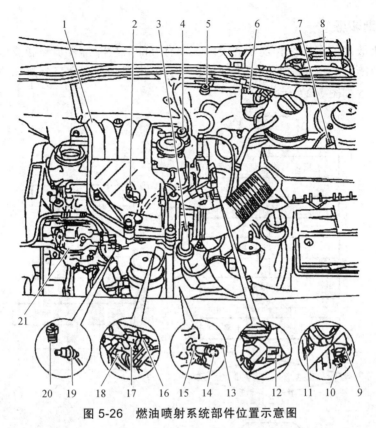

图 5-26 燃油喷射系统部件位置示意图

（2）找出柴油发动机电控系统区域，阐述发动机电控系统的工作原理。

（3）对照捷达整车，认识柴油发动机燃油喷射系统部件的安装位置，并完成下表 5-4。

表 5-4

代号	元器件名称	代号	元器件名称	代号	元器件名称
	进气歧管（上部）		喷油器		进气连接件
	废气再循环阀（机械）		废气再循环阀		继电器
	进气歧管温度传感器		柴油直喷系统		制动踏板开关
	制动灯开关		离合器踏板开关		冷却液温度传感器
	3 脚插接器		O 形环		2 脚插接器
	燃油切断阀		10 针插头		喷油提前角调节器
			喷油泵		

实训 5.2　电控共轨燃油喷射系统的检修

1. 故障诊断步骤

电控柴油机故障的多样性和复杂性决定了没有万能的故障排查步骤和技巧，特别是对电子控制系统的故障排查，必须按一定的诊断思路去解决问题，从而找到故障的原因并加以排除。故障诊断步骤如图 5-27 所示。

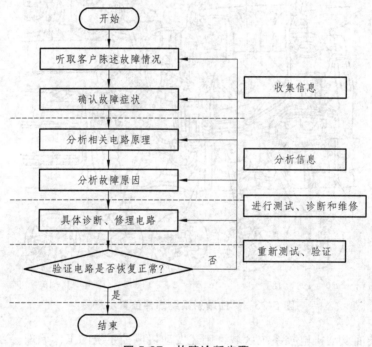

图 5-27　故障诊断步骤

2. 柴油机不能启动的故障检修

柴油机是压燃式内燃机。柴油机的顺利启动，不仅需要大量燃油充分雾化后喷入气缸，而且要求气缸内空气压缩后具有一定的温度和压力，这样才能使柴油自燃。因此，柴油机如不能顺利启动，原因一般在启动系统、电控燃油系统、进排气系统或柴油机配合间隙上。可根据故障的伴随特征，按照步骤进行分析判断。

（1）起动机不工作。

起动机一般由 ECU 控制，ECU 接收到空挡信号，然后输出电流驱动起动继电器，控制起动机起动。如果起动机不工作，可按如下步骤进行检查：

① 检查是否挂在空挡位置。

② 检查停车开关的位置（应处于断开状态）.

③ 检查空挡开关及接线是否完好。

④ 检查蓄电池电压是否过低，以致不能带动起动机。

⑤ 起动机继电器及接线是否完好。

⑥ 检查起动机是否已烧坏。

⑦ 点火开关及起动开关是否已坏。

（2）共轨油压无法建立（起动机能正常工作，但无法起动）。

共轨系统对燃油油路要求较高，低压油路、高压油路都要保证密闭。任何一个环节出了问题，共轨油压都不能正常建立。如轨压无法建立，可作如下检查：

① 检查油箱油位是否过低。

② 检查手压泵是否正常工作。

③ 检查低压油路是否有气泡，并排空气。排气方法：松开粗滤器上的放气螺栓，用手压动粗滤器上的手压泵，直至放气螺栓处持续出油为止。

④ 低压油路空气排净后仍不能起动发动机，则判断高压油路有空气，也需要排出高压油路的空气。排气方法：松开某缸高压油管，用起动机带动柴油机运转，直至高压油管持续出油为止。

⑤ 检查高压油路有无泄露。

⑥ 检查油路是否畅通，检查柴油滤清器是否堵塞。

⑦ 检查轨压传感器初始电压值是否在 0.5 V 左右，或设定轨压是否为 30 ~ 50 MPa。若不正常，首先检查插接件是否牢靠；若无检查设备，可以拔掉轨压传感器尝试再次起动。

⑧ 检查流量计量阀是否完好。

（3）线束及插接件故障。

检查喷油器线束、传感器线束、整车线束插接件是否插好。用万用表按照线路图检查线路是否有短路或断路。

（4）曲轴信号和凸轮轴信号丢失。

柴油机上安装有 2 个转速传感器，分别在飞轮壳和高压油泵外侧。电控柴油机的喷油正时取决于这 2 个传感器。如果出现柴油机不能起动、2 个信号全部丢失情况，可能原因如下：

① 传感器损坏、线束短路或断路。

② 传感器固定不牢。造成传感器与感应齿之间间隙过大或过小。

排除方法：检查传感器是否损坏，线束是否连接良好，传感器是否松动等。

3. 故障码诊断方法

（1）利用仪表诊断。

当发动机在运行状态时，闪码灯常亮，则说明发动机有故障。可以利用 ECU 的自诊断功能通过整车仪表板上的闪码灯读出闪码，参照闪码表初步判断故障部件及原因。

（2）利用专用诊断仪诊断。

利用专用诊断仪读取故障码，当电控系统出现故障时，则说明电控系统存在一定的故障，进行电路和控制系统的故障排查时，一般进行下列 5 个方面的基本检查。

① 元件功能检查。

由于电路元件的多样性，元件的功能检查需要根据实际的元件采取不同的方法。如温度传感器可以采用测量电阻的方法；压力传感器需要专用的测试导线在其工作时测量其输出的信号电压；对于电池阀可以通过诊断仪测试。

② 供电电源的检查。

在整个控制系统中，ECU 由蓄电池供电，其他大部分元件由 ECU 提供工作电源。常见的电源故障包括由于插头损坏等造成的电路虚接、熔断丝熔断和错误的接线等。

③ 导通性检查。

导通性检查是电子控制系统最常见检查项目。导通性检查是测量两点之间的电阻值，用于确认这两点之间是否导通。

④ 对搭铁短路检查。

对搭铁短路检查是指电路上的某点按电路设计要求不应搭铁而实际上电路已经搭铁的故障。火线对搭铁短路会引起熔断丝熔断等故障。

⑤ 线与线短路检查。

与对搭铁短路检查相似，线与线之间短路是指两点之间按照电路设计的要求不应该导通而实际导通的故障。

（1）汽柴油机电子控制喷射系统的主要不同是什么？

（2）叙述电控柴油共轨系统的组成、工作原理和控制原理。

项目 6　汽车防滑及稳定控制系统

【学习目标】

（1）了解各传感器、执行器工作原理。
（2）了解 ABS 系统结构、工作原理。
（3）掌握 ABS 系统检修方法。
（4）掌握制动力分配系统和车身稳定控制系统的控制原理。

汽车装备的安全装置分为主动安全装置与被动安全装置两大类。主动安全装置的功用是避免车辆发生交通事故，被动安全装置的功用是减轻车辆交通事故导致的伤害程度。

现代汽车普遍装备的主动安全装置主要有电子控制防抱死制动系统 ABS、电子控制制动力分配系统 EBD、电子控制制动辅助系统 EBA、驱动轮防滑转调节系统 ASR（即牵引力控制系统 TCS/TRC）、车身稳定性控制系统 VSC、倒车报警系统 RVAS、雷达车距报警系统 RPW、防盗报警系统 GATA、中央门锁控制系统 CLCS 和车辆保安系统 VESS、车轮制动器、转向灯光信号与音响信号报警系统、风窗玻璃刮水与清洗控制系统 WWCS、前照灯控制与清洗系统 HAW 等。

任务 6.1　防抱死制动系统（ABS）概述

防抱死制动系统的英文名称是 Anti-lock Braking System（防锁死制动系统）或 Anti-skid Braking System（防滑移制动系统），缩写为 ABS。

6.1.1　防抱死制动系统 ABS 的功用

在汽车制动过程中，当车轮制动器制动力（即轮胎周缘为了克服制动器摩擦力矩所需施加的力）小于或等于轮胎-道路附着力（即地面阻止车轮滑动所能提供的切向反作用力的极限值，通常简称为附着力，附着力取决于地面对轮胎的法向反作用力与轮胎-道路附着力系数）时，车轮将滚动运动，如图 6.1（a）所示；当制动器制动力大于附着力时，车轮就会抱死滑移，如图 6.1（b）所示。

当车轮抱死时，汽车就会失去转向控制能力和行驶稳定性，其危害程度极大。因为如果前轮抱死，虽然汽车能沿直线向前行驶，但是失去转向控制能力。由于维持前轮转弯运动能力的横向附着力丧失，因此，汽车仍将按原行驶方向滑行，可能冲入其他车道与迎面车辆相撞或冲出路面与障碍物相撞而发生恶性交通事故。如果后轮抱死，汽车的制动稳定性就会变差，抵抗横向外力的能力很弱，后轮稍有外力（如侧向风力或地面障碍物阻力）作用就会发生侧滑（甩尾），甚至出现掉头（即突然出现 180°转弯）等危险现象。

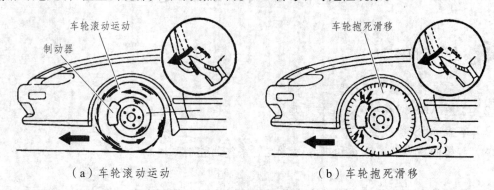

（a）车轮滚动运动　　　　　　　　（b）车轮抱死滑移

图 6.1　制动车轮运动状态

电子控制防抱死制动系统的功用是：在汽车制动过程中，自动调节车轮的制动力，防止车轮抱死滑移，从而获得最佳制动效能（缩短制动距离、增强转向控制能力、提高行驶稳定性），减少交通事故。需要特别指出的是，电子控制防抱死控制系统 ABS 是汽车最基本的主动安全系统。如电子控制制动力分配系统 EBD、电子控制制动辅助系统 EBA 和车身稳定性控制系统 VSC 等都是在其基础上拓展安全功能的主动安全系统。

6.1.2　防抱死制动的基本理论

当汽车匀速行驶时，实际车速 v（即车轮中心的纵向速度）与车轮速度 v_ω（即车轮滚动的圆周速度）相等，车轮在路面上的运动为纯滚动运动。然而，在汽车实际运行过程中，当驾驶员踩下制动踏板后，在制动器摩擦力矩的作用下，车轮的角速度减小，实际车速与车轮速度之间就会产生一个速度差，轮胎与地面之间就会产生相对滑移。

1. 车轮滑移率 S

轮胎滑移的程度用滑移率 S 来表示。车轮滑移率是指：实际车速 v 与车轮速度 v_ω 之差同实际车速 v 的比率，其表达式为：

$$S = \left(\frac{v - v_\omega}{v} \right) \times 100\% = \left(1 - \frac{v_\omega}{v} \right) \times 100\% = \left(1 - \frac{r_\omega}{v} \right) \times 100\%$$

式中　S——车轮滑移率；

V——车速（车轮中心纵向速度），m/s；

v_ω——车轮速度（车轮瞬时圆周速度 $v_\omega = r_\omega$），m/s；

r——车轮半径；

ω——车轮转动角速度（$\omega = 2\pi n$），rad/s。

当 $v = v_\omega$ 时，滑移率 $S = 0$，车轮自由转动；

当 $v_\omega = 0$ 时，滑移率 $S = 100\%$，车轮完全抱死滑移；

当 $v > v_\omega$ 时，滑移率 $0 < S < 100\%$，车轮即滚动又滑移。滑移率越大，车轮滑移程度越大。

1）车轮滑移率 S 的影响因素

在制动过程中，车轮抱死滑移的根本原因是制动器制动力大于轮胎附着力。因此，影响车轮滑移率的因素包括以下几个方面：

（1）汽车载客人数或载物量。

（2）前、后轴的载荷分布情况。

（3）轮胎种类及轮胎与道路的附着状况。

（4）路面种类和路面状况。

（5）制动力大小及其增长速率。

2）车轮滑移率 S 与附着系数 ϕ 的关系

在汽车制动过程中，除车轮旋转平面的纵向附着力外，还有垂直于车轮旋转平面的横向附着力。纵向附着力决定汽车纵向运动，影响汽车制动距离；横向附着力则决定汽车的横向运动，影响汽车的转向控制能力和行驶稳定性。

汽车纵向附着系数和侧向附着系数对滑移率有很大影响。试验证明，在地面附着条件差（如在冰雪路面制动）的情况下，由于道路附着力很小，使可以得到的最大地面制动力减小。因此，在制动踏板力（或制动分泵压力）很小时，地面制动力就会达到最大附着力，车轮就会抱死滑移。在不同路面上附着力系数与滑移率之间的关系如图 6.2（a）所示（图中虚线与实线标注的上下顺序一一对应）。由图可知：

（1）附着力系数取决于路面性质。一般来说，干燥路面附着系数大，潮湿路面系数小，冰雪路面附着系数更小。

（2）在各种路面上，附着系数都随滑移率的变化而变化。

（3）在各种路面上，当滑移率为 20% 左右时，纵向附着系数最大，制动效果最好。

纵向附着系数最大时的滑移率称为理想滑移率或最佳滑移率。当滑移率超过理想滑移时，纵向附着系数减小，产生的地面制动力随之下降，制动距离将增长。滑移率大于理想滑移率后的区域称为非稳定制动区域或非稳定区，如图 6.2（b）所示。

横向附着系数是研究汽车行驶稳定性的重要指标之一。横向附着系数越大，汽车制动时的行驶稳定性和保持转向控制的能力越强。当滑移率为零时，横向附着系数最大；随着滑移率的增加，横向附着系数逐渐减小。

综上所述，为了获得最佳制动效能，应将车轮滑移率控制在 10%～30% 范围内，采用电子控制防抱死制动系统 ABS 即可达到这一目的。在装备 ABS 的情况下，因为前轮不会抱死，所以汽车具有转向控制能力，能够躲避前方障碍物。在无 ABS 的情况下，由于汽车失去转向控制能力，维持前轮转弯运动能力的横向附着力丧失，因此，汽车仍按原行驶方向滑行而将前方障碍物撞倒。

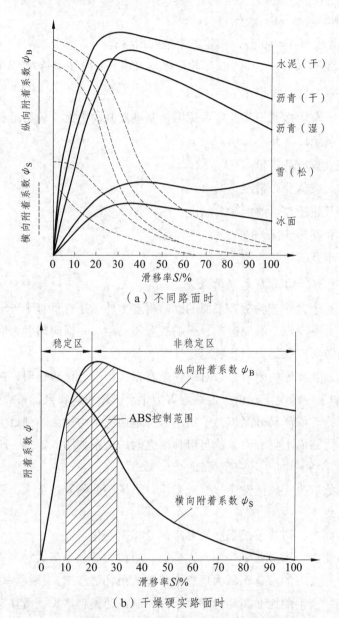

（a）不同路面时

（b）干燥硬实路面时

图 6.2　附着系数与滑移率的关系

6.1.3　防抱死制动系统的作用

由于 ABS 系统能够使被控制的车轮获得较大的纵向和横向附着力，因此可以大大提高汽车的行驶性能。它具体有以下几个方面的作用：

1. 改善汽车制动时转向操纵性

没有 ABS 的汽车，在紧急制动时，如果前轮抱死，因横向附着力几乎为零，汽车就丧失转向操纵性，此时即使转动方向盘，汽车也不能转动，只能沿惯性力的方向前进，最后无法躲避障碍物。当装有 ABS 系统后，因汽车仍有足够的转向操纵性，汽车可以通过转向避开障碍物。

2. 增加汽车制动时的方向稳定性

装有 ABS 的汽车，在紧急制动时能将滑移率控制在理想滑移率附近，具有较大的横向附着力，有足够抵抗横向干扰的能力，从而提高了汽车制动时的方向稳定性，可以避免汽车侧滑和甩尾。

3. 缩短制动距离

当装有 ABS 系统后，汽车制动过程中，因为能始终保持车轮和路面间附着系数的最佳利用，有效利用最大纵向附着力，因而能在最短距离内制动停车。

但需要注意的是：在砂石以及积雪路面上，由于汽车制动抱死时，路面表面物质会被铲起并堆在车轮前面，反而构成一种阻力，利于汽车制动。此时装有 ABS 的汽车制动距离会比没有 ABS 的汽车制动距离稍长。

4. 减少轮胎磨损

装有 ABS 的汽车制动时，车轮处于边滚动边滑移，避免了汽车制动时轮胎完全滑移，从而减少了轮胎局部磨损。

5. 减少驾驶员紧张情绪

装有 ABS 的汽车制动时，驾驶员只需把脚尽力放在制动踏板上，ABS 系统会自动进入最佳制动状态，驾驶员可以比较放心地操纵方向盘，特别是冰雪路面上，可以减少驾驶员不安全感。

6.1.4　ABS 系统的类型

ABS 系统分为机械式和电子式两大类。目前主要采用机电一体化的电子控制式系统。具体分类方法如下；

1. 按照产生制动力的动力源分类

按照产生制动力动力源不同可分为液压式 ABS 系统、气压式 ABS 系统、气液混合式 ABS 系统。乘用车中液压式 ABS 系统应用最广泛，本章主要介绍液压式 ABS 系统。

2. 按结构形式分类

ABS 系统按制动压力调节器和制动主缸的结构形式分为整体式和分离式两种。

1）分离式 ABS 系统

分离式 ABS 系统的特点是压力调节装置和制动主缸各自独立，通过制动管路与制动主缸和制动助力器相连。分离式结构的制动压力调节装置在汽车上布置比较灵活、成本低廉，无需对汽车结构布置做大的改动。但该种压力调节装置管路比较复杂。

2）整体式 ABS 系统

整体式 ABS 系统的特点是将制动压力调节装置与制动主缸或制动助力器构成一个整体。该系统结构比较紧凑，管路接头较少，但整体式 ABS 系统结构比较复杂，成本较高。

3. 按 ECU 所控制的参数分类

1）以车轮滑移率 S 为控制参数

ECU 根据车速和轮速传感器提供的信号计算车轮的滑移率，作为控制制动力的依据。当 S 超出设定值时，ECU 就会输出减小制动力的信号，通过制动压力调节器减小制动压力，使车轮不被完全抱死；当滑移率低于设定值时，ECU 就会输出增大制动力的信号，制动压力调节器对车轮的制动力增大。如此不断循环，始终使车轮的滑移率控制在最佳范围。

这种直接以滑移率作为控制参数的 ABS 系统，需要得到准确的车身相对于地面的移动速度和车轮转速信号，轮速信号易得，但取得车身移动速度信号则较难，到目前为止，此类 ABS 系统还很少见。

2）以车轮角加速度为控制参数

ECU 根据车轮的车速传感器信号计算车轮角加速度，作为控制制动力的依据。一个是角减速度的门限值，作为被抱死的标志；一个是角加速度的门限值，作为制动力过小、车速过高的标志。制动时，当车轮角减速度达到门限值时，ECU 输出减小制动力信号；当车轮转速升高至角加速度门限值时，ECU 输出增大制动力信号。如此不断循环，使车轮不至于抱死，处于边滚边滑的状态。

4. 按制动压力调节器形式分类

按制动压力调节器形式可分为循环式和可变容积式两种。

1）循环式制动压力调节器

在制动总缸与轮缸之间串联一电磁阀，直接控制轮缸的制动压力。这种压力调节系统的特点是制动压力油路和 ABS 控制压力油路相通。也就是说，循环式制动压力调节器是用电磁阀直接控制轮缸制动压力，如图 6.3 所示。图中储能器的功用是在"减压"过程中将从轮缸流经电磁阀的制动液暂时储存起来。回油泵也成为再循环泵，其作用是在"减压"过程中从储能器把制动液泵回主缸。

2）可变容积式制动压力调节器

在汽车原有制动管路上增加一套液压控制装置，用它控制制动管路中制动液容积的增减，从而控制制动力的变化，即可变容积式制动压力调节器是电池阀间接控制力，如图 6.4 所示。这种调节的特点是制动压力油路和 ABS 系统控制压力油路是相互隔开的。

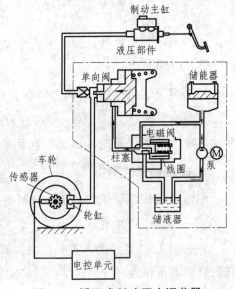

图 6.3　循环式制动压力调节器

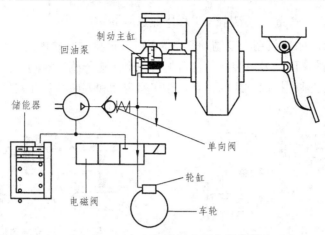

图 6.4　可变容积式制动压力调节器

5. 按 ABS 系统布置形式的分类

ABS 系统的布置形式是指轮速传感器的数量、制动压力调节器的通道数和对各车轮制动器压力的控制方式，可分为七种类型。

1）四传感器、四通道、四轮独立控制

这种类型的 ABS 系统适用于双制动管路为前、后轮独立布置的形式的汽车，如图 6.5 所示，具有 4 个轮速传感器和 4 个控制通道，系统根据个轮速传感器的信号分别对个汽车进行单独控制。

这种控制方式的特点是制动效能和制动时的操作性最好，但在左、右车轮所处的路面条件不同时，汽车制动的方向稳定性较差，易出现汽车制动跑偏的现象。

2）四传感器、四通道、前轮独立-后轮低选择控制

这种类型的 ABS 系统适用于双制动管路为交叉形式布置的汽车，如图 6.6 所示，具有 4 个轮速传感器和 4 个控制通道，系统根据各轮速传感器的信号分别对两前轮进行单独控制，而对后两轮采用低选择控制，即以易抱死的后轮为标准两后轮进行控制。

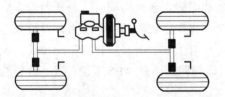

图 6.5　四传感器、四通道、四轮独立控制

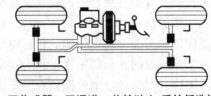

图 6.6　四传感器、四通道、前轮独立-后轮低选择控制

这种控制方式的特点是制动是的操作性和方向性均较好，但制动效能稍差。汽车制动时，两后轮或得相等的制动力，但制动力的大小以易抱死车轮为标准，则另一侧车轮将不能获得最大制动力。

3）四传感器、三通道、前轮独立-后轮低选择控制

这种类型的 ABS 系统适用于双制动管路且前后轮为独立布置的汽车。如图 6.7 所示，它具有 4 个轮速传感器。这种控制方式的特点是制动时的操作稳定性和方向稳定性较好，但是制动性稍差。

4）三传感器、三通道、前轮独立-后轮低选择控制

这种类型的 ABS 系统仅用于双制动管路为前、后轮独立形式且采用后轮驱动的汽车，如图 6.8 所示，后轮的速度信号由装在差速器上的一个测速传感器检测，按低选择方式对两后轮进行制动控制。这只种控制方式的特点是操作稳定性和方向稳定性较好，结构简单，但是制动性稍差。

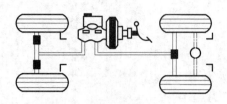

图 6.7 四传感器、三通道、
前轮独立-后轮低选择控制

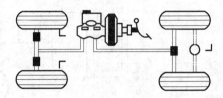

图 6.8 三传感器、三通道、
前轮独立-后轮低选择控制

5）三传感器、三通道、前轮独立控制

这种类型的 ABS 系统是一种简易防抱死制动系统，如图 6.9 所示，两前两轮独立控制，通过 PV 阀（比例阀）按一定比例将制动压力传至后轮。它一般用于双制动管路为交叉形式布置的汽车上。

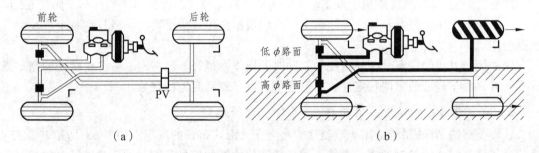

（a） （b）

图 6.9 三传感器、三通道、前轮独立控制

这种控制方式的特点是若制动汽车的左右轮所处地面附着系数不同时，处于附着系数较高的路面一侧的前轮制动压力较高，与其对角的后轮也将获得较高的制动压力，但该侧后轮处于附着较低的路面一侧，该侧后轮易抱死，处于另一对角上的前、后轮则与此相反，这样对保持汽车制动时的方向稳定性有利。但与前述三通道和四通道的 ABS 系统相比，后轮的制动力有所下降，汽车的制动效能稍有下降。

6）四传感器、两通道、前轮独立-前轮独立控制

这种类型的 ABS 系统的布置形式与类型（5）基本相同，如图 6.10 所示，只是用 SLV 阀（低选择阀）代替类型（5）的 PV 阀，这样可使汽车在不对称路面上制动时，通过 SLV 阀传至处于地附着系数路面一侧的后轮的制动压力只升至与低附着系数路面一侧的前轮相同，从而防止处于低附着系数路面一侧的后轮抱死，其效果更接近三通道或者四通道的控制的 ABS 系统。

7）一传感器、一通道、后轮近似低选择控制

这种类型的 ABS 系统适用于制动管路为前、后独立布置形式且采用后轮驱动的汽车，如

图 6.11 所示，通过一个装在差速器的轮速传感器和一个通道，只对两后轮进行近似低选择控制，此类 ABS 不对前轮进行制动控制，其指定效能和制动时的操作性均较差。

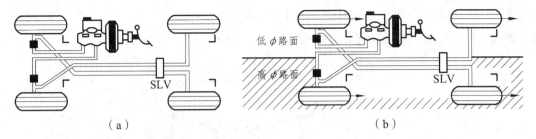

（a）　　　　　　　　　　　　　　　（b）

图 6.10　四传感器、两通道、前轮独立-后轮低选择控制

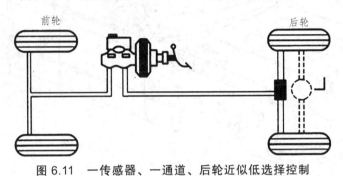

图 6.11　一传感器、一通道、后轮近似低选择控制

6.1.5　防抱死制动系统的基本组成与控制原理

1. 基本组成

虽然各型汽车防抱死制动系统的结构形式各不相同，但都是在常规制动系统（液压制动系统或气压制动系统）的基础上，增设一个电子控制系统而构成。由此可见，防抱死制动系统是由制动压力调节系统和电子控制系统两个子系统组成，如图 6.12 所示。

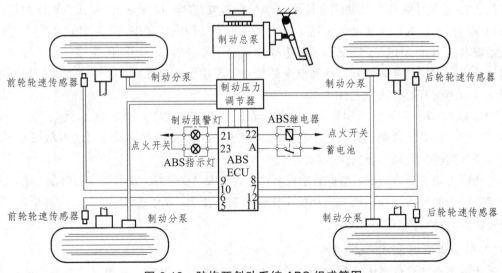

图 6.12　防抱死斜动系统 ABS 组成简图

1）电子控制系统

防抱死制动电子控制系统由轮速传感器、制动灯开关、防抱死制动电控单元（ABSECU）、ABS指示灯和制动压力调节器等构成，控制部件的安装位置如图6.13所示。其中，制动压力调节器既是电子控制系统的执行元件，也是制动压力调节系统的原始控制元件。

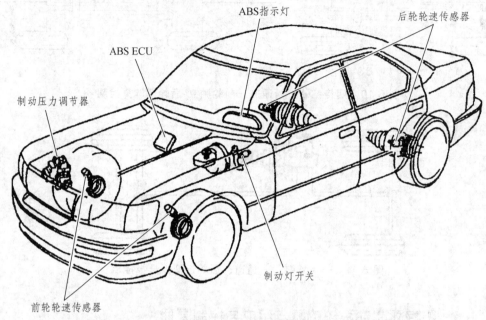

图6.13　防抱死制动电子控制系统控制部件的安装位置

ABS系统采用的传感器有车轮转速传感器和减速度传感器两种。车轮转速传感器，简称轮速传感器。轮速传感器是ABS系统必需的传感器，其功用是检测车轮的运行状态，将车轮转速变换为电信号输入ABS ECU，以便ABS ECU计算车轮速度。一个防抱死制动系统设有2～4只轮速传感器，轿车一般采用4只，载货汽车一般采用2只。减速度传感器仅在控制精度较高的ABS系统中采用，其功用是检测汽车车身的减速度，以便ABS ECU判别路面状况并采取相应的控制措施。减速度传感器又分为纵向减速度传感器和横向减速度传感器。防抱死制动系统电控单元ABS ECU又称为防抱死制动电子控制器，主要功用是接收轮速传感器、减速度传感器和控制开关信号，计算汽车的轮速、车速、减速度和滑移率，并输出控制指令控制制动压力调节器等执行元件工作。

ABS ECU具有失效保护和故障自诊断功能，一旦发现故障，ABS ECU就会终止电子控制系统工作，恢复到常规制动状态。与此同时，还将控制ABS故障指示灯（或故障指示灯）发光，警告驾驶员制动系统发生故障。

制动压力调节器的功用是根据防抱死制动电控单元ABS ECU发出的控制指令，驱动制动压力调节器中的电磁阀和回液泵电动机工作，使制动压力"升高""保持"或"降低"，从而实现制动压力自动调节。

2）制动压力调节系统

制动压力调节系统是由常规制动系统和制动压力调节器组成。常规制动系统主要由制动总泵、制动助力器、制动轮泵、制动管路和制动器（盘式或鼓式制动器）等组成。因为汽车持最佳的稳定性，在转向过度或转向不足的情形下效果更加明显；ABS 系统与汽车巡航自动控制 ACC 系统集成，形成 ABS/ASRIACC 综合控制系统，ACC 装置是近年来发展起来的一项汽车主动安全技术。该系统能自动控制车距，并实时自动调节车速，可在较大程度上避免碰撞事故发生，具有良好的安全行驶效果。

另外，ABS 系统利用 CAN 总线技术与其他控制系统的信息交换和共享，提高整体控制性能。

任务 6.2　ABS 系统主要零部件的结构与工作原理

6.2.1　车轮转速传感器

ABS 系统中的传感器主要是指车轮转速传感器，其作用是检测汽车车轮的转速，并将其转为电信号后输入 ECU，用于计算、判断，以决定是否开始进行防抱死控制。车轮转速传感器又称为轮速传感器、车轮速度传感器等。目前用于汽车 ABS 系统的主要有电磁式和霍尔式两种类型。

1. 电磁式车轮转速传感器

1）基本结构

目前大多数车轮转速传感器都采用电磁式转速传感器。车轮转速传感器由电磁感应传感头和信号转子两部分组成，其外形如图 6.14（a）所示。传感头用来产生感应电压，通常由永久磁铁、电磁线圈和极轴等构成。极轴与永久磁铁相连，感应线圈套在极轴外面。根据极轴的结构不同，电磁式车轮转速传感头又可分为凿式极轴传感头、立式极轴传感头等，分别如图 6.14（b）、（c）所示，但其基本工作原理都是相同的。

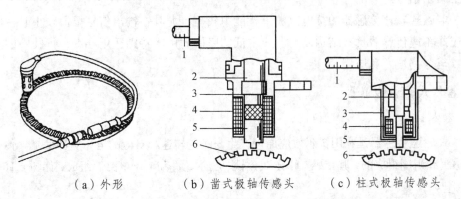

（a）外形　　　　（b）凿式极轴传感头　　　　（c）柱式极轴传感头

图 6.14　三传感器、三通道、前轮独立控制

1—电缆；2—永久磁铁；3—外壳；4—感应线圈；5—极轴；6—信号转子（齿圈）

传感头是一个静止部件，一般都安装在车轮附近不随车轮转动的部件上，如制动底板、转向节、半轴套管等处。信号转子是一个齿圈，齿数多少与车型、ABS ECU 有关。信号转子是一个运动部件，一般安装在随车轮一起转动的部件上，如轮毂、半轴、制动盘等处。传感头与齿圈之间的空气间隙得小、通常只有 0.5 ~ 1 mm。此传感器一定要安装牢固，只有这样才能保证汽车在制动过程中的震动不会干扰或影响传感器信号。为了避免灰尘与飞溅水、泥等对传感器工作的影响，在安装前可在传感器上涂覆防锈油。

2）工作原理

电磁式车轮转速传感器产生的信号如图 6.15 所示。电磁式转速传感器的工作原理与发动机点火系统中电流脉冲信号发生器工作原理相同。交变信号的频率与齿圈的齿数和转速成正比。因齿圈的齿数一定，轮速传感器输出的交变电压信号的频率只与相应的车轮转速成正比，所以通过轮速传感器输出的频率信号就可以确定车轮的转速。另外，在传感头与齿圈的间隙一定时，交变电压的幅值也决定于磁通变化率，在一定范围内，交变电压的幅值也随车轮转速成正比变化。当车轮不转时，感应电压幅值为零。

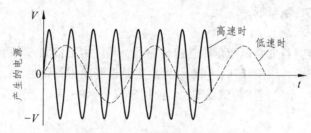

图 6.15　电磁式车轮转速传感器输出的电压信号

电磁式轮速传感器存在以下缺点：

（1）电磁式轮速传感器向 ABS ECU 输送的电压信号的强弱随转速的变化而变化的，信号幅值一般在 1 ~ 15 V 的范围内变化，但是当车速很低时，传感器输出的电压信号低于 1 V，则 ABS ECU 无法检测到如此微弱的信号，ABS 系统也就无法正常工作。

（2）电磁式轮速传感器频率响应较低。当车轮转速过高时，传感器的频率响应跟不上，容易产生错误信号。

（3）电磁式轮速传感器的抗电磁波干扰能力较差，尤其在输出信号幅值较小时。但由于电磁感应式轮速传感器具有结构简单、成本低、坚固耐用，特别适用于汽车行驶中的恶劣环境，所以至今仍被广泛应用。

2. 霍尔式轮速传感器

1）基本结构

霍尔式轮速传感器是利用霍尔效应原理产生与车轮转速相对应的电压脉冲信号。传感器也是由传感头和齿圈组成的，其传感头由永久磁铁、霍尔元件和电子电路等组成，如图 6.16 所示。

2）工作原理

霍尔式轮速传感器工作时，ECU 给霍尔元件施加一个 5 V 或 8 V 的基准电压，永久磁铁的磁力线穿过霍尔元件通向齿圈。当齿圈位于图 6.16（a）所示位置时，穿过霍尔元件的磁力线分散，磁场相对较弱，产生的电压信号也较小；当齿圈位于图 6.16（b）所示位置时，穿过霍尔元件的磁力线集中，磁场相对较强，产生的电压信号较大。

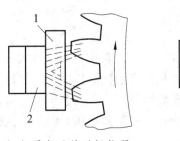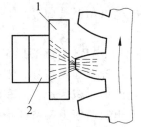

（a）霍尔元件磁场较弱　　　　（b）霍尔元件磁场较强

图 6.16　霍尔式车轮转速传感器磁路

1—霍尔元件；2—永久磁铁

霍尔元件输出的毫伏级的准正弦波电压 U_1 首先经放大器放大为伏级电压信号 U_2，然后送往施密特触发器转换成标准的方波信号 U_3，再送到输出级放大成 U_4 后输送给 ECU，如图 6.17 所示。电子线路中的各等级波形如图 6.18 所示，其工作频率为 20 kHz，输出信号电压幅值为 7~14 V。

图 6.17　霍尔式车轮转速传感器电子线路框图

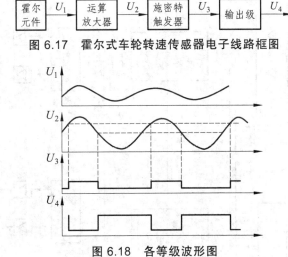

图 6.18　各等级波形图

霍尔式轮速传感器具有以下优点：

（1）输出的电压信号强弱不随转速的变化而变化。在汽车电源电压为 12 V 的条件下，信号的幅值保持在 15~12 V 不变，即使当车速下降很低时也不变。

（2）频率响应高。

传感器频率响应高达 20 kHz，用于 ABS 系统中相当于车速为 1000 km/h 时所检测的信号频率，因此不会出现高速时频率响应跟不上的问题。

（3）抗电磁波干扰能力强。

由于其输出信号电压不随车轮转速的变化而变化，且幅值高，所以具有很强的抗电磁干扰能力。

由于上述原因，霍尔式传感器不仅广泛应用于汽车 ABS 系统，也广泛应用于汽车其他控制系统的转速检测。

6.2.2 电控单元（ABS ECU）

电控单元 ABS ECU 是 ABS 系统的控制核心，其作用是通过接收来自车轮转速传感器、其他传感器的信号和各种控制开关信号，根据设定的控制程序，通过数学计算和逻辑判断，计算出车轮转速、车轮的加（减）速度、车轮滑移率，并判断出车轮是否有抱死的趋势，然后向制动压力调节器发出制动压力调节的指令，控制制动压力调节器执行调节轮缸制动压力的任务。

ABS ECU 采用了两个微处理器 CPU，其中一个为主控 CPU，另一个为辅控 CPU，主要目的是保证 ABS 的安全性。两个 CPU 接收同样的输入信号，在运算处理过程中，通过通信模块对两个微处理器的处理结果进行比较。如果两个微处理器处理结果不一致，微处理器立即发出控制指令使 ABS 退出工作，防止系统发生逻辑错误。

ABS ECU 内部电路结构主要由信号输入电路、运算电路、电磁阀控制电路以及安全保护电路等组成，如图 6.19 所示为四传感器、四通道 ABS ECU 的内部电路框图。

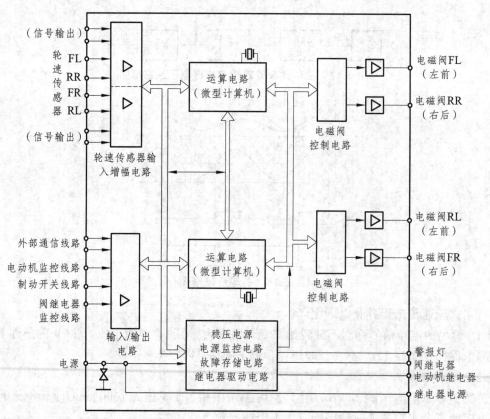

图 6.19 四传感器、四通道控制 ABS ECU 内部电路框图

1. 信号输入电路

信号输入电路由低通滤波电路和整形放大电路等组成，其功用是对轮速传感器输入的交变电压信号进行处理，并传送给主控 CPU 和辅控 CPU。与此同时，信号处理电路还要接收点火开关、制动灯开关、液位开关等传来的外部信号。

2. 运算电路

运算电路是 ABS ECU 的核心，主要由微处理器构成。其功用主要是根据轮速传感器和控制开关信号，按照预先编制的程序进行数学和逻辑判断，形成相应的控制指令。运算电路按照设定的程序，根据轮速传感器输入的轮速信号，计算车轮瞬间速度，然后得出加（减）速度、参考车速和滑移率，最后根据加、减速度和滑移率形成相应的控制指令，再向电磁阀提供制动压力"降低""保持"或"升高"的控制信号。

3. 输出电路

输出电路作用是接受来自运算电路输送的电磁阀控制指令，控制大功率三极管向电磁阀及继电器线圈提供控制电流，以此来控制电磁阀的工作，实现制动压力"升高""保持"或"降低"的功能。

4. 安全保护电路

安全保护电路由电源监控、故障记忆和 ABS 系统指示灯驱动电路等组成。其功用主要是接受蓄电池（或发电机）的电压信号，监控电源电压是否在稳定范围内，同时将 12 V 或 14 V 电源电压变换成 ECU 工作需要的 5 V 电压。

6.2.3 制动压力调节器

制动压力调节器是 ABS 系统的执行机构，其功用是接受 ECU 的控制指令，通过电磁阀的动作控制车轮制动轮缸的制动压力。

在液压式制动系统中，制动压力调节器一般串联在制动主缸和制动轮缸之间，主要由供能装置（液压泵、储液器等）、蓄压器、电磁阀等组成。其基本工作原理是通过电磁阀直接或间接控制轮缸压力。常见的制动压力调节器主要有循环式制动压力调节器和可变容积式制动压力调节器两种。

1. 循环式制动压力调节器

1）结构组成

循环式制动压力调节器主要由电动液压泵、电磁阀及蓄压器等组成，其特点是制动压力油路与 ABS 控制压力油路相通，通过串联在制动主缸和制动轮缸之间的电磁阀直接控制制动管路中油液的流动，使制动油液在轮缸内外不断循环，以达到调节轮缸制动压力的目的。

（1）电磁阀。

循环式制动压力调节器常用的电磁阀为三位三通电磁阀，其基本结构及工作位置如图 6.20 所示。阀上有三个通道（即三通）分别与制动主缸、轮缸及储液器连接。ABSECU 通过控制电磁线圈电流的大小使阀内柱塞（可动铁心）有三种不同的工作位置（即三位）：增压、保压、减压。

（2）电动液压泵。

电动液压泵的作用是当电磁阀在"减压"过程中，将制动轮缸流出的制动液经储液器泵回制动主缸。如图 6.21 所示，电动液压泵多为柱塞泵，由电动机带动凸轮驱动，泵内有两个单向阀，上阀为进油阀，下阀为出油阀。柱塞上行时，轮缸及储液器的压力油推开上进油阀进入泵体内。柱塞下行，进油孔关闭，使泵腔内压力升高，使出油阀打开，将制动液压回制动缸。

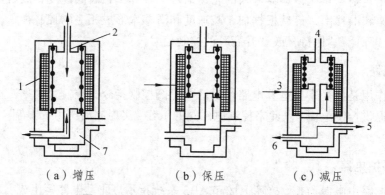

（a）增压　　　　　　　（b）保压　　　　　　　（c）减压

图 6.20　三位三通电磁阀的三种工作位置

1—线圈；2—固定铁心；3—电流；4—通主缸；5—通储液器；6—通轮缸；7—可动铁心

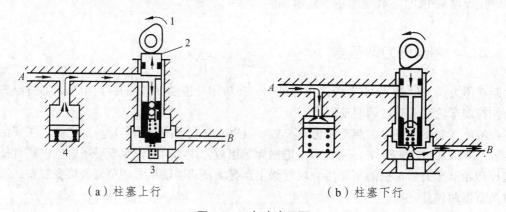

（a）柱塞上行　　　　　　　　　　　　（b）柱塞下行

图 6.21　电动液压泵

1—凸轮；2—油泵柱塞；3—油泵；4—储液器

（3）蓄压器。

蓄压器串联在电动液压泵和电磁阀之间，用于储存来自电动液压泵的高压制动液，以备在制动过程中增加制动压力。气囊式蓄压器如图 6.22 所示，膜片将蓄压器分为上、下两个腔，上腔内充满了高压氮气。高压制动液进入蓄压器的下腔内，通过膜片的上移压缩上腔内的高压氮气，使高压氮气的压力进一步提高，反过来又推动膜片下移，使下腔的制动液的压力又进一步提高，下腔制动液压力增大以暂时存储制动液和能量。

2）工作过程

（1）升压过程（常规制动）。

如图 6.23 所示，电磁线圈中无电流流过，电磁阀处于升压位置，此时制动主缸与轮缸直通，由制动主缸来的制动液直接进入轮缸，轮缸压力随主缸压力而增减。此时 ABS 不工作，电动油泵也不需工作。

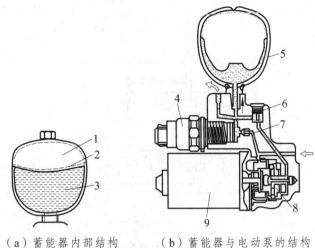

（a）蓄能器内部结构　　　　（b）蓄能器与电动泵的结构

图 6.22　高压储能器与电动泵

1—氮气；2—膜片；3—高压制动液；4—压力控制/压力警示开关；5—蓄能阀；
6—单向阀；7—限压阀；8—回转球阀式活塞泵；9—直流电动机

（2）保压过程。

当 ECU 向电磁线圈通入一个较小的保持电流（约为最大电流的 1/2）时，电磁阀处于保持压力位置，如图 6.24 所示。此时主缸、轮缸和回油孔相互隔离密封，轮缸中保持一定的制动压力。

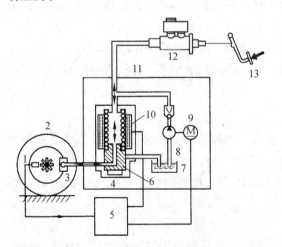

图 6.23　常规制动（升压）过程

1—传感器；2—车轮；3—轮缸；4—电磁阀；5—ECU；
6—柱塞；7—储液器；8—泵；9—电动机；
10—线圈；11—液压部件；
12—主缸；13—踏板

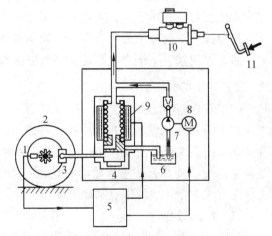

图 6.24　保压过程

1—传感器；2—车轮；3—轮缸；4—电磁阀；5—ECU；
6—储液器；7—泵；8—电动机；9—线圈；
10—主缸；11—踏板

（3）减压过程。

当 ECU 向电磁线圈通入一个最大电流时，电磁阀处于减压位置，此时电磁阀将轮缸与回油通道或储液器接通，轮缸中制动液经电磁阀流入储液器，轮缸压力下降，如图 6.25 所示。

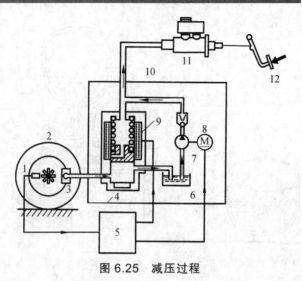

图 6.25　减压过程

1—传感器；2—车轮；3—轮缸；4—电磁阀；5—电子控制器；6—储液器；7—泵；
8—电动机；9—线圈；10—液压部件；11—主缸；12—踏板

2. 可变容积式制动压力调节器

1）结构组成

可变容积式制动压力调节器是在原有的制动管路中并联一套液压控制装置，该装置中有一个类似活塞的部件。工作时根据 ECU 的指令，该装置首先将制动轮缸和制动总缸隔离，然后通过电磁阀的开启或电动机的转动等，控制活塞在调压缸中运动，使调压缸至制动轮缸的容积发生变化。容积增大，实现制动压力减小；容积减小，实现制动压力增大；容积不变，实现压力保持。此种压力调节方式在德尔科 ABS、本田 4WALB 等 ABS 中采用。

可变容积式制动压力调节器主要由电磁阀、控制活塞、液压泵、储能器等组成。

2）工作过程

（1）常规制动。

ECU 不给电磁线圈通电，电磁阀将控制活塞的工作腔与回油管路接通，控制活塞在强力弹簧的作用下推至最左端。活塞顶端推杆将单向阀打开，使制动主缸与轮缸的制动管路接通，制动主缸的制动液直接进入轮缸，轮缸压力随主缸压力变化而变化。这种工作状态是 ABS 工作之前或工作之后的常规制动工况。

（2）减压过程。

如图 6.26 所示，ECU 向电磁线圈通入一个大电流，电磁阀内的柱塞在电磁力作用下克服弹簧弹力移到右边，将储能器与控制活塞工作腔管路接通。储能器（液压泵）的压力油进入控制活塞工作腔推动活塞右移，单向阀关闭，制动主缸与轮缸之间的通路被切断，同时，由于控制活塞的右移，使轮缸的容积增大，制动压力减小。此时，电磁阀处于"减压"位置。

（3）保压过程。

如图 6.27 所示，ECU 向电磁线圈通入一个较小的电流，由于电磁线圈的电磁力减小，柱塞在弹簧力的作用下左移到将储能器、回油管及控制活塞工作腔管路相互关闭的位置。此时，控制活塞左侧的油压保持一定，控制活塞在油压和强力弹簧的共同作用下保持在一定位置，而此时单向阀仍处于关闭状态，轮缸的容积也不发生变化，制动压力保持一定。此时，电磁阀处于"保压"位置。

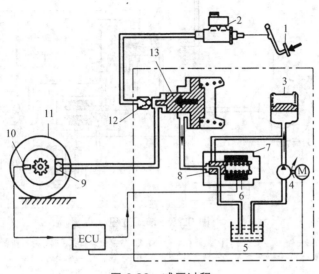

图 6.26 减压过程

1—制动踏板；2—制动主缸；3—储能器；4—电动泵；5—储液室；6—电磁线圈；7—电磁阀；
8—柱塞；9—制动轮缸；10—转速传感器；11—车轮；12—单向阀；13—控制活塞

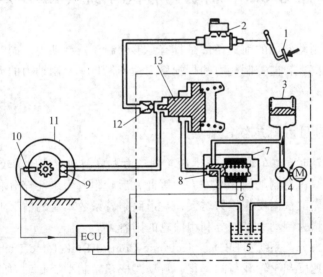

图 6.27 保压过程

1—制动踏板；2—制动主缸；3—储能器；4—电动泵；5—储液室；6—电磁线圈；7—电磁阀；
8—柱塞；9—制动轮缸；10—转速传感器；11—车轮；12—单向阀；13—控制活塞

（4）增压过程。

如图 6.28 所示，ECU 切断电磁线圈中的电流，柱塞回到左端的初始位置，控制活塞工作腔与回油管路接通，控制活塞左侧控制油压的解除，控制液流回储液器。控制活塞在强力弹簧的作用下左移，轮缸容积变小，压力升高至初始值。当控制活塞左移至最左端时，单向阀被打开，轮缸压力将随主缸压力的增大而增大。此时，电磁阀处于"增压"位置。

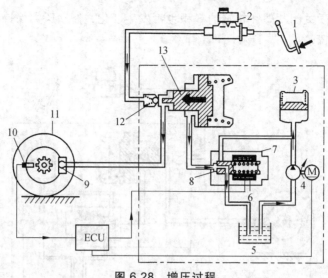

图 6.28　增压过程

1—制动踏板；2—制动主缸；3—储能器；4—电动泵；5—储液室；6—电磁线圈；7—电磁阀；
8—柱塞；9—制动轮缸；10—转速传感器；11—车轮；12—单向阀；13—控制活塞

任务 6.3　制动力分配系统（EBD）

汽车获得良好制动效能的前提条件是具有足够的制动器制动力，同时地面又能提供较大的附着力。制动距离、转向控制能力和行驶稳定性不仅与车轮制动力的大小有关，而且还与制动力的分配比例有关。

6.3.1　制动力分配系统的作用

当汽车紧急制动时，整车轴荷前移，后轮制动力占总制动力的比重较小，特别是小轿车，其后轮制动力通常只占总制动的 30% 左右。因此，后轮附着力未能充分利用。此外，当轴荷前移时，地面对前轮的法向反作用力增大，在道路附着系数不变的情况下，前轮附着力将增大。因此，也需要增大制动力来充分利用前轮的附着力。

电子控制制动力分配系统（EBD，Electronic Control Brakeforce Distribution System）的功用是根据制动减速度和车轮载荷的变化，自动改变车轮制动器制动力的分配比例，从而缩短制动距离和提高行驶稳定性。

6.3.2　制动力分配系统的组成

汽车电子控制制动力分配系统（EBD）有减速度传感器（制动减速度也可由轮速传感器提供的轮速变化率求得）、电控单元（EBD ECU）和制动压力调节器组成。相应的电控单元成为防抱死与制动力分配电控单元（即 ABS/EBD ECU），执行器是 ABS 制动压力调节器的电磁阀。

6.3.3 制动力分配的控制

在现有汽车前、后轮制动器制动力固定比值的制动系统中，实际制动力分配曲线与理想的制动力分配曲线相差很大，如图 6.29 所示，其制动力不可能按照轻载或承载时的理想分配曲线进行分配。因此，制动效能较低，前轮可能因抱死而丧失转向控制能力，后轮也可能抱死而发生"甩尾"现象。

实际制动力分配曲线兼顾制动稳定性和最短制动距离并优先考虑制动稳定性的原则进行控制。前、后车轮制动力的可调范围如图 6.29 中阴影范围所涉及，各型汽车不同制动减速度是的制动力数据预先经过实验测得，并以制动力数据 MAP 形式存储在 ROM 中。

当汽车制动时，ABS/EBD ECU 首先根据制动减速度信号，从 ROM 存储的制动力数据MAP 中查询得到前、后车轮制动力的分配数值，然后向 ABS 的制动压力调节器（电磁阀）发出"升压"或"保压"控制指令，从而实现前、后车轮制动力的最佳分配。

汽车制动力分配系统 EBD 和防抱死制动系统 ABS 等主动安全技术是一个控制功能相互融合、工作时机相互协调的有机整体。当 EBD 分配给车轮的制动力大于轮胎附着力时，车轮就会抱死滑移，此时防抱死制动系统 ABS 就会投入工作。通过调节（减小）车轮的制动力将滑移率控制在 10%～30% 之间，从而提高制动效能。

当汽车在弯道制动时，整车轴荷向外侧移动，内侧车轮的轴荷减小，外侧车轮的轴荷增大。因此，内侧车轮附着力未能充分利用，外侧车轮也需要增大制动力来充分利用其附着力。为此，增设一只转向盘角传感器（也可与车身稳定性控制系统公用），用其检测出转向盘的转动方向与转动角速度，ABS/EBD ECU 即可实现弯道制动时内、外侧车轮制动力的最佳分配，如图 6.30 所示。图中箭头长短表示制动力的大小。为了保证汽车在弯道行驶时的制动稳定性，ABS/EBD ECU 分配给外侧车轮的制动力明显大于内侧车轮的制动力，从而保证汽车沿弯道稳定行驶。

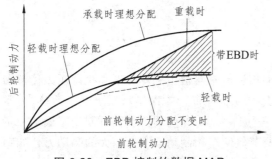

图 6.29 EBD 控制的数据 MAP

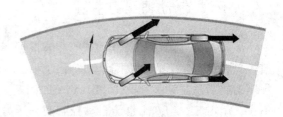

图 6.30 弯道制动时制动力分配

任务 6.4 制动辅助系统（EBA/BAS/BA）

日本丰田汽车公司研究表明：当汽车紧急制动时，驾驶员操作制动踏板使车轮制动器产生足够制动力的分布情况如图 6.31 所示。由图可知，在紧急制动时，由于驾驶技术水平和精神紧张程度等原因，约有 42% 的驾驶员不能使车轮制动器产生足够的制动力，能使车轮制动器产生足够制动力的驾驶员比例为 53%，高度紧张而未踩制动踏板的比例为 5%。

6.4.1　制动辅助系统的功能

电子控制制动辅助系统（EBA，Electronic Control Brake Assist System，或缩写为 BAS 或 BA），其功能是根据制动踏板传感器信号和制动压力传感器信号，判断作用于制动踏板的速度和力量，自动增大汽车紧急制动时的制动力，从而缩短制动。

6.4.2　制动辅助系统的组成

制动辅助系统 EBA 是在 ABS 的基础上，增设一只制动踏板行程传感器和制动压力传感器，并在 ABS ECU 中增设与编制制动力调节软件程序（称为 ABS/EBA ECU）而构成。

制动踏板行程传感器用于检测驾驶员操作制动踏板的速度，制动压力传感器用于检测制动主缸制动液压力的高低，ABS/EBA ECU 根据制动踏板的速度信号和制动液压力信号来计算和判断本次制动属于常规制动还是紧急制动，并向 ABS 液压调节器的电磁阀发出不同占空比的控制脉冲，以便控制制动力的大小。

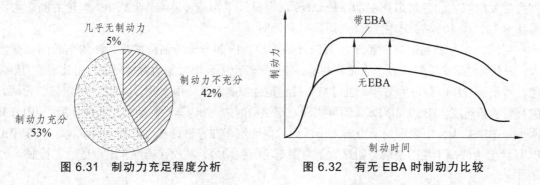

图 6.31　制动力充足程度分析　　　　图 6.32　有无 EBA 时制动力比较

6.4.3　制动辅助的控制

装备 EBA 后，ABS/EBA ECU 能够根据制动踏板传感器信号的变化率和制动压力传感器信号，计算确定驾驶员踩下制动踏板的速度和力量，从而判断出本次制动属于哪一类制动（常规制动或紧急制动）。当 ABS/EBA ECU 判断为紧急制动时，即使驾驶员踩下制动踏板的力量不大，ABS/EBA ECU 也能自动控制制动压力调节器使车轮制动器产生较大的制动力，如图 6.32 所示，从而缩短制动距离。

汽车 EBA 和 ABS 等主动安全技术是一个控制功能相互融合、工作时机相互协调的有机整体。当 EBA 调节的制动力大于轮胎附着力时，车轮就会抱死滑移，此时 ABS 就会投入工作，通过调节（减小）车轮的制动力将滑移率控制在 10%～30%，从而缩短制动距离提高制动效能。

6.4.4　制动辅助控制的效果

丰田汽车公司以 50 km/h 的制动初速度在干燥路面上紧急制动实验的结果如图 6.33 所

示。实验结果表明：对驾驶技术熟练的驾驶员而言，有无制动辅助系统 EBA 时的制动距离均为 12.5 m 左右，EBA 的作用并不明显。但是，对驾驶技术不熟练的驾驶员而言，无制动辅助系统 EBA 时的制动距离约为 18 m，有制动辅助系统 EBA 时的制动距离仅为 14 m，由 ABS/EBA ECU 控制车轮制动器的制动力增大使制动距离缩短了 4 m。因此，汽车行驶安全性大大提高。

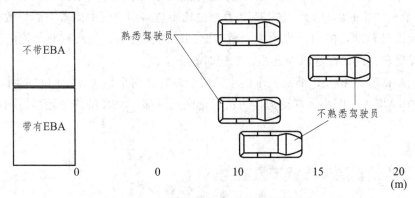

图 6.33　汽车紧急制动时制动距离对比

20 世纪 90 年代，EBA 主要装备中高档轿车。随着家用低档轿车日益增多，由于私家车驾驶员的驾驶技术水平普遍较低，因此，为了保证交通安全，装备 EBA 的低档轿车越来越多。

任务 6.5　驱动轮防滑转调节系统（ASR/TCS/TRC）

汽车在起步、加速或冰雪路面上行驶时，容易出现打滑现象。这是因为汽车发动机传递给车轮的最大驱动力是由轮胎与路面之间的附着系数和地面作用在驱动轮上的法向反作用力的乘积（即附着力）决定的。当传递个轮胎的驱动力超过附着力时，车轮就会打滑空转（即滑转）。

当汽车在低附着系数路面（如泥泞路面、冰雪路面）上行驶时，由于地面对车轮施加的反作用力转矩很小，因此在起步、加速时，驱动轮很容易发生滑转现象。此外，当汽车在越野条件下行驶时，如果某个（或某些）驱动轮处在附着系数极低的路面（如冰雪路面或泥泞路面）上，那么地面对车轮施加的反作用转矩将很小，虽然另一个（或一些）车轮处在附着系数较高的路面上，但是根据差速器转矩等量分配特性，能够提供的驱动转矩只能与处在低附着系数路面上车轮提供的驱动转动转矩相等。因此在驱动力不足的情况下，汽车将无法前进，发动机输出的功率大部分消耗在车轮的滑转上，不仅浪费燃油、加速轮胎磨损，而且降低车辆的通过性能和机动能力。如果在战时，就会贻误战机而导致人员伤亡和装备损毁。防止驱动轮滑转曾采用过许多办法，如安装防滑链，使用防滑的雪地轮胎和带防滑钉的防滑轮胎等，但迄今为止最有效的办法还是采用 ASR 系统。

6.5.1　驱动轮防滑转调节系统的功用

汽车驱动轮加速滑移调节系统（ASR，Anti-Slip Regulation System 或 Acceleration Slip

Regulation System）通常称为防滑转调节系统，因为防止驱动轮滑转都是通过调节驱动轮的驱动力（牵引力）来实现，故又称为牵引力控制系统（TCS 或 TRC，Traction Force Control System）。

驱动轮防滑转调节系统 ASR 的功用是：在车轮开始滑转时，自动降低发动机的输出转矩来减小传递给驱动轮的驱动力，防止驱动力超过轮胎与路面之间的附着力而导致驱动轮滑转（或通过增大滑转驱动轮的阻力来增大未滑转驱动轮的驱动力，使所有驱动轮的总驱动力增大），从而提高车辆的通过性以及起步、加速时的安全性。

ASR 与 ABS 密切相关，都是汽车的主动安全装置，两个系统通常同时采用。ABS 的作用是自动调节（增大或减小）制动力，防止车轮抱死滑移；ASR 的作用是维持附着条件，增大总驱动力。

6.5.2 驱动轮防滑转调节原理

当发动机输出转矩增大时，驱动力随之增大。但是，驱动力的增大受到附着力的限制，驱动力的最大值只能等于轮胎与路面之间的附着力。当驱动力超过附着力时，驱动轮将在路面上滑转。

1. 滑转率

汽车车轮"打滑"分为两种情况，一是汽车制动时车轮抱死"滑移"，二是汽车驱动时车轮"滑转"。防抱死制动系统 ABS 是防止车轮在制动时抱死而滑移，防滑转调节系统 ASR 则是防止驱动轮原地不动地滑转。驱动轮的滑转程度用滑转率 S_d 表示，其表达式为：

$$S_d = \frac{v_w - v}{v_w} \times 100\%$$

式中　v_w——车轮速度，即车轮瞬时圆周速度，$v_w = r_\omega$，m/s；

　　　r——车轮半径，m；

　　　ω——车轮转动角速度，$\omega = 2\pi n$，rad/s；

　　　v——车速（车轮中心纵向速度），m/s。

当 $v_w = v$ 时，滑转率 $S_d = 0$，车轮自由滚动。

当 $v = 0$ 时，滑转率 $S_d = 100\%$，车轮完全处于滑转状态。

当 $v_w > v$ 时，滑转率 $0 < S_d < 100\%$，车轮既滚动又滑转。滑转率越大，车轮滑转程度也就越大。

2. 滑转率与附着系数的关系

车轮滑移率、滑转率与纵向附着系数的关系如图 6.34 所示，车轮制动时的滑移率分布在坐标系的第一象限，车轮滑转率分布在坐标系的第三象限。有图可见：

（1）附着系数随路面性质的不同而发生大幅度地变化。

（2）在各种路面上，附着系数均随滑转率的变化而变化，且在各种路面上当滑转率为 20% 左右时，附着系数达到最大值。若滑转率继续增大，则附着系数逐渐减小。

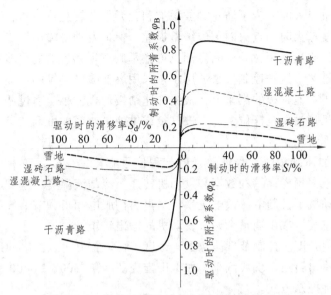

图 6.34 滑移率和滑转率与附着系数的关系

防滑转调节系统 ASR 的基本控制原理就是将滑转率控制在最佳滑转率（10%～30%）范围内，从而获得较大的附着系数，使路面提供的附着力得到充分利用。

汽车装备 ASR 后，当汽车起步、加速或在冰雪路面上行驶时，驾驶员无须特别小心地踩下加速踏板，ASR 就能根据路面状况调节驱动力，使驱动力达到最大值。

6.5.3 驱动轮防滑转调节方法

防止驱动轮滑转的控制方法主要有：控制发动机的输出转矩、控制驱动轮的制动力以及控制防滑转差速器的锁止程度三种。这些控制方法的最终目的都是调节驱动轮上的驱动力，并将驱动轮的滑转率控制在最佳滑转率范围内。

1. 控制发动机的输出转矩

通过调节发动机的输出转矩来调节驱动轮的驱动力是实现防滑转调节的方法之一。这种控制方法能够保证发动机输出转矩与地面提供的驱动转矩达到匹配，因此可以改善燃油经济性，减少轮胎磨损，使汽车具有良好的行驶稳定性和乘坐舒适性；对于前轮驱动汽车，能够得到良好的转向操纵性。在装备电子控制燃油喷射系统 EFI 的汽车上，普遍采用了控制发动机输出转矩的方法来实现防滑转调节。

控制发动机的输出转矩的方法有：控制点火时间、控制燃油供给量、控制节气门开度等。

（1）控制点火时间。由内燃机原理可知：减小汽油发动机的点火提前角或切断个别汽缸的点火电流，均可微量降低发动机的输出转矩。

防滑转调节电控单元（ASR ECU）根据轮速传感器和车速传感器信号即可计算确定驱动轮滑转率大小，通过减小点火提前角，即可微量降低发动机的输出转矩。当驱动轮滑转率很大，延迟点火时刻不能达到控制滑转率的目的时，则可中断个别汽缸点火来进一步减小滑转率。

在中断个别汽缸点火时，为了防止排放增加和三元催化转化器过热，在中止点火时必须中断燃油喷射。恢复点火时，点火时刻应缓慢提前，保证发动机输出转矩平稳增加。

（2）控制燃油供给量。短时间中断供油也可微量调节发动机的输出转矩，但响应速度没有减小点火提前角迅速。这种控制方法适用于未采用燃油喷射系统的汽油发动机或柴油发动机汽车。在采用电子加速踏板的汽车上，根据加速踏板行程大小，通过调节汽油发动机节气门开度或柴油发动机喷油泵拉杆位置，使进气量或供油量改变即可调节发动机的输出转矩，控制方法如图 6.35 所示。

当驾驶员操作加速踏板时，加速踏板的行程信号有传感器输入防滑转电控单元（ASR ECU），ASR ECU 根据预先存储的数据和发动机转速、冷却液温度、进气温度等信号确定伺服电动机（步进电动机）控制电压或电流大小，再由伺服电动机调节节气门开度或喷油泵拉杆位置，通过调节进气量或供油量来调节发动机的输出转矩。

（3）控制节气门开度。控制节气门位置（开度）可以控制进入汽缸的进气量，从而能够显著改变发动机的输出转矩，现代汽车（如丰田雷克萨斯 LS300、LS400 型、皇冠 3.0 型轿车等）普遍采用这种控制方式。

在装备 EFI 的汽车上，ASR ECU 根据轮速传感器和车速传感器信号计算确定驱动轮滑转率的大小之后，通过控制节气门开度和燃油喷射量等即可调节发动机的输出转矩。当驱动轮滑转率超出规定值范围时，ASR ECU 便向执行器发出控制指令，减小节气门的开度，缩短喷油器的喷射时间或中断个别喷油器喷油，迅速降低发动机输出转矩，防止驱动力滑转。

2. 控制驱动轮的制动力

控制驱动轮的制动力实际上是利用差速器的差速作用（效能）来获得较大的驱动力，控制方法如图 6.36 所示。

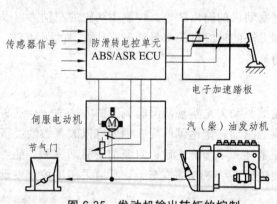

图 6.35　发动机输出转矩的控制

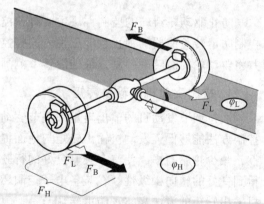

图 6.36　作用在驱动轮上的纵向力

处于高附着系数 φ_H 路面上的右侧驱动轮能够产生的驱动力为 F_H，处于低附着系数 φ_L 路面上的左侧驱动轮能够产生的驱动力为 F_L。尽管右侧驱动轮能够产生的驱动力为 F_H，但其获得的驱动力只能与左侧驱动轮能够获得的驱动力 F_L 相等（$F_H = F_L$），即两只驱动轮能够获得的驱动力为 $F_{tL} = F_H + F_L = 2F_L$。为了阻止低附着系数路面上行驶的左侧驱动轮产生滑转，对其施加一个制动力 F_B，通过差速器的差速作用，在右侧驱动轮上也会产生作用力 F_B（$F_H = F_L + F_B$），此时两只驱动轮能够获得的驱动力就为 $F_{tH} = F_H + F_L = 2F_L + F_B$，即驱动力增大了制动力 F_B

值，发动机的输出转矩就可按增大后的驱动力进行调节。

对驱动轮施加制动力是使驱动轮保持最佳滑转率且响应速度较快的控制方法，一般作为仅采用控制节气门开度来调节发动机输出转矩的补充控制。在设计控制系统时，为了保证乘坐舒适性，制动力不能太大；此外，为了避免制动器过热，施加制动力的时间不能过长，因此，这种方法值限于低速行驶时短时间使用。

3. 控制差速器的锁止程度

控制差速器的锁止程度必须采用防滑转差速器进行控制。防滑转差速器是一种由电控单元控制的可锁止差速器，控制原理如图 6.35 所示。

在防滑转差速器向车轮输出驱动力的输出端设置有一个离合器。调节作用在离合片上的油液压力，即可调节差速器的锁止程度。油压逐渐降低时，差速锁止程度逐渐减小，传递给驱动轮的驱动力就逐渐减小；反之，油压升高时，驱动力将逐渐增大。油液压力来自储压器的高压油液，压力大小由防滑转调节系统的电控单元（ASR ECU）通过控制电磁阀使压力"升高""保持""降低"进行调节，并由压力传感器和驱动轮上的轮速传感器反馈给电控单元，从而实现反馈控制。通过调节防滑转差速器的锁止程度，即可调节传递给驱动轮的驱动力，所以汽车在各种附着系数不同的路面上起步和行驶时，都具有较好的稳定性和操纵性。对于越野汽车，则可大大提高越野通过性。

在汽车实际装备的 ASR 中，为了充分发挥电子控制系统的控制功能并有效地防止驱动轮滑转，一般都将不同的控制方法组合在一起进行控制。常用的组合方式有：组合控制发动机的输入转矩和驱动轮的制动力，组合控制发动机的输出转矩和控制差速器的锁止程度。下面以组合控制发动机输出转矩和驱动轮制动力的丰田系列轿车防滑转调节系统为例，说明 ASR 的结构特点和控制过程。

6.5.4 驱动轮防滑转调节系统的组成

由于 ASR 和 ABS 系统之间有许多共同之处，所以通常将 ASR 和 ABS 系统集成一体。下面以丰田雷克萨斯 LS400 型轿车防滑转调节系统（丰田公司称为牵引力控制系统 TRC）与 ABS 组合在一起的控制系统为例说明。

雷克萨斯 LS400 型轿车 TRC 与 ABS 的组合如图 6.37 所示，控制部件的安装位置如图 6.38 所示。在控制驱动轮制动力的过程中，ASR 通过调节副节气门的开度和对驱动轮施加制动力来实现驱动轮防滑转调节。丰田系列驾车的 TRC 同 ABS 一样，也是由液压控制系统和电子控制系统两个子系统组成。

1. 防滑转液压控制系统

防滑转液压控制系统是在防抱死制动液压控制的基础上，增设 TRC 制动执行器（即 TRC 液压调节器）而构成，如图 6.38、图 6.39 所示。TRC 液压调节器由主制动油缸关断电磁阀、溢流阀、回液泵电动机、蓄压器、蓄压器关闭电磁阀和储油罐关断电磁阀等组成。防滑转调节电控单元（TRC ECU）与 ABS ECU 组合为一体，称为 ABS/TRC ECU。

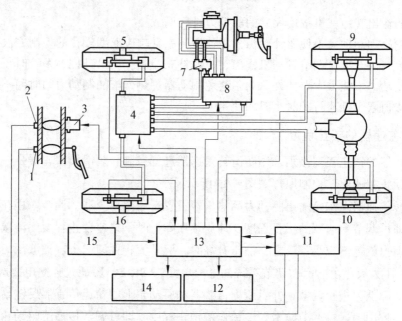

图6.37 丰田汽车 ABS/TRC 组成简图

1—主节气门位置传感器；2—副节气门位置传感器；3—步进电动机；4—ABS 执行器；5—右前轮速传感器；
6—制动总泵；7—比例旁通阀；8—TRC 执行器；9—右后轮速传感器；10—左后轮速传感器；
11—发动机与自动变速器 ECU；12—TRC 指示灯；13—ABS/TRC ECU；
14—TRC 关闭指示灯；15—TRC 关闭开关；16—左前轮速传感器

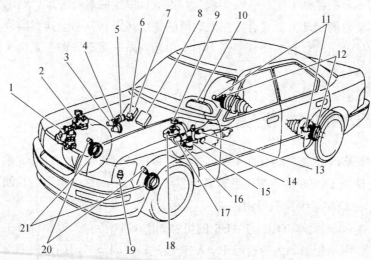

图6.38 丰田汽车 ABS/TRC 控制部件安装位置

1—ABS 液压调节器；2—TRC 液压调节器；3—副节气门位置传感器；4—主节气门位置传感器；5—副节气门位置控制步进电机；
6—副节气门步进电机继电器；7—防抱死与防滑转调节电控单元；8—发动机与自动变速电控单元；
9—防滑转调节系统关闭开关；10—防滑转调节指示灯与防滑转调节系统关闭指示灯；
11—后轮速传感器；12—后轮速传感器信号转子；13—停车灯开关；
14—空挡起动开关；15—防滑转调节液压泵；16—防滑转调节液压泵继电器；
17—防滑转调节蓄压器；18—制动液位警告灯开关；
19—防滑转调节主继电器；20—前轮速传感器；
21—前轮速传感器信号转子

2. 防滑转电子控制系统

防滑转电子控制系统也是由传感器、控制开关、电控单元和执行器组成。防滑转电子控制系统在 ABS 的基础上，增设了传感器、控制开关、电控单元和执行器。雷克萨斯 LS400 型轿车防抱死制动电子控制系统与防滑转控制系统如图 6.39 所示。

增设的传感器有发动机副节气门位置传感器和 TRC 制动执行器中压力传感器（开关），左前、右前、左后、右后共四只轮速传感器与 ABS 公用。增设的控制开关有防滑转调节系统关闭开关。增设的执行器有副节气门位置控制步进电动机、主制动油缸关断电磁阀、回液泵、回液泵电动机、蓄压器关断电磁阀、储油罐关断电磁阀、防滑转调节指示灯、防滑转调节系统关闭指示灯等。

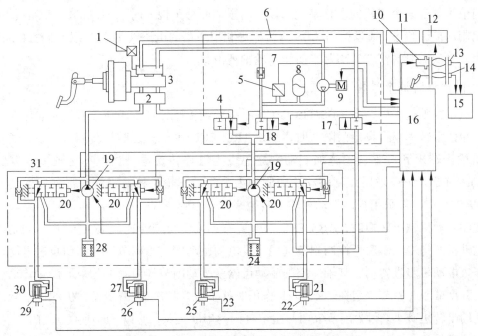

图 6.39 丰田汽车 ABS/TRC 液压控制系统

1—制动油位警告灯；2—比例旁通阀；3—制动主缸；4—主制动油缸关断电磁阀；5—压力开关传感器；
6—TRC 制动执行器；7—溢流阀；8—蓄压器；9—泵和电动机；10—副节气门执行器；11—TRC 指示灯；
12—TRC 关断指示灯；13—副节气门位置；14—主节气门位置传感器；15—发动机和变速器 ECU；
16—ABS 和 TRC ECU；17—储油罐关断电磁阀；18—蓄压器关闭电磁阀；19—泵；20—三位电磁阀；
21—右后盘制动油缸；22—左后盘制动油缸；23—右后轮速传感器；24—储油罐；
25—后轮速传感器；26—右前轮速传感器；27—右前制动油缸；28—储油罐；
29—左前轮速传感器；30—左前制动油缸；
31—ABS 执行器

6.5.5 驱动轮防滑转控制过程

丰田汽车发动机的输出转矩利用步进电动机调节副节气门开度进行调节，驱动轮的制动力利用 TRC 结合 ABS 进行控制。在制动轮产生差速作用（即驱动轮转速不同，两个半轴产生差动作用）时，控制驱动轮的制动力可使驱动轮得到充分发挥，从而改善行驶稳定性和转向性能，这种作用对于两侧车轮所处路面的附着系数不同时更为显著。因此，这种控制系统特别适用于装备燃油喷射式发动机和 ABS 的前轮驱动轿车。

当发动机启动后，ABS/TRC ECU 便根据轮速传感器信号以及参考车速，计算确定驱动轮的滑移率和滑转率。在滑移率和滑转率未达到设定门限值时，ABS 执行器和 TRC 制动执行器的电磁阀均不通电，各电磁阀处于如图 6.39 所示的初始状态，蓄压器中制动液的压力保持在一定范围之内，副节气门控制步进电动机不通电，副节气门保持在全开位置。

1. 防抱死制动控制过程

在驾驶员踩下制动踏板进行制动时，制动主缸的制动液将各个调压电磁阀进入各制动轮缸，各制动缸压的压力将随制动主缸的压力变化而变化。当 ABS/TRC ECU 根据轮速传感器输入的信号判定某个车轮的滑移率达到设定门限值而趋于抱死时，ABS/TRC ECU 就会进入防抱死制动控制状态，通过控制 ABS 执行器中相应通道的电磁阀工作，使制动轮缸中的制动液压力"降低""保持""升高"来防止车轮抱死滑移。

2. 防滑移转调节过程

在汽车行驶过程中，当 ABS/TRC ECU 根据轮速传感器产生轮速信号以及参考车速，计算驱动轮的滑转率超过设定门限值时，ABS/TRC ECU 就会进入防滑转调节状态，通过控制发动机输出转矩和对驱动轮施加制动来避免发生滑移转现象。当汽车行驶速度较低时，ABS/TRC ECU 一般采用控制驱动轮的驱动力来防止车轮滑移；当汽车行驶速度较高时，ABS/TRC ECU 一般采用控制发动机输出转矩来防止车轮滑移。

控制发动机输出转矩时，ABS/TRC ECU 首先向发动机与变速器 ECU 发送控制副节气门步进电动机的指令，然后再控制副节气门步进电动机动作。当副节气门控制步进电动机通电时，步进电动机步进转动，其轴一端的驱动齿轮就驱动副节气门轴上的扇形齿轮转动，使副节气门开度减小（副节气门在 TRC 不起作用时处于全开状态），减少发动机的进气量，使发动机的输出转矩减小。因为副节气门与主节气门为串联关系，所以，即使主节气门开度不变，发动机的进气量也会因副节气门开度减小而减小，从而使发动机输出转矩减小，驱动轮的驱动力随之减小。

控制驱动轮的驱动力时，ABS/TRC ECU 将向 TRC 制动执行器和 ABS 执行器发出指令来调节滑移率。向 TRC 制动执行器发出主制动油缸关断电磁阀、蓄压器关断电磁阀和储油罐关断电磁阀三个电磁阀通电指令，使主制动油缸处于关闭（断流）状态，使蓄压器（储能器）关断电池阀和储油罐关断电池阀处于打开（通流）状态，蓄压器中具有较高压力的制动液就会进入后制动轮缸，后制动轮缸的制动压力即可随之增大。与此同时，ABS/TRC ECU 再像控制防抱死制动一样，向 ABS 执行器发出控制指令，通过独立地调节两后轮调压电磁阀的工作状态，使两个后制动轮缸的制动液压力"升高""保持"和"降低"，从而将滑转率控制在设定范围内实现防滑转调节功能。

在防滑转调节过程中，如果驾驶员踩下制动踏板进行制动，ABS/TRC ECU 就会自动退出控制状态，不会影响防抱死制动功能的发挥。

任务6.6 车身稳定性控制系统（VSC/DSC/ESP）

当汽车在湿滑的路面上行驶时，如果前轮受到侧向力的作用而发生侧滑时，就会失去路径跟踪能力（又称为循迹能力）而偏离行驶轨迹；如果后轮受到侧向力的作用而发生侧滑（如转动转向盘用力过猛即转向过度，后轮产生较大的侧偏角）时后轮就会侧滑甩尾而失去稳定性。

6.6.1 车身稳定性控制系统的功用

车身稳定性控制系统（VSC，Vehicle Stability Control System）又称为车身动态稳定性控制系统（DSC，Dynamic Stability Control System），因为车身动态稳定性控制系统主要是在防抱死制动系统 ABS 和防滑转控制系统 ASR 的基础上，增设控制程序的个别传感器构成，所以又称为电子控制稳定性程序（ESP，Electronically Controlled Stability Program）。

车身稳定性控制系统 VSC 的功用是：当汽车在湿滑的路面上行驶，其前轮或后轮发生侧滑时，自动调节各车轮的驱动力和制动力，确保车辆稳定行驶。VSC 是在 ABS 和 ASR 的基础上拓展而来的主动安全控制系统。

6.6.2 车身稳定性控制系统的组成

为了提高汽车行驶的安全性和稳定性，国产一汽马自达（Mazda 6）、天津一汽丰田皇冠（CROWN 3.0）、锐志（REIZ）等高档轿车都采用了车身稳定性控制系统 VSC。如图 6.40 所示为丰田系列轿车车身稳定性控制系统 VSC 组成部件的安装位置。

车身稳定性控制系统 VSC 也是由传感器、电控单元（VSC ECU）和执行器三部分组成。因为 VSC 是 ABS 和 ASR 的完善与补充，所以 VSC 的大部分控制部件都可与 ABS 和 ASR 公用。为了实现防止车轮侧滑功能，VSC 在 ABS 和 ASR 的基础上，传感器部分需要增设用于检测汽车状态的横摆率传感器、转向盘转角传感器、横向加速度传感器以及检测制动主缸（总泵）压力的制动液压力传感器。VSC ECU 一般都与 ABS ECU 和 TRC ECU 组合为一体，称为 ABS/TRC/VSC ECU。执行器部分即可像 ABS 或 TRC 那样单独设置压力调节器和发动机输出转矩调节器，也可对液压通道进行适当改进，直接利用 ABS 和 TRC 已有调节装置对制动力和发动机输出转矩进行调节即可。除此之外，还需设置 VSC 故障指示灯、VSC 蜂鸣器等指示与报警装置。

1. VSC 传感器

（1）横摆率传感器，又称为偏航率传感器，安装在汽车行李舱内，后轴上部中央位置，并与汽车车身中心垂直轴线平行，用于检测后轴绕车身中心垂直轴线旋转的角速度（横摆率）信号。横摆率传感器是反映后轮是否侧滑的关键部件。当横摆率传感器有信号输入 VSC ECU 时，说明有后轮侧滑现象。如果后轮向右侧滑时的横摆率传感器为正，则横摆率传感器为负时表示后轮向左侧滑动。

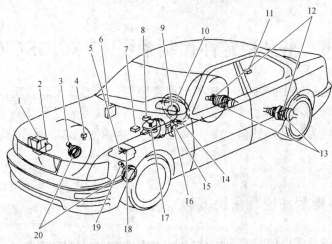

图 6.40　丰田系列轿车 VSC 控制部件安装位置

1—制动液压调节器；2—制动主缸压力调节器；3—右前轮速传感器；4—检查连接器；5—ABS 电动机断电器；
6—ABS & TRC & VSC ECU；7—横向加速度传感器；8—VSC OFF 开关；9—转向角传感器；
10—ABS 指示灯，VSC OF 指示灯，VSC 故障指示灯，SLIP 指示灯；11—横摆率传感器；
12—后轮速传感器；13—后轮速传感器转子；14—故障诊断插座 DLC3；
15—VSC 蜂鸣器；16—制动灯开关；17—制动液液位警告灯开关；
18—ABS 电磁阀断电器；19—左前轮速传感器；
20—前轮速传感器转子

（2）横向加速度传感器，简称加速度传感器或 G 传感器，功能与横摆渡传感器相同，安装在汽车重心前方、前轴上部中央位置的地板下面，用于检测前轴横向加速度信号，供 ABS/TRC/VSC ECU 判断车身状态以及前轮是否产生侧滑。

（3）转向盘转角传感器，安装在转向盘地的后侧，用于检测驾驶员转动转向盘的角度信号，主要用于 ABS/TRC/VSC ECU 判断驾驶员操作转向盘的转向意图（向左转弯还是向右转弯）。

（4）制动液压力传感器，安装在 VSC 液压调节器的上部。用于检测制动主缸（总泵）内制动液的压力，ABS/TRC/VSC ECU 根据制动液压力高低向液压调节器的电磁阀发出不同占空比的控制脉冲，以便控制车轮制动力的大小。

（5）轮速传感器，安装在每个车轮上检测车轮旋转的角速度，主要用于 ABS/TRC/VSC ECU 计算车轮滑移率和滑转率并采取相应的控制措施。

（6）节气门位置传感器，安装在节气门体上，用于检测驾驶员操纵加速踏板以及由 VSC 执行器调节发动机输出转矩时节气门开度的大小。

2. VSC 执行器

（1）制动液压调节器。目前，一般都直接利用 ABS 液压调节器来调节制动力。丰田系列轿车将 ABS 液压调节器、TRC 液压调节器和 VSC 液压调节器制作成一体，称为制动液压调节器，安装在发动机舱内右前侧。当汽车制动减速使车轮发生滑移时，液压调节器执行 ABS 功能；当车轮发生滑移时，液压调节器执行 TRC 功能；当车身发生侧滑时，液压调节器执行 VSC 功能，通过自动调节各车轮的制动力，实现 ABS、TRC 和 VSC 功能。

液压调节器主要由蓄压器、储液器、回液泵、回液泵电动机、选择电磁阀和控制电磁阀等组成，其结构原理与前述同类装置大同小异。选择电磁阀在 VSC、TRC 或 ABS 工作时，接通或关闭制动主缸与控制电磁阀之间的液压管路。控制电磁阀在 VSC、TRC 或 ABS 工作时，升高、保持或降低每个车轮制动分泵（轮缸）的制动液压力，调节每个车轮的制动力或驱动力，从而实现 VSC、TRC 或 ABS 功能。

（2）节气门执行器。一般采用步进电动机与扇形齿轮配合对发动机副节气门的位置进行控制。丰田系列轿车称为副节气门位置控制步进电动机，安装在发动机节气门体旁边，与 TRC 公用。当 VSC 调节发动机输出转矩时，VSC ECU 向步进电动机发出控制指令，步进电动机步进转动，电动机轴一端的驱动齿轮驱动副节气门轴上的扇形齿轮转动，使副节气门开度减小（副节气门在 TRC、VSC 不起作用时处于全开状态），减少发动机的进气量，使发动机的输出转矩减小。

6.6.3　车身稳定性的控制

汽车前轮侧滑就会失去路径跟踪能力（即循迹能力），后轮侧滑就会发生甩尾现象。车身稳定性控制主要是指侧滑控制，控制内容包括两个方面：一是抑制前轮侧滑，保持汽车的路径跟踪能力；二是抑制后轮侧滑，防止车身出现甩尾现象，确保车辆稳定行驶。

VSC 抑制车轮侧滑的原理：利用作用于两侧车轮制动力之差产生的横摆力矩，使车身产生一个与侧滑相反的旋转运动，从而防止前轮侧滑失去路径跟踪能力以及防止后轮侧滑甩尾失去行驶稳定性。

在汽车行驶（特别是在湿滑的路面转弯）过程中，前轮发生侧滑时就会产生较大的侧向（横向）加速度，后轮发生侧滑时就会产生较大的侧偏角，横向加速度传感器和横摆率传感器分别将这两种侧滑产生的信号输入 ABS/TRC/VSC ECU 后，ABS/TRC/VSC ECU 就会向发动机输出转矩调节位置（即副节气门位置控制步进电动机）发出控制指令，使发动机的输出转矩减小来降低车速。与此同时，ABS/TRC/VSC ECU 还要根据制动液压力高低向液压调节器的电磁阀发出不同占空比的控制脉冲，控制相应车轮的制动力，使车身产生一个与侧滑相反的旋转运动，从而防止前轮侧滑而失去路径跟踪能力或防止后轮侧滑甩尾而失去行驶稳定性，减少交通事故。

1. 前轮侧滑的控制过程

当前轮向右侧滑时，ABS/TRC/VSC ECU 首先向副节气门执行器发出控制指令，使发动机输出转矩减小来降低车速，同时向制动液压调节器中左后轮液压通道的电磁阀发出占空比控制脉冲，向左后轮施加一个制动力，如图 6.41（a）所示（图中箭头表示制动力），以便产生沿逆时针方向旋转的运动，然后再向两前轮施加制动力，使车速降低平稳行驶并保持路径跟踪能力。

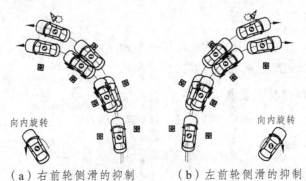

（a）右前轮侧滑的抑制　　　（b）左前轮侧滑的抑制

图 6.41　前轮侧滑抑制原理（图中箭头表示制动力）

当前轮向左侧滑时，ABS/TRC/VSC ECU 在控制副节气门执行器使发动机输出转矩减小的同时，还向右后轮液压通道的电磁阀发出占空比控制脉冲，向右后轮施加一个制动力，如图 6.41（b）所示，以便产生沿顺时针方向旋转的运动，然后再对两前轮施加制动力，使车速降低平稳行驶并保持路径跟踪能力。

2. 后轮侧滑的控制过程

当后轮向右侧滑时，ABS/TRC/VSC ECU 首先向副节气门执行器发出控制指令，使发动机输出转矩减小来降低车速，同时向制动液压调节器中右前轮液压通道的电磁阀发出占空比控制脉冲，向右前轮施加一个制动力，如图 6.42（a）所示，使车身产生沿顺时针方向旋转的运动，从而防止发生甩尾或掉头现象。

当后轮向左侧滑时，ABS/TRC/VSC ECU 在控制副节气门执行器使发动机输出转矩减小的同时，还向左前轮液压通道的电磁阀发出占空比控制脉冲，向左前轮施加一个制动力，如图 6.42（b）所示，使车身产生沿逆时针方向旋转的运动，防止发生甩尾或掉头现象，从而确保汽车稳定行驶。

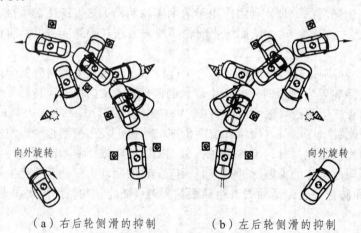

（a）右后轮侧滑的抑制　　　　（b）左后轮侧滑的抑制

图 6.42　后轮侧滑抑制原理（图中箭头表示制动力）

实训　桑塔纳轿车 ABS 防抱死系统检修

1. 实训目的

（1）了解掌握 ABS 控制系统的构成及工作原理。
（2）熟练掌握 ABS 控制系统的检修方法和步骤。

2. 实训设备、器材及工量具

实训用车若干台（装备 ABS 系统）或 ABS 实训台若干台、故障诊断仪若干套、举升机若干台、常用工量具若干套。

3. 实训原理

（1）ABS 系统与普通制动系统是不可分的，普通制动系统一出现问题，ABS 系统就不能正常工作。因此，要将二者视为一个整体进行维修，不能只把注意力集中于传感器、电动单元和液压调节器上。

（2）ABS 电控单元对电压、静电非常敏感，如有不慎就会损坏电控单元中的芯片，造成整个 ABS 瘫痪。因此，点火开关接通时不要插或拔电控单元上的连接器；在车上进行电焊之前，要戴好防静电器（也可用导线一头缠在手腕上，一头缠在车体上），拔下电控单元上的连接器后再进行电焊；给蓄电池进行专门充电时，要将电池从车上拆卸下来或摘下蓄电池电缆后再进行充电。

（3）维修车轮速度传感器时一定要十分小心。拆卸时注意不要碰伤传感器头，不要用传感器齿圈当作撬面，以免损坏。安装时应先涂覆防锈油，安装过程中不可敲击或用蛮力。一般情况下，传感器气隙是可调的（也有不可调的），调整时应使用非磁性塞卡，如塑料或铜塞卡，当然也可以使用纸片。

（4）维修 ABS 液压控制装置时，切记要首先进行泄压，然后再按规定进行维修。例如制动主缸和液压调解器设计在一起的整体 ABS，其蓄压器存储了高达 18 000 kPa 的压力，维修前要彻底泄去，以免高压油喷出伤人。

（5）制动液至少每隔两年要换一次，最好是每隔一年换一次。这是因为 DOT3 乙二醇型制动液的吸湿性很强，含水分的制动液不仅使制动系统内部产生腐蚀，而且会使制动效果明显下降，影响 ABS 的正常工作。注意不要使用 DOT5 硅酮型制动液，更换和储存的制动液以及器皿要清洁，不要让污物、灰尘进入液压控制装置，制动液不要沾到 ABS 控制单元和导线上。最后要按规定的方式进行放气（与普通制动系统的放气有所不同）。

（6）在进行 ABS 诊断与检查时，只要掌握扫描仪等专业工具的使用方法，按照维修手册中给出的故障诊断图作故障诊断就行，可以不拘泥于检查形式和步骤，只要能准确地判断出故障点即可。但是，在更换 ABS 零部件时，一定要选用本车型高质量原产的配件，确保 ABS 维修后能正常工作。

4. 实训步骤及操作要点

1）ABS 控制系统的检查

（1）初步检查。

初步检查是在 ABS 系统出现明显故障而不能正常工作时首先采取的检查方法，例如 ABS 故障指示灯亮着不熄，系统不能工作。检查方法如下：

① 检验驻车制动（手刹）是否完全释放。

② 检查制动液液面是否在规定的范围之内。

③ 检查 ABS 电控单元导线插头、插座的连接是否良好，连接器及导线是否损坏。

④ 检查下列导线连接器（插头与插座）和导线的连接或接触是否良好。

a. 液压调节器上的电磁阀体连接器。

b. 液压调节器上的主控制阀连接器。

c. 连接压力警告开关和压力控制开关的连接器。

d. 制动液液面指示开关连接器。

e. 四轮轮速传感器的连接器。

f. 电动泵连接器。

⑤ 检查所有的继电器、熔丝是否完好，插接是否牢固。

⑥ 检查蓄电池容量（测量电解液比重）和电压是否在规定的范围内；检查蓄电池正、负极导线的连接是否牢靠，连接处是否洁净。

⑦ 检查 ABS 电控单元、液压控制装置等的接地（搭铁）端的接触是否良好。

⑧ 检查车轮胎面纹槽的深度是否符合规定。

（2）ABS 系统故障征兆模拟测试方法。

在 ABS 系统故障检测与诊断中，若是单纯的元件不良，可运用电路检测方式诊断。如果属于间歇性故障或是相关的机械性问题，则需要进行模拟测试以及动态测试。

① 模拟测试方法。

a. 将汽车顶起，使 4 个车轮均悬空。

b. 启动发动机。

c. 将换挡操纵手柄拨到前进挡（D）位置，观察仪表板上的 ABS 故障指示灯是否点亮。若 ABS 故障指示灯亮，表示后轮差速器的车速传感器不良。

d. 如果 ABS 指示灯不亮，则转动左前轮。此时 ABS 故障指示灯若点亮，则表示左前轮车速传感器正常；反之，ABS 故障指示灯若不亮，即表示左前轮车速传感器不良。

e. 右前轮车速传感器测试方法与左前轮车速传感器相同。

② 动态测试方法。

a. 使汽车在道路上行驶至少 12 km 以上。

b. 测试车辆转弯（左转或右转）时，ABS 故障指示灯是否会点亮。若某一方向 ABS 故障指示灯会亮，则表示该方向的车轮气压不足，也可能是轴承不良、转向拉杆球头磨损、减震器不良或车速传感器脉冲齿轮不良。

c. 将汽车驶回，在 ABC ECM 侧的"ABS 电源"和"电池阀继电器"端子间接上测试用的万用表（置于电压挡）。

d. 再进行道路行驶，在制动时注意观察"ABS 电源"端和搭铁间的电压，应在 11.7～13.5 V 之间，而电磁阀继电器端子与搭铁间的电压，也应在 10.8 V 以上。前者主要是观察蓄电池电源供应情况，后者主要是观察电池阀继电器的接点好坏。

（3）故障码的读取与消除。

故障码的读取一般有三种方法：第一种是用专用的诊断仪与 ABS 的故障码读取接口相连，按程序启动，扫描仪的显示器或指示灯会按人的指令有规律的显示故障码；第二种是按规定连接启动线路，通过汽车仪表板上指示灯或 ABS 故障指示灯闪亮的规律来输出故障码；第三种是车上就带有驾驶员信息系统，即中心计算机系统，维修技术人员可启动自检程序，信息系统上的显示器可按顺序逐步显示不同系统的故障码。

2）ABS 控制系统的修理

通过 ABS 系统的检查，诊断出故障后，就可以进行故障排除和修理。

（1）ABS 系统电控单元的更换。

ABS 电控单元可用替代法来证明它的好坏，即用一个好的电控单元替代原来的电控单元后，再观察 ABS 的工作情况，如果系统恢复正常，就说明电控单元有问题，必须更换。

ABS 电控单元更换一般步骤如下：

①　将点火开关关闭（OFF 位置）。

②　拆下电控单元（ECM）上的线束插头，例如达科（Ⅵ）ABS 电控单元需拆下三个插头。

③　拆下固定电控单元的螺钉并将垫圈放好。

④　将好的电控单元固定，垫圈损坏的要更换新垫圈。

⑤　插好所有的线束插头，注意线束不能损坏和腐蚀，插头插上后要接触良好。

⑥　按对角线拧紧固定螺钉。

⑦　打开点火开关并启动发动机，红色制动灯和 ABS 灯应显示系统的正常状态。

（2）车轮速度传感器的检修。

①　车轮速度传感器的调整。

车轮速度传感器出现故障，不一定说明传感器已损坏，往往传感器头脏污、传感器的空气隙没有达到要求都会引起传感器工作不良。这时就可对传感器进行调整，恢复其正常的工作。对绝大多数车辆来说，前轮速度传感器是可调整的，一部分车辆后轮速度传感器也可调整，只有少部分前、后轮速度传感器不可调整。传感器的调整可用纸垫片贴紧传感器头的端面来完成，当车开起来，随着传感器齿圈的旋转，纸垫片就自然消失。如果不用纸垫片，用无导磁性的其他材料的垫片也行。以坦孚 ABS 为例，前轮速度传感器的调整步骤如下（见图 6.43）：

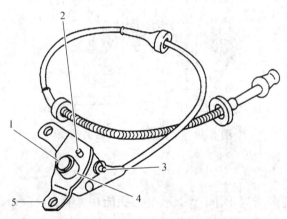

图 6.43　前轮速度传感器的调整

1—调整纸垫；2—传感器固定螺栓；3—M5 固定螺钉；4—钢套；5—传感器支架

a. 升举汽车，拆下相应的前轮胎和车轮装置。

b. 拧紧 5 mm 的紧固螺钉（它固定传感器在支架的衬套内），通过盘式制动器挡泥板孔拆下传感器头。

c. 清除传感器头表面的脏物，用一把钝刀或类似的工具仔细刮净传感器头端面。

d. 在传感器头端面粘贴一新的纸垫片，纸垫片上做一 "F" 标记表示前轮，纸垫片的厚度对 32 脚的 ABS 是 1.3 mm，对 35 脚的 ABS 是 1.1 mm。

e. 拧松把衬套固定在传感器支架上的螺栓，旋转这个钢衬套，给固定螺钉提供一个新的锁死凹痕面。

f. 通过盘式制动挡泥板孔将传感头装进支架上的衬套里，将纸垫片装在传感头端面上，并确保在整个安装过程中纸垫片不掉下来。

g. 拧紧传感器上固定钢衬套上的固定螺栓，明确传感器连线良好。

h. 推传感器头向传感器齿圈顶端移动，直至纸垫片和齿圈接触为止，保持这种状态并用 2.4～4 N·m 的力矩拧紧 5 mm 紧固螺钉，使传感器头定位。

i. 重新安装好轮胎和车轮等装置，并且放下汽车。

j. 为了检查传感器，可启动发动机，将车开动，观察 ABS 故障指示灯是否燃亮，如果不亮说明系统正常，传感器良好，否则说明 ABS 系统还有问题。

② 后轮速度传感器的调整（见图 6.44），仍以坦孚 ABS 为例。

a. 升举汽车，拆下相应的后轮胎和车轮装置。

b. 拆下后轮制动钳和转动装置。

c. 拧松在传感器支架上的 5 mm 紧固螺钉。

d. 拆下传感器衬套固定螺栓和传感器头。

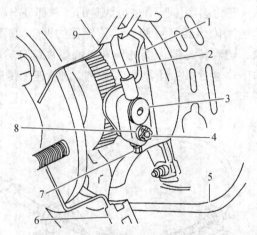

图 6.44　后轮速度传感器的调整

1—传感器支架；2—齿圈；3—后轮速度传感器；4—锁紧螺母；
5—后盾；6—轮毂；7—M5 固定螺钉；8—钢套；9—轮毂

e. 将传感器衬套里外清理干净，保证传感器头能在里面自由滑动，再将传感器头上的脏物、金属清理干净，仔细地用钝刀或类似的工具刮净传感器头端面。

f. 在传感器头端面贴一纸垫片，纸垫片上标注"R"以示后轮，35 脚电控单元的 ABS 纸垫片厚 0.65 mm，32 脚电控单元的 ABS 纸垫片厚 1.1 mm。

g. 装回传感器钢衬套和拧紧螺栓，钢衬套的安装保证给螺钉提供一个新的锁死凹痕面。

h. 装回传感器头，拧紧固定螺栓。

i. 推传感器头向传感器齿圈顶端移动，直到纸垫片与齿圈接触为止，保持这种状态并用 2.4～4 N·m 的力矩拧紧 5 mm 紧固螺钉，使传感器头定位。

j. 重新装回制动钳、车轮装置和轮胎，放下汽车。

k. 启动发动机将车开动，观察 ABS 工作指示灯是否点亮，如果不亮说明系统正常，传感器良好，否则说明 ABS 系统还有问题。

③ 车轮上的传感器的更换。

如果自诊断发现车轮上的传感器不良，在用万用数字表测量它的线圈电阻，电阻大表明有断路，电阻小表明有短路，无论出现上述哪种情况，一般都要更换传感器头。更换的过程和传感器调整的过程基本一样，只是不同的车型略有不同。

a. 升举汽车，拆下车轮。

b. 拆卸后轮制动器，注意做相应的记号。

c. 拆下传感器插头。

d. 拆下固定后轮轴承和车轮上的传感器组件螺钉与螺帽，旋转轴的凸缘使洞口对准螺钉，以便取出。

e. 拆下轴承总成。

f. 安装时按相反的顺序（记号）进行，最后放下汽车。

g. 试车验证传感器更换情况的好坏。

注意：螺钉、轴承和传感器拆下之后，制动鼓总成仍挂在制动油管上，若此时移动制动鼓总成，会损伤制动油管。

（3）ABS 线束的更换。

ABS 线束对系统本身工作有很大的影响，例如线束接头接触不良、线束被腐蚀、断裂和外部屏蔽损坏等都会使防抱死制动系统无法正常工作，这时要对相应损坏的线束进行更换。

① 车轮传感器线束。

达科（VI）ABS 后轮线束的更换方法如下。

a. 在两个后轮速度传感器上拆下两个传感器插头。

b. 拆下后轮连接车身线束的插头。

c. 钻去在底盘上固定线束的铆钉。

d. 撬开夹片，将损坏的线束取出。

e. 准备好同规格新线束，按相反的顺序装好。

前轮速度传感器的线束与后轮更换的方法类似，但有的车型在更换时要同时更换部分或全部的发动机线束。如果只更换一小段线束可用焊接的方式连接，然后再固定结实。

② 线束接头。

线束接头通常与线束一同更换，个别线束接头确实损坏者，可更换新插头，用焊接方式将导线联结，注意导线号不能错焊，地线（搭铁线）与屏蔽线要焊接牢固。线束接头是塑封的，一般只能与线束一同更换。

很多线束接头必须插接牢固，防止出现接触不良现象，为此很多线束接头上有固定螺扣和卡销。对于卡销形式的线束接头，拔下接头时应先拆下卡销，卡销在上时，不能硬拽接头，接头插接后，也不要忘记将卡销插好。

5. 实训注意事项

（1）所有装有安全气囊系统（SRS）的车型，维修汽车时应该小心，避免气囊意外打开。所有辅助约束系统电气接头和线束都用黄色绝缘材料包裹。与辅助约束系统有关的各部件位于转向柱、中央仪表台、仪表板上和仪表板下方。不要在这些电路上使用电气实验设备，维修部件前需关闭辅助约束系统。

（2）注意操作人身及设备安全。

6. 实训考核及评分参考标准

表 6.1　实训考核及评分参考标准

序号	考核内容	配分	评分标准
1	正确使用工具、仪器	10	仪器使用不当，扣 10 分
			工具使用不当，酌情扣分
2	ABS 系统的检查	30	未完成初步检查，扣 10 分
			不会进行故障征兆模拟测试，扣 10 分
			不会故障诊断仪器使用，扣 10 分
3	读码和清码	20	不能正确读出故障，扣 5 分
			不能按要求清除故障码，扣 5 分
4	轮速传感器的检修及调整	30	不会检查，扣 20 分
			调整结果错误的，酌情扣分
5	遵守安全操作规程、操作现场整洁 安全用电、防火、无人身、设备事故	10	每项扣 5 分，扣完为止
			因违章操作发生重大人身和设备事故，此次实训按 0 分计
6	分数总计	100	

1. 简答题

（1）一辆轿车在行驶过程中，分别遭遇起步滑转、弯道紧急制动、后轮侧滑等特殊情况，怎样运用汽车电子控制防抱死制动系统 ABS、电子控制制动力分配系统 EBD、电子控制制动辅助系统 EBS、驱动轮防滑转调节系统 ASR、车身稳定性控制系统 VSC 等主动安全技术，解决这些问题，确保该车安全行驶？

（2）在汽车制动过程中，车轮抱死滑移的根本原因是什么？怎样防止车轮抱死滑移？

（3）驾驶员怎样判定防抱死制动系统功能是否正常？

（4）电子控制防抱死制动系统的控制原理是什么？

（5）分析说明三位三通电磁阀式防抱死制动系统 ABS 的控制过程。

（6）为什么电子控制制动力分配系统 EBD 又可称为电子控制制动力分配程序？

（7）当汽车起步、加速或在冰雪路面上行驶时，为什么车轮容易出现滑转现象？

（8）在控制发动机输出转矩和对驱动轮施加制动来调节驱动轮滑转率的控制系统中，当汽车低速和高速行驶时，分别采用什么方法来防止车轮滑转？

（9）当汽车前轮向右侧滑时，为了保持路径跟踪能力和稳定行驶，车身稳定性控制系统 VSC 将怎样控制车轮的制动力？

（10）当汽车后轮向右侧滑时，为了防止发生甩尾或掉头现象，VSC 将怎样控制车轮的制动力？

2. 选择题

（1）在汽车制动过程中，影响制动距离的是（　　　）。

    A. 牵引力　　　　　　　B. 纵向附着力　　　　　C. 横向附着力

（2）在汽车制动过程中，影响行驶稳定性和转向控制能力是（　　　）。

    A. 牵引力　　　　　　　B. 纵向附着力　　　　　C. 横向附着力

（3）为了获得最佳的制动效能，电子控制防抱死制动系统 ABS 应将车轮滑移率控制在（　　　）。

    A. 1%～10%　　　　　　B. 10%～30%　　　　　C. 30%～60%

（4）在汽车制动时，如果前轮抱死，就会出现（　　　）现象。

    A. 迎面撞车　　　　　　B. 甩尾　　　　　　　　C. 翻车

（5）在汽车制动时，如果后轮抱死，就会出现（　　　）现象。

    A. 迎面撞车　　　　　　B. 甩尾　　　　　　　　C. 翻车

（6）汽车装备防抱死制动系统 ABS 后，当 ABS ECU 发生故障时，就会出现（　　　）现象。

    A. 制动失效　　　　　　B. 具有制动功能　　　　C. 具有防抱死制动功能

（7）汽车防抱死制动系统 ABS 制动压力的调节频率一般为（　　　）。

    A.（2～10）次/s　　　　B.（10～20）次/s　　　C.（20～100）次/s

（8）当两位两通电磁阀式防抱死制动系统 ABS 升压工作时，其进液阀的状态是（　　　）。

    A. 打开　　　　　　　　B. 关闭　　　　　　　　C. 间歇开闭

（9）当两位两通电磁阀式防抱死制动系统 ABS 降压工作时，其进液阀的状态是（　　　）。

    A. 打开　　　　　　　　B. 关闭　　　　　　　　C. 间歇开闭

（10）当两位两通电磁阀式防抱死制动系统 ABS 保压工作时，其进液阀的状态是（　　　）。

    A. 打开　　　　　　　　B. 关闭　　　　　　　　C. 间歇开闭

（11）当两位两通电磁阀式防抱死制动系统 ABS 常规制动时，其进液阀的状态是（　　　）。

    A. 打开　　　　　　　　B. 关闭　　　　　　　　C. 间歇开闭

（12）汽车电子控制制动力分配系统 EBD 的执行器是（　　　）。

    A. ABS 的电磁阀　　　　B. ABS 的比例阀　　　　C. 回液泵电动机

（13）当汽车在弯道制动时，电控制动力分配系统 EBD 调节的内外侧车轮制动力为（　　　）。

    A. 内侧大于外侧　　　　B. 内侧等于外侧　　　　C. 内侧小于外侧

（14）汽车电子控制制动辅助系统 ERA 主要在（　　　）情况时辅助制动。

    A. 常规制动　　　　　　B. 紧急制动　　　　　　C. 防抱死制动

（15）为使路面提供的附着力得到充分利用，防滑转调节系统 ASR 应将车轮滑转率控制在（　　　）。

    A. 1%～10%　　　　　　B. 10%～30%　　　　　C. 30%～60%

项目7 汽车电控自动变速（ECT/CVT）技术

【学习目标】

（1）掌握自动变速器的基本结构和工作原理。
（2）掌握自动变速器的使用方法。
（3）掌握自动变速器的检测诊断和维修方法。

任务7.1 电子自动变速系统（ECT）的组成

汽车自动变速是相对于手动换挡变速而言的，是指电控变速系统根据道路条件和负载变化，自动改变驱动轮的转速与转矩来满足汽车行驶要求。

电控自动变速系统（ECT，Electronic Controlled Automatic Transmission System）由齿轮变速系统、液压控制系统和自动变速电子控制系统3个子系统组成。丰田雷克萨斯LS400型轿车装备的A341E，A342E型电控四挡自动变速器的组成如图7.1所示。

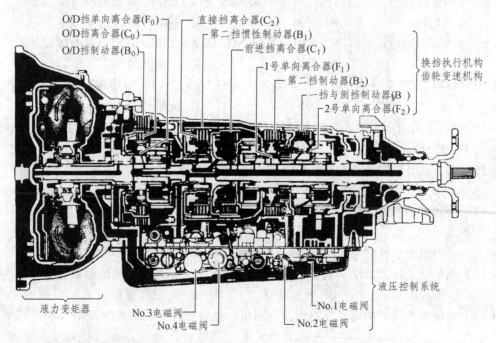

图 7.1 雷克萨斯 LS400 型轿车 A341E、A342E 型电控自动变速器组成

7.1.1　齿轮变速系统

齿轮变速系统由液力变矩器、换挡执行机构和齿轮变速机构组成。

液力变矩器安装在发动机飞轮一端，其主要功能是将发动机输出的动力传递给齿轮变速机构的输入轴。除此之外，液力变矩器还能实现无级变速，且具有一定减速增矩作用。

换挡执行机构包括换挡离合器和换挡制动器，其功用是改变齿轮变速机构的传动比，从而获得不同的挡位。

齿轮变速机构又称为齿轮变速器，其功用是实现由起步至最高车速范围内的传动比变化。

7.1.2　液压控制系统

液压控制系统由液压传动装置（油泵、自动传动液）、阀体（电磁阀、换挡阀、锁止阀和调压阀等）以及连接这些液压装置的油道组成。

液压控制系统的功用是：根据电磁阀工作状态，控制换挡执行元件（换挡离合器和换挡制动器）和动力传递元件（锁止离合器）的油路，从而改变齿轮变速机构的传动比来实现自动换挡和改变液力变矩器工作状态来实现动力传递。

7.1.3　电子控制系统

自动变速器电子控制系统与其他电子控制系统一样，也是由传感器与各种开关、电子控制自动变速器电控单元（ECT ECU）和执行器三部分。主要功能是控制自动换挡和动力传递。

传感器包括节气门位置传感器 TPS、车速传感器 VSS、冷却液温度传感器 CTS 等；控制开关包括换挡规律选择开关（或驱动模式选择开关）、超速行驶（O/D，Over—Drive）开关、空挡启动开关、制动灯开关等。

执行器包括换挡电磁阀和锁止电磁阀，换挡电磁阀一般设有两只，即 No.1 电磁阀和 No.2 电磁阀，锁止电磁阀一般设有一只，即 No.3 电磁阀。除此之外，液压控制系统的换挡阀和锁止阀，变速系统的液力变矩器，换挡离合器，换挡制动器以及齿轮变速机构都是电子控制系统的执行元件。

液压控制式自动变速系统由液力变矩器、带有液压控制换挡执行元件（手控阀、换挡阀、反映节气门开度的节气门阀、调速阀）等组成。

7.1.4　自动变速系统的类型

汽车自动变速系统（AT，Automatic Transmission System）又称为自动变速器（AT，Automatic Transmission）。其种类繁多、形式各异、且各有特点。自动变速系统的分类方法有很多种，可按汽车驱动方式前进挡数目、变速齿轮类型、液力变矩器类型、控制方式等进行分类。

目前，常用方法是按控制分类，可分为液压控制式自动变速系统和电子控制自动变速系统两种类型。

1. 液压控制式自动变速系统（A/T）

液压控制自动变速器系统的全称是全液压机械自动变速系统,简称液压自动变速系统(或自动变速器),在电路图中常用英文字母 A/T 表示。

2. 电子控制式自动变速系统（ECT）

电子控制式自动变速系统（ECT）实际上是一种电子控制液压机械传动式自动变速系统,由液力变矩器、带有液压控制换挡执行元件（离合器和制动器）的齿轮变速器（普遍采用行星齿轮变速器）、液压控制阀（手控阀、换挡阀）和电子控制系统（传感器、控制开关 ECT ECU 和电磁阀 ）等组成。一般用字母 ECT 表示以区别液压控制式自动变速器系统 A/T。生产公司不同，表示方法不尽相同。

电子控制式自动变速器与液压控制式自动变速器在控制原理、控制方式和控制理论方面均有明显区别，如图 7.2 所示。

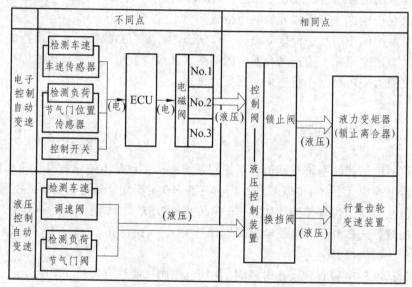

图 7.2　电子控制式与液压控制式自动变速器的比较

7.1.5　电控自动变速系统的优缺点

电子控制式自动变速系统具有以下优点:

1. 驾驶操纵性好

由于自动变速取消了手动变速的离合器，无需频繁换挡，使得驾驶操纵简单快捷，从而大大降低了劳动强度，提高了操纵方便性和行驶安全性。

2. 延长发动机和传动系统的使用寿命

液力传动装置的工作介质（自动传动液）是液体，因为液体传力为柔性传力，具有缓冲作用，所以能够有效地衰减传动系统的扭转振动与冲击，防止传动系统过载损坏，延长发动机和传动系统零部件的使用寿命。

3. 提高汽车的整体性能

自动变速系统在换挡过程中不会中断动力传递，液力变矩器可使驱动轮上的牵引力逐渐增大，发动机可维持在相对稳定的转速运转。既能保证汽车平稳起步和加速，提高乘坐舒适性，也能自动适应行驶阻力变化，提高汽车的通过性，还能在一定车速范围内实现逐渐变速或无级变速，使发动机的功率得到充分利用，提高汽车的平均速度和发动机的动力性。

4. 高速节约燃油和减少污染

装备自动变速器的汽车一般都设有"经济型"和"动力性"形式模式供选择使用。当汽车在高速公路或高等级路面上行驶时，可以选择"经济型"行驶模式并使用超速挡行驶，使发动机经常处于经济、低排放工况运行，从而能够节约燃油和降低污染。

自动变速器的主要缺点是结构复杂，零部件加工工艺要求高、难度大、维修不方便。此外，在低速行驶时，传动效率比手动变速器低。因此，装备自动变速器的汽车在一般道路（特别是城市道路）条件下行驶时，油耗量会有所增加（大约增加 10%）。

任务 7.2　电控自动变速系统（ECT）的控制原理

汽车电控自动变速系统的主要功能是：根据汽车车速和发动机负荷变化，自动控制换挡和动力传递（即自动控制变速机构的换挡时机和液力变矩器的锁止时机），使汽车获得良好的动力性和经济性。此外，还有失效保护功能和故障自诊断功能。失效保护功能是指电控系统的部分重要部件（如电磁阀、车速传感器）失效或其线路发生故障时，继续控制变速机构处于部分挡位（一般为一挡或低挡），以便汽车继续行驶回家或驾驶到维修站维修。故障自诊断功能是指车速传感器和电磁阀等控制部件或其线路发生故障时，控制系统能将故障部位编成代码存储在存储器中，以便设计与维修时参考。

7.2.1　电控自动变速原理

在装备电控自动变速器（ECT）的汽车上，变速机构自动换挡和液力变矩器自动锁止只有在汽车前进挡（D、3、2、1）时才能实现，在 N（空挡）、P（停车挡）、R（倒挡）时，执行器将保持初始状态，变速器为纯机械与液力控制。电控自动变速主要包括换挡时机控制和液力变矩器锁止时机控制。

自动变速电控单元（ECT、ECU）是电控自动变速系统的控制核心。在 ECT、ECU 的存储器 ROM 中，除了存储有进行数字计算和逻辑判断的控制程序之外，还存储有变速器换挡规律 MAP 和变矩器锁止时机 MAP。这些数据 MAP 在电控自动变速系统设计制作完成之后，经过反复试验测试获得，并预先存储在 ROM 中，以供 ECT ECU 在汽车行驶时查寻调用。

换挡规律又称为驱动模式，是指汽车发动机节气门开度与车速（或变速器输出轴转速）之间的关系。电控自动变速系统常用的换挡规律有普通型（NORM，normal mode）、动力性（PWR，Power Mode）和经济性（ECON，Economy Mode）三种。如果自动变速系统只提供有普通型与动力性，那么，其普通型（NORM）换挡规律就相当于经济性（ECON）换挡规律。

在自动变速电控单元（ECT ECU）的控制下，当选挡操纵手柄处于 D、L、2、R 位置时，启动继电器线圈不能接通，发动机不能启动。当选挡操纵手柄处于 P 或 N 位置时，起动继电器线圈电路才能接通，发动机才能被启动。

发动机一旦启动，各种传感器（车速传感器、节气门位置传感器等）信号和控制开关信号就不断输入 ECT ECU，CPU 按照一定频率对其进行采样，并将采样信号与预先存储在只读存储器 ROM 中的换挡规律 MAP 和变矩器锁止时机 MAP 进行比较运算或逻辑判断，从而确定是否换挡和是否锁止液力变矩器。

当选挡操纵手柄拨到前进挡位置，ECT ECU 首先根据换挡规律（驱动模式）选择开关的状态在换挡规律 MAP 中选择相应的换挡规律；然后根据节气门开度信号、车速信号和控制开关信号在换挡规律 MAP 中查寻确定变速机构的换挡时机、在变矩器锁止时机 MAP 中查寻确定液力变矩器的锁止时机。当确定为换挡（或变矩器锁止）时，CPU 立即向相应的电磁阀发出控制指令，电磁阀再控制换挡阀（或锁止阀）动作，换挡阀（或锁止阀）阀芯移动改变了换挡离合器和制动器（或锁止离合器）的控制油路，使离合器或制动器的工作状态（接合或分离）发生改变，从而实现自动换挡（或液力变矩器锁止）。

7.2.2 换挡时机控制原理

换挡（升挡或降挡）时机是指变速器自动切换挡位（即速比）的时机，又称为换挡点。换挡时机的控制原理如图 7.3 所示。

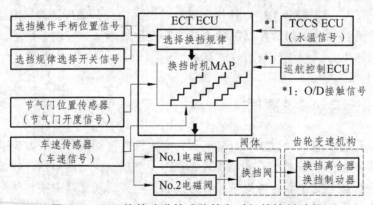

图 7.3 ECT 换挡（升挡或降挡）时机的控制过程

在汽车行驶过程中，ECT ECU 确定换挡时机的信息包括：空挡启动开关提供的选挡操纵手柄的位置（D、2 或 L 位）信号，换挡规律选择开关提供的驾驶员选择的换挡规律（NORM、PWR 或 ECON）信号，节气门位置传感器提供的发动机节气门开度（即发动机负荷）信号，车速传感器提供的汽车行驶速度信号。除此之外，还要接收发动机 ECU 和巡航控制 ECU 输送的解除超速行驶信号。

当驾驶员将换挡操纵手柄拨到 D、2 或 L 位置时，ECT ECU 便从空挡启动开关接收到一个表示选挡手柄位置的信号。此时 ECT ECU 首先根据换挡规律选择开关信号在换挡规律

MAP 中选择相应的换挡规律，然后根据节气门位置传感器和车速传感器信号与预先存储在 ROM 中的换挡规律 MAP 进行比较并确定变速机构的升挡或降挡时机。换挡时机一旦确定，ECT ECU 立即向 No.1 和 No.2 换挡电磁阀发出通电或断电指令，控制换挡阀动作。换挡阀阀芯移动时，就会接通或关闭行星齿轮变速机构中换挡离合器和制动器的控制油路，使离合器和制动器接合或分离，从而实现自动升挡或降挡，即改变速比和车速。

7.2.3　锁止时机控制原理

汽车电控自动变速系统普遍装备锁止式液力变矩器（即带有锁止离合器的液力变矩器）。当汽车在路面不好的道路上行驶时，为了发挥液力传动自动适应行驶阻力剧烈变化的优点，锁止离合器应当分离，使变矩器起作用；当汽车在路面良好的道路上行驶时，为了提高行驶速度和燃油经济性，锁止离合器应当接合，使变矩器的输入轴与输出轴成为刚性连接，将发动机动力直接传递到齿轮变速机构。当汽车高速行驶、变矩器速比增大到一定值（具体数值由液力变矩器结构决定，三元件变矩器一般为 0.8），变矩器将锁止传递。

锁止时机控制就是何时锁止液力变矩器，将发动机动力直接传递到变矩器，从而提高传动效率（即提高车速），并改善燃油经济性。在 ECT ECU 根据节气门位置传感器信号和车速传感器信号确定变速机构换挡时机的同时，还要在变矩器锁止时机 MAP 中查寻确定液力变矩器的锁止时机，锁止时机的控制原理如图 7.4 所示。

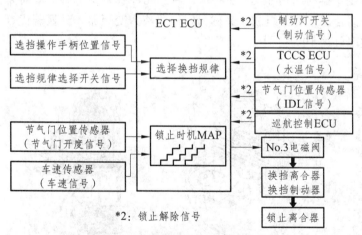

图 7.4　ECT 变矩器锁止时机的控制过程

当 ECT ECU 在变矩器锁止时机 MAP 中查寻确定锁止液力变矩器时，立即向锁止电磁阀（No.3 电磁阀）发出通电或断电指令，控制锁止信号阀和锁止继动阀动作。当锁止信号阀和锁止继动阀阀芯移动时，就会改变液力变矩器内锁止离合器的控制油路使离合器接合，将液力变矩器与发动机飞轮锁成一体。液力变矩器锁止时，发动机输入变矩器的动力将直接传递到变速器输入轴，传动效率达 100%。

解除锁止则由制动灯开关、巡航控制 ECU、冷却液温度传感器、节气门位置传感器、急速 IDL 触电信号共同决定。

任务 7.3　齿轮变速系统的结构原理

自动变速器的齿轮变速系统由液力变矩器、齿轮变速机构和换挡执行机构三部分组成。

在装备电控自动变速系统的汽车上，发动机输出的动力由液力变矩器和齿轮变速机构传递给驱动轮。

齿轮变速机构传动比的改变受控于换挡离合器和换挡制动器等换挡执行机构，换挡执行机构受控于换挡阀，换挡阀受控于电子控制系统的换挡电磁阀（No.1 电磁阀和 No.2 电磁阀），换挡电磁阀又受控于 ECT ECU；液力变矩器中的锁止离合器受控于锁止阀，锁止阀受控于锁止电磁阀（No.3 电磁阀），锁止电磁阀受控于 ECT ECU。

7.3.1　锁止式液力变矩器

液力变矩器时一种典型的柔性传递转矩的液力传动装置，是自动变速器必不可少的动力传递装置。

1. 锁止式液力变矩器的结构特点

锁止式液力变矩器的结构如图 7.5 所示，由三元件液力变矩器、单向离合器（滚柱式和楔块式）和锁止离合器三部分组成，又称为闭锁式液力变矩器。其显著优点是能够直接传递动力，即传动效率可达 100%。

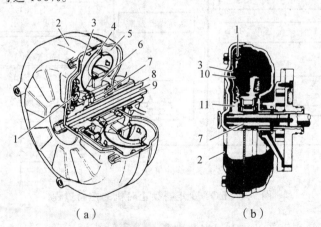

（a）　　　　　　　　　（b）

图 7.5　锁止式液力变矩器的结构

1—减振弹簧；2—变矩器前盖；3—锁止压盘；4—涡轮；5—泵轮；6—导轮；7—单向离合器；
8—变矩器输出轴（变速器输入轴）；9—传动液油道；10—减振盘；11—涡轮毂

锁止离合器为湿式离合器，安装在涡轮与变矩器壳体前盖之间，由主动部件、从动部件和液压控制部件 3 部分组成。液力变矩器壳体的前盖为主动部件，锁止压盘（又称为锁止活塞）与减振盘为从动部件，可沿轴向移动。变矩器前盖的后端面和锁止压盘的前端面均粘附有摩擦材料，即均有摩擦面。锁止压盘与减振盘外缘采用键与键槽连接，压盘与减振盘内缘均采用铆钉与涡轮毂铆接，减振盘和减振弹簧能够衰减离合器接合时的扭振。液压控制部件由控制油液和油道组成。

2. 锁止式液力变矩器的控制原理

锁止式液力变矩器的工作状态以及锁止离合器的接合与分离状态，由自动传动液（ATF，Automatic Transmission Fluid）及其流向进行控制，控制油道分为内油道 A 和外油道 B，如图 7.6 所示。

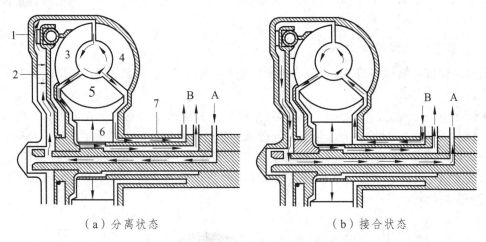

（a）分离状态 　　　　　　　　（b）接合状态

图 7.6 锁止式液力变矩器的控制原理

1—变矩器前盖；2—锁止压盘；3—涡轮；4—泵轮；5—导轮；
6—锁止（单向）离合器；7—输出轴；
A—内油道；B—外油道

汽车低速行驶时速比较小，变矩器处于变矩工况工作。液压控制系统控制传动液 ATF 由变速器输入轴的中心油道（内油道 A）流入锁止压盘左侧，如图 7.6（a）所示。锁止压盘在油压作用下向后移动，离合器处于分离状态。传动液由变速器轴中心的油道（内油道）A 流入，经变矩器从外油道 B 流出使冷却器冷却。此时动力传递路线为：发动机→曲轴上的驱动盘→变矩器前盖→泵轮→涡轮→涡轮毂→变矩器输出轴（即变速器输入轴）。

当汽车高速行驶，速比增大到一定值（$i = 0.8$）时，变矩器转换成液力耦合器工况。此时液压控制系统控制传动液 ATF 流向反向，传动液由导轮固定套中的油道（外油道）流入变矩器，从变速器输入轴中心油道（内油道）A 和导轮固定套与变速器轴之间的油道（外油道）流出，由于传动液从变速器输入轴的中心油道流出，因此锁止压盘左侧油压降低，而压盘右侧仍为变矩器油压。锁止压盘在左、右两侧压力差作用下前移并压在变矩器壳体前盖上，如图 7.6（b）所示，锁止离合器处于接合状态。因为锁止压盘内缘铆接在涡轮毂上，所以离合器接合便将涡轮与泵轮接合成一体，发动机输入的动力由变矩器壳体前盖、锁止压盘和涡轮毂直接传递到变速器输入轴，传动效率为 100%。此时动力传递路线为：发动机→曲轴上的驱动盘→变矩器前盖→锁止压盘→涡轮毂→变矩器输出轴（即变速器输入轴）。

锁止式液力变矩器传递动力的大小既能自动适应汽车行驶阻力的变化，又能提高传动效率，因此被现代汽车普遍采用。

7.3.2　行星齿轮变速机构

齿轮变速机构主要有平行轴式和行星齿轮式两种。行星齿轮变速机构有辛普森（Simpson）式、拉维奈尔赫（Ravignraux）式和阿里森（Arnoldson）式等。汽车自动变速器采用的行星齿轮机构大都是有辛普森式双排行星齿轮机构或拉维奈尔赫式复合行星齿轮机构组成。

辛普森式行星齿轮变速机构的显著特点是：前后两个行星排的太阳轮连成一体，即"前后行星排共用一个太阳轮"。能够提供三个前进挡（即三速或三挡）和一个倒挡的行星齿轮变速器。

1. 行星齿轮机构的结构特点

行星齿轮机构结构如图 7.7 所示，由太阳轮 1、内齿圈 2、行星架 3、行星轮 4 和行星轮轴 5 组成。

太阳轮为中心齿轮，行星齿轮（简称行星轮）有 3 ~ 6 个，对称布置在太阳轮与内齿轮圈（环形齿圈）之间，行星轮轴上安装有滚针轴承。各行星轮用行星齿轮架（简称行星架）连接成为一个整体。因为各行星轮与太阳轮和内齿圈保持啮合，所以行星轮既能绕行星轮轴自转，又能围绕太阳轮公转，这种关系如同太阳系中地球与太阳的关系，因此，将这样的齿轮机构称为行星齿轮机构。

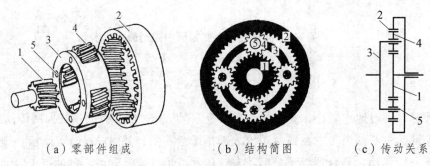

（a）零部件组成　　　　　（b）结构简图　　　　　（c）传动关系

图 7.7　单排行星齿轮机构的结构

1—太阳轮；2—内齿圈；3—行星架；4—行星轮；5—行星轮轴

2. 行星齿轮机构的运动规律

根据能量守恒定律可得太阳轮、内齿圈和行星架三个部件上输入与输出功率的代数和等于零的方程式，即可得到单排行星齿轮机构的运动规律方程式，即：

$$n_1 + \alpha n_2 - (1+\alpha)n_3 = 0$$

式中　n_1、n_2、n_3——分别为太阳轮、内齿圈和行星架的转速；

　　　　α——内齿圈齿数 Z_2 与太阳轮齿数 Z_1 之比。

3. 行星齿轮机构的变速原理

由运动规律方程式可见，将太阳轮、内齿圈和行星架三者中的任意元件与主动轴相连作为输入主动件，第二元件与被动轴相连作为输出从动件，再将第三元件强制固定（称为制动）使其转速为零或约束其运动使其转速为某一定值，则整个轮系就能以一定的传动比传递动力，实现不同挡位和速度的变化。

在行星齿轮机构中，行星轮对传动比没有任何影响，在传递动力过程中只起过渡作用，决定传动比的仍然是主、从动齿轮的齿数或转速。为了便于定量分析变速传达速比，设太阳轮齿数 $Z_1 = 24$，内齿圈齿数 $Z_2 = 56$，则 $\alpha = \dfrac{Z_2}{Z_1} = \dfrac{56}{24} = 2.33$。

1）内齿圈固定（$n_2 = 0$）

（1）太阳轮为主动件（输入），行星架为从动件（输出）——减速传动。

在内齿圈固定的前提下，由行星齿轮机构的运动规律方程式可得传动比 i_{13} 为：

$$i_{13} = \frac{n_1}{n_3} = 1 + \alpha = 1 + \frac{z_2}{z_1} = 3.33$$

因为从动件（行星架）与主动件（太阳轮）旋转方向相同[见图 7.8（a）]，且从动件转速低于主动件转速，因此，这种传动方案可以实现减速传动。

（a）太阳轮输入，行星架输出　　　（b）行星架输入，太阳轮输出

图 7.8　内齿圈固定时行星齿轮机构工作情况

1—太阳轮；2—内齿圈；3—行星架；4—行星轮；5—行星轮轴；⊗ 表示输入；⊙ 表示输出

（2）行星架为主动件（输入），太阳轮为从动件（输出）——超速传动。

在内齿圈固定（$n_2 = 0$）的前提下，由行星齿轮机构的运动规律方程式可得传动比 i_{31} 为：

$$i_{31} = \frac{n_3}{n_1} = \frac{1}{1 + \alpha} = 0.30$$

当行星架按顺时针方向转动时，如图 7.8（b）所示，因为从动件（太阳轮）与主动件（行星架）旋转方向相同，且从动件转速高于主动件转速，所以此种传动方案可以实现超速传动。

2）太阳轮固定（$n_1 = 0$）

（1）内齿圈为主动件（输入），行星架为从动件（输出）——减速传动。

在太阳轮固定的前提下，由行星齿轮机构的运动规律方程式可得传动比 i_{23} 为：

$$i_{23} = \frac{n_2}{n_3} = \frac{1 + \alpha}{\alpha} = 1.43$$

从动件（行星架）与主动件（内齿圈）旋转方向相同，且从动件转速低于主动件转速，因此这种方案可以实现减速传动，此种方案则可作为减速传动高挡，如图 7.9（a）所示。

（2）行星架为主动件（输入），内齿圈为从动件（输出）——超速传动。

在太阳轮固定（$n_1 = 0$）的前提下，由行星齿轮机构的运动规律方程式可得传动比 i_{32} 为：

$$i_{32} = \frac{n_3}{n_2} = \frac{\alpha}{1+\alpha} = 0.70$$

从动件（内齿圈）与主动件（行星架）旋转方向相同，且从动件转速高于主动件转速，这种方案可以实现超速传动，如图7.9（b）所示。

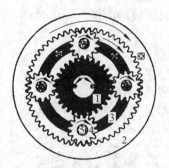

（a）内齿圈输入，行星架输出　　　　（b）行星架输入，内齿圈输出

图 7.9　太阳轮固定时行星齿轮机构工作情况

1—太阳轮；2—内齿圈；3—行星架；4—行星轮；5—行星轮轴；⊗ 表示输入；⊙ 表示输出

3）行星架固定（$n_3 = 0$）

（1）太阳轮为主动件（输入），内齿圈为从动件（输出）——倒挡减速转动。

在行星架固定的前提下，由行星架齿轮机构的运动规律方程式可得传动比 i_{12} 为：

$$i_{12} = n_1 / n_2 = -a = -2.33$$

式中负号表示从动件与主动件的旋转方向相反。当行星架固定不动时，如图7.10（a）所示，各行星轮只能自转而无公转。此时行星轮作为惰轮使从动件（内齿圈）与主动件（太阳轮）反向转动。此种方案可以实现减速、倒挡传动。

（a）太阳轮输入，内齿圈输出　　　　（b）内齿圈输入，太阳轮圈输出

图 7.10　行星架固定时行星齿轮机构工作情况

1—太阳轮；2—内齿圈；3—行星架；4—行星轮；5—行星轮轴；⊗ 表示输入；⊙ 表示输出

（2）内齿圈为主动件（输入），太阳轮为从动件（输出）——倒挡升速传动。

在行星架固定（$n_3 = 0$）的前提下，由行星轮机构的运动规律方程式可得传动比 i_{21} 为：

$$i_{21} = n_2 / n_1 = -1/\alpha = -0.43$$

当行星架固定不动、内齿圈为主动件时，如图 7.10（b）所示。同理，行星轮作为惰轮使从动轮（太阳轮）与主动轮（内齿圈）反向转动。此种方案可以实现升速、倒挡转动。

4）联锁任意两个元件（$n_1 = n_2$ 或 $n_1 = n_3$ 或 $n_2 = n_3$）——直接挡转动

如将太阳轮、内齿圈和行星架三个元件中的任意两个元件联锁成一体（即 $n_1 = n_2$ 或 $n_1 = n_3$ 或 $n_2 = n_3$），各齿圈间就没有相对运动，由行星齿轮机构的运动规律方程式可得 $n_1 = n_2 = n_3$，即整个行星齿轮机构将成一整体而旋转。此种方案可作为直接挡传动。

5）所有元件都不受约束——空挡

在太阳轮、内齿圈和行星架三个元件中，如果所有元件都不受约束（固定），任何两个元件也没有联锁成一体，则各元件将自动转动，即当输入轴转动时，输出轴可以不动，行星齿轮机构将不传递动力，此种方案可作为空挡。

单排行星齿轮机构的变速范围有限，不能满足汽车的实际需要，汽车用行星齿轮变速器是由两个或多个单排行星齿轮机构组成，其变速原理与单排行星齿轮机构相同，传动比可根据上述单排行星齿轮机构的运动规律方程式推导得出。

7.3.3　换挡执行机构

自动变速器的换挡执行机构有换挡离合器（简称离合器）和换挡制动器（简称制动器）两种。自动变速器采用的换挡离合器有单向离合器与片式离合器两种；换挡制动器有片式制动器和带式制动器两种。

1. 换挡离合器

在自动变速器中，换挡离合器的功用是将行星齿变速机构的输入轴与行星排的某一个元件或将行星排的某两个元件连在一体，用以实现变速传动。

1）片式离合器的机构特点

自动变速器采用的片式离合器的零部件组成如图 7.11 所示，主要由离合器毂、活塞、复位弹簧、离合器片、离合器毂等组成。

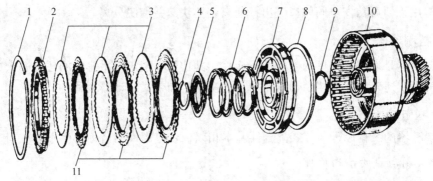

图 7.11　片式离合器零部件组成

1—卡环；2—承压盘；3—主动钢片；4—小卡环；5—弹簧座；6—复位弹簧；7—活塞；
8—活塞外缘密封圈；9—活塞内缘密封圈；10—器毂与壳体；11—被动摩擦片

主动部分：离合器鼓、钢片；

从动部分：摩擦片、离合器毂；

压紧操纵部分：液压缸、活塞、弹簧、弹簧座、单向球阀（利于排油）。

2）片式离合器的工作原理

片式离合器的工作原理如图 7.12 所示，输入轴为主动件，驱动齿轮与输入轴成一体，主动钢片内圆的凸缘安放在驱动齿轮的键槽中，从而实现滑动连接。主动钢既能随驱动齿轮转动，又能做少量轴向移动。

通过液压操纵系统控制，实现主动和从动部分的结合和分离，如图 7.12 所示。

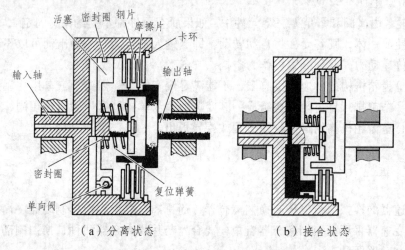

（a）分离状态　　　　　　　　　（b）接合状态

图 7.12　片式离合器的工作原理

3）安全阀的作用

在油腔周围的离合器毂外圆或活塞外圆上设有一个球阀，称为安全阀或甩油阀。

当传动液流入环形油腔时，具有一定压力的传动液将球阀压紧在阀座上，安全阀阀口处于关闭状态。传动液 ATF 充入油腔使油压升高。

当需要离合器分离时，液压控制系统接通回油油道，油腔内的传动液 ATF 流出，油压降低，球阀在离心力的作用下离开阀座，安全阀阀口处于开启状态，残留在油腔中的传动液在离心力的作用下便可从安全阀阀口流出，使离合器快速并彻底分离。

2. 换挡制动器

换挡制动器是换挡执行机构中的锁止元件，其功用是锁定行星排中的任意一个或二个元件，以便实现变速转动。换挡制动器分为片式制动器和带式制动器两种。

1）片式制动器

片式制动器的结构原理与片式离合器基本相同，仅零部件的名称有所不同。

2）带式制动器的结构原理

带式制动器由制动带及其伺服装置（即控制油缸、液压活塞、弹簧及操纵杆）组成，如图 7.13 所示。

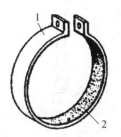

（a）刚性单边制动带　　（b）挠性单边制动带　　（c）双边制动带

图 7.13　带式制动器制动带的结构

1—光滑面；2—摩擦材料镀层

3）带式制动器间隙的调整

带式制动器在解除制动后，制动带与制动毂之间应有一定间隙，以便制动毂旋转，否则就会导致制动毂与制动带加速磨损，影响行星齿轮机构正常工作。制动带与制动毂间隙的调整方法有两种：一是通过调节调整螺杆进行调整，如图 7.14 所示；二是调节活塞推杆进行调整，如图 7.15 所示。调整方法是：先将调整螺杆或推杆拧紧到《维修手册》规定力矩，然后拧回规定圈速即可。

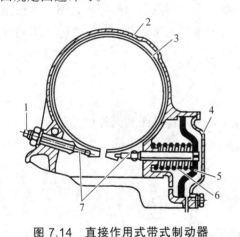

图 7.14　直接作用式带式制动器

1—调整螺钉（固定支撑端）；2—制动带；3—制动数；
4—油缸盖；5—活塞；6—复位弹簧；7—支柱

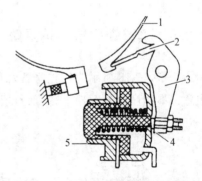

图 7.15　间接作用式带式制动器

1—制动带；2—制动带推杆；3—杠杆；
4—活塞推杆；5—油缸壳体

7.3.4　停车锁止机构

目前，大多数自动变速器都是通过锁止输出轴实现驻车（停车）。停车锁止机构的结构如图 7.16（a）所示，主要由停车棘爪、停车齿圈和锁止杆等组成。

停车棘爪上制作有一个锁止凸齿，一端支撑在变速器壳体的支承销上，且可绕支承销转动。锁止杆的一端制作成直径大小不同的圆柱杆，如图 7.16（b）所示，另一端经连杆机构与选挡操作手柄连接。

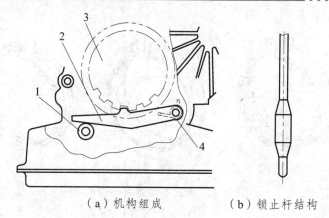

（a）机构组成　　　　（b）锁止杆结构

图 7.16　停车锁止机构

1—锁止杆；2—停车棘爪；3—停车齿圈；4—复位卡簧

当选挡操纵手柄拨到 P 位以外的任一位置时，手柄连杆机构带动锁止杆向离开停车棘爪方向移动，使锁止杆直径较小的圆柱杆与停车棘爪接触，停车棘爪在复位卡簧弹力的作用下复位，其锁止凸轮与外齿圈分离，变速器输出轴可以自由旋转。

当选挡操纵手柄拨到 P（停车）位置时，手柄连杆机构推动锁止杆接近停车棘爪方向移动，使锁止杆直径较大的圆柱杆部分与停车棘爪接触，将停车棘爪顶向停车齿圈。当锁止凸齿嵌入齿圈的齿槽时，便将输出轴与变速器壳体连成一体而无法转动，使汽车停止不动。

7.3.5　辛普森行星齿轮系统

如图 7.17、7.18 所示为四档辛普森行星齿轮变速器的结构简图和元件位置图。

注意：不同厂家的四档辛普森行星齿轮变速器的元件位置稍有不同。

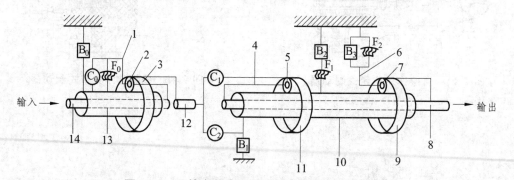

图 7.17　四档辛普森行星齿轮变速器的结构简图

1—超速（OD）行星排行星架；2—超速（OD）行星排行星轮；3—超速（OD）行星排齿圈；4—前行星排行星架；
5—前行星排行星轮；6—后行星排行星架；7—后行星排行星轮；8—输出轴；9—后行星排齿圈；
10—前后行星排太阳轮；11—前行星排齿圈；12—中间轴；13—超速（OD）行星排太阳轮；
14—输入轴；C_0—超速挡（OD）离合器；C_1—前进挡离合器；C_2—直接挡、倒挡离合器；
B_0—超速挡（OD）制动器；B_1—二挡滑行制动器；B_2—二挡制动器；
B_3—低、倒挡离合器；F_0—超速挡（OD）单向离合器；
F_1—二挡（一号）单向离合器；
F_2—低挡（二号）单向离合器

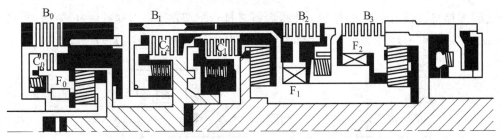

图 7.18   四档辛普森行星齿轮变速器的元件位置图

四档辛普森行星齿轮变速器由四档辛普森行星齿轮机构和换挡执行元件两大部分组成。其中四档辛普森行星齿轮机构由三排行星齿轮机构组成，前面一排为超速行星排，中间一排为前行星排，后面一排为后行星排，输入轴与超速行星排的行星架相连，超速行星排的齿圈与中间轴相连，中间轴通过前进挡离合器或直接挡、倒挡离合器与前、后行星排相连。前、后行星排的结构特点是，共用一个太阳轮，前行星排的行星架与后行星排的齿圈相连并与输出轴相连。

1. 四档辛普森行星齿轮变速器各档传动路线

在变速器各挡位时，换挡执行元件的动作情况如表 7.1 所示。

表 7.1   各挡换挡元件工作状态

挡位	C_0	C_1	C_2	B_0	B_1	B_2	B_3	F_0	F_1	F_2
R	●		●				●	●		
N	●									
D_1	●	●						●		●
D_2	●	●				●		●	●	
D_3	●	●					●	●	●	
D_4		●	●				●	●		
2（1）	●	●						●		●
2（2）	●	●			●	●		●		
L（1）	●	●	●				●			●
L（2）	●	●			●	●		●		

注：●表示换挡元件工作或有发动机制动。

2. 各挡位动力传动路线

1）D_1 挡

如图 7.19 所示，D 位一挡时，C_0、C_1、F_0、F_2 工作。C_0 和 F_0 工作将超速行星排的太阳轮和行星架相连，此时超速行星排成为一个刚性整体，输入轴的动力顺时针传到中间轴。C_1 工作将中间轴与前行星排齿圈相连，前行星排齿圈顺时针转动驱动前行星排行星轮，前行星排行星轮即顺时针自转又顺时针公转，前行星排行星轮顺时针公转则输出轴也顺时针转动，这是一条动力传动路线。由于前行星排行星轮顺时针自转，则前后行星排太阳轮逆时针转动，再驱动后行星排行星轮顺时针自转，此时后行星排行星轮在前后行星排太阳轮的作用下有逆时针公转的趋势，但由于F_2的作用，使得后行星排行星架不动。这样顺时针转动的后行星排行星轮驱动齿圈顺时针转动，从输出轴也输出动力，这是第二条动力传动路线。

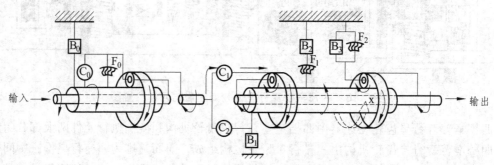

图 7.19　D 位一挡动力传动路线

2）D_2挡

如图 7.20 所示，D 位二挡时，C_0、C_1、B_2、F_0、F_1工作。C_0和F_0工作如前所述直接将动力传给中间轴。C_1工作，动力顺时针传到前行星排齿圈，驱动前行星排行星轮顺时针转动，并使前后太阳轮有逆时针转动的趋势，由于B_2的作用，F_1将防止前后太阳轮逆时针转动，即前后太阳轮不动。此时前行星排行星轮将带动行星架也顺时针转动，从输出轴输出动力。后行星排不参与动力的传动。

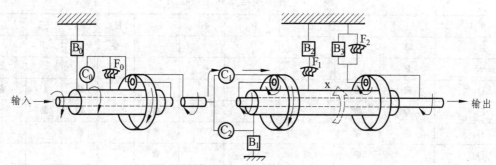

图 7.20　D 位二挡动力传动路线

3）D_3挡

如图 7.21 所示，D 位三挡时，C_0、C_1、C_2、B_2、F_0工作。C_0和F_0工作如前所述直接将动力传给中间轴。C_1、C_2工作将中间轴与前行星排的齿圈和太阳轮同时连接起来，前行星排成为刚性整体，动力直接传给前行星排行星架，从输出轴输出动力。此挡为直接挡。

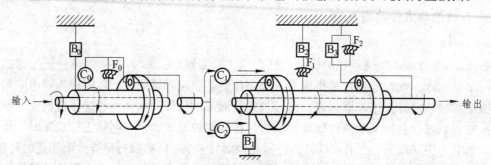

图 7.21　D 位三挡动力传动路线

想一想：在此挡时 B_2 实际上不参与工作，那为什么还要让 B_2 工作呢？

提示：这样可以使得 D_2 挡升 D_3 挡时只需让 C_2 工作即可，同样 D_3 挡降为 D_2 挡时也只需让 C_2 停止工作即可，这样相邻两挡升降参与工作的元件少，换挡方便，提高了可靠性和平顺性。

4）D_4 挡

如图 7.22 所示，D 位四挡时，C_1、C_2、B_0、B_2 工作。B_0 工作，将超速行星排太阳轮固定。动力由输入轴输入，带动超速行星排行星架顺时针转动，并驱动行星轮及齿圈都顺时针转动，此时的传动比小于 1。C_1、C_2 工作使得前后行星排的工作同 D_3 挡，即处于直接挡。所以整个机构以超速挡传递动力。B_2 的作用同前所述。

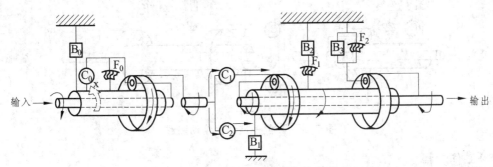

图 7.22　D 位四挡动力传动路线

5）二位一挡

二位一挡的工作与 D 位一挡相同。

6）二位二挡

如图 7.23 所示，二位二挡时，C_0、C_1、B_1、B_2、F_0、F_1 工作。动力传动路线与 D 位二挡时相同。区别只是由于 B_1 的工作，使得二位二挡有发动机制动，而 D 位二挡没有。此挡为高速发动机制动挡。

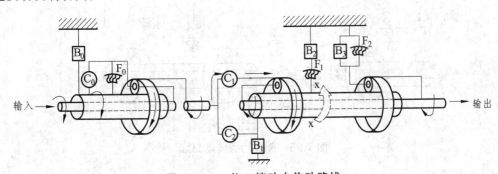

图 7.23　二位二挡动力传动路线

发动机制动是指利用发动机怠速时的较低转速以及变速器的较低档位来使较快的车辆减速。D 位二挡时，如果驾驶员抬起加速踏板，发动机进入怠速工况，而汽车在原有的惯性作用下仍以较高的车速行驶。此时，驱动车轮将通过变速器的输出轴反向带动行星齿轮机构运转，各元件都将以相反的方向转动，即前后太阳轮将有顺时针转动的趋势，F_1 不起作用，使得反传的动力不能到达发动机，无法利用发动机进行制动。而在二位二挡时，B_1 工作使得前后太阳轮固定，既不能逆时针转动也不能顺时针转动，这样反传的动力就可以传到发动机。

7）L位一挡

如图 7.24 所示，L位一挡时，C_0、C_1、B_3、F_0、F_2 工作。动力传动路线与 D 位一挡时相同。区别只是由于 B_3 的工作，使后行星排行星架固定，有发动机制动，原因同前所述。此挡为低速发动机制动挡。

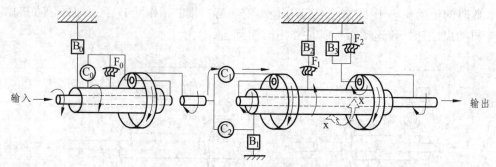

图 7.24　L 位一挡动力传动路线

8）L位二挡

L 位二挡的工作与二位二挡相同。

9）R 位

如图 7.25 所示，倒挡时，C_0、C_2、B_3、F_0 工作。C_0 和 F_0 工作如前所述直接将动力传给中间轴。C_2 工作将动力传给前后行星排太阳轮。由于 B_3 工作，将后行星排行星架固定，使得行星轮仅相当于一个惰轮。前后行星排太阳轮顺时针转动驱动后行星排行星架逆时针转动，进而驱动后行星排齿圈也逆时针转动，从输出轴逆时针输出动力。

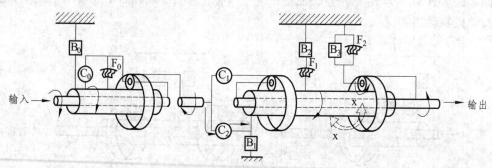

图 7.25　R 位动力传动路线

3. 几点说明

通过分析各挡位换挡执行元件的工作情况及各挡位的动力传动路线，可以得出以下结论：

（1）如果 C_1 故障，则自动变速器没有前进挡，即将选挡杆置于 D 位、2 位或 L 位时车辆都无法起步行驶。但对于倒挡没有影响。

（2）如果 C_2 故障，则自动变速器没有三挡，倒挡也将没有。

（3）如果 B_2 或 F_1 故障，则自动变速器没有 D 位二挡，但对于二位二挡没有影响。

（4）如果 B_3 故障，则自动变速器没有倒挡。

（5）如果 F_0 故障，则自动变速器三挡升四挡时会产生换挡冲击。这是由于三挡升四挡时，相当于由 C_0 切换到 B_0，但 C_0、B_0 有可能同时不工作。此时负荷的作用将使超速行星排的齿圈不动，如果没有 F_0，在行星架的驱动下太阳轮将顺时针超速转动，当 B_0 工作时产生换挡冲击。

（6）如果 F_2 故障，则自动变速器没有 D 位一挡和二位一挡，但对于 L 位一挡没有影响。

（7）换挡时，单向离合器是自动参与工作的，所以只考虑离合器和制动器的工作即可。D_1 挡升 D_2 挡时 B_2 工作，D_2 升 D_3 挡时 C_2 工作，D_3 和 D_4 互换，相当于 C_0 和 B_0 互换。

（8）如果某挡位的动力传动路线上有单向离合器工作，则该挡位没有发动机制动。

提示：有些挡位虽然标明有单向离合器工作，但有可能被其他元件取代而实际上不工作。如二位二挡的 B_1 工作后，F_1 实际上已不起作用，C_0 也可以取代 F_0，这样此挡虽标明有单向离合器的工作，但都不起作用，所以由发动机制动。

任务 7.4　液压控制系统的结构原理

各型汽车自动变速器液压控制系统的结构大同小异。丰田佳美（Camry）5S-FE 燃油喷射式发动机轿车和赛利卡（Celica）轿车采用的 A140E 型 ECT 液压控制系统组成如图 7.26 所示，主要由液压传动装置（油泵，传动液 ATF）、液压控制装置（包括主副调压阀、节流阀、换挡阀、手控阀、电磁阀、锁止阀）以及连接这些液压装置的油道组成。

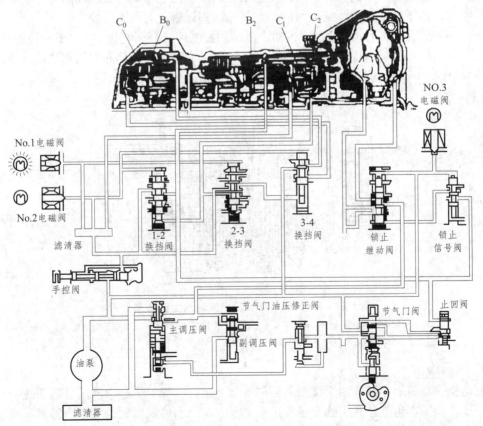

图 7.26　丰田 A140E 型 ECT 前进挡液压控制油路

7.4.1　液压传动装置

自动变速器液压控制系统的液压传动装置主要包括液压油泵和传动液 ATF。

1. 液压油泵

液压油泵通常安装在液力变矩器的后面，由发动机飞轮通过液力变矩器壳体直接驱动，常用油泵有内啮合齿轮泵、摆线转子泵和变量叶片泵三种，分别简称为齿轮泵、转子泵和叶片泵。三种油泵的共同特点是：主动部件（内转子）通过液力变矩器泵轮轴套上的花键毂由发动机曲轴驱动，从动部件与主动部件之间具有一定的偏心距。因此，一旦发动机转动，就会驱动油泵泵油。

2. 传动液 ATF

传动液是自动传动液 ATF 的简称，具有传递能量、润滑、清洗和冷却等功用，是一种特殊的高级润滑油。在液力变矩器中，它是传递动力的介质；在液压控制系统中，它既是操纵油液也是润滑油液。在自动驱动桥中，传动液还用来润滑主减速器和差速器等。

7.4.2　液压控制装置

电控自动变速液压控制系统的控制装置主要有调压阀、控制阀和液压控制油道等组成。

液压控制系统的调节阀和控制阀以及电子控制系统的电磁阀都安装在阀体中，阀体一般都安装在变速器下部或侧面，由上阀体、下阀体、阀体板（阀板）组成。

液压阀安装在上、下阀体之间，各种液压阀的控制油道分别制作在上、下阀体的阀板上。丰田 A34E、A342E 星电控制动变速器上阀体类似，当上、下阀体和阀板组装成一体时，便形成密密麻麻、弯弯曲曲、形似"迷宫"的控制油道，如图 7.27 所示。

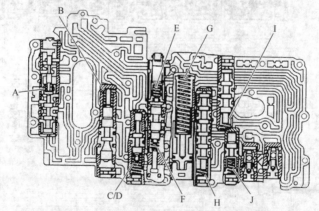

图 7.27　A341E、A342E 型变速器上阀体剖面图

A—锁定继动阀；B—副调压阀；C、D—量孔控制阀；E、F—节气门控制阀；
G—蓄压器；H—2～3 挡换挡阀；I—3～4 挡换挡阀；J—倒挡控制阀

1. 调压阀

发动机一旦转动，液压油泵就在曲轴的带动下运转，如果主油路油压过高，就会导致换挡冲击或传动液产生泡沫，影响变速器正常工作。调压阀的功用就是将主油路油压控制在一定范围内。根据总体结构不同，调压阀可分为球阀式、活塞式和滑阀式三种类型。

1）球阀式调压式

球阀式调压阀由球阀、弹簧和阀座组成，结构原理如图 7.28 所示。油路规定的油压由弹簧预紧力决定。当油路油压 F_1 低于弹簧预紧 F_2 时，弹簧将球阀压紧在阀座上，如图 7.28（a）所示，油路油压随油泵转速升高和油量增加而升高。

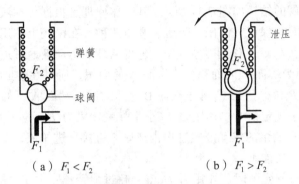

（a）$F_1 < F_2$　　　　（b）$F_1 > F_2$

图 7.28　球阀式调压阀结构原理

当油路压力 F_1 高于预紧力 F_2 时，弹簧被压缩，球阀打开，如图 7.28（b）所示，部分传动液从球阀阀口排出，使油路压力降低为规定油压。

2）活塞式调压阀

活塞式调压阀由活塞、弹簧和阀体组成，结构原理如图 7.29 所示。油路规定的油压由弹簧预紧力决定。来自油泵的液压油液从进入阀体并作用到活塞的上端面上。当油路压力 F_1 低于弹簧预紧力 F_2 时，弹簧伸长，活塞将泄压的进排液口关闭，如图 7.29（a）所示，油路油压随油泵转速升高的油量增加而升高。

当油路压力高于弹簧预紧力时，弹簧被压缩，活塞移动将进排液口打开，如图 7.29（b）所示，部分传动液从进排液口排出泄压，使油路压力降低为规定油压。

3）滑阀式调压阀

滑阀式调压阀由滑阀、弹簧垫阀体组成，结构如图 7.30 所示，其工作原理与活塞式调压阀相似。弹簧预紧力 F_2 作用在滑阀底部端面 B 上，来自油泵的液压油液从进液口进入阀体并作用到滑阀上部端面 A 上。

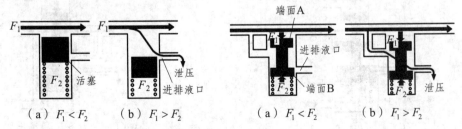

（a）$F_1 < F_2$　　（b）$F_1 > F_2$　　　（a）$F_1 < F_2$　　（b）$F_1 > F_2$

图 7.29　活塞式调压阀结构原理　　图 7.30　滑阀式调压阀结构原理

当油路压力对端面 A 的作用力 F_1 低于弹簧预紧力 F_2 时弹簧伸长，滑阀上移将进排液口关闭，如图 7.30（a）所示，油路油压随油泵转速升高和油量增加而升高。

当油路压力对端面 A 的作用力 F_1 高于弹簧预紧力 F_2 时，弹簧被压缩，滑阀向下移动将进排液口打开，如图 7.30（b）所示，部分传动液从进排液口排出泄压，使油路压力降低到规定油压。

4）改进滑阀式调压阀

改进滑阀式调压阀的结构如图 7.31 所示，其工作原理是根据传动液压力暂时升高或降低来调节油压，工作状态有保压、调压、降压、升压四种。在滑阀上作用有两个力，弹簧安装在滑阀底部，其预紧力 F_2 始终作用在滑阀上。来自油泵的传动液通过进排液口 1 加到滑阀端面 A 和端面 B 上，因为端面 B 的面积大于端面 A 的面积，所以在端面 B 上将作用一个力图使滑阀向下移动的力 F_1（作用力 F_1 等于端面 B 上压力减去端面 A 上的压力）。

当传动液压力低于规定值时，作用力 F_1 小于弹簧预紧力 F_2，进排液口 3 保持关闭，如图 7.31（a）所示，来自油泵的传动液经过进排液口 1 直接从进排液口 2 排出，传动液压力不会改变（现实"保压"功能）。

当传动液压力超过规定值时，作用力 F_1 就会超过弹簧预紧力 F_2 并推动滑阀向下移动，将进排液口 3 打开，如图 7.31（b）所示，来自油泵的部分传动液就会从排液口 3 排出泄压，使进排液口 2 排出传动液的压力降低，从而实现"调压"功能。

如果将进排液口 4 与具有一定压力的油路接通，使滑阀底部增加一个向上的推力 F_3（相当于弹簧预紧力增大 F_3），如图 7.31（c）所示，那么近排液口 3 的开启面积和传动液流量就会减少，相应的就会增大进排液口 2 处传动液的流量，使进排液口 2 处传动液的压力升高，从而起到"升压"作用。

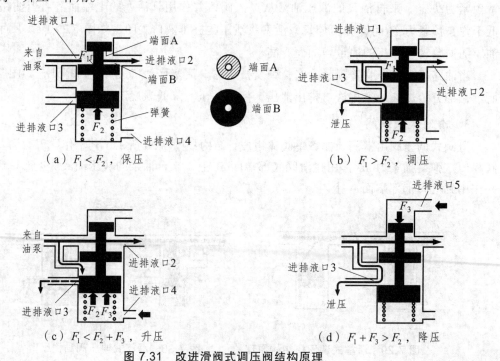

图 7.31　改进滑阀式调压阀结构原理

同理，如果将进排液口 5 与具有一定压力的油路接通，使滑阀顶增加一个向下的推力 F_3，如图 7.31（d）所示，那么进排液口 3 的开启面积和传动液流量就会增大，相应的就会减少进排液口 2 处传动液的流量，使近排液口 2 处传动液的压力降低，从而起到"降压"作用。

5）调压阀的应用

在自动变速器中，一般都设有主调压阀和副调压阀（又称为第二调压阀）两只调压阀。丰田 A140E 型 ECT 液压控制系统的主调压阀与副调压阀的结构如图 7.32 所示。

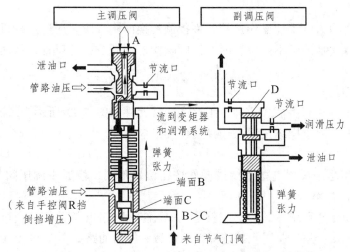

图 7.32　丰田 A140E 型 ECT 调压阀的结构原理

主调压阀功用是：主调压阀是用于调节液压油泵输出的压力，经调节的压力成为主油压、管路油压或工作油压。主油压是自动变速器最重要和最基本的油压，其作用有两个：一是用于操纵变速器内的离合器和制动器；二是用于调节变速器内的其他油压。

副调压阀的功用是：调节供给液压变矩器和各摩擦副的润滑油压，并在发动机停止转动时关闭液力变矩器的油路，保证再次启动时变矩器具有足够的传动液传递动力。

（1）主调压阀工作情况。

主调压阀阀芯上部端面 A 受管油路压作用（油泵油液从主调压阀入口经阀芯内部油道作用到阀芯上部断面 A），阀芯下部受两个力作用：一个来自节气门阀并作用于断面 C 的液体压力，一个来自手控阀并作用于断面 B 的液压压力。主调压阀阀芯的位置取决于上述几个力的平衡条件。不难分析：主调压阀的调压特点如下：

① 节气门开度增大，主油压升高。

② 车速升高，主油压降低。

③ 发动机转速升高，主油压升高。

④ 倒挡比前进挡主油压高。

⑤ 调压弹簧弹力越高，主油压越高。

（2）副调压阀工作情况。

副调压阀实际上是一个限压阀。其阀是新受到两个力的作用：一个是弹簧向上的张力；另一个是来自主调压阀并流到液力变矩器和润滑系统的传动液压力，作用力方向向下。当供给液力变矩器的传动液压力升高时，阀芯上端面 D 受到向下的液体作用力增大，阀芯将向下移动，部分传动液从泄油口泄流，使供给液力变矩器的液体压力保持不变。由此可见，液力变矩器整个润滑系统的传动液压力是由副调压阀弹簧预紧力决定。

2. 控制阀

控制阀的功用是转换通向各换挡执行元件（离合器、制动器）的油路，以便实现挡位变换。控制阀分为手动控制阀（手控阀）、液压控制阀（液压阀）和电磁控制阀（简称电磁阀）三种类型。

1）手控阀

手控阀是一种由人工手动操作选挡元件控制的换向阀，阀芯通过连杆机构或缆索与操纵手柄链接、当操纵手柄处于不同位置时，滑阀随阀杆移动至相应位置，从而接通相应的控制油路。

（1）选挡元件。

选挡元件有按钮式和手柄式两种，手柄式选挡元件如图 7.33 所示。按钮式选挡元件一般布置在仪表台上，通过操纵按钮来选择挡位。

（2）手控阀的功用。

手控阀的功用是用根据选挡手柄或操作按钮位置不同，接通主调压阀与不同挡位（R、D、2 和 L）之间的油路。

各型汽车自动变速系统中的选挡阀就是一只多路手控阀。该手控阀通过连杆机构与驾驶室内的选挡元件链接，并与选挡元件选择挡位位置，控制油路如图 7.34 所示。当驾驶员操纵选挡手柄时，连杆机构便带动手控阀的阀芯移动，从而使接通不同的油路。

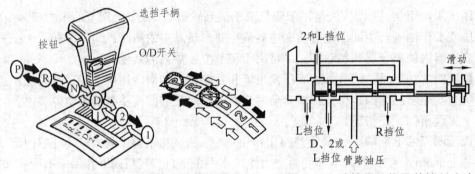

图 7.33　手柄式选挡元件的布置　　　　图 7.34　选挡阀结构及其控制油路

（3）挡位代号的含义。

自动变速器选挡手柄所处的挡位与手动变速器有很大的区别。对自动变速器而言，选挡操纵手柄所处的挡位与自动变速器所处的挡位是两个完全不同的概念。实际上，选挡操纵手柄只改变自动变速器阀体总成中手动阀的位置，而变速器所处的挡位是由手动阀和换挡执行元件（离合器，制动器的等等）的工作状态决定，即不仅取决于手动阀的位置，而且还取决于汽车车速、发动机节气门开度等因素。选挡操纵手柄一般都有 P、R、N、D、2、L（或 1）六个挡位供驾驶员选择，各挡位代号的含义如下。

① 代号 P 位置（停车挡位位置）。选挡操纵手柄拨到 P 位置时，自动变速器中的停车锁止机构（机械机构）将变速器的输出轴锁止，使驱动轮不能转动，从而防止汽车移动。与此同时，换挡执行机构使自动变速器处于空挡状态。

② 代号 R 位置（倒车挡位位置）。选挡操纵手柄拨到 R 位置时，换挡执行机构将接通自动

变速器倒挡传动的油路，使倒挡的动力传递路线接通，汽车驱动轮反转而实现倒退行驶。

③ 代号 N 位置（空挡位置）。选挡操纵手柄拨到 N 位置时，换挡执行机构使自动变速器处于空挡状态，发动机的动力虽然能够经过输入变速器，但各齿轮只是空转，变速器输出轴不能输出动力。在使用过程中，只有当选挡操纵手柄处于 N 或 P 位置、使变速器出于空转状态时，发动机才能启动。此功能有空挡状态。

④ 代号 D 位置（前进挡位置）。选挡操纵手柄拨到 D 位置时，大部分轿车的自动变速器可以获得四个不同的传动比传递动力，即一挡、二挡、三挡和超速（O/D：Over-Drive）挡。在汽车行驶过程中，如果选挡操纵手柄位于 D 位置，自动变速器的控制系统（液压控制系统或电子控制系统）参数，按照预先设定的换挡规律自动变换挡位，使汽车以不同车速行驶。在道路条件良好的情况下行驶时，选挡操纵手柄应当拨到 D 位置。

⑤ 代号 2 位置（高速发动机制动挡位置）。选挡操纵手柄拨到 2 位置时，自动变速器的控制系统（液压控制系统戓电子控制系统）将限制前进挡的变化范围，只能接通一、二的油路，自动变速器只能在一、二挡之间变换挡位，无法升入更高挡位，从而使汽车具有足够的驱动力稳定地上坡，下坡时又可利用发动机制动，故称为"高速发动机制动挡"。

⑥ 代号 L（或 1）位置（低速发动机制动挡位）。选挡操纵手柄拨到 L（或 1）位置时，自动变速器的控制系统（液压控制系统或电子控制系统）只能接通一挡油路，自动变速器只能在一挡行驶，无法升入高挡。因此，当选挡操纵手柄拨到 1 位置时，可以获得比选挡操纵手柄拨到 2 位置更强的发动机制动效果，故又称为"低速发动机制动挡"。此挡位适用于汽车在山区、上坡或下坡行驶，使汽车具有足够的驱动力稳定地上坡，下坡时又可利用发动机制动。

2）液压阀

（1）液压阀的结构原理。

液压阀是一种由液压控制的换向阀，结构原理如图 7.35 所示，滑阀的一端作用着弹簧预紧力，另一端作用着传动液压力。

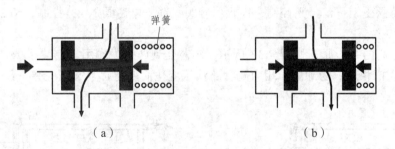

图 7.35　液压控制阀的结构原理

当传动液对滑阀的作用力低于弹簧预紧力时，弹簧伸长，滑阀左移，使控制阀左边油路接通，右边油路关闭，如图 7.35（a）所示；当传动液压力高于弹簧预紧力时，滑阀压缩弹簧右移，使控制阀右边油路接通，左边油路关闭，如图 7.35（b）所示，从而实现油路转换。

改进型液压阀滑阀（阀芯）的两端都可施加传动液压力，如图 7.36 所示。自动变速器常用的液压阀有节气门阀、节气门油压修正阀、锁止信号阀、锁止继动阀和换挡等。

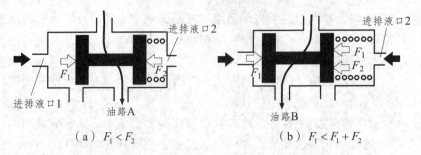

（a）$F_1 < F_2$ （b）$F_1 < F_1 + F_2$

图 7.36　改进型液压控制阀的结构原理

节气门阀的功用是：根据节气门开度大小建立一个控制管路油压（主油路油压）的节气门油压，使主调压阀调节的管路油压随节气门开度增大而升高或随节气门开度减小而降低，用以满足发动机负荷变化时换挡元件工作和零部件润滑对主油路油压的要求。

节气门油压修正阀的功用是：将作用于主调压阀的节气门油压转换成随节气门开度变化而成非线性变换的油压。其目的是在节气门开度较大时，使主调压阀调节的管路油压增长幅度减小，以满足传递发动机动力的需要，防止主油路油压过高而导致换挡产生冲击现象。

锁止信号阀的功用是：控制二挡制动器 B_2 至锁止继动阀之间液压油路的接通与关闭。锁止信号阀受控于锁止电磁阀（No.3 电磁阀），No.3 电磁阀又受控于 ECT ECU。

锁止继动阀的功用是：根据锁止信号阀的锁定信号，通过改变传送到液力变矩器的传动液的流向，使液力变矩器内部的锁止离合器接合与分离。锁止继动阀受控于锁止信号阀。

换挡阀的功用是：控制换挡元件（离合器、制动器）油路的接通与关闭。换挡阀受控于换挡电磁阀（No.1、No.2 电磁阀），No.1、No.2 电磁阀又受控于 ECT ECU。

由于篇幅所限，下面仅以锁止信号阀和 1-2 换挡阀的工作情况说明上述液压控制阀的控制原理。

（2）锁止信号阀。

液力变矩器的锁定与分离受锁止离合器控制，锁止离合器的接合与分离受锁止举动阀控制，锁止继动阀受锁止信号阀控制，锁止信号阀受锁止电磁阀 No.3 控制，No.3 电磁阀又受控于 ECT ECU。

锁止信号阀的结构原理如图 7.37 所示，阀芯受到两个力作用，上端面 A 与管路油压和 No.3 电磁阀阀门相通，受到的作用力随管路油压变化而变化，下端面受弹簧预紧力作用。

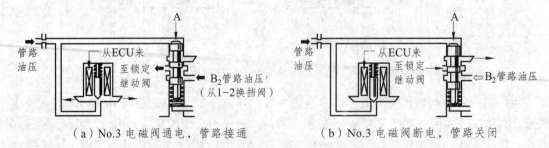

（a）No.3 电磁阀通电，管路接通　　（b）No.3 电磁阀断电，管路关闭

图 7.37　锁止信号阀结构原理

当 No.3 电磁阀接收到 ECT ECU 发出的接通指令时，电磁线圈电流接通，产生电磁吸引力使阀芯向上移动，电磁阀阀门开启泄压，如图 7.37（a）所示，使管路油压对信号阀阀芯上

端面 A 的作用力减小。信号阀阀芯在弹簧预紧力推动下向上移动，将二挡制动器 B_2 至锁定继动阀之间的液压管路接通。此时锁定继动阀接通液力变矩器的锁止离合器油路，锁止离合器接合，将液力变矩器锁定而直接传递发动机动力。

当 ECT ECU 发出指令切断 No.3 电磁阀线圈电流时，电磁阀的电磁吸力消失，其阀芯在复位弹簧弹力作用下复位，电磁阀阀门关闭，如图 7.37（b）所示。电磁阀阀门一旦关闭，管路油压就会升高，信号阀阀芯上端面 A 上的作用力增大，端面 A 上的作用力克服弹簧预紧力使阀芯向下移动，将二挡制动器 B_2 至锁定继动阀之间的液压管路关闭。

（3）换挡阀。

自动变速器一般设有 3 只换挡阀用于换挡控制，分别用 1-2、2-3 和 3-4 换挡阀表示，各种挡位之间的换挡依靠 3 只换挡阀相互配合工作才能实现。换挡阀的工作状态受换挡电磁阀（即 No.1 和 No.2 电磁阀）控制，丰田 A140E 型自动变速器换挡电磁阀以及换挡执行元件的工作情况如表 7.2 所示，表中各换挡执行元件代号的含义分别为：C_0——超速离合器；F_0——超速单向离合器；B_0——超速制动器；C_1——前进离合器；C_2——直接挡离合器；B_2——二挡滑行制动器；B_3——二挡制动器；B_3——低倒挡制动器；F_1——No.1 单向离合器，F_2——No.2 单向离合器。3 只换挡阀的工作原理相同，以图 7.38 所示 1-2 换挡阀的工作情况为例说明。

1-2 换挡阀工作情况：当变速器排入一挡时，由表 7.2 可知，ECT ECU 将控制 No.2 电磁阀断电，其阀门关闭将泄流回路关闭。此时，主调压阀调节的管路油压作用到 1-2 换挡阀阀芯上部 A 处，管路油压对阀芯上端面的作用力克服弹簧张力使阀芯向下移动，1-2 换挡阀此时工作状态如图 7.38（a）所示。

表 7.2　丰田 A140E 型辛普森式四速自动变速器换挡电磁阀及执行元件工作情况

挡位	传动挡位	1号电磁阀	2号电磁阀	换挡执行元件									
				C_0	F_0	B_0	C_1	C_2	B_1	B_2	B_3	F_1	F_2
P	停车挡	通电	断电	●									
R	倒挡	通电	断电	●	●			●			●		
N	空挡	通电	断电	●									
D	一挡	通电	断电	●	●		●						●
	二挡	通电	通电	●	●		●			●		●	
	三挡	断电	通电	●	●		●	●		●			
	O/D 挡	断电	断电			●	●	●		●			
2	一挡	通电	断电	●	●		●						●
	二挡	通电	通电	●	●		●		●	●		●	
	三挡*	断电	通电	●	●		●	●		●			
L	一挡	通电	断电	●	●		●				●		●
	二挡*	通电	通电	●	●		●		●	●		●	

注：1. 符号 ● 表示该元件投入工作。

　　2. 符号 * 表示仅下行换挡到 2 或 L 位时才能换入该挡，在 2 或 L 位时不能换入该挡。

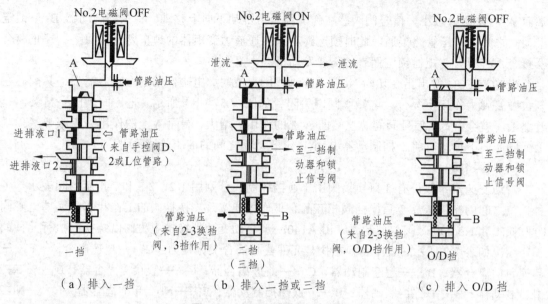

（a）排入一挡　　　　（b）排入二挡或三挡　　　　（c）排入 O/D 挡

图 7.38　1-2 换挡阀工作情况

　　自动变速器排入二挡或三挡时，由表 7.2 可知，ECT ECU 向 No.2 电磁阀发出通电指令，No.2 电磁阀线圈通电，阀门开启泄流降压，1-2 换挡阀阀芯上部 A 处的管路油压降低。在换挡阀下部 B 处来自 2-3 换挡阀的管路油压以及弹簧张力作用下，1-2 换挡阀阀芯向上移动，从而接通二挡制动器 B_2 油路，此时 1-2 换挡阀工作状态如图 7.38（b）所示。

　　当变速器排入超速挡（O/D 挡）时，由表 7.2 可知，ECT ECU 将向 No.2 电磁阀发出断电指令。虽然 No.2 电磁阀断电时阀门关闭，管路油压将作用在 1-2 换挡阀上部 A 处，但是，由于来自 2-3 换挡阀的管路油压和弹簧张力一直作用在 1-2 换挡阀阀芯下部 B 处，因此 1-2 换挡阀阀芯保持在上述二挡或三挡时所处位置不变，二挡制动器 B_2 油路保持接通，此时 1-2 换挡阀工作状态如图 7.38（c）所示。

　　（4）电磁阀。

　　电磁阀是一种用电磁力控制其阀门打开或关闭的机电一体阀。电磁阀一般安装在变速器阀体内部，也有的安装在阀体外面，结构如图 7.39 所示，由电磁铁机构、阀芯和复位弹簧组成。阀芯控制传动液油路的接通与关闭，阀芯受控于电磁铁机构。

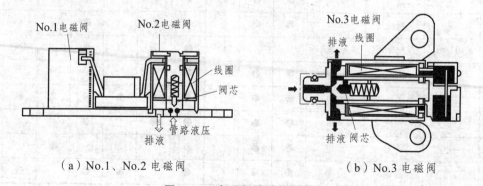

（a）No.1、No.2 电磁阀　　　　　　（b）No.3 电磁阀

图 7.39　电磁阀的结构原理

当电磁线圈断电时，阀芯在弹簧弹力作用下将阀门关闭，油路切断。当电磁线圈接通电流时，阀芯在电磁吸力作用下，克服弹簧张力并离开阀座将阀门打开，接通换挡执行元件或锁止离合器油路，从而实现挡位变换或离合器锁定。

电磁阀既是电子控制系统的执行元件，也是液压控制系统的始控元件。电控自动变速器一般设有 3 只（No.1、No.2、No.3）电磁阀。在高性能变速器上，设有 4 只或更多电磁阀。No.1、No.2 电磁阀控制挡位变换，No.3 电磁阀控制液力变矩器的锁止（锁定）离合器，No.4 或其他电磁阀用于提高换挡品质，使换挡离合器和制动器接合柔和。电磁阀越多，换挡品质越高，变速器性能越好。

任务 7.5　自动变速电控系统的结构原理

汽车自动变速电子控制系统都是由传感器与控制开关、自动变速电控单元（ECT ECU）和执行器三部分组成。常用的传感器与控制开关有节气门位置传感器、车速传感器、水温（冷却液温度）传感器、换挡规律选择开关（驱动模式选择开关）、超速 O/D 开关、空挡启动开关、制动灯开关等。执行器有 No.1 电磁阀、No.2 电磁阀和 No.3 电磁阀。A140E 型自动变速电子控制系统部分控制部件的安装位置如图 7.40 所示。

7.5.1　节气门位置传感器

节气门位置传感器 TPS 是发动机燃油喷射系统或自动变速器电控系统必不可少的传感器之一。在装备电控自动变速器的汽车上，TPS 将发动机负荷（对应于节气门开启角度）转换为电压信号之后，除输入发动机 ECU 之外，还要输入自动变速电控单元（ECT ECU）作为确定变速器换挡时机（换挡点）和变矩器锁止时机的主要信号之一。

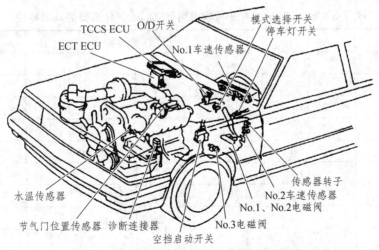

图 7.40　丰田 A140E 型 ECT 控制部件安装位置

1. 传感器的结构特点

在装备或选装自动变速器的汽车上，发动机电控系统和变速器电控系统一般都公用一只节气门位置传感器。为了较为精确地反映发动机负荷的大小，以便精确控制变速器的换挡时机和变矩器的锁止时机。其中，当选用触点式节气门位置传感器时，其结构要复杂一些（即触点较多），如图 7.41 所示为丰田系列轿车用 TPS 的结构。

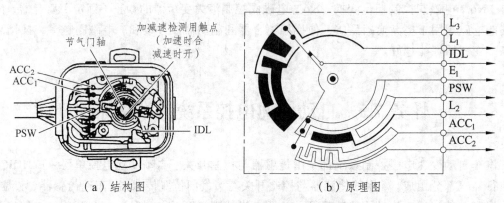

（a）结构图　　　　　　　　（b）原理图

图 7.41　丰田轿车开关量输出型 TPS

节气门位置传感器安装在节气门轴的一端。传感器内部设有一个凸轮，套装在节气门轴上，随节气门开度变化而转动。传感器有 8 个输出端子，分别与传感器内部触点连接，端子 IDL、ACC_1、ACC_2、PSW 提供发动机控制信号；端子 L_1、L_2、L_3 提供自动变速器控制信号，E_1 为搭铁端子。

2. 传感器的输出特性

传感器的输出特性如图 7.42 所示，当节气门完全关闭，凸轮使怠速 IDL 触点接通时，IDL 端子输出低电平 0，ECT ECU 接收到 IDL 端子输出的低电平信号时，将判定发动机处于怠速状态。输出信号与节气门开度之间的关系如表 7.3 所示。

表 7.3　丰田 TOYOTA 开关输出型节气门位置传感器的输出特性

节气门开度（%）	传感器输出信号			
	IDL	L_1	L_2	L_3
0	0	1	1	1
0 ~ 7	1	1	1	1
7 ~ 15	1	1	1	0
15 ~ 25	1	1	0	0
25 ~ 35	1	1	0	1
35 ~ 50	1	0	0	1
50 ~ 65	1	0	0	0
65 ~ 85	1	0	1	0
85 ~ 100	1	0	1	1

注：0 表示触点闭合，输出为低电平（0 V），1 表示触点断开，输出为高电平（5 V）。

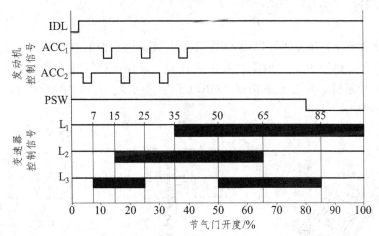

图 7.42　丰田轿车开关量输出型 TPS 输出特性

当 ECT ECU 接收到 IDL、L_1、L_2、L_3 输出均为高电平 1 时，将判定发动机负荷在 0 ~ 7% 之间。当 ECT ECU 接收到 IDL、L_1、L_2 输出为高电平 1，L_3 输出为低电平 0 时，将判定发动机负荷在 7% ~ 15%之间。

当 ECT ECU 接收到 IDL、L_1 输出为高电平 1，L_2、L_3 输出为低电平 0 时，将判定发动机负荷在 15% ~ 25%之间。节气门在其他开度时，传感器输出信号以此类推。

7.5.2　车速传感器

在汽车自动变速电子控制系统中，VSS 的功用是产生频率与车速成正比的信号电压，并输入 ECT ECU 作为确定变速器换挡时机变矩器锁止时机的主要信号之一。

车速传感器一般都采用磁感应式和舌簧开关式。为了实现车速传感器失效保护功能，电控自动变速器（如丰田 A140E、A340E、A341E、A342E 和 A540E 型等）上配装有主车速传感器（No.2 车速传感器）和辅助车速传感器（No.1 车速传感器）。

当两只车速传感器工作都正常时，ECT ECU 只采用 No.2 车速传感器的脉冲信号来控制换挡。当 No.2 车速传感器发送故障，其输出信号的频率或幅值超出正常范围时，ECT ECU 将自动切换运行程序，采用 No.1 车速传感器信号控制换挡。如果两只车速传感器都发生故障，那么，ECT ECU 将停止自动换挡。

7.5.3　换挡规律（驱动模式）选择开关

换挡规律（或驱动模式）选择开关用于选择换挡规律，安装在仪表台或选挡手柄上，如图 7.43 所示。

换挡规律有普通型（NORM）、动力型（PWR）和经济型（ECON）三种。在汽车行驶过程中，驾驶员可据行驶条件来选择不同的换挡规律。开关拨到不同位置，即可选择不同的换挡规律。

7.5.4　超速（O/D）开关

超速（Over-Drive）开关通常称为 O/D 开关，其功用是控制自动变速器能否升到超速挡（即 O/D 挡）行驶。O/D 开关一般都为按钮式开关，设在选挡操纵手柄上。同时在组合仪表盘上设有相应的指示灯，称为超速切断（O/D OFF）指示灯，该指示灯受 O/D 开关控制，控制电路如图 7.44 所示。

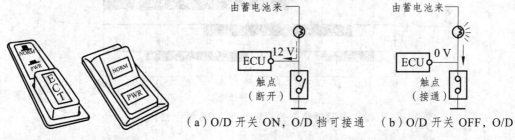

图 7.43　换挡规律选择开关　　图 7.44　O/D 开关及其指示灯电路

（a）O/D 开关 ON，O/D 挡可接通　　（b）O/D 开关 OFF，O/D

当按下 O/D 开关按钮使其处于 ON 位置时，开关触点断开，超速切断指示灯电路不通而熄灭，如图 7.44（a）所示。电源电压（12 V）经超速切断指示灯加到 ECT ECU 上，此时如选挡操纵手柄处于 D 位，ECT ECU 控制变速器升挡时，最高可以升到超速挡（相当于四挡）。

当按一下 O/D 开关按钮开关处于 OFF 位置时，开关触点接通，超速切断指示灯接通而发亮，如图 7.44（b）所示。此时 ECT ECU 接收到的信号电压为 0 V，无论汽车在什么条件下行驶，变速器都不能升入超速挡，最高只能升到三挡。

当 O/D 开关按钮处于 ON 位置时，如果变速控制器系统发送故障，自诊断系统将控制超速切断（O/D OFF）指示灯闪亮报警。

7.5.5　空挡启动开关 NSW

空挡启动开关 NSW（Neutral Start Switch）是一个由选挡操纵手柄控制的多位多功能开关，结构与电路连接如图 7.45 所示。

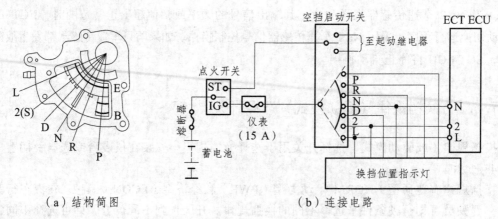

（a）结构简图　　　　　　　　　　（b）连接电路

图 7.45　空挡启动开关及其电路连接

当选挡操作手柄拨到某一位置时，选挡操纵手柄的连杆机构使开关上相应的触点闭合，从而接通点火开关至 ECT ECU 和挡位指示灯之间的相应电路。ECT ECU 根据空挡启动开关输入的 N、2、L 三个（或 N、2、L、R 四个）位置信号（高电平信号）来判断选挡操纵手柄所处位置。如果 N、2、L 三个（或 N、2、L、R 四个）端子都无信号输入，ECT ECU 则判定选挡操纵手柄处于 D 位。空挡启动开关的具体功用如下：

（1）当选挡操纵手柄拨到停车挡 P 位或空挡 N 位时，启动继电器线圈电路才能接通，发动机才能被起动，与此同时接通停车挡 P 或空挡 N 的挡位指示灯电路，故又称为空挡安全开关。

（2）当选挡操纵手柄拨到倒车挡 R 为时，接通倒车灯开关和倒车挡挡位指示灯电路。

（3）当选挡操纵手柄拨到前进挡 D 挡时，变速器可由一挡顺序升至高挡。

（4）当选挡操纵手柄拨到前进挡 2 挡时，允许变速器从三挡降至一挡，或由一挡升至二挡。

（5）当选挡操纵手柄拨到前进挡 L 或 1 位时，变速器被锁止在一挡。

7.5.6　制动灯开关

制动灯开关安装在制动踏板下面的支架上。当驾驶员踩下制动踏板时，制动灯开关接通，制动灯发亮，并从制动灯开关信号输入端子 STP（或 BK）向 ECT ECU 输入一个高电平（电源电压）信号。ECT ECU 从 STP（或 BK）端接收到高电平信号时，便知已经使用制动，立即发出解除液力变矩器锁止指令，使锁止离合器分离。其目的是在车轮抱死制动时，防止发动机突然熄火。

当驾驶员未踩下制动踏板时，STP（或 BK）端没有信号输入，ECT ECU 将按正常控制程序控制液力变矩器锁止与分离。

7.5.7　驻车制动灯开关

驻车制动灯开关又称为停车制动灯开关，受驻车制动手柄控制。当驻车制动手柄放松时停车制动开关断开，制动报警灯熄灭，电源电压经制动报警灯从驻车制动灯开关信号输入端子 PKB 向 ECT ECU 输入一个高电平（12 V）信号。ECT ECU 接收到这一信号后，在起步和换挡时，将控制减少车尾的下坐量。当驾驶员拉紧驻车制动手柄制动时，停车制动开关接通，制动报警灯发亮，ECT ECU 的 PKB 端将接收到一个低电平（0 V）信号，此信号告知 ECT ECU 驻车制动手柄已经拉紧。

7.5.8　执行机构

执行器的功用是根据 ECT ECU 的控制指令，完成自动换挡和变速器锁止动作。电子控制自动变速系统的执行机构包括电磁阀或液压控制系统的换挡阀、换挡离合器与换挡制动器、变速齿轮机构、锁止继动阀、锁止离合器等。其中，电子控制系统的直接执行器是电磁阀。

这些执行器的结构原理前面已述，故不赘叙。

在制动变速系统工作过程中，电磁阀接到 ECT ECU 的控制指令后，再控制液压控制系统各执行器，利用液压驱动换挡离合器和换挡制动器实现自动换挡功能、驱动锁止离合器实现变矩器锁止功能。

任务 7.6　电控制动变速器系统（ECT）实例

以丰田佳美（Camry）和赛利卡（Celica）等轿车采用的 A104E 型自动变速器的电控系统为例说明。

7.6.1　自动变速器的控制电路

A104E 型电控自动变速器的控制电路如图 7.46 所示，ECT ECU 各接线端子的代号极其含义如下：

（1）+B：ECT ECU 备用电源端子。该端子为存储故障代码的随机存储器 RAM 等提供电源。

（2）IG：ECT ECU 电源端子，受点火开关控制。点火开关接通时，ECT ECU 接通 12 V 电源。

（3）STP（或 BR）：制动信号输入端子。当制动踏板踩下时，向 ECT ECU 输入高电平（12 V）信号，ECT ECU 立即发出解除液力变矩器锁止指令，防止发动机在车轮抱死制动时突然熄火。

（4）PWR：换挡规律（驱动模式）选择开关信号输入端子。PWR 端有信号电压（电源电压）输入时，ECT ECU 选用 PWR 型换挡规律控制换挡，组合仪表盘上的 PWR 指示灯发亮；PWR 端无信号电压输入时，ECT ECU 选用 NORM 型换挡规律控制换挡，组合仪表盘上的 PWR 指示灯熄灭，NORM 指示灯发亮。

（5）IDL：节气门位置传感器 TPS 怠速触点闭合信号输入端子。当发动机怠速或汽车急减速行驶时，节气门将关闭，TPS 怠速触点接通，IDL 端子将向 ECT ECU 输入一个高电平信号。此时，ECT ECU 将向 No.3 电磁阀发出解除变矩器锁止指令，防止发动机在驱动轮抱死时突然熄火。

（6）L_1、L_2、L_3：节气门开度信号输入端子。分别输入节气门不同开度时的信号电压。

（7）OD_1：超速与锁止解除信号输入端子。当发动机冷却液温度低于 60 ℃ 时，发动机电控单元（TCCS ECU）将向 ECT ECU 发出一个解除超速行驶信号，防止 ECT 自动升入超速挡行驶。此外，当使用巡航控制功能使汽车在超速挡行驶时，若因行驶条件或其他原因使实际车速降低到低于巡航控制系统预先设定的车速 4 km/h 以上时，巡航控制 ECU 将向 ECT ECU 发出一个解除超速行驶信号，ECT ECU 将控制变速器以外的挡位行驶；在实际车速达到巡航控制系统预先设定的车速以前，ECT ECU 也不会控制 ECT 换回超速挡。

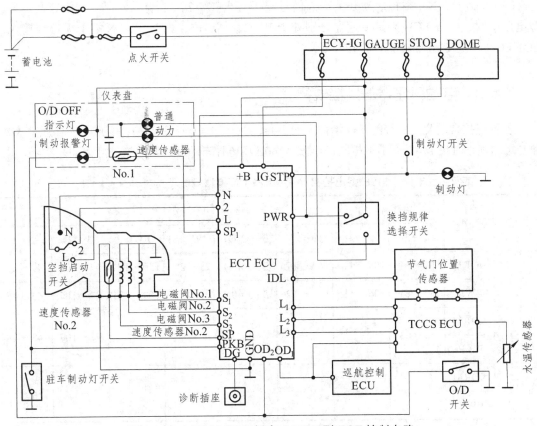

图 7.46　丰田 CAMRY 轿车 A140E 型 ECT 控制电路

（8）OD_2：超速切断信号输入端。当 O/D 开关置于 ON 位置（即按下 O/D 开关按钮）时，OD_2 端子将接收到电源电压（12 V），如果此时选挡操纵手柄处于 D 位，ECT 最高可以升到超速挡 9（相当于四挡）。如再按一下 O/D 开关（即 O/D 开关置于 OFF 位置）时，OD_2 端子将接收到低电平 0 V，此时无论汽车在什么条件下行驶，变速器都不能升入超速挡，最高只能升到三挡。

（9）GND：ECT ECU 搭铁端子。

（10）DG（或 ECT）：故障自诊测试触发端子。

（11）PKB：驻车制动信号输入端子。当驻车制动手柄放松时，制动报警灯熄灭，PKB 端子将接到一个高电平（12 V）信号，在起步和换挡时，ECT ECU 将控制减少车尾的下坐量。当驾驶员拉紧驻车制动手柄制动时，制动报警灯发亮，PKB 端将收到一个低电平（0 V）信号，通知 ECT ECU 驻车制动手柄已经拉紧。

（12）SP_1、SP_2：No.1、No.2 车速传感器信号输入端子。ECT ECU 优先采用 SP2 端由 No.2 车速传感器输入的车速信号。当 SP2 端子无信号或信号异常时，再采用 SP1 端由 No.1 车速传感器输入的车速信号。

（13）S_1、S_2、S_3：电磁阀控制信号输出端子。ECT ECU 从 S_1、S_2 端子输出的控制指令控制 No.1、No.2 电磁阀通电与断电，从而控制行星齿轮变速器自动换挡；S_3 端子输出的控制指令控制 No.3 电磁阀通电与断电，从而控制液力变矩器的锁止离合器结合与分离。

（14）L、2、N：空挡启动开关输入信号端子。当 L、2、N 端子分别输入信号电压（电源电压）时，ECT ECU 判定变速器分别处于 L、2、N 挡位；如 L、2、N 端子无信号输入，ECT ECU 判定变速器处于 D 挡位。

7.6.2 自动变速器的换挡规律

各种电控自动变速系统的硬件结构大同小异，但软件程序千差万别，变速器换挡规律 MAP 和变矩器锁止时机 MAP 亦不尽相同，丰田 A140E 型电控自动变速器的换挡规律如表 7.4 所示。

表 7-4 丰田 A140E 型电控自动变速器 ECT 换挡规律（车速单位：km/h）

挡位	模式选择开头	节气门全开（或全关）							
		1→2	2→3	3→O/D	(3→O/D)	(O/D→3)	O/D→3	3→2	2→1
D 挡	NORM	53～61	104～115	164～176	(35～40)	21～25	159～171	97～107	43～48
	PWR	53～61	104～115	164～176	(35～40)	21～25	159～171	97～107	43～48
2 挡	NORM	53～61	—	—	—	—	—	97～107	43～48
	PWR								
L 挡	NORM	—	—	—	—	—	—	—	54～59
	PWR								

注：括号内数字表示节气门全关（即减速）时的车速。

1. 普通型（NORM）换挡规律

普通型换挡规律是指动力性和燃油经济性介于经济型与动力型之间的换挡规律，曲线如图 7.47 所示。普通型换挡规律适用于一般驾驶条件下选用，以便兼顾汽车的动力性和经济性。

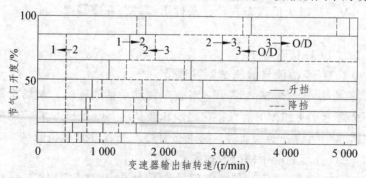

图 7.47 普通型 NORM 换挡规律曲线

汽车在行驶过程中，车速升高时升挡，车速低时降挡。由换挡规律可见，在节气门开度相同的情况下，相同挡位的升挡车速（如 2 挡升到 3 挡时的车速）比降挡车速（3 挡降到 2 挡时的车速）要高，即降挡曲线均处在升挡曲线左侧，其目的是充分利用发动机动力和提高燃油经济性。

2. 动力型（PWR）换挡规律

动力型换挡规律是指汽车获得最大动力为目的的换挡规律，曲线如图 7.48 所示。动力型换挡规律适用于坡道和山区驾驶，能够通过改变变速器换挡时机和变矩器锁止时机，充分利用液力变矩器增加转矩的功能来提高汽车的动力性。

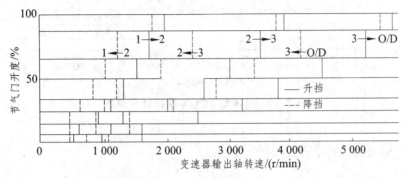

图 7.48　动力型 PWR 换挡规律曲线

由图 7.47 和图 7.48 所示曲线可见，节气门开度在 65% ~ 85% 之间的换挡参数如表 7.5 所示。在节气门开度（即发动机负荷）相同的情况下，当变速器换入相同挡位时，动力型换挡规律的变速器输出轴转速（或车速）比普通型要高得多。这是因为在节气门开度相同的情况下，车速越高动力性就越好，所以动力型换挡规律的动力性比普通型换挡规律的动力性要好。反之，升挡车速（或降挡车速）越低，则燃油经济性越好。换句话说，动力型换挡规律则是牺牲一定的经济性来提高动力性，而普通型换挡规律是牺牲一定的动力性来提高燃油经济性。由于二者的目的各不相同，因此在使用中，应当根据行驶条件（如坡度大小、风阻大小、路面好坏等）选择适当的换挡规律。

表 7-5　丰田 A140E 型 ECT 变速器的锁止时机

挡位	模式选择开关	节气门开度 5%（车速单位：km/h）					
		变矩器锁定			变矩器不锁定		
		二挡	三挡*	O/D 挡	二挡	三挡*	O/D 挡
D 挡	NORM	—	59 ~ 65	55 ~ 61	—	54 ~ 58	54 ~ 59
	PWR		59 ~ 65	55 ~ 61		54 ~ 58	54 ~ 59

注：*号表示 O/D 开关处于 OFF 的位置。

3. 经济型（ECON）换挡规律

经济型换挡规律是指汽车获得最佳燃油经济性为目的的换挡规律，曲线如图 7.49 所示。因为经济型换挡规律是以提高燃油经济性为目的，汽车基本上都是以经济车速行驶，所以特别适用于道路条件良好的城市和高速公路行驶选用。

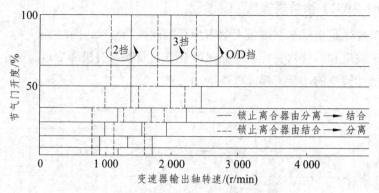

图 7.49　经济型 ECON 换挡规律曲线

7.6.3　变速器自动换挡控制过程

各种电控自动变速器的换挡控制过程大同小异，控制方法基本相同，都是 ECT ECU 根据节气门开度和车速传感器信号，在换挡规律 MAP 中查寻确定换挡时机，然后向换挡电磁阀（No.1、No.2 电磁阀）发出指控指令，换挡电磁阀再控制液压控制系统的换挡阀动作，使换挡离合器和换挡制动器的控制油路改变来实现挡位自动变换。下面分别以 A140E 型电控自动变速器排入二挡和排入三挡为例，说明自动变速系统的换挡控制过程。

1. 自动排入二挡

丰田 A140E 型电控自动变速器换挡规律如表 7.4 所示，这些数据预先以数据地图的形式存储在 ECT ECU 的 ROM 中，称为换挡规律 MAP 或换挡数据地图。

1）电子控制系统工作情况

当驾驶员将选挡操纵手柄拨到 D（或 2）位置、换挡规律选择开关置于 NORM（或 PWR）位置、节气门传感器信号表示节气门全开、车速传感器信号表示车速为 53 ~ 61 km/h 时，ECT ECU 根据这些信号从换挡规律 MAP 中查寻确定结果从一挡排入二挡。

由表 7.2 所示自动变速器换挡电磁阀及执行元件工作情况可知，此时 ECT ECU 将向换挡电磁阀 No.1、No.2 发出通电指令，控制换挡阀接通前进离合器 C_1、超速离合器 C_0 和二挡制动器 B_2 油路。

2）液压控制系统工作情况

由 1-2、2-3 和 3-4 换挡阀工作情况可知，当 No.2 电磁阀通电、变速器排入二挡时，超速离合器 C_0、前进离合器 C_1 和二挡制动器 B_2 油路接通而接合，使行星齿轮变速器自动排入二挡。

超速离合器 C_0 油路由 3-4 换挡阀接通，由图 7.26 可见，其控制油路为：油泵→3-4 换挡阀→超速离合器 C_0；

二挡制动器 B_2 油路由 1-2 换挡阀接通，如图 7.38（b）和图 7.26 所示，其控制油路为：油泵→手控阀→1-2 换挡阀→二挡制动器 B_2；

前进离合器 C_1 油路由手控阀接通，由图 7.26 可见，其控制油路为：油泵→手控阀→滤清器→前进离合器 C_1。

当 No.1 电磁阀通电、变速器排入二挡时，2-3 换挡阀将 3-4 换挡阀下部油路接通，保证 3-4 换挡阀向上移动接通 C_0 油路。

2. 自动排入三挡

1）电子控制系统工作情况

当汽车在上述条件下行驶时，如果选挡操纵手柄在 D 位置，那么，当车速升高到 104 ~ 115 km/h 时，ECT ECU 根据节气门传感器全开信号和车速传感器信号从换挡规律 MAP 中查寻确定结果将为从二挡排入三挡。

由表可知，此时 ECT ECU 将发出 No.1 电磁阀断电、No.2 电磁阀通电指令，控制换挡阀接通超速离合器 C_0、前进离合器 C_1、直接挡离合器 C_2 和二挡制动器 B_2 油路。

2）液压控制系统工作情况

由 1-2、2-3 和 3-4 换挡阀工作情况可知，当 No.1 电磁阀断电时，2-3 换挡阀将接通直接挡离合器 C_2 油路；No.2 电磁阀通电时，3-4 换挡阀将接通超速离合器 C_0 油路；1-2 换挡阀将接通二挡制动器 B_2 油路；前进离合器 C_1 油路由手控阀接通。C_1、C_2、C_0 和 B_2 油路接通而接合，使变速器自动排入二挡。各控制油路，分别如下，由图 7.26 可见。

直接挡离合器 C_2 油路为：油泵→手控阀→2-3 换挡阀→直接挡离合器 C_2。

超速离合器 C_0 油路为：油泵→3-4 换挡阀→超速离合器 C_0。

二挡制动器 B_2 油路为：油泵→手控阀→1-2 换挡阀→二挡制动器 B_2。

前进离合器 C_1 油路为：油泵→手控阀→滤清器→前进离合器 C_1。

7.6.4　变矩器自动锁止控制过程

液力变矩器的控制分为锁止时机控制和解除锁止状态两种情况。下面以丰田 A140E 型 ECT 液力变矩器的控制为例，说明锁止时机的控制过程。A140E 型 ECT 变矩器的锁止时机如表 7.6 所示。这些数据预先以数据地图的形式存储在 ECT ECU 的 ROM 中，称为锁止时机 MAP 或锁止数据地图。

表 7-6　PWR 与 NORM 型换挡规律比较

挡位	模式选择开头	节气门开度 65% ~ 85%（变速器输出轴转速：r/min）					
		1→2	2→3	3→O/D	O/D→3	3→2	2→1
D 挡	NORM	1500	3000	3900	3400	1900	400
	PWR	1700	3600	5100	4100	2400	200

1. 电子控制系统工作情况

在汽车行驶过程时，当驾驶员将换挡规律开关置于 NORM 或 PWR 位置、O/D 开关置于 ON 位置时，如果节气门传感器信号表示节气门开度为 5%、车速传感器信号表示车速为 55 ～ 61 km/h 时，ECT ECU 根据这些信号从锁止时机 MAP 中查寻确定结果就为变矩器锁止。当 ECT ECU 判定为锁止变矩器时，立即向 No.3 电磁阀发出通电指令，控制锁止信号阀和锁止继动阀的控制油路接通。

2. 液压控制系统工作情况

No.3 电磁阀通电时，线圈产生电磁吸引力使阀门开启泄压，如图 7.37（a）所示，使管路油压对锁止信号阀阀芯上端面 A 的作用力减小，锁止信号阀阀芯在弹簧预紧力推动下向上移动，将二挡制动器 B_2 至锁定继动阀之间的液压管路接通，油压信号传送到锁止继动阀阀芯（如图 7.26 所示，传动到继动阀阀芯下端面处，油压对阀芯下端面的作用力将克服油压对上端面的作用力与复位弹簧弹力之和，使阀芯向上移动），此时锁止继动阀阀芯将向上移动，将副调压阀输出油压经继动阀阀芯传送到液力变矩器，使变矩器的锁止离合器接合，变矩器锁定而直接传递发动机动力，从而提高车速和燃油经济性。由图 7.26 可见，各控制元件的油路如下。

锁止继动阀阀芯下端面油路为：油泵→手控阀→1-2 换挡阀→锁止信号阀→锁止继动阀阀芯下端面。

液力变矩器油路为：油泵→主调压阀→副调压阀→锁止继动阀→液力变矩器，见图 7.26 中左侧油路，如图 7.6（b）所示。油路接通使变矩器锁止离合器的锁止压盘压在壳体前盖上，锁止离合器接合，将涡轮与泵轮接合成一体，发动机输入动力由变矩器壳体前盖、锁止压盘和涡轮毂直接传递到变速器输入轴，传动效率为 100%。

7.6.5 变矩器解除锁止的控制

在行星齿轮变速器升挡或降挡时，ECT ECU 将发出暂时解除变矩器锁止状态指令，使换挡离合器或制动器接合柔和，防止或减轻换挡冲击。

1. 液力变矩器解除锁止状态的条件

在出现下列情况之一时，丰田 A140E 型电控自动变速器的 ECT ECU 将向锁止电磁阀 No.3 发出断电（OFF）指令，并通过锁止信号阀和锁止继动阀切换锁止离合器油路，强制解除液力变矩器的锁止状态。

（1）当制动灯开关接通时。当制动踏板踩下时，ECT ECU 的 STP（或 BK）端子将输入高电平（电源电压）信号，ECT ECU 接收到此信号后，立即发出解除液力变矩器锁止状态指令，以便制动器制动将车速降低，并防止发动机在驱动轮抱死制动时突然熄火。

（2）当节气门位置传感器 TPS 怠速触点闭合表示节气门完全关闭时。当发动机怠速汽车急减速行驶时，TPS 怠速触点接通，IDL 端子将向 ECT ECU 输入一个高电平信号。此时 ECT ECU 将向 No.3 电磁阀发出解除变矩器锁止状态指令，防止驱动轮不转导致发动机突然熄火。

（3）当巡航控制 ECU 向 ECT ECU 发出解除锁止信号时。当使用巡航控制功能巡航行驶时，若因行驶条件（如坡道阻力、迎风阻力、路面阻力等）使实际车速降低到巡航控制系统预先设定的车速 4 km/h 以上，巡航控制 ECU 将向 ECT ECU 发出一个终止信号，以便解除巡航控制状态。

（4）当发动机冷却液温度低于 60 °C 时。当冷却液温度低于 60 °C 时，发动机 ECU 将向 ECT ECU 发出一个解除锁止信号，ECT ECU 将强制解除变矩器锁止状态，以便发动机加速预热达到正常工作温度。

2. 液力变矩器解除锁止状态的控制

当自动变速器升挡或降挡以及在其他条件下需要解除液力变矩器锁止状态 BET ECU 将向电磁阀 No.3 发出断电指令，并通过锁止信号阀和锁止继动阀切换锁止离路，使液力变矩器解除锁止状态。

解除液力变矩器锁止状态时，ECT ECU 向 No.3 电磁阀发出断电指令，电磁阀线切断，电磁吸力消失，其阀芯在复位弹簧弹力作用下复位，电磁阀阀门关闭，如图 7.37（b）所示。电磁阀阀门关闭后，管路油压升高，锁上信号阀阀芯上端面 A 上的作用力增大，簧预紧力使阀芯向下移动，将二挡制动器 B_2 至锁定继动阀之间的液压管路关闭，锁定继动阀阀芯在油泵输出的管路油压和复位弹簧张力作用下迅速（向下）移动，使液力变矩液的流动方向迅速改变，锁止离合器迅速分离，从而解除变矩器锁止状态。由图 7.26 可见，此时液力变矩器油路为：油泵→主凋压阀→副调庄压阀→锁止继动阀→液力变矩器。见图 7.26 中右侧油路，由图 7.6（a）可见，锁止压盘在油压作用下向后移动，使锁止离合器分离，变矩器解除锁止状态。

7.6.6　控制部件失效保护控制

车速传感器和电磁阀是 ECT 电控系统的重要部件。当电磁阀或车速传感器及其电路出现故障时，ECT ECU 将利用其备用功能，配合选挡操纵手柄和手控阀工作，以便汽车继续行驶回家或驾驶到维修站维修，这一功能称为电控自动变速系统的失效保护功能。

1. 电磁阀及其电路失效保护控制

当 No.1、No.2 电磁阀正常时，在汽车行驶过程中，ECT ECU 通过控制 No.1 和 No.2 电磁阀通电或断电，即可控制换挡阀切换换挡元件油路，使变速器从上一挡升挡到 O/D 挡或从 O/D 挡降挡到一挡。

当 No.1、No.2 电磁阀中的某一只电磁阀电路发生故障（短路、断路或搭铁）而失去油路控制作用时，ECT ECU 仍能继续控制另一只电磁阀通电或断电，使变速器进行部分挡位变换。电磁阀的失效保护功能如表 7.4 所示。

如果 No.1 电磁阀电路发生故障，ECT ECU 将继续控制 No.2 电磁阀通电或断电，使变速器按表 7.4 中"No.1 电磁阀故障"时所示挡位换挡。

如果 No.2 电磁阀电路发生故障，ECT ECU 将继续控制 No.1 电磁阀通电或断电，使变速器按表 7.4 中"No.2 电磁阀故障"时所示的挡位换挡。

如果 No.1 和 No.2 电磁阀都发生故障，则电子控制系统不能控制换挡，此时只能由手动操纵换挡。手动换挡时，选挡操纵手柄将操纵手柄阀按表 7.7 中 No.1、No.2 电磁阀故障时所示的挡位换挡。

由表 7.7 可见，当电磁阀或其电路故障时，多数排挡都比电磁阀正常时偏高。例如，当两只电磁阀都发生故障时，如果选挡操纵手柄拨到 D 位，则排挡都为 O/D 挡；如果拨到 2（或 s）位，排挡则为三挡。因为排挡越高，传动挡越小，车速越快，所以在使用中，必须根据行驶条件（平坦路面、坡道弯道、城市道路或野外公路等）慎重选择挡操纵手柄位置，以免车速过高而导致发生事故。

表 7.7 ETC 换挡电磁阀 No.1、No.2 失效保护功能表

挡位	正常状态			No.1 电磁阀故障			No.2 电磁阀故障			No.1、No.2 电磁阀故障
	传动挡位	电磁阀		电磁阀		传动挡位	电磁阀		传动挡位	手动操纵时换挡执行元件的排挡
		No.1	No.2	No.1	No.2		No.1	No.2		
D	一挡	通电	断电	X	通电	三挡	通电	X	一挡	O/D 挡
	二挡	通电	通电	X	通电	三挡	断电	X	O/D 挡	O/D 挡
	三挡	断电	通电	X	通电	三挡	断电	X	O/D 挡	O/D 挡
	O/D 挡	断电	断电	X	断电	O/D 挡	断电	X	O/D 挡	O/D 挡
2 或 s	一挡	通电	断电	X	通电	三挡	通电	X	一挡	三挡
	二挡	通电	通电	X	通电	三挡	断电	X	三挡	三挡
	三挡	通电	通电	X	通电	三挡	通电	X	三挡	三挡
L	一挡	断电	断电	X	断电	一挡	通电	X	一挡	一挡
	二挡	通电	通电	X	通电	二挡	通电	X	一挡	一挡

注：X 表示失效

2. 车速传感器及其电路失效保护控制

在 No.1 和 No.2 车速传感器中，No.1 车速传感器为备用传感器。当 No.1、No.2 车速传感器正常时，ECT ECU 只利用 No.2 车速传感器信号控制换挡；当 No.2 车速传感器或其电路发生故障时，ECT ECU 将利用 No.1 车速传感器信号控制变速器换挡和变矩器锁止；当 No.1 和 No.2 车速传感器都发生故障时，ECT ECU 将无法进行控制，汽车只能用一挡行驶而无其他挡位；ECT ECU 既不会使 O/D OFF 指示灯闪亮报警，也不会存储任何故障代码。

实训 电子控制自动变速器的检修

1. 实训目的

（1）掌握正确的方法，查找电子控制自动变速器传感器及执行器元件故障。

（2）能够正确拆装电子控制自动变速器传感器及执行元件。

（3）能正确使用工具、仪表，检修电子控制自动变速器控制装置及电器线路。

（4）掌握自动变速器的自诊断方法，并根据结果查找故障原因。

（5）能顺利排除故障，消除故障码。

2. 实训设备、器材及工量具

丰田系列试验用车若干台、常用工具若干套、数字万用表若干块、相关维修手册若干套、举升机若干台、故障诊断仪若干套、举升机若干台。

3. 实训原理

（1）在测试变速器之前应确保油面高度正确，节气门和换挡拉索调整适当。确保发动机只有在变速杆位于"P"（驻车）位和"N"（空挡）位时才能启动，从而确保 P/N 挡位开关的调整正确。测试电控变速器时，应首先检查是否有已存储的故障码。

（2）在读取故障码之前应确保有足够的蓄电池电压保证自诊断系统工作正常，确保故障指示灯的工作正常。

（3）在清除代码之前确保所有代码已被记录。当代码信息清楚时，信息也将消失。必须完成某些驾驶方式试验以满足所有检查/保养的检验标准。

（4）所有维修技术参数参考维修手册，检修电子控制自动变速器控制器控制装置及电器线路要求使用数字万用表。

4. 实训步骤及操作要点

1）手动换挡测试

如果没有故障码存在，进行手动换挡测试。手动换挡测试是确定电路故障还是机械故障的基本手段。

（1）关闭点火开关，在变速器后端断开电磁阀的电器接头。路试验证变速器挡位的改变与换挡的位置一致。

（2）如果有不正常情况出现，说明存在机械传动问题；如果所有挡位工作正常，根据症状排除故障。

（3）关闭点火开关，重新接上电器接头。因为断开电器接头时可能会设置一故障码，所以要清除电控变速器存储器里的故障码。

2）输入和输出信号测试

（1）制动信号。

① 检查制动灯的工作情况，必要时修理制动灯。如果怀疑开关有问题，检查制动灯的通断性。如果怀疑电路有问题，根据相应电路图检修电路。

② 在 3 号诊断接头接上车载诊断系统，如图 7.50 所示。接通点火开关，当踏下和松开制动踏板时，读取制动灯开关信号。踏动制动踏板确定信号是否成周期性变化。如果信号成周期性变化，更换电控变速器电控装置。

③ 如果信号不成周期性变化，检查和修理制动灯开关与电控变速器电控装置间的电路。如果电路正常，更换电控变速器电控装置。

（2）超速挡取消信号。

① 找到电控变速器电控装置，接通点火开关，使用数字万用表，测量电控变速器电控装

置线束接头端子 OD 与地线间的电压。如果电压值为 4~6 V，换上好的电子控制装置并重新测试；如果电压值不是 4~6 V，进行下一步骤。

② 关闭点火开关。断开巡航控制电控装置线束接头。接通点火开关，测量端子 OD 与地线间的电压。如果电压值是 4~6 V，更换巡航控制电控装置，然后重新测试；如果电压值不是 4~6 V，则检查和维修巡航控制电控装置与电控变速器电控装置间的电路。

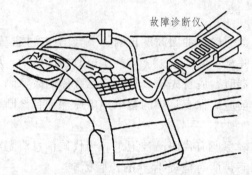

图 7.50 故障诊断仪和 3 号诊断插头的连接

（3）电控变速器电控装置电压测试。

找到电控变速器电控装置，如图 7.51 所示。接通点火开关，使用电压表测量电控变速器电控装置线束接头，检查选定的端子与端子 E_1 间的电压，电压值应该在指定的范围之内。

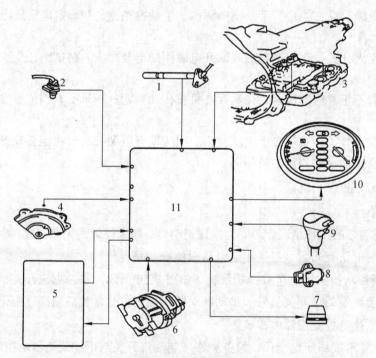

图 7.51 电子控制装置组成

1—输入轴转速传感器；2—车速传感器；3—变速器油温度传感器；4—挡位开关；5—发动机 ECM；
6—发动机转速传感器；7—故障检测插座；8—节气门位置传感器；9—模式开关；
10—挡位指示；11—执行器

3）部件测试

（1）1号车速传感器（VSS）。

① 将变速器外伸壳体上的1号车速传感器的电气接头断开,将电压表表笔分别与传感器输出插头相连，如图7.52所示。

② 抬高并支起一个汽车前轮，转动车轮，观察电压表，确保电压从0 V变到11 V。车速里程表驱动软轴每转动一圈电压应变化4次。如果电压不按指定的要求变化，应更换车速传感器。

（2）2号车速传感器。

在传感器端子间接上电压表。当将一块磁棒靠近和远离传感器时，注意观察电压间歇地产生，如图7.53所示，产生的电压很低。

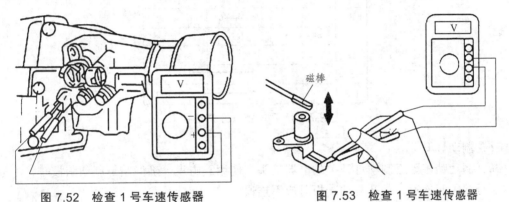

图 7.52　检查 1 号车速传感器　　　　　图 7.53　检查 1 号车速传感器

（3）电磁阀。

① 为检查电磁阀的密封性，检查下怀疑出现问题的电磁阀。将蓄电池电压加到电磁阀上去，把 4.9×10^5 Pa 的压缩空气连同蓄电池电压一起加到电磁阀上，如图7.54所示。

② 当接通蓄电池电压时，空气应通过电磁阀；断开蓄电池电压，确保空气不通过电磁阀。如果出现故障，更换电磁阀。

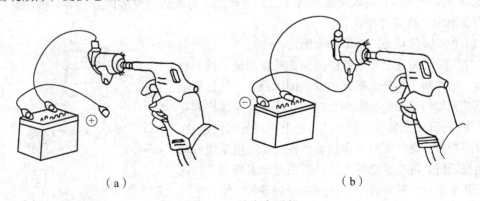

（a）　　　　　　　　　　　　　　　（b）

图 7.54　检查电磁阀

（4）P/N挡位开关。

断开P/N挡位开关的线束接头。P/N挡位开关位于变速器侧面。使用欧姆表测量与变速杆对应的端子之间是否连通，如图 7.55 所示。如有故障，更换 P／N 挡位开关。

（5）超速挡位开关。

断开变速杆上超速挡开关的电器接头。使用欧姆表，检查开关松开时（关闭时）端子间是否连通。确保在开关压下时（开位）端子间不连通。如有故障更换开关。

开关终端识别

	B	C	A	E	G	H
P	●—	—●				
R			●—	—●		
N	●—	—●				
D						
3			●—	—●	—●	
1-2			●—	—	—	—●

图 7.55　P/N 挡位开关检测

（6）制动灯开关。

断开制动踏板附近制动灯开关的电器接头。使用欧姆表，确保踏下制动踏板时，1 号端子与 2 号端子间连通，松开制动踏板时应不连通。

4）拆卸和安装

（1）制动灯开关的拆卸和安装。

断开电器接头，拆下锁紧螺母，拧下制动灯开关。安装时向里拧上制动灯开关直到制动灯开关撞针与制动踏板接触为止。

（2）换挡电磁阀的拆卸和安装。

电磁阀位于阀体上，从变速器阀体上拆下螺栓、电磁阀和 O 形圈。安装时使用新的 O 形圈，安装顺序与拆卸时相反。

（3）P/N 挡位开关的拆卸和安装。

P/N 挡位开关位于变速器的侧面。从控制轴上拆下锁紧螺母、垫圈和手动杆，撬开锁紧垫圈的凸舌，从控制轴上拆下锁紧螺母、锁紧垫圈和密封圈，拆下固定螺栓和开关。安装：将开关安装在控制轴上，装上开关的固定螺栓，但暂时不拧紧，安装密封环和锁紧垫圈，安装锁紧螺母并拧紧至规定值，将锁紧垫圈上的凸舌扳过锁紧螺母，确保采用了驻车制动，暂时将手动杆装在控制轴上，将变速杆放在"N"位。拆下手动杆，转动空挡启动开关，将 P/N 挡位开关上的参考标记与槽对齐，如图 7.56 所示。固定住 P/N 挡位开关的位置，拧紧固定螺栓到规定值。按与拆

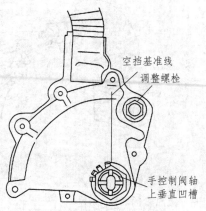

空挡基准线
调整螺栓

手控制阀轴
上垂直凹槽

图 7.56　安装 P/N 挡位开关

卸顺序相反的步骤安装其他部件。

（4）超速挡开关的拆卸和安装。

将超速挡开关取下并拆卸线束接头，安装与拆卸时相反。

5）电控变速器故障码的读取

（1）把故障诊断仪连接到 3 号诊断接头（DLC3）上，如图 7.50 所示。3 号诊断接头位于仪表板左下侧的熔丝盒内。

（2）接通点火开关，接通故障诊断仪。根据故障诊断仪指导手册读取存储器中的故障码，故障码识别如表 7.8 所示。

表 7.8　故障码识别表

故障码	可能存在故障的部件	故障码	可能存在故障的部件
P0500	1 号车速传感器	P0770	锁止电磁阀
P0750	1 号换挡电磁阀	P0773	锁止电磁阀电路
P0753	1 号电磁阀电路	P1700	2 号车速传感器
P0755	2 号换挡电磁阀	P1780	P/N 挡位开关
P0758	2 号电磁阀电路		

（3）已记录的代码有可能没有使故障指示灯闪亮。当某些故障或故障码最初出现时，它们将暂时存在电控变速器电控装置存储器中，但不能使故障指示灯闪亮。

（4）第一次探测到故障或故障码之后先关闭点火开关再接通，此时当第二次探测到故障或故障码时，故障指示灯亮，这一过程称为双程探测法，只用于特定的故障码。

6）根据故障码含义进行故障排除

诊断测试步骤举例如下。

代码 P0500（车速传感器输出电路故障）。

（1）可能故障原因。

① 车速传感器电路断路或短路。

② 1 号车速传感器故障。

③ 组合仪表出现故障。

④ 电控变速器控制装置故障。

（2）诊断和修理步骤。

① 路试汽车，确认车速里程表是否工作正常。如果车速里程表工作正常，就进行下一步骤，如果车速里程表工作不正常，则进行步骤⑤。

② 找到电控变速器电控装置线束接头。断开电控变速器电控装置接头 E_{10}，使用欧姆表检查端子 SP_1 与地线间是否连通。

③ 如果电路连通，检查并修理。如果电路不连通，接通点火开关。测量端子 SP_1 和地线间的电压。

④ 如果没有蓄电池电压，检查并修理组合仪表和电控变速器电控装置间的电路。如果存在蓄电池电压，则应更换电控变速器电控装置，然后重新测试。

⑤ 支起汽车，断开巡航控制电控装置。拆下组合仪表，接通点火开关。使用数字万用表，测量组合仪表接头端子 SP_1 和地线间的电压。

⑥ 转动后轮，如果电压在 4~6 V 之间并保持不变，进行步骤⑦；如果电压不在规定范围内，关闭点火开关，断开电控变速器电控装置线束接头，如图 7.57 所示。使用欧姆表，检查组合仪表线束接头端子 SP_1 和电控变速器电控装置端子 SP_1 间是否接通，如果电路接通，进行下一步，如果不连通，则需要检查和修理电路。

⑦ 检查组合仪表和车速传感器间的两条电路是否连通，如果电路不连通，则按需要检查和修理电路；如果电路连通，检查车速传感器，如图 7.58 所示，必要时进行更换。

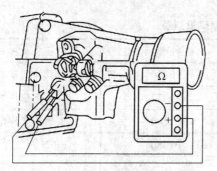

图 7.57 车速传感器的就车检查

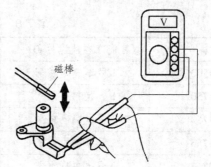

图 7.58 车速传感器的离车检查

（3）清除故障码。

一旦完成修理，必须清除电控变速器电控装置存储器中的故障码，可以使用以下方法。

① 使用故障诊断仪（根据制造商的指导手册）。

② 从蓄电池附近的仪表板熔丝盒中拆下发动机燃油喷射（EFI）熔丝（15 A）10 s 以上的时间来清除电控变速器电控装置的存储器中的记录。

③ 断开蓄电池的负极接线，所有电子部件的存储记录也将被取消。

5. 实训注意事项

（1）所有装有安全气囊系统（SRS）的车型，维修汽车时应该小心，避免气囊意外打开。所有安全气囊系统电器接头和线束都用黄色绝缘材料包裹。与安全气囊系统有关的各部件位于转向柱上、中央仪表台、仪表板上和仪表板下方。不要在这些电路上使用电器试验设备。维修部件前需要关闭辅助约束系统。

（2）注意操作人身及设备安全。

6. 实训考核及评分参考标准

表 7.9 实训考核及评分参考标准

序号	考核内容	配分	评分标准
1	正确使用工具、仪器	10	仪器使用不当，扣 10 分
			工具使用不当，酌情扣分
2	正确使用仪表检修传感器及执行元件	20	检修方法错误，扣 10 分
			检修程序错误，扣 10 分

续表 7.9

序号	考核内容	配分	评分标准
3	正确使用工具、仪表检修电气线路故障	10	故障检修错误，扣 10 分
4	正确读取故障码,利用正确的方法排除故障	30	读码方法错误，扣 30 分
			读码结果错误，扣 10 分
			不能排除故障，扣 10 分
5	遵守安全操作规程、操作现场整洁	10	每项扣 5 分，扣完为止
	安全用电、防火、无人身、设备事故		因违章操作发生重大人身和设备事故，此次实训按 0 分计
6	分数总计	100	

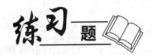

练习题

1. 简答题

（1）为什么进入 21 世纪以来，装备电控自动变速系统的轿车普遍受到家用汽车车主的青睐？

（2）与装备机械式变速器的汽车相比，为什么装备电控自动变速系统的汽车在涉水时容易熄火？

（3）液压控制式自动变速器系统和电子控制式自动变速系统有何差异？

（4）目前，汽车装备的电控自动变速系统主要有哪些？各有什么特点？

（5）为什么说电控自动变速系统能够提高汽车的动力性、经济性、舒适性、和排放性能？

（6）汽车电控自动变速系统控制换挡的基本原理是什么？

（7）汽车电控自动变速系统怎样控制锁止式液力变矩器锁止？

（8）自动变速器汽车选挡操纵手柄标示的 P、R、N、D、2、1、L 等代号的含义分别是什么？如何合理运用之？

（9）当所有车速传感器都发生故障时，ECT ECU 能否继续进行自动换挡控制？为什么？

2. 选择题

（1）锁止式液力变矩器与其他形式的液力变矩器的区别在于配装有（　　　）。

　　　A. 单向离合器　　　　　B. 湿式离合器　　　　　　　C. 干式离合器

（2）装备电控自动变速器系统的汽车在一般道路和城市道路行驶时，耗油量大有增加（　　　）。

　　　A. 5%　　　　　　　　B. 10%　　　　　　　　　　　C. 20%

（3）在汽车行驶过程中，当选择操纵手柄处于（　　　）位置时才能启动发动机。

　　　A. N、P 和 R　　　　　B. D、L 和 N　　　　　　　　C. D、3 和 2

（4）对于装备电控自动变速系统的汽车当选当操纵手柄处于（　　　　）位置时才能启动发动机。

    A. N、P 和 R   B. P 或 N   C. D、3 和 2

（5）如果自动变速系统没有提供经济性换挡规律，那么（　　　）就相当于经济型。

    A. NORM   B. PWR   C. ECON

（6）在装备电控自动变速系统的汽车上，控制变速器自动换挡的电磁阀有（　　　　）。

    A. No.1 和 No.2 电磁阀   B. No.1 和 No.3 电磁阀   C. No.3 电磁阀

（7）在装备电控自动变速系统的汽车上，控制液力变矩器锁止的电磁阀有（　　　　）。

    A. No.1 和 No.2 电磁阀   B. No.1 和 No.3 电磁阀   C. No.3 电磁阀

（8）在装备电控自动变速系统的汽车上，当液力变矩器锁止时，汽车将行驶在（　　　　）。

    A. 高速   B. 中速   C. 低速

（9）在装备电控自动变速系统的汽车上，当液力变矩器锁止时，液力变矩器的传动效率为（　　　　）。

    A. 96%   B. 98%   C. 1

（10）在装备电控自动变速系统的汽车上，控制液力变矩器接触锁止状态的信号有（　　　　）。

    A. 车速信号   B. 巡航控制 ECU 信号   C. 节气门位置传感器信号

项目 8　汽车行驶与安全控制系统

【学习目标】

（1）了解巡航控制系统的作用、意义。
（2）掌握巡航控制系统的基本组成、工作原理。
（3）了解安全气囊基本结构和工作原理。
（4）掌握安全气囊常见检修方法。

任务 8.1　汽车巡航电控系统（CCS）概述

汽车巡航电子控制系统通常简称巡航控制系统（CCS，Cruise Control System）。汽车巡航是指汽车以一定的速度匀速行驶，故汽车巡航控制系统又称恒速控制系统。

汽车巡航电控系统的功用是：根据汽车行驶阻力的变化，自动调节发动机节气门（或供油拉杆）的开度大小，使汽车保持恒定的速度行驶。

8.1.1　巡航电控系统（CCS）组成

汽车巡航控制系统（CCS）主要由车速传感器、节气门位置传感器或加速踏板位置传感器（柴油机）、控制开关、巡航控制电控单元（CCS ECU）和执行机构等部件组成。如图 8.1 所示为丰田凌志 LEXUS400 型轿车 CCS 控制部件的安装位置。

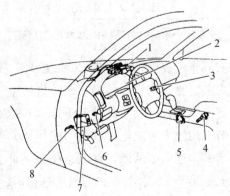

图 8.1　凌志 LEXUS400 型轿车巡航控制部件安装位置

1—执行器；2—巡航指示灯；3—巡航开关；4—No.1 车速传感器；5—空档启动开关；
6—制动灯开关；7—CCS ECU；8—驻车制动开关

巡航控制系统的车速传感器（VSS）、节气门位置传感器（TPS）或加速踏板位置传感器即可与发动机控制系统或电子控制自动变速系统公用，也可专门独立设置。

控制开关主要有巡航开关、制动灯开关、驻车制动开关、点火开关、离合器开关（仅对手动变速器汽车）或空挡启动开关（对自动变速器汽车）等。巡航开关的功用是将恒速、加速或减速、恢复原速以及取消巡航行驶等指令信号输入 CCS ECU，其他开关的功用是将各种状态信息输入 CCS ECU，以便 CCS ECU 确定是否进行恒速控制。

巡航控制电控单元（CCS ECU）是巡航控制系统的控制核心，具有数学计算、逻辑判断、记忆存储、故障自诊断等功能。

执行机构分为气动式和电动式两种。气动式主要由速度伺服装置和电磁阀等组成；电动式主要由电动机（永磁式或步进式电动机）、减速机构和电磁离合器等组成。执行机构的功用是根据 CCS ECU 指令，通过节气门拉索（钢索）或电子式节气门控制器调节发动机节气门的开度，使车速保持恒定。

8.1.2　巡航控制系统的控制原理

巡航控制原理如图 8.2 所示。输入 CCS ECU 的信号有两个：一个是驾驶员根据行驶条件，通过巡航开关设定的巡航车速指令信号；另一个是车速传感器输入的实际车速反馈信号（见图 8.2）。

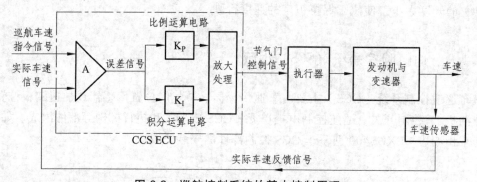

图 8.2　巡航控制系统的基本控制原理

当巡航车速指令信号和实际车速反馈信号输入 CCS ECU 后，CCS ECU 的比较器 A 经过比较运算便可得到两个信号之差，称之为误差信号。误差信号经过比例运算和积分运算后，再经过放大处理就可得到控制节气门开度大小的控制信号，CCS ECU 将控制指令发送给执行机构，执行机构就可以驱动节气门拉索（或电子节气门控制器）调节节气门开度大小，将实际车速迅速调节到驾驶员设定的车速值，从而实现恒速控制（即巡航控制）。

在控制过程中，当实际车速低于驾驶员设定的巡航车速值时，CCS ECU 将向执行机构发出增大节气门开度的指令，使实际车速升高到巡航车速。反之，当实际车速高于驾驶员设定的巡航车速值时，CCS ECU 将向执行机构发出减小节气门开度的指令，使实际车速降低到巡航车速，从而实际车速基本保持在驾驶员设定的巡航车速值不变。

8.1.3　巡航车速的控制方式

当汽车在平坦路面上以设定的巡航车速 V_0 行驶时，设节气门开度为 Q_0。如果此时 CCS ECU 向执行机构发出指令使节气门开度保持不变，则汽车将以设定的巡航车速 V_0 行驶。但是，当车辆遇到坡道上坡行驶或遇到刮风逆风行驶时，由于坡道阻力或风阻增加将使车速降低到 V_d，而不能以设定的巡航车速 V_0 行驶。因此，CCS ECU 必须向执行机构发出指令使节气门开度增大（即节气门旋转角度增大 $+\Delta\theta°$），才能使车速接近于设定的巡航车速 V_0（即实际车速比巡航车速 V_0 低 Δv 值）行驶。同理，当车辆下坡或顺风行驶时，节气门旋转角度将减小 $\Delta\theta°$，实际车速将比巡航车速 V_0 高 Δv 值。

由此可见，为使汽车巡航车速 V_0 不受行驶阻力变化的影响，巡航电控单元 CCS ECU 内部积分运算放大电路 K_1 控制的控制线应尽可能使车速变化范围减小，因此，当汽车行驶在上坡、下坡道路以及风阻等因素导致行驶阻力变化时，控制系统只要将节气门开度调整 $\pm\theta°$ 转角，就可将车速变化幅度限制在 $\pm\Delta v$ 值的微小范围内。

8.1.4　巡航控制系统的优点

汽车巡航控制系统主要具有以下优点：

（1）减轻驾驶员的劳动强度，提高行驶安全性。在汽车行驶过程中，当车速达到一定值（超过 40 km/h）后，只要驾驶员操作巡航开关设定一个想要恒速行驶的车速，CCS ECU 就能自动控制发动机节气门开度使汽车保持在设定的速度恒速行驶，不需要驾驶员踩踏加速踏板。

（2）行驶速度稳定，提高乘坐舒适性。在巡航行驶过程中，无论汽车在上坡或下坡路面上行驶，还在平坦路面或风速变化的情况下行驶，只要是发动机功率允许范围之内，汽车行驶速度都将保持设定的巡航车速不变。

（3）节省燃料消耗，提高燃油经济性和排放性能。实践证明：汽车在相同行驶条件下，利用巡航行驶可以节省 15% 左右的燃料。

任务 8.2　汽车巡航控制系统（CCS）的结构原理

8.2.1　巡航控制开关

1. 巡航开关

巡航开关是巡航控制系统的主要控制开关，其功能是将恒速、加速或减速、恢复巡航车速以及取消巡航行驶等指令信号输入 CCS ECU，以便 CCS ECU 确定是否进行恒速控制。

巡航开关实际上是一个类似风窗玻璃刮水与洗涤开关的组合手柄开关，一般由"MAIN（主开关）""SET/COAST（设置/巡航）""RES/ACC（恢复加速）"和"CANCEL（取消）"四个功能开关组成。巡航开关一般都安装在转向盘右下侧偏上位置，并随转向盘一同转动，以便驾驶员操作。在驾驶员转动转向盘的同时，即可用右手手指拨动组合手柄的操纵方向。

　　各型汽车用巡航开关的工作原理基本相同。但是巡航开关的外形结构各不相同,在设定巡航功能时,操作手柄开关方向也不尽相同。下面以图 8.3 所示丰田 LEXUS400 型轿车巡航开关的外形结构与内部电路为例说明。

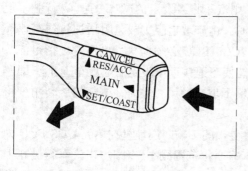
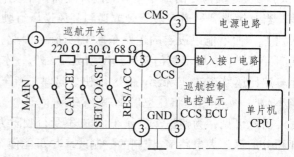

（a）操纵手柄外形图　　　　　　　　（b）巡航开关电路图

图 8.3　巡航开关操纵手柄的外形结构与内部电路

　　（1）主开关（MAIN）：主开关（MAIN）为按钮式开关,设在开关操纵手柄的端部,是巡航控制的总开关。当单击一下操纵手柄的主开关（MIAN）按钮时,MAIN 触点接通,组合仪表盘上的巡航指示灯将发亮指示,此时巡航控制系统处于待命状态,可以进行恒速控制。再次单击主开关（MAIN）按钮时,按钮将弹起,MAIN 触点断开巡航指示灯将熄灭,指示巡航控制系统处于关闭状态,不能进行恒速控制。

　　（2）设定/巡航（SET/COAST）：即巡航速度设定开关。将巡航开关操纵手柄向下拨动并保持在向下位置时,巡航速度设定开关即可接通。当"设定/巡航"开关处于接通位置时,只要按住操纵手柄不动,汽车就会不断加速。当车速达到驾驶员想要巡航的车速（注：车速应在 40 km/h 以上,低于 40 km/h 不能进行巡航行驶）时松开操纵手柄,手柄将自动复位,此时巡航控制系统就会使汽车以松开操纵手柄时的车速保持恒速行驶。

　　（3）恢复/加速（RES/ACC）：即恢复（RESUME）巡航速度开关。向上拨动操纵手柄时,巡航速度"恢复/加速"开关即可接通。在汽车以设定上网巡航速度行驶过程中,当驾驶员踩下加速踏板超车或者踩下制动踏板制动,或将自动变速器选挡手柄拨到前进挡 D 以外的位置时会导致车速升高或降低,如果此时想要恢复到原来设定的巡航车速,那么将巡航开关操纵手柄抬起并保持在位置使"恢复/加速"开关保持接通,汽车即可迅速加速或减速并恢复到原来设定的巡航车速行驶。但是,如果行驶车速低于 40 km/h,则巡航车速不能恢复。

　　（4）取消（CANCEL）：即取消巡航的操纵开关。将巡航开关操纵手柄向驾驶员方向拨动时,即可接通巡航"取消"开关来解除巡航行驶。

2. 制动灯开关

　　在装备巡航控制系统的汽车上,制动灯开关是一个双闸开关,即制动灯开关是在原有常开触点的两端并联一个常闭触点构成。常开触点连接在 CCS ECU 与制动灯电路中,常闭触点式连接在 CCS ECU 与巡航执行机构（电磁离合器线圈或电磁阀线圈）电路中。当驾驶员踩下制动踏板时,常开触点闭合接通制动灯电路,同时向 CCS ECU 输入一个表示制动的信号,CCS ECU 立即关闭巡航控制程序并控制仪表的巡航指示灯发亮,指示巡航控制状态解除。

与此同时，制动开关的常闭触点断开，切断巡航执行机构电路，使巡航执行机构动力传递路线切断。

3. 驻车制动开关

在汽车行驶过程中，当制动系统发生故障时，就需要通过操作驻车制动器来降低车速。当拉紧驻车制动器时，驻车制动开关触点闭合，在接通制动警告灯电路的同时，还向 CCS ECU 输送一个表示驻车制动器处于制动状态的信号，CCS ECU 接收到该信号后将解除巡航行驶状态。

4. 空挡启动开关

在汽车行驶过程中接通"空挡 N"位置时，说明驾驶员想要减速停车。因此，在装备巡航控制系统在汽车上，空挡启动开关还有一个功用是：向巡航电控单元 CCS ECU 输入一个电信号，以便 CCS ECU 解除巡航状态。

5. 离合器开关

离合器开关的功用是：当汽车处于巡航状态时，如果驾驶员踩踏踏板离合器踏板（以便变换变速器挡位等），离合器开关触点就会闭合，并向 CCS ECU 输入一个电信号（低电平或高电平信号），以便 CCS ECU 解除巡航状态 。

8.2.2　巡航电控单元（CCS ECU）

巡航控制系统电控单元（ACC ECU）又称为巡航电子控制器，其功用是接受车速传感器、巡航开关、制动灯开关、驻车制动开关、空挡启动开关或离合器开关、发动机电控单元（ECU）以及自动变速系统电控单元（ECT ECU）的信号，经过信号转换与处理、数学计算（比例—积分计算）、逻辑判断、记忆储存、功率放大等处理后，向巡航执行机构输出控制指令信号，驱动执行器动作，从而实现恒速或解放控制或解除巡航行驶状态。

CCS ECU 根据驾驶员操作"设定/巡航"（SET/COAST）开关输入的设定车速信号、车速传感器输入的实际车速信号、各种开关输入信号及发动机电控单元 ECU 和自动变速电控单元 ECT ECU 输入信号，按照只读存储器 ROM 中预先编制的程序进行预处理之后向执行机构驱动电路发出命令，驱动执行器（步进电动机或直流电动机、电磁阀等）动作，执行器通过节气门联动机构和节气门等改变节气门开度，使实际车速达到设定的巡航车速，电路框图如图 8.4 所示。

8.2.3　巡航执行机构

汽车巡航控制系统的执行机构又称为速度伺服装置，其功用是根据 CCS ECU 的控制指令，通过操纵节气门拉索或供油拉杆（柴油机）来改变发动机节气门开度或供油杆位置（柴油机），使汽车加速、减速或保持恒定的速度行驶。

巡航执行机构的结构组成如图 8.5 所示，主要由驱动电动机、安全电磁离合器、减速机构和电位计等组成。

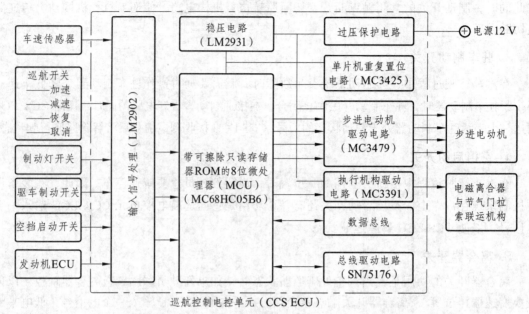

图 8.4　Motorola 数字式 CCS ECU 电路框图

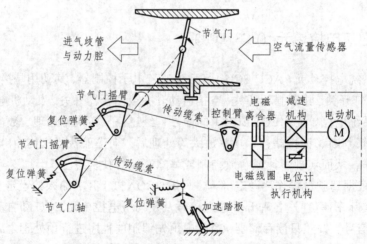

图 8.5　电动式巡航控制执行机构的结构组成

1. 驱动电动机

驱动电动机是执行机构的动力源,可采用永磁式直流电动机或步进式直流电动机。电动机转动时通过减速机构和电磁离合器带动控制臂转动,控制臂又通过专用节气门拉索(钢索)拉动节气门摇臂转动,调节节气门开度。

2. 电磁离合器

电磁离合器安装在驱动电动机与控制臂之间。在巡航行驶过程中当驾驶员踩下制动踏板或实际车速超过设定巡航车速一定值(一般为 15 km/h 左右)或车速传感器发生故障时,CCS ECU 将立即发出控制指令使离合器分离,防止发生事故,故又称为安全电磁离合器。由于只有在电磁离合器接合的情况下驱动电动机转动才能改变节气开度进入巡航控制,当未进入巡航控制状态时，将电磁离合器线圈电路设计为接通状态，使离合器初始状态为接合状态。将离合器初始状态设计为接合状态时，节气门摇臂将随驱动电机转动而转动，不仅能够保证巡航执行机构迅速响应，而且能够防止发生"游车（车速时快时慢现象）"，从而提高巡航行驶稳定性和乘坐舒适性。

3. 电位计

在电动式执行机构中，一般都设置一只由滑片电阻器构成的电位计（即转角或位移传感器），其功用是检测执行机构中控制臂转动的角度或拉索的位移量，并将信号输入巡航电控单元 CCS ECU。该信号主要用于 CCS ECI 诊断执行机构是否发生故障。当 CCS ECU 向执行机构发出控制指令后，如果电位计信号没有变化或超过设计值，则将判定执行机构是否故障。

任务 8.3   汽车巡航控制系统（CCS）的控制过程

汽车巡航电子控制系统普遍采用闭环控制方式进行控制，巡航控制流程如图 8.6 所示。

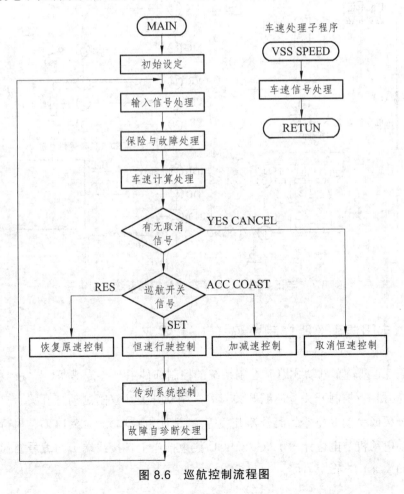

图 8.6   巡航控制流程图

　　各型汽车巡航控制系统的结构组成与控制电路虽然各有不同，但其控制过程大同小异。下面以图 8.7 所示丰田皇冠 3.0 型轿车电动式巡航控制系统控制电路为例说明巡航控制系统的控制过程。

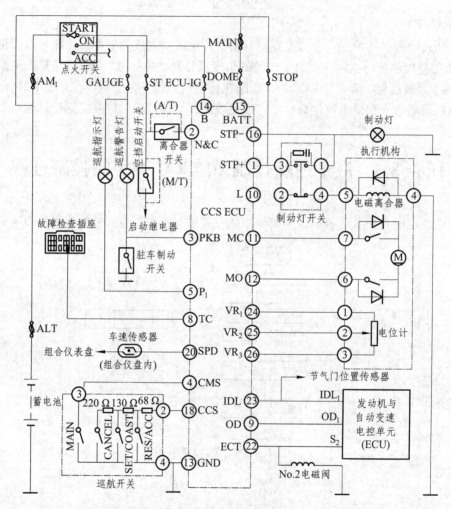

图 8.7　丰田皇冠 3.0 型轿车巡航控制系统控制电路

8.3.1　丰田汽车巡航控制系统（CCS）组成

　　丰田皇冠 3.0 型轿车电动式巡航控制系统的控制部件主要有传感器（节气门位置传感器、No.1 车速传感器）、控制开关（巡航开关、驻车制动开关、双闸制动灯开关、自动变速系统的空挡启动开关或手动变速器的离合器开关等）、巡航电控单元 CCS ECU、执行机构（电磁离合器、驱动电动机与电位计等）。CCS ECU 线束插座上各接线端子的编号、代号以及连接部件的名称如表 8.1 所示。

表 8.1　丰田皇冠 3.0 型轿车 CCS ECU 接线端子编号、代号与连接部件名称

端子编号	端子代号	连接部件的名称	端子编号	端子代号	连接部件的名称
1	STP +	制动开关	14	B	电源（受点火开关控制）
2	N&C	离合器开关	15	BATT	备用电源（常火线）
3	PKB	驻车制动开关	16	STP-	制动灯（制动信号输入端子）
4	CMS	巡航主开关	18	CCS	巡航控制开关
5	P_1	巡航控制指示灯	20	SPD	车速传感器（仪表盘上）
8	TC	故障诊断插座 TDCL	22	ECT	ECT ECU 端子 S_2 和自动变速系统 No.2 电磁阀
9	OD	发动机和自动变速 ECU，超速与解除止信号输入端子 OD_1	23	IDL	节气门位置传感器怠速触点
10	L	制动灯开关的电磁离合器触点	24	VR_1	控制臂电位计正极端子
11	MC	驱动电动机	25	VR_2	控制臂电位计信号端子
12	MO	驱动电动机	26	VR_3	控制臂电位计负极端子
13	CND	CCS ECU 搭铁端子			

8.3.2　丰田汽车巡航控制系统（CCS）控制过程

1. 巡航控制电源电路

（1）备用电源电路为：蓄电池正极→易熔线 ALT、MAIN→熔断器 DOME→CCS ECU 端子"15（BATT）"→CCS ECU 内部电路→端子"13（GND）"搭铁→蓄电池负极。

（2）电源电路。当点火开关接通 ON 位置时，巡航控制系统电源接通。其电路为：蓄电池正极→易熔线 ALT、AM1→点火开关"点火（ON）"挡→熔断器 ECU-IG→巡航电控单元 CCS ECU 电源端子"14（B）"→CCS ECU 内部电路→端子"13（GND）"搭铁→蓄电池负极。

2. 巡航控制过程

接通巡航主开关（MAIN）时，仪表盘上的"巡航指示灯"发亮 3～5 s 后自动熄灭，此时巡航控制系统 CCS 处于待命状态，仅当车速达到或超过 40 km/h 时，CCS 才能投入工作，控制部件及开关电路与工作情况如下。

（1）巡航主开关（MAIN）电路为：蓄电池正极→点火开关"点火（ON）"挡→熔断器 ECU-IG→CCS ECU 电源端子"14（B）"→CCS ECU 内部电路→端子"4（CMS）"→巡航开关端子"3"→主开关"MAIN"触点→巡航开关端子"4"→搭铁→蓄电池负极。

（2）巡航指示灯电路为：蓄电池正极→点火开关"点火（ON）"挡→熔断器 GAUGE→巡航指示灯→CCS ECU 端子"5（P_1）"→CCS ECU 端子"13（GND）"搭铁→蓄电池负极。

（3）"SET/COAST"（设置/巡航）开关电路。巡航开关具有"MAIN"（主开关）、"SET/COAST"（设置/巡航）、"RES/ACC"（恢复/加速）和"CANCEL"（取消）四种开关的控制功能。在车速达到或超过 40 km/h 的情况下，当"SET/COAST"（设置/巡航）开关接通时，电磁离合器线圈电路接通，执行机构投入工作，汽车将不断加速。"SET/COAST"（设置/巡航）开关电路为：蓄电池正极→点火开关"ON"挡→熔断器 ECU-IG→CCS ECU 电源端子"14（B）→CCS ECU 内部电路→端子"18（CCS）"→"SET/COAST"（设置/巡航）开关→搭铁→蓄电池负极。

（4）电磁离合器线圈电路为：蓄电池正极→点火开关"ON"挡→CCS ECU 电源端子"14（B）"→CCS ECU 内部电路→CCS ECU 端子"10（L）"→制动灯开关常闭触点→电磁离合器线圈→搭铁→蓄电池负极。

（5）驱动电动机电路为：蓄电池正极→点火开关"ON"挡→CCS ECU 电源端子"14（B）"→CCS ECU 内部电路→端子"24（VR_1）"→电位计及其滑臂→端子"25（VR_2）"→端子"11（MC）"→电动机→端子"12（MO）"→CSS ECU 内部电路→端子"13（GND）"→搭铁→蓄电池负极。

电动机转动时，通过减速机构和电磁离合器拉动控制臂以及节气门摇臂转动，使节气门开度增大，车速升高。与此同时，电位计滑臂随减速机构、控制臂或拉索移动，将执行机构动作情况从端子"25（VR_2）"反馈给 CCS ECU，CCS ECU 根据反馈信号电压高低即可诊断执行机构是否发生故障。并将故障编成代码存储在随机存储器中（电动机电流过大用代码"11"表示，电动机电路短路或电磁离合器线圈电路断路用代码"13"表示等），以便维修时查询；同时 CCS ECU 还将发出指令驱动巡航指示灯发亮指示。

（6）电位计电路为：蓄电池正极→点火开关"ON"挡→CCS ECU 电源端子"14（B）"→CCS ECU 内部电路→端子"24（VR_1）"→电位计→端子"26（VR3）"→CCS ECU 内部电路→端子"13（GND）"→搭铁→蓄电池负极。

在车速达到或超过 40 km/h 的情况下，当驾驶员向下拨动巡航开关手柄使"SET/COAST"（设置/巡航）开关保持接通时，车速将持续升高。当实际车速升高到想要设定的巡航行驶车速时放松开关手柄和加速踏板，设定的车速将被记忆在存储器中，巡航电控单元 CCS ECU 将控制执行机构通过节气门开度保持该车速恒速行驶。

当汽车行驶阻力减小使实际车速高于设定车速时，CCS ECU 将控制驱动电动机电路反转一定角度，使节气门开度减小来降低车速。此时电动机电流从端子"12（MO）"流入，经过电动机电枢后，再从端子"11（MC）"流出。

（7）驱动电动机反转电路为：蓄电池正极→点火开关"ON"挡→CCS ECU 电源端子"14（B）"→CCS ECU 内部电路→端子"24（VR_1）"→电位计及其滑臂→端子"25（VR_2）"→端子"12（MO）"→电动机→端子"11（MC）"→CCS ECU 内部电路→端子"13（HND）"→搭铁→蓄电池负极。

在汽车以设定的巡航速度行驶过程中，如果驾驶员踩下加速踏板超车或踩下制动踏板制动或将自动变速器选挡手柄拨到前进挡"D"以外的位置等导致车速升高或降低而需要恢复到原来设定的巡航车速时，将"RES/ACC"（恢复/加速）开关接通短暂时间，汽车即可迅速减速或加速并恢复到原来设定的巡航车速恒速行驶。但是，当实际车速已经低于 40 km/h 时，巡航车速则不能恢复。

3. 取消巡航的控制

在汽车以设定的巡航速度行驶过程中，当遇到下列情况之一时，巡航电控单元 CSS ECU 将发出控制指令使巡航执行机构停止工作，立即解除巡航状态。

（1）巡航开关的"CANCEL"（取消）开管接通时。该开关接通时，将从 CCS ECU 端子"18（CCS）"输入一个表示解除巡航行驶的信号。CCS ECU 接收到该信号时，将立即解除巡航控制状态，同时驱动仪表盘上的巡航指示灯发亮指示。

（2）制动灯开关接通时。当驾驶员踩下制动踏板时，双闸制动灯开关的常开触点闭合、常闭触点断开。常开触点闭合时，一方面使制动灯电路接通报警，另一方面从端子"16（STP - ）"向 CCS ECU 输入一个高电平信号，CCS ECU 接收到该信号时，将立即驱动巡航指示灯发亮指示。与此同时，常闭触点断开将电磁离合器线圈电路切断，离合器分离，驱动电动机动力传递路线切断，巡航控制状态解除。

（3）驻车制动开关接通时。当驻车制动（手制动）手柄拉紧时，驻车制动开关接通，一方面使制动警告灯电路接通发亮指示，另一方面从端子"3（PKB）"向 CCS ECU 输入一个低电平信号，CSS ECU 接收到该信号时，将立即解除巡航控制状态并驱动巡航指示灯发亮指示。

（4）在装备手动变速器的汽车上，当踩下离合器踏板时，离合器开关触点闭合，并从端子"2（N&C）"向 CCS ECU 输入一个高电平信号，CCS ECU 接收到该信号时，将立即解除巡航控制状态并驱动巡航指示灯发亮指示。

空挡启动开关或离合器开关接通时，在装备自动变速器的汽车上，当选挡操纵手柄拨到"空挡 N"位置时，空当启动开关接通并从端子"2（N&C）"向 CCS ECU 输入一个高电平信号，CCS ECU 接收到该信号时，将立即解除巡航控制状态并驱动巡航指示灯发亮指示。

任务 8.4 安全气囊系统（SRS）

SRS 既是被动安全装置，也是座椅安全带的辅助控制装置，只有在使用安全带的条件下，才能充分发挥保护驾驶员和乘员的作用。据 General 汽车公司 1989 年的一项表明：SRS 与安全带共同共同使用的保护效果最佳，可使驾驶员和前排乘员的伤亡人数减少 43% ~ 46%。由此可见，为了充分发挥 SRS 的保护作用，确保汽车驾驶员和乘员的人身安全，在汽车行驶时一定要系好安全带。

8.4.1　安全气囊系统的作用

当汽车发生碰撞时，汽车与汽车或汽车与障碍物之间的碰撞，称为一次碰撞。一次碰撞后，汽车速度将急剧减慢，减速度急剧增大，驾驶员和乘员就会受到较大惯性力的作用而向前移动，使人体与转向盘、风窗玻璃或仪表台等构件发生碰撞，这种碰撞称为二次碰撞。在车辆事故中，二次碰撞是导致驾驶员和乘员遭受伤害的主要原因。

汽车碰撞分为正面碰撞和侧面碰撞。当汽车发生正面碰撞时，在惯性力的作用下，驾驶员面部或胸部可能与转向盘和风窗玻璃发生二次碰撞，前排乘员可能与仪表台和风窗玻璃发生二次碰撞，后排乘员可能与前排乘员发生二次碰撞。当汽车遭受侧面碰撞时，驾驶员和乘员可能与车门、车门玻璃或车门立柱发生二次碰撞。车速越高惯性力就越大，驾驶员和乘员遭受伤害程度也就越严重。

安全气囊系统 SRS 的功用是：当汽车遭受碰撞导致驾驶员和乘员的惯性力急剧增大时，使气囊迅速膨胀，在驾驶员、乘员与车内构件之间铺垫一个气垫，利用气囊排气节流的阻尼作用来吸收人体惯性力产生的动能，从而减轻人体遭受伤害的程度。

正面气囊保护驾驶员和乘员的面部与胸部，如图 8.8 所示，侧面气囊保护驾驶员和乘员的颈部和腰部，护膝气囊（即护膝垫）保护驾驶员和前排乘员的膝部，窗帘式气囊（即气帘）保护驾驶员和乘员的头部。

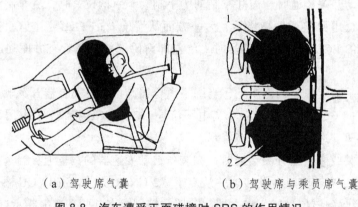

　（a）驾驶席气囊　　　　　　　（b）驾驶席与乘员席气囊

图 8.8　汽车遭受正面碰撞时 SRS 的作用情况

1—驾驶员；2—前排乘员

8.4.2　安全气囊系统的组成

安全气囊系统 SRS 主要由碰撞传感器、防护传感器、安全气囊电控单元（SRS ECU）、气囊组件和 SRS 指示灯等组成。正面 SRS 配装有左前和右前碰撞传感器，侧面 SRS 配装有左侧和右侧碰撞传感器，防护传感器一般都安装在 SRS ECU 内部，SRS 指示灯安装在组合仪表盘上。正面 SRS 控制部件的安装位置如图 8.9 所示，控制电路由备用电源电路、故障记忆电路、故障诊断与检测电路、点火引爆电路等组成，如图 8.10 所示。

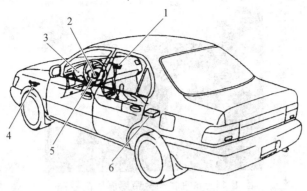

图 8.9　SRS 零部件安装位置

1—右前碰撞传感器；2—螺旋线束；3—SRS 指示灯；4—左前碰撞传感器；5—气囊组件；6—SRS ECU

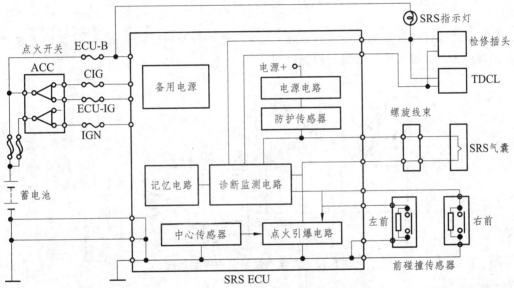

图 8.10　丰田佳美、花冠轿车 SRS 电路框图

8.4.3　安全气囊系统的分类

按 SRS 功能不同，电子控制式 SRS 可分为正面 SRS（保护面部与胸部）、侧面 SRS（保护颈部与腰部）、护膝 SRS 和头部（气帘）SRS 四大类。

按气囊数量不同可分为单 SRS、双 SRS 和多 SRS。单 SRS 只装备驾驶气囊。双 SRS 装备有驾驶席和前排乘员席两个气囊，装备 3 个或 3 个以上气囊的 SRS 称为多 SRS。

一汽马自达 6（Mazda6）和东风悦达起亚公司生产的赛拉图 CERATO 轿车装备有驾驶席正面和左侧 2 个气囊、前排乘员席正面和右侧 2 个气囊、驾驶席与前后排乘员席左右两侧 2 个气帘共计 6 个气囊，如图 8.11 所示。

在同一辆汽车上，无论气囊数量多少，即可集中进行控制，也可分别进行控制。一般来说，正面气囊和护膝气囊可用一个电控单元（SRS ECU）进行控制，侧面气囊和头部气帘（窗帘式气囊）可用一个 SRS ECU 进行控制。

图 8.11　6 气囊和气帘膨胀时的状态

8.4.4　安全气囊的控制过程

汽车遭受正面碰撞和侧面碰撞时，对于安全气囊的控制过程完全相同，下面以图 8.12 所示正面碰撞为例，说明安全气囊的控制过程。

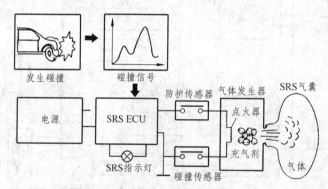

图 8.12　安全气囊系统的控制过程

当汽车遭受前方一定角度范围内的碰撞时，安装在汽车前部和 SRS ECU 内部的碰撞传感器都会检测到汽车突然减速的信号并将信号输入 SRS ECU，以便判断是否发生碰撞。

当汽车遭受碰撞且减速达到设定阀值时，SRS ECU 发出控制指令将安全气囊组件中的点火器（电雷管）电路接通，电雷管引爆使点火剂（引药）受热爆炸（即电热丝通电发热引爆炸药）。迅速产生大量热量，充气剂受热分解并释放出大量氮气（固态叠氮化钠受热 300 ℃时就会分解出氮气）冲入气囊，使气囊冲开气囊组件上的装饰盖向驾驶员和乘员方向膨胀，在人体与车内构件之间铺垫一个气垫。

8.4.5　安全气囊的动作时序

根据德国 BOSCH 公司在奥迪轿车上的试验研究表明：当汽车以车速 50 km/h 与前方障碍物发生碰撞时，安全气囊的动作时序如图 8.13 所示。

（1）发生碰撞约 10 ms，气囊达到引爆极限，点火器将点火剂引爆并产生大量热量，使充气剂（固态叠氮化钠）受热分解，而此时驾驶员尚未动作，如图 8.13（a）所示。

（2）发生碰撞约 40 ms 后，气囊安全充满，体积最大，驾驶员身体向前移动，安全带斜系在驾驶员身上并拉紧，部分冲击能量被吸收，如图 8.13（b）所示。

（3）发生碰撞约 60 ms 后，驾驶员头部及身体上部压向气囊，气囊和气囊上的排气孔在气体和人体压力作用下排气节流吸收人体与气囊之间弹性碰撞产生的动能，如图 8.13（c）所示。

（4）发生碰撞约 110 ms 后，大部分气体已从气囊溢出，驾驶员身体回靠到座椅靠背上，汽车前方恢复视野，如图 8.13（d）所示。

（5）发生碰撞约 120 ms 后，碰撞危害解除，车速降低至零。

由此可见，气囊从开始充气到完全充满约需 30 ms。从汽车遭受碰撞开始到气囊收缩为止所用时间约为 120 ms，而人们眨一下眼睛所用时间约为 200 ms。可见，其动作时间极短，动作状态无法用肉眼确认。气囊动作过程与经历时间的关系如表 8.2 所示。

8.4.6 安全气囊的有效范围

汽车 SRS ECU 并非在所有碰撞情况下都能起作用。正面 SRS 只有在汽车正前方 ±30°角范围内发生碰撞、纵向减速度达到设定阀值、且防护传感器和任意一只前碰撞传感器接通时，才能引爆气囊充气，如图 8.14 所示。在下列条件之一的情况下，正面气囊不会引爆充气。

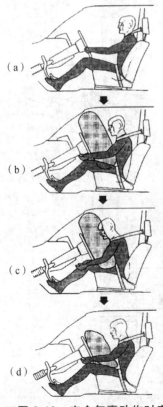

图 8.13 安全气囊动作时序

表 8.2 安全气囊动作过程与经历时间的

碰撞之后经历时间	0	10 ms	40 ms
安全气囊动作状态	遭受碰撞	点火引爆开始充气	气囊充满人体前移
碰撞之后经历时间	60 ms	110 ms	120 ms
安全气囊动作状态	排气节流吸收动能	人体复位恢复视野	危害危险车速降零

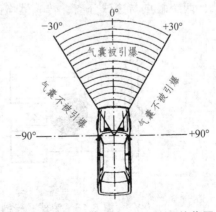

图 8.14 正面碰撞 SRS 的有效范围

（1）汽车遭受侧面碰撞超过正前方±30°角时（此时侧面气囊将引爆充气）。

（2）汽车遭受横向碰撞时（此时侧面气囊将引爆充气）。

（3）汽车遭受后方碰撞时。

（4）汽车发生绕纵向轴线侧翻时（此时侧面气囊将引爆充气）。

（5）纵向减速度未达到设定阀值时。

（6）所有前碰撞传感器都未接通或 SRS ECU 内部的防护传感器未接通时。

（7）汽车正常行驶、正常制动或在路面不平的道路条件下行驶时。

减速度阀值根据 SRS 的性能进行设定，不同车型装备 SRS 的减速度阀值各不相同。在美国，SRS 是按驾驶员不佩戴座椅安全带进行设计，气囊体积大、充气时间长，所以气囊应在较低的减速度阀值时引爆充气（一般在车速为 25 km/h 发生碰撞时，气囊才引爆充气）。

8.4.7　安全气囊系统的结构原理

安全气囊系统 SRS 由碰撞传感器、电控单元 SRS ECU、气囊组件和 SRS 指示灯四部分组成。气囊组件和 SRS 指示灯是 SRS 的执行元件。

1. 滚球式碰撞传感器

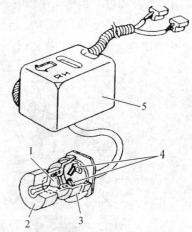

图 8.15　滚球式碰撞传感器的结构
1—滚球；2—磁铁；3—导缸；
4—触点；5—壳体

滚球式碰撞传感器又称为偏压磁铁式碰撞传感器，主要由铁质滚球、永久磁铁、导缸、固定触点和壳体等组成，如图 8.15 所示。两个触点分别为传感器引线端子连接。滚球用来感测减速度大小，在导缸内可移动或滚动。壳体上印制有箭头标记，箭头方向与传感器方向有关，有的规定指向汽车前方（如丰田雷克萨斯 LS400 型轿车），有的规定指向汽车后方。因此，在安装传感器时，箭头方向必须符合使用说明书规定。

滚球式碰撞传感器工作原理如图 8.16 所示。当传感器处于静止状态时，在永久磁铁磁力作用下，导缸内的滚球被吸向磁铁，两个触点与滚球分离，传感器电路处于断开状态。

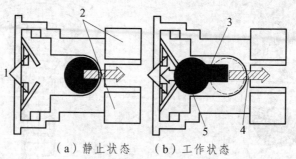

（a）静止状态　　（b）工作状态

图 8.16　滚球式碰撞传感器的工作原理
1—触点；2—永久磁铁；3—合力；4—磁力；5—惯性力

当汽车遭受碰撞且减速度达到设定阈值时，滚球产生的惯性力将大于永久磁铁的电磁吸力。在惯性力的作用下，滚球就会克服磁力沿导缸向两个固定触点运动并将固定触点接通。当传感器用作碰撞信号传感器时，固定触点接通则将碰撞信号输入 SRS ECU；当传感器用作碰撞防护传感器时，则将点火器电源电路接通。

2. 安全气囊系统电控单元 SRS ECU

安全气囊系统电控单元（SRS ECU）是安全气囊系统的核心部件，不同车型 SRS ECU 的结构各有不同，福特林肯城市（Lincoln City）轿车 SRS ECU 的内部结构如图 8.17 所示，主要由专用中央处理单元 CPU、备用电源电路、稳压电路、信号处理电路、保护电路、点火电路和监测电路等组成。

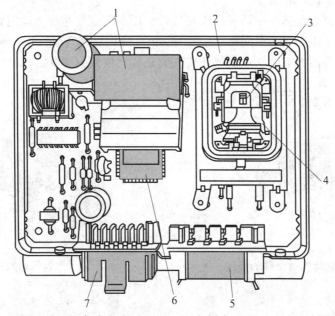

图 8.17　林肯城市（Lincoln City）轿车 SRS ECU 的结构

1—电容器；2—防护传感器；3—触点；4—滚轴；5—四端子插座；6—专用 CPU；7—SRS ECU 插座

（1）专用中央处理器 CPU。专用中央处理器 CPU 由模/数（A/D）转换器、数/模（D/A）转换器、串行输入/输出（I/O）接口、只读存储器 ROM、随机存储器 RAM、电可擦除可编程只读存储器 EEPROM 和定时器组成，其主要功用是监测汽车纵向和横向减速度是否达到设定值。

（2）信号处理电路。信号处理电路主要由放大器和滤波电路组成，其功用是对传感器检测的信号进行整形和滤波处理，以便 SRS ECU 能够接收于识别。

（3）备用电源电路。SRS 有两个电源：一个是汽车电源（蓄电池和交流发电机）；另一个是备用电源。备用电源又称为后备电源或紧急备用电源，由电源控制电路和若干个电容器组成，其功用是当汽车电源与 SRS ECU 之间的电路被切断后，在一定时间（一般 6 s）内维持 SRS 供电，保持 SRS 的正常功能。

（4）稳压保护电路。为了防止 SRS 元件遭受损害，SRS ECU 中必须设置保护电路。同时，为了保证汽车电源电压变化时 SRS 能正常工作，还必须设置稳压电路。

3. 气囊组件

各种气囊组件都是由气囊、点火器和气体发生器组成，原理也相同，仅外形尺寸和形状有所不同。如图 8.18 所示，主要由气囊饰盖 2、气囊 3、气体发生器 3 和安装在气体发生器内部的点火器组成。

（1）气囊。气囊一般采用聚酰胺织物（如尼龙）制成，内层涂有聚氯丁二烯，用以密闭气体。

气囊在静止状态时，像降落伞未打开时一样折叠成包，安放在气体发生器上部与气囊饰盖之间。气囊开口一侧固定在气囊安装支架上，先用金属垫圈与气囊支架座圈夹紧，然后用铆钉铆接。气囊饰盖表面模压有撕印，以便气囊充气时撕裂饰盖，减小冲出饰盖的阻力。驾驶席气囊充满氮气时的体积为 35 L 左右。

（2）气体发生器。气体发生器又称为充气器，用专用螺栓与螺母固定在转向盘上的气囊支架上，结构如图 8.19 所示，由气体发生器盖、金属滤网、充气剂、点火器和引爆炸药组成，其功用是在点火引爆点火剂时，产生气体向气囊充气，使气囊膨开。

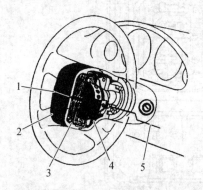

图 8.18　驾驶席气囊组件的结构

1—撕印；2—饰盖；3—气囊；
4—气体发生器；5—引线

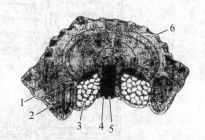

图 8.19　气囊气体发生器的结构

1—下盖；2—滤网；3—充气剂；
4—炸药；5—点火器；6—上盖

气体发生器壳体由上盖和下盖两部分组成。在上盖上制有若干个长方形或圆形充气孔。下盖上制有安装孔，以便将气体发生器安装到转向盘上的气囊支架上。上盖与下盖用冷压工艺压装成一体，壳体内装充气剂、滤网和点火器。金属滤网安放在气体发生器壳体的内表面，用以过滤充气剂和点火剂燃烧产生的渣粒。

充气剂普遍采用叠氮化钠（Sodium Azide）片状合剂。叠氮化钠的分子式为 NaN_3，是无色六方形晶体，有剧毒，密度为 1.846 g/cm^3，在温度约 300 度时分解出氮气。可由氨基钠与一氧化二氮作用制得。叠氮化钠与铅盐（如硝酸铅）作用可制备起爆药叠氮化铅 $Pb(N_3)_2$。目前，大多数气体发生器都是利用热效应反应产生氮气而充入气囊。在点火器引爆点火剂瞬间，点火剂会产生大量热量，固态叠氮化钠受热立即分解释放氮气，并从充气孔充入气囊，虽然氮气是无毒气体，但是叠氮化钠的副产品有少量的氢氧化钠和碳酸氢钠（白色粉末），这些物质是有害的，因此，在清洁气囊膨开后的车内空间时，应保证通风良好并采取防护措施、充气剂制作成片状合剂的目的是便于填装到气体发生器壳体内部。

（3）点火器。气囊点火器外包铝箔，安装在气体发生器内部中央位置，结构如图 8.20 所示。主要由引爆炸药 1、药筒 2、引药 3、电热丝 4、电极 10 和引出导线 7 等组成。

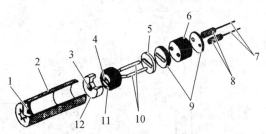

图 8.20　驾驶席气囊点火器零部件组成

1—引爆炸药；2—药筒；3—引药；4—电热丝；5—陶瓷片；6—磁铁；7—引出导线；
8—瓷管；9—瓷片；10—电极；11—电热头；12—药托

点火器的功用是：当 SRS ECU 发出点火指令使电热丝电路接通时，电热丝迅速红热引爆引药，引药瞬间爆炸产生热量，药筒内温度和压力急剧升高并冲破药筒，使充气剂（叠氮化钠）受热分解释放氮气充入气囊。

4. SRS 指示灯

SRS 指示灯又称为 SRS 警告灯，安装在驾驶室仪表盘面膜下面，并在面膜表面相应位置制作有气囊动作图形或字母 "SRS" "AIR BAG" "SRS AIR BAG" 等指示。

SRS 指示灯的功用是：指示安全气囊系统功能是否正常。当点火开关拨到 "ON" 或 "ACC" 位置后，如果指示灯发亮或闪亮约 6 s 后自动熄灭，表示 SRS 功能正常。如果指示灯不亮、一直发亮或在汽车行驶途中突然发亮或闪亮，说明自诊断测试系统发现 SRS 故障，应及时排除。自诊断系统在控制 SRS 指示灯发亮或闪亮的同时，还会将所发现的故障编成码存储在存储器中。

实训 8.1　汽车电控巡航系统的检修

丰田凌志（LEXUS 400）汽车电子巡航系统电路如图 8.21 所示。该车型巡航控制系统的主要部件有：巡航控制开关、车速传感器、停车灯开关、巡航控制 ECU 及执行器。执行器主要由直流电动机、安全电磁离合器和位置传感器组成。重点从以下几个方面进行故障诊断和检修。

（1）脱开电动机与 ECU 之间的导线（插头插座）连接器。

（2）将蓄电池的正极接到连接器端子 5，蓄电池的负极接到连接器端子 4，使电磁离合器通电。

（3）将蓄电池的电压加到其余的每两个端子之间时，电动机应转动、节气门控制臂应摆动，且摆动平稳。

（4）驱动电动机转动使节气门控制臂摆动到加速侧或减速侧的限位点时，电动机应停止转动、节气门控制臂应停止摆动。能够顺利实现上述过程的电动机，状态良好，否则是电动机性能不良或损坏。保持连接器不脱开的状态。将点火开关转到 ON，用手慢慢转动节气门控制臂的同时，用万用表直流电压挡测节气门位置传感器的中间滑动端与 ECU 接地之间的电压，节气门控制臂使节气门开度最大时，电压约为 4.2 V；在开度最小时，电压约为 1.1 V；当节气门控制臂转动时，电压的变化应连续平稳。符合以上情况，说明节气门位置传感器性能良好，否则说明传感器已经损坏。

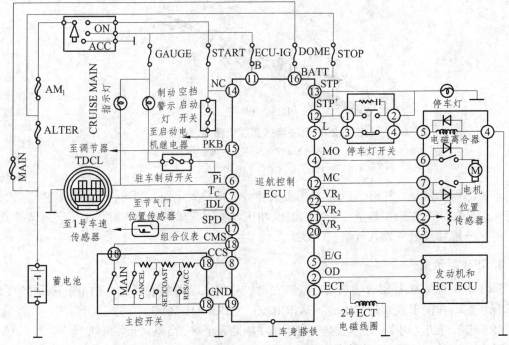

图 8.21　丰田凌志汽车电子巡航系统电路

（5）脱开连接器。用手慢慢转动节气门控制臂的同时，用万用表欧姆挡测量节气门位置传感器的中间滑动端与 ECU 接地之间的电阻；当节气门控制臂使节气门开度最大时，电阻约为 1.8 kΩ，当开度最小时，电阻约为 530 Ω；当节气门控制臂转动时，电阻的变化应连续平稳。符合以上情况，说明节气门位置传感器正常，否则传感器已坏。

① 车速信号的检查。当车速高于 40 km/h 时，打开巡航控制系统，巡航控制指示灯闪烁，当车速低于 40 km/h 时，打开巡航控制系统，巡航控制指示灯保持一直亮，符合以上两个条件，说明车速信号正常，否则为有故障。

② 各个主控开关的信号检查。分别接通"SET/COAST""RES/ACC"和"CANCEL"开关，在开关接通时，注意观察仪表板上的巡航控制指示灯的闪烁形式，指示灯的闪烁形式应符合规定。

（6）对主控开关电阻的检查。主控开关内有三个不同阻值的电阻，可通过用万用表的欧姆挡检测连接器的端子 3 和 4 之间的电阻值，判断各个开关的好坏。

（7）检查配线和仪表板等连接是否可靠。节气门控制臂拉索与节气门的接头安装应正确，拉索与节气门的动作应平稳，拉索松紧度应适中，拉索过松会使汽车上坡的车速损失过大，拉索过紧会使发动机怠速升高。

实训 8.2　上海别克乘用车安全气囊（SIR）系统检修

上海别克乘用车安全气囊（SIR）系统从方向盘中心和仪表板右侧展开气，与膝垫和转向柱同时撞产生的能量，以保护乘客。驾驶员座和乘客座膝垫位于仪表板下面，当前方产生足够的碰撞力作用在偏离车辆中心线 30°内会使气囊展开。

1. SIR 系统结构特点

上海别克轿车安全气囊 SIR 系统由充气保护装置传感与诊断模块（SDM）、充气保护装置方向盘模块、充气保护装置方向盘模块线圈、充气保护装置 IP 模块及仪表组件上的气囊警告灯等组成。其中充气保护装置传感与诊断模块（SDM）、充气保护装置方向盘模块线圈（SIR 线圈总成）、充气保护装置方向盘模块（驾驶员座充气装置模块）、充气保护装置 IP 模块（乘客座充气装置模块）和接头导线组成展开回路。展开回路的功能是向充气装置模块供给电流，使气囊展开，当 SDM 检测到车辆速度变化足以保证展开时，则气囊展开。

SDM 设有传感装置（即加速度传感器），将车辆速度变化转换为电信号。SDM 将该电信号与存储在内存中的数值进行比较，当产生的信号超过存储值时，SDM 执行附加信号编程并将产生的信号同内存中存储的信号进行比较，当所产生的 2 个信号都超过存储值时，SDM 将使电流通过充气装置模块使气囊展开。

2. 检修 SIR 系统的注意事项

如果操作不当，SIR 系统就会产生危险，因此在检修 SIR 系统时应注意以下几点：

（1）当对位于或靠近 SIR 的部件及导线进行维修时，必须中止 SIR 系统，若不按正确的程序进行操作，会导致气囊展开、人员伤害或导致 SIR 系统不必要的损坏。

（2）充气保护装置传感与诊断模块（SDM）需要有蓄能供电为气囊的展开提供动力，检修 SIR 系统前，应断开蓄能供电，具体的方法是：将点火开关调至关闭位置，拆卸给 SDM 供电的熔丝，从车辆电气系统上断开车辆蓄电池，10 s 后 SIR 系统将被中止。

（3）存放安全气囊处的温度不得高于 65 ℃。

（4）注意零件编号是否正确，不要用不同车辆上的部件进行更换。

（5）充气保护装置传感与诊断模块（SDM）、安全气囊、方向盘模块线圈为非维修件，这些部件出现故障后只能更换，而且必须使用由特约的 GM 经销商供应的原厂零件进行更换。

（6）SDM、安全气囊、方向盘模块线圈如果不慎从 910 mm 以上高度掉下均应报废，不要将这些落地件安装在车辆上，更换 SDM 时，应确保装配面清洁，模块上箭头指向车辆前方，模块装配面与车辆基准线平行，并按规定的力矩安装和紧固。

（7）在所有 SIR 系统部件正确装配后，才能完成电气连接，在进行任何进一步的检查之前要执行 SIR 诊断系统的检查程序。

（8）在进行维修工作前要解除安全气囊系统，在完成维修工作时再恢复安全气囊系统，在把车辆交还给用户前要执行 SIR 的诊断系统检查，解除 SIR 系统的方法是：先转动方向盘以使车轮朝向正前方，再把点火开关转到"LOCK"位置并取下钥匙，拆下 SIR 熔断器，然后，从转向柱的底座和前排乘员前仪表板内找到黄色双导线插头，取下插头定位保护装置 CPA，并将两个插头分开。

3. 别克乘用车 SIR 系统故障码

保护装置中座椅安全带系统没有诊断故障码（DTC），但 SIR 系统存在诊断故障码（DTC）及对应的数据值。当 SIR 电气组件和电路发生断路、短路故障时，故障警告灯会点亮，同时内存将存储特定的故障码（DTC）。通过 DTC 译码器或故障扫描仪可以读取 DTC，对照 DTC 表即可知道具体的故障部位和情况，以便进行维修。上海别克安全气囊 SIR 系统故障码如表 8.3 所示。

表 8.3　上海别克安全气囊 SIR 系统

故障码 DTC	故障原因	故障指示灯
B0053	展开指令及回路功能失效	亮
B0016	乘客座前展开回路电阻过低	亮
B0017	乘客座前展开回路断路	亮
B0018	乘客座前展开回路电压超出范围	亮
B0022	驾驶员座前展开回路电阻过低	亮
B0024	驾驶员座前展开回路电压超出范围	亮
B0026	驾驶员座前展开回路断路	亮

4. 别克乘用车 SIR 系统的检修

安全气囊 SIR 系统电气连接或布线错误可能会引起大多数的间断故障，因此检修 SIR 系统时应重点检查下列部件的连接情况：

（1）接头部分是否出现接触不良、端子是否完全插入接头、有无松动。

（2）端子是否被污染或腐蚀，应确保端子清洁，没有异物嵌入。

（3）如果有损坏的接头或不合适的端子，应予以更换。

（4）端子与部件或连接接头的布置是否适当，小心地检查故障电路中所有接头端子，确保良好的接触。

（5）端子到线束接头连接是否良好、是否有不良的弯曲、导线绝缘体弯度是否大于导线自身、导线到端子接触区域是否出现腐蚀等。

（6）是否出现绝缘体磨损穿透，裸露区域是否接触到车辆的其他导线或部件而引起间断的短路。

（7）导线在绝缘体内部是否断开，如果多股导线只有 1 股或 2 股未受损，电阻会很大，为了避免上述情形的发生，进行导线和端子维修时，务必遵照规定进行布线和维修。

利用故障扫描仪检查 SIR 系统前，应先进行电气接头间断和连接不良的故障检查，并排除故障，同时确保所使用的故障扫描仪功能正常。如果所有数值都在表 8.3 所列的典型值范围内，则说明 SIR 系统电气部件正常；如果不在典型数值范围内，应根据扫描仪显示的故障码 DTC 来进行检查和维修。

使用故障扫描仪检测 SIR 系统的方法是：在与 SIR 系统对话前，应确保故障扫描仪包含最新的软件，使用故障扫描仪时，先连接数据连接插头（DLC），使发动机点火开关调到运行位置，故障扫描仪即可读取由充气保护装置传感与诊断模块（SDM）2 级串行数据输出端子 A4 传送到数据连接插头端子 2 的串行数据。最后并依据故障码进行快速查找故障原因和部位，故障排除后，利用故障扫描仪清除存储在电控单元 ECU 内的故障码。

5. 事故后 SIR 系统的检修

如果车辆发生碰撞后，但安全气囊没有展开，应按下述方法进行检查：

（1）对转向柱执行事故损坏检查程序，若发现损坏，应更换。

（2）检查 IP（仪表盘）膝垫是否弯曲、扭曲、翘曲或其他类型的损坏，若发现损坏，应更换。

（3）检查 IP 托架及拉杆是否弯曲、扭曲、翘曲或其他类型的损坏，若发现损坏，应更换。

（4）对座椅安全带进行操作和功能检查，若发现损坏，应更换。

（5）如果车辆碰撞后气囊发生展开，则应更换充气保护装置 IP（充气装置）模块、充气保护装置方向盘（充气装置）模块、充气保护装置传感与诊断模块（SDM），同时检查充气保护装置方向盘模块线圈和线圈导线引出线是否有熔化、烧焦或其他因过热引起损坏。另外，如果发现装配部位或装配金属构件损坏，应按需要维修或更换相应的部位或金属构件。

练习题

1. 简答题

（1）何为巡航？为什么把汽车巡航控制系统称为恒速控制系统？

（2）汽车巡航控制系统主要由哪些控制部件组成？各部件的功用分别是什么？

（3）汽车巡航控制系统巡航车速的控制是什么？当汽车上坡行驶时怎样进行控制？

（4）汽车巡航控制系统采用的开关信号有哪些？各有什么功用？汽车巡航控制执行机构有哪些？各有什么特点？

（5）汽车正面气囊引爆充气必须满足哪些条件？正面气囊在哪些情况下不会引爆充气？

（6）为什么美国汽车安全气囊系统 SRS 设定的减速度阈值小于欧洲国家 SRS 的减速度阈值？

（7）汽车安全气囊的充气剂普遍采用什么物质？为何制成片状合剂？该物质具有哪些物理特性？

（8）为了保证安全气囊系统 SRS 可靠工作，在系统设有哪些保险机构？各有什么特点？

2. 选择题

（1）汽车巡航控制系统实施巡航控制的最低车速一般不低于（　　）。

    A. 20 km/h   B. 40 km/h   C. 60 km/h

（2）实践证明：在道路条件良好的情况下，利用巡航行驶可节省燃料（　　）。

    A. 5%   B. 10%   C. 15%

（3）汽车巡航控制系统适合在（　　）道路条件下使用。

    A. 高速公路   B. 城市道   C. 乡村土路

（4）从汽车遭受碰撞开始到气囊收缩为止经历时间约为（　　）。

    A. 10 ms   B. 60 ms   C. 120 ms

（5）汽车安全气囊充满氮气的时间约为（　　）。

    A. 10 ms   B. 30 ms   C. 60 ms

（6）汽车座椅安全带收紧系统 SRTS 收紧安全带的长度为（　　）。

    A. 10 ~ 15 mm   B. 150 ~ 200 mm   C. 200 ~ 300 mm

（7）在 BOSCH 三位三通电磁阀式防抱死制动系统中，电磁阀阀芯的最大移动量为（　　）。

    A. 0.25 mm   B. 2.5 mm   C. 0.1 mm

（8）汽车安全气囊系统 SRS 与座椅安全带收紧系统 SRTS 的点火时序为（　　）。

    A. SRS 先点火   B. SRTS 先点火   C. SRS 与 SRTS 同时点火

项目 9　汽车电控悬架（EMS）技术

【学习目标】

（1）了解汽车电控悬架的分类、功能。
（2）掌握电控悬架系统结构、工作原理。
（3）熟悉常见电控悬架的组成、检修方法。

任务 9.1　汽车电控悬架系统（EMS）的组成

9.1.1　汽车电控悬架系统（EMS）的功用

电子控制悬架系统的功用是：在汽车行驶路面、行驶速度和载荷变化时，自动调节车身高度、悬架刚度和减振器阻尼的大小，从而改善汽车的行驶平顺性（即乘坐舒适性）。阻尼指的是振动的物体或振荡电路的能量逐渐减少时，振幅相应减少的现象。

9.1.2　汽车电控悬架系统（EMS）的组成

电子控制悬架系统 EMS 主要由前车身高度传感器、后车身高度传感器、转向盘转向与转角传感器、节气门位置传感器和车速传感器、控制开关、电子调节悬架电控单元（EMS ECU）和执行器组成。车身高度传感器采集前后车身的高度信号，转向盘转向与转角传感器采集汽车行驶方向信号，节气门位置传感器采集驾驶员加或减速信号，车速传感器采集汽车行驶速度信号。传感器和控制开关向 EMS ECU 输入车身以及汽车行驶状态信息，EMS 执行元件产生一定的机械动作，从而改变车身高度、空气弹簧的刚度或减振器的阻尼。

不同汽车电子调节悬架系统的功能与零部件组成各不相同，丰田汽车电子调节系统的组成如图 9.1 所示，主要由前后车身高度传感器、转向盘转向与转角传感器、高度控制架控制自动切断开关、驾驶模式选择开关、制动灯开关、悬架调节 EMS ECU、前后悬架控制执行器、前后高度控制继电器、前后高度控制阀、储气筒与调节阀、高度控制空气压缩机、干燥器与排气阀总成等组成。

高度控制开关设有"High（车身高）"和"Normal（车身高度正常）"两个挡位，操纵高度控制开关能使汽车车身的目标高度变为"正常"状态或"高"状态。但是由于高速行驶时车身过高会降低车身的稳定性，因此，当高度控制开关处于"High"位置且车速达到一定值时，高度控制系统能自动将车身高度降低到"正常"状态，保证汽车的行驶稳定性和减小行驶阻力。当点火开关断开后，如果车身高度因乘员或载荷量变化而高于目标高度时，高度控制系统能自动将车身高度降低到目标高度，从而改善汽车驻车时的姿态。

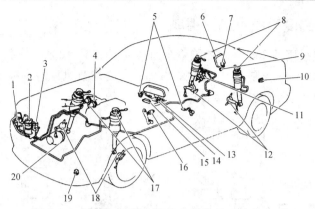

图 9.1 丰田汽车电子调节空气悬架系统的组成

1—干燥器与排气阀总成；2—高度控制空气压缩机；3—No.1 高度控制阀；4—主节气门位置传感器；5—门控开关；
6—EMS ECU；7—No.2 高度控制继电器；8—后悬架控制执行器；9—高度控制连接器；
10—高度控制自动切断开关；11—No.2 高度控制阀与溢流阀；12—后高度传感器；
13—驾驶模式选择开关；14—高度控制开关；15—转向盘转向与转角传感器；
16—制动灯开关；17—前悬架控制执行器；18—前高度传感器；
19—No.1 高度控制继电器；20—储气筒与调节阀

高度控制自动切断开关能使空气弹簧悬架系统关闭，防止车身过高或拖车时产生意外。

驾驶模式选择开关用于选择减振器阻尼的工作模式，一般设有"自动""坚硬"和"柔软"等工作模式。

当驾驶员踩下制动踏板时，制动灯开关信号将送到 EMS ECU，EMS ECU 将控制前部空气弹簧刚度和减振器阻尼变成"坚硬"状态，以便抑制汽车制动时的点头现象，使汽车姿态变化最小。

9.1.3　电子控制悬架系统（EMS）的分类

根据电子控制悬架系统的功能不同，目前采用的电子控制悬架系统主要有以下几种类型：

（1）车身高度电子控制系统（即电子控制变高度空气弹簧悬架系统）。

（2）电子控制变刚度空气弹簧悬架系统（即悬架刚度电子控制系统）。

（3）电子控制变阻尼减振器悬架系统（即悬架阻尼电子控制系统）。

（4）电子控制变高度与变刚度空气弹簧悬架系统（即悬架高度与刚度与电子控制系统）。

（5）电子控制变高度、变刚度空气弹簧与变阻尼减振器悬架系统（即悬架高度、刚度与阻尼电子控制系统）。

任务 9.2　车身高度电子控制系统

车身高度控制系统又称为电子控制变高度空气弹簧悬架系统，主要作用是当车内乘员或载荷变化时，自动调节车身高度，使汽车行驶姿态稳定，从而提高乘坐舒适性和通过性。

车身高度控制系统分为两大类型，一类是仅对两个后轮悬架进行控制；另一类是对全部四个车轮的悬架进行高度控制。两种类型的控制原理基本相同。

9.2.1　车身高度电控系统的组成

目前，汽车普遍采用的车身高度控制系统组成简图如图 9.2 所示，由 4 只高度传感器（每个减振器下面各设 1 只）、控制开关、EMS ECU、高度调节执行器（包括 4 个气压缸、两只高度控制电磁阀、空气压缩机、干燥器和空气管路）等组成。

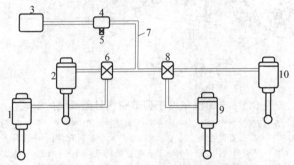

图 9.2　车身高度控制系统组成简图

1—右前气压缸；2—左前气压缸；3—空气压缩机；4—干燥器；5—排气阀；6—No.1 高度控制电磁阀；
7—空气管路；8—No.2 高度控制电磁阀；9—右后气压缸；10—左后气压缸

9.2.2　车身高度传感器的结构原理

1. 车身高度传感器的功能

车身高度传感器又称为车身位置传感器。在汽车行驶过程中，当车辆载荷变化或乘员人数增减时，车身高度就会发生变化。为了保证汽车上的通过性、行驶稳定性、制动安全性和乘坐舒适性，需要将车身高度控制在规定范围内。

车身高度传感器的功用是将车身高度变化的信号输入 EMS ECU，以便调节车身高度。小轿车装备 EMS 较多，车身高度的调节范围一般为 10 ~ 30 mm。

2. 车身高度传感器的结构特点

车身高度一般都采用光电式传感器进行检测，结构如图 9.3 所示，主要由光电耦合元件、遮光盘、壳体和防护盖等组成。

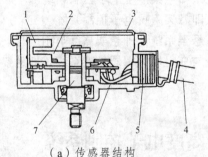
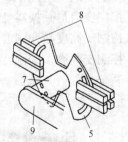

（a）传感器结构　　　　　　　　　（b）信号发生器结构

图 9.3　车身高度传感器的结构

1—光电耦合元件；2—遮光盘；3—护盖；4—线束；5—密封衬垫；6—壳体；
7—传感器轴；8—光电耦合元件；9—连杆

光电耦合元件由发光二极管和发光三极管组成。遮光盘固定在传感器轴上，圆盘圆周上制作有弧度不等的透光槽。传感器轴通过连杆和拉紧螺栓与悬臂连接，如图 9.4 所示。

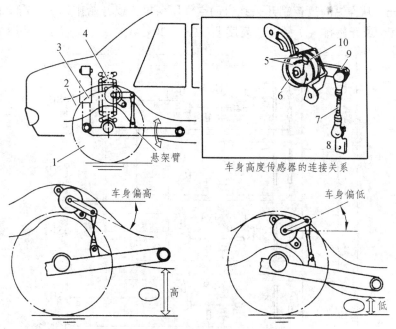

图 9.4　车身高度传感器的连接关系

1—轮胎；2—车架；3—减振器；4—螺旋弹簧；5—光电耦合元件；6—遮光盘；
7—拉紧螺栓；8—连接悬架臂；9—连杆；10—透光槽

3. 车身高度传感器的测量原理

光电耦合元件固定在传感器壳体上，传感器壳体固定在车架上。因此，当车身高度变化时，光电耦合元件紧随车身上下移动，遮光盘将随悬架臂的摆动而转动。

当车身高度升高时，悬架臂右端离地间隙增大，通过拉紧螺栓和连杆带动传感器轴沿顺时针方向转动一定角度。反之，当车身高度降低时，悬架臂右端离地间隙减小，安装在车架上的传感器壳体向轮轴靠近，因为拉紧螺栓的长度不变，所以悬架臂将通过拉紧螺栓和连杆带动传感器轴沿逆时针方向转动一定角度。

当传感器轴转动时，就会带动固定在轴上的遮光盘一同转动。当遮光盘上的透光槽处于发光二极管与光电三极管之间时，光电三极管受到光线照射而导通（ON），光电耦合元件输出端（SH）输出为低电平"0"（0～0.3 V）；当遮光盘上的透光槽不在发光二极管与光电三极管之间时，光电三极管不受光线照射而截止（OFF），耦合元件输出端（SH）输出为高电平"1"（4.7～5.0 V）。

将车身高度变化转换成电信号，在遮光盘的两侧装有四组或两组光电耦合元件，电路如图 9.5 所示。

EMS ECU 根据各组光电耦合元件的输出信号，可以判定车身高度和车高区间，判定结果如表 9.1 所示。如果在遮光盘两侧只设置两组光电耦合元件，那么，EMS ECU 可以判定车身处于"过高""偏高""偏低"和"过低"四种状态，判定结果如表 9.2 所示。

在汽车行驶过程中，车身高度传感器一般每隔 8 ms 测定一次车身高度。当 EMS ECU 判定需要调节车身高度时，立即发出控制指令，操纵高度控制开关和空气压缩机给空气弹簧充气（使车身升高）或放气（使车身降低），从而将车身高度调节到规定值，高度调节范围一般为 10～30 mm。从操纵高度控制开关到启动空气压缩机（或开始排气）约需 2 s 时间，从压缩机开始充气（或开始排气）到完成高度调节需要 20～40 s。

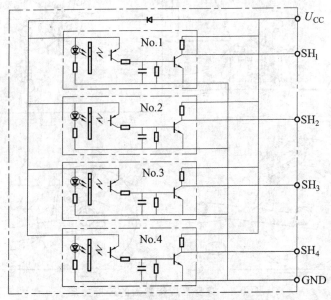

图 9.5　车身高度传感器的电路

表 9.1　车身高度与四组耦合元件输出信号的关系

光电耦合元件输出信号状态				车高区别	车身高度判定结果	备注
No.1（SH$_1$）	No.2（SH$_2$）	No.3（SH$_2$）	No.4（SH$_4$）			
1	1	0	1	15	过高	
1	1	0	0	14		
0	1	0	0	13		
0	1	0	1	12		
0	1	1	1	11	偏高	
0	1	1	0	10		
0	0	1	0	9		
0	0	1	1	8	正常	由上往下，车身降低
0	0	0	1	7		
0	0	0	0	6		
1	0	0	0	5	偏低	
1	0	0	0	4		
1	0	1	0	3		
1	0	1	0	2		
1	1	1	0	1	过低	
1	1	1	1	0		

表 9.2　车身高度与两组耦合元件输出信号的关系

No.1 开关信号	No.2 开关信号	车身状态
1	0	过高
1	1	偏高
0	1	偏低
0	0	过低

9.2.3　车身高度的控制

车身高度控制系统能在汽车乘员或载荷变化时自动调节悬架（车身）高度的原理（见图 9.6）是：当成员或载荷增加时，EMS ECU 将自动调高悬架使车身高度升高；反之，当乘员或载荷减小时：

1. 车身高度不变时悬架系统的控制

当车身高度传感器输入 EMS ECU 的信号表示车身高度在设定高度范围内时，EMS ECU 将发出指令使空气压缩机停止转动，空气减振器内空气量保持不变，车身高度保持在正常位置。

2. 车身高度降低时悬架系统的控制

当汽车乘员或载荷增加使车身高度"偏低"或"过低"时，高度传感器将向 EMS ECU 输入车身"偏低"或"过低"的信号，EMS ECU 立即向压缩机继电器和高度控制电磁阀发出电路接通指令，在接通高度控制空气压缩机继电器电路使压缩机运转的同时，接通高度控制电磁阀线圈电路使电磁阀打开，压缩空气进入空气弹簧的气压腔(气室)，气压腔充气量增加，从而使车身高度上升。

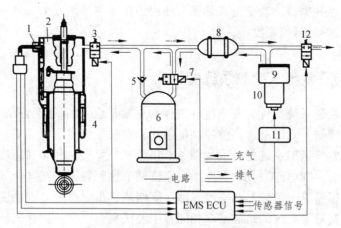

图 9.6　车身高度控制原理

1—高度传感器；2—空气弹簧；3—高度控制电磁阀；4—空气减振器；5—调压阀；6—储气罐；
7—进气阀；8—干燥器；9—压缩机；10—电动机；11—继电器；12—排气阀

3. 车身高度升高时悬架系统的控制

当汽车乘员或载荷增加使车身高度"偏高"或"过高"时，高度传感器将向 EMS ECU

输入车身升高的信号。EMS ECU 立即向空气压缩机继电器发出电路切断指令，并向排气阀和高度控制电磁阀发出电路接通指令，压缩机继电器触点迅速断开使电动机电路被切断而停止运转，排气阀和高度控制电磁阀线圈电路接通使电磁阀打开，空气从减振器气压腔经高度控制电磁阀、空气软管、干燥器、排气阀排出，气压腔空气量减少使车身高度降低。

4. 系统保护措施

从减振器中放出的空气经过干燥器时，带走了干燥剂中的湿气。这样，干燥剂经过一段时间使用后不会被湿气浸透。这种保护干燥剂的再生干燥系统为许多空气悬架系统所采用。干燥器中空气的最小压力保持在 55 ~ 165 kPa，从而保证系统中有一定量的空气。这样在乘员或载荷减少使减振器伸长时，空气弹簧存在一定的气压而不致凹瘪。

为了防止悬架系统正常运动时 EMS ECU 使车身升高或降低，在高度传感器发出车身高度变化信号 7 ~ 13 s 以后，EMS ECU 才会向执行元件发出控制信号。在这段时间内，如果高度传感器没有输入信号，EMS ECU 就不会改变车身高度。另一个预防措施是 EMS ECU 控制空气压缩机一次运转时间最长不超过 2 min，排气电磁阀打开最长时间不超过 1 min。这样可以防止系统泄漏时压缩机不停地工作，并阻止排气孔不停的放气。

在行李舱中设有一个高度控制自动切断（ON/OFF）开关。当车身高度上升到极限值时，高度控制自动切断（ON/OFF）开关将切断系统控制电路使高度调节系统停止工作，以防止后车身升高过多或拖车时产生意外运动。

任务 9.3 悬架刚度电子控制系统

在部分小轿车、越野车和大型豪华客车上采用的电子控制悬架系统中，每个车轮上都采用了空气弹簧和普通减振器。改变空气弹簧气压腔中压缩空气的压力（实际上是改变空气密度），即可改变空气弹簧悬架高度。

9.3.1 悬架刚度电子控制系统的组成

悬架刚度电子控制系统又称为变刚度空气弹簧悬架系统，由高度传感器、控制开关、EMS ECU、刚度调节执行器（气压缸、高度控制电磁阀、空气压缩机、干燥器和空气管路）等组成。丰田汽车刚度空气悬架系统的组成如图 9.1 和图 9.2 所示，由 4 只感度传感器（每个减振器下面隔着 1 只），控制开关、EMS ECU、刚度调节执行器（包括 4 个气压缸、两只高度控制电磁阀、空气压缩机、干燥器和空气管路）等组成。由此可见，变刚度空气弹簧悬架系统与变高度空气弹簧悬架系统的组成基本相同，主要区别在于空气弹簧气压缸每步的结构及其调节机构有所不同。空气弹簧悬架如图 9.7 所示。

空气弹簧气压腔分为主、辅两个气压腔，并在主气压腔与辅气压腔之间设有一个由步进电动机驱动的空气调节阀。

主、辅气压腔设计为一体，不仅节省空间，而且质量较轻。悬架上端与车身相连，下端与车轴相连，随着车身与车轮的相对运动，主气压腔的容积将不断变化。因此，调节主气压腔的空气量（即空气压力和密度），即可调节空气弹簧的刚度。如果主气压腔与辅气压腔之间的气体可以流动，那么改变主、辅气压腔之间通路的大小，使主气压腔被压缩的空气量发生变化，就可改变空气弹簧悬架的刚度。

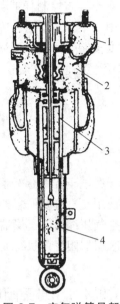

9.3.2　空气弹簧悬架刚度的调节

在汽车行驶过程中，为了防止或抑制车身出现"点头""后坐"等现象，需要调节相应悬架的高度和减振器的阻尼。当汽车紧急制动时，为了抑制点头现象，EMS ECU 将根据制动灯开关接通信号和车速传感器提供的车速高低信号，向前空气弹簧执行元件发出指令使其气压升高，增大前空气弹簧的刚度，同时控制后空气弹簧执行元件使空气弹簧放气，减小其刚度。空气弹簧悬架刚度的调节原理如图 9.8 所示。

在主压腔与辅压腔之间的气阀阀体上设有大小两个通道。气阀控制杆由步进电动机驱动，控制杆转动时，阀芯随之转动。阀芯转过一定角度时，气体通道的大小就会改变，主、辅气压腔之间气体的流量就会改变，从而使空气弹簧悬架的刚度发生变化。空气弹簧悬架的刚度分为"低""中""高"三种状态。

图 9.7　空气弹簧悬架

1—辅气压腔；2—主气压腔；
3—低压惰性气体；
4—减振器

当气阀控制杆带动阀芯旋转到如图 9.8 所示"高"位置时，阀芯的开口被封闭，主、辅气压腔之间的气体通道切断，两气压腔之间的气体不能流动。与此同时，高度控制电磁阀和压缩机继电器接通，空气充入主气压腔使空气压力升高、密度增大。因为在悬架振动过程中，缓冲任务主要由主气压腔的气体承担，所以悬架刚度处于"高"的状态。

当气阀控制杆带动阀芯在如图 9.8 所示位置的基础上沿顺时针方向旋转 60 度，使阀芯开口转到对准图中"低"位置时，气体大通道构成通路，主气压腔的气体经阀芯中央的气孔、阀体侧面的气孔通道与辅气压腔气体相通，两气压腔之间的气体流量大。与此同时，高度控制电磁阀与排气阀接通，部分空气从排气阀排出，因此主气压腔的空气减少、压力降低、密度减少使悬架刚度处于"低"状态。

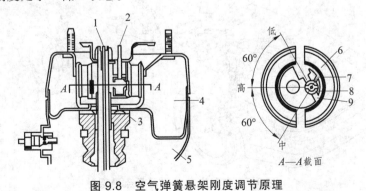

图 9.8　空气弹簧悬架刚度调节原理

1—阻尼调节杆；2—空气阀控制杆；3—主辅气压腔通道；4—辅气压腔；
5—主气压腔；6—阀体；7—小通道；8—阀芯；9—大通道

当气阀控制杆带动阀芯在如图9.8所示位置的基础上沿顺时针方向旋转60°，使阀芯对准图中"中"位置时，气体小通道构成通路，主、辅气压腔之间的气体流量很小。与此同时，高度控制电磁阀和压缩机继电器断电，因此主气压腔空气量变化很小，从而使悬架刚度处于"中"状态。

任务 9.4　悬架阻尼电子控制系统

在电子控制悬架系统中，最常用的是变阻尼悬架系统。改变减振器阻尼的悬架系统相对于使用空气弹簧的悬架系统有许多优点，最突出的优点是质量轻，因为空气弹簧悬架系统需要空气压缩机和干燥器，使整车质量大大增加，而变阻尼悬架系统只增加电子控制元件和改变减振器阻尼的执行元件的质量。

9.4.1　悬架阻尼电子控制系统的组成

丰田公司采用的变阻尼电子控制系悬架系统如图9.9所示，由车速传感器、转向与转角传感器、节气门位置传感器、减振器工作模式选择开关（在仪表盘上）、制动灯开关、空挡启动开关（装备自动变速器的汽车）、EMS ECU和阻尼调节器执行器等组成。节气门位置传感器的信号并不是直接传递给悬架系统的 EMS ECU，而是直接传递给发动机 ECU，再由发动机 ECU 向 EMS ECU 发送命令。

变阻尼悬架系统采用的控制方式分为以下三种：

（1）根据汽车行驶状况进行控制。

（2）根据驾驶员选择的运行模式进行控制。

（3）根据汽车行驶状况和驾驶员选择的运行模式进行控制。

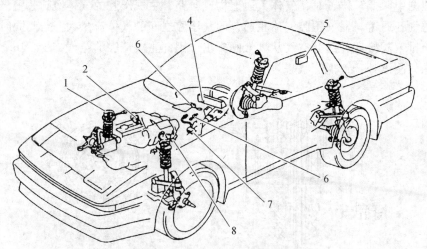

图 9.9　丰田汽车变阻尼悬架悬架

1—变阻尼执行元件；2—节气门位置传感器；3—工作模式选择开关；4—车速传感器；
5—EMS ECU；6—制动灯开关；7—转向与转角传感器；8—空挡启动开关

9.4.2　变阻尼悬架系统控制执行的结构原理

丰田汽车电子调节悬架的执行元件安装在减振器支柱顶部，结构如图 9.10 所示。

在 EMS 中，所有减振器上变阻尼执行元件的电路均为并联连接，并由 EMS ECU 控制工作。每个执行元件由步进电动机、驱动小齿轮、扇形齿轮、挡块、电磁线圈及减振器阻尼控制杆（回转阀控制杆）等组成。EMS ECU 发出指令使执行元件的步进电动机转动时，电动机就带动其输出轴下端的驱动小齿轮转动，小齿轮带动扇形齿轮转动，扇形齿轮带动阻尼控制杆转动，控制杆再带动减振器筒内部的阻尼调节回转阀转动。

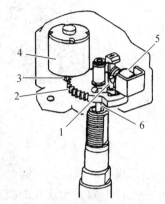

图 9.10　变阻尼减振器执行元件

1—挡块；2—扇形齿轮；3—驱动小齿轮；
4—步进电动机；5—电磁线圈；
6—阻尼控制

回转阀的结构如图 9.11 所示，减振器的阻尼控制杆与回转阀连接，在回转阀的不同截面上设有阻尼孔，分别与减振器活塞杆上的减震油液孔处于同一个截面上。控制这些阻尼孔的开闭状态，即可控制减振器油液的流动量，从而调节阻尼大小。

挡位块位于扇形齿轮的凹槽中，其功用是决定扇形齿轮在什么位置停止运动，从而决定了回转阀控制杆的位置。

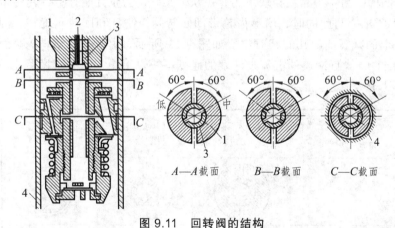

图 9.11　回转阀的结构

1—活塞杆；2—控制杆；3—回转阀；4—活塞筒

9.4.3　减振器阻尼的控制

变阻尼电控悬架系统对减振器阻尼的控制分为"柔软""中等"和"坚硬"三种状态。

1. 阻尼"柔软"的控制

当 EMS ECU 根据传感器和控制开关信号确定阻尼为"柔软"状态时，EMS ECU 便向步进电动机发出控制指令使其沿顺时针方向旋转，因此小齿轮驱动扇形齿轮沿逆时针方向转动，直到扇形齿轮凹槽的一边靠在挡块上为止，如图 9.12（a）所示。

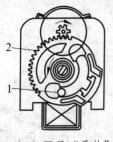
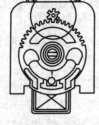
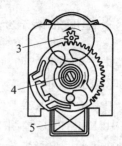

（a）阻尼"柔软" 　　（b）阻尼"坚硬" 　　（c）阻尼"中等"

图 9.12　扇形齿轮旋转方向与位置

1—挡块；2—扇形齿轮；3—驱动小齿轮；4—回转阀控制杆；5—电磁线圈

扇形齿轮转动时，将同时带动回转阀控制杆（阻尼控制杆）和回转阀转动，回转阀上阻尼与活塞杆上减震油液孔的相对位置如图 9.13 所示。A—A、B—B 和 C—C 截面上的三个阻尼孔全部打开（见图 9.11），允许减震油液以很快的速度流过活塞，因此减振器能很快的伸缩，使阻尼处于"柔软"状态。

2. 阻尼"中等"的控制过程

当 EMS ECU 根据传感器和控制开关信号确定阻尼为"中等"状态时，EMS ECU 向步进电机发出控制指令使其沿逆时针方向旋转，因此小齿轮便驱动扇形齿轮沿顺时针方向转动，直到扇形齿轮凹槽的另一边靠在挡块上为止（从"柔软"为止开始计算，其转角约为 120°），如图 9.12（c）所示。与此同时，扇形齿轮带动回转阀控制杆和回转阀旋转，回转阀上的阻尼孔与活塞杆上的减震油液孔的相对位置如图 9.13 所示。由于只有 B—B 截面上的阻尼孔打开（见图 9.11），允许减震油液流过活塞的速度不快也不慢，因此减振器能以缓慢速度伸缩，使阻尼孔处于"中等"状态。

阻尼孔位置 / 阻尼	A—A界面 阻尼孔	B—B界面 阻尼孔	C—C界面 阻尼孔
坚硬			
中等			
柔软			

图 9.13　阻尼孔与油液孔的相对位置

3. 阻尼"坚硬"的控制过程

当 EMS ECU 根据传感器和控制开关信号确定阻尼为"坚硬"状态时，EMS ECU 将同时向步进电机和电磁线圈发出控制指令，使步进电机和扇形齿轮从阻尼"柔软"或"中等"的极限位置旋转约 60°（从"柔软"的极限位置顺时针旋转 60°，从"中等"的极限位置逆时针旋转 60°）接通电磁线圈电流，其电磁吸力将挡块吸出，使其挡块进入扇形齿轮凹槽中间部位的一个凹坑内，如图 9.12（b）所示。与此同时，扇形齿轮带动回转阀控制杆和回转阀旋转，回转阀上的阻尼孔与活塞杆上的减震油液孔的相对位置如图 9.13 所示。由于 $A—A$、$B—B$ 和 $C—C$ 截面上的三个阻尼孔全部关闭（见图 9.11），减震油液不能流动，因此减振器伸缩非常缓慢。使阻尼处于"坚硬"状态。

4. 变阻尼悬架系统指示灯的控制

EMS ECU 除了向执行执行元件发出控制信号外，同时还向汽车仪表板上的三只悬架系统指示灯发出控制指令。当减振器处于"柔软"阻尼状态时，控制左边一只指示灯发亮，当减振器处于"中等"阻尼位置时，控制左边和中间共两只指示灯发亮，当减振器处于"坚硬"阻尼位置时，控制三只指示灯全部发亮。悬架系统指示灯在接通点火开关时，大约发亮 2 s 后自动熄灭，以便驾驶员检查指示灯及其线路是否完好。如果 EMS ECU 发现系统有故障，将使这些指示灯闪烁，提示驾驶员系统有故障。

任务 9.5　汽车电控悬架系统（EMS）实例

现代汽车采用的电子控制悬架系统中，通常同时使用了空气弹簧和变阻尼减振器。同前述悬架系统一样，减振器的螺旋弹簧用于支撑汽车的质量，减振器控制系统用于调节减振器的阻尼，空气弹簧用于调节车身的高度和刚度。

9.5.1　变高度、变刚度、变阻尼 EMS 的组成

三菱公司采用的电子控制悬架系统的组成如图 9.14 所示，主要有节气门位置传感器、转向与转角传感器、车速传感器、横向加速传感器、前后高度传感器、EMS ECU、空气弹簧、前后控制阀总成、前后变阻尼执行器、空气压缩机、储气罐、空气干燥器、流量控制阀、制动开关和系统功能指示灯等组成。

在汽车行驶过程中，各种传感器和控制开关将车身状态信息输入 EMS ECU，传感器和控制开关主要包括转向盘转角与转向传感器、节气门位置传感器、车速传感器、车身高度传感器、运行模式选择开关、车身高度选择开关、制动灯开关、门控灯开关、倒车灯开关、前照灯开关、空气供给系统的压力传感器和压力开关等。EMS ECU 根据这些信息计算判断驾驶员所选择或希望的车身高度、刚度，减振器的阻尼，转向盘的转动方向及转动角度，转弯时侧向惯性力的大小，汽车是否在加速，驾驶员是否在踩制动踏板，实际车身高度，车门是否打开，汽车是否倒车行驶，前照灯是否接通等，并控制执行元件执行相应的动作，从而达到自动调节车身高度和减振器阻尼的目的。

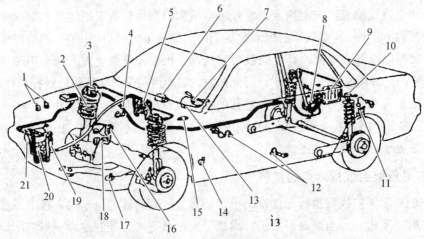

图 9.14　三菱汽车变高度变刚度变阻尼悬架系统的组成

1—空气压缩机继电器；2—主气弹簧；3—前变阻尼执行器；4—节气门位置传感器；5—前控制阀总成；
6—系统功能指示灯；7—转向与转角传感器；8—后控制阀总成；9—EMS ECU；10—后变阻尼执行器；
11—后高度传感器；12—门控灯开关；13—车速传感器；14—电源继电器；15—制动灯开关；
16—空气压缩机；17—横向加速度传感器；18—前高度传感器；
19—空气干燥器；20—流量腔控制阀；21—储气罐

9.5.2　变高度、变刚度、变阻尼 EMS 的控制

在三菱公司电子控制变高度、变刚度和变阻尼悬架系统汽车上，驾驶员能够选择的车身高度工作模式有"高位"和"自动"两种状态，能够选择的减振器阻尼工作模式有"运动""自动"和"柔软"三种模式。

当驾驶员选择车身高度为"自动"状态时，EMS ECU 能根据道路状况决定空气弹簧高度。按一下仪表板上的高度选择按钮，就可将悬架设置在"高位"状态，并给空气弹簧充气，使车身高度升高。当汽车在坏路面上行驶时，为了防止车身底部碰撞路面，应当选择"高位"工作模式。

当减振器阻尼工作模式选择在"运动"模式时，EMS ECU 将使减振器阻尼在任何情况下都很"坚硬"。当选择在"自动"模式时，EMS ECU 根据传感器和开关信号，可将减振器阻尼调节为"坚硬""中等硬度"或"柔软"状态。当系统处于"自动"模式时，若再按"自动"按钮，系统将以"中等硬度"状态工作。当选择"柔软"模式工作时，EMS ECU 能改变减振器阻尼硬度，使之在"坚硬""中等硬度"和"柔软"之间变换，选择"柔软"模式工作要比"自柔软"模式稍微软一些。下面结合三菱汽车电子控制悬架系统，具体分析车身侧倾、前俯、后仰、前后颠簸及上下跳动几种运动状态时，悬架控制系统的控制过程。

1. 抗侧倾控制

电子控制悬架系统的 EMS ECU 通过转向盘转角与转动方向传感器以及侧向加速度传感器来监视车身的侧倾情况。当传感器输入 EMS ECU 的信号表明汽车急转弯时，EMS ECU 将给空气弹簧和转向外侧减振器阻尼调节元件控制指令，调节空气弹簧的刚度和减振器的阻尼，从而减小车身侧倾的程度，并改善操纵性。

2. 抗点头控制

当汽车紧急制动时，制动灯开关接通，EMS ECU 将根据车速传感器提供的车速高低信号，向前空气弹簧执行元件发出指令使其气压升高，增大前空气弹簧的刚度，同时控制后空气弹簧执行元件使后空气弹簧放气，减小其刚度。与此同时，EMS ECU 还将使前减振器阻尼变成"坚硬"状态，使汽车的姿态变换减小到最小，从而提高乘坐舒适性。

3. 抗仰头（后坐）控制

当节气门位置传感器信号表示驾驶员快速踩下加速踏板加速行驶时，EMS ECU 将使前空气弹簧放气使其刚度减小，并增加后空气弹簧的气压使其刚度增大；与此同时，EMS ECU 还将控制后减振器阻尼变成"坚硬"状态，防止汽车仰头（又称为俯仰或后坐）。当车速稳定后，EMS ECU 将使空气弹簧恢复到原来的气压，并使减振器阻尼恢复到原来状态。

4. 前后颠簸和上下跳动的控制

电子控制悬架系统设有前后两只或四只高度传感器，因此，可以检测汽车在不平整路面（即所谓"搓衣板"路面）上行驶时悬架颠簸的运动状态。

当高度传感器信号表示空气弹簧被压缩时，EMS ECU 将使该轴上的空气弹簧放气，使弹簧缩短来抑制车身上升；反之，当空气悬架伸长时，EMS ECU 将使空气弹簧充气，抑制车身下降。

5. 车速变化时阻尼控制

当驾驶员选择减振器阻尼的工作模式为"运动"模式时，无论车速高低，EMS ECU 将使减振器阻尼保持处于"坚硬"状态；当选择"柔软"模式时，EMS ECU 在车速达到 129 km/h 时将使减振器阻尼变成"中等硬度"状态，当选择"自动"模式时，EMS ECU 在车速达到 99 km/h 时将使减振器阻尼变成"中等硬度"状态。

当汽车减速时，在"柔软"模式下，车速为 117 km/h 时将从"中等硬度"状态转换到"柔软"状态；在"自动"模式下，车速为 64 km/h 时将从"中等硬度"状态变为"柔软"状态。

6. 车身高度控制

当空气弹簧的工作模式选择在"自动"模式时，EMS ECU 能够调节高位、正常、低位三种车身高度状态。在大多数情况下，EMS ECU 将车处于正常高度状态行驶，并根据车身高度传感器和车速传感器输入信号来改变车身高度。

当车速高于 40 km/h 时，如果想悬架移动量超过 40 mm，且在 2 s 内上下振动两次以上，EMS ECU 将发出指令使四个空气弹簧都充气，主气压腔空气压力升高，弹簧刚度增大。当振动或车速减小时，经 12 s 延时后，EMB ECU 将使空气弹簧恢复到正常高度。

当前照灯接通时，EMS ECU 将根据车速传感器和前照灯开关信号使车身从正常高度变为低位。当车速达到 90 km/h 时，EMS ECU 将使前空气弹簧放气，使车身前端降低，以便照明车前路面。当车速在 90~99 km/h 保持 10 s 以上时，EMS ECU 将使后空气弹簧放气。当车速达到 100 km/h 时，EMS ECU 将使车身后端降低，以便照明更远路面。当车速下降到 70 km/h 以下时，EMS ECU 将使车身上升到正常高度，使前照灯光线保持正常位置。

当汽车急转弯、紧急制动或急加速时，EMS ECU 将中断任何高度变化。因为在这些情况下改变车身高度会导致转向操作不稳定。

9.5.3 变高度、变刚度、变阻尼 EMS 执行元件的工作情况

三菱汽车悬架系统减振器的执行元件相互并联连接，因此各个减振器同时起作用，其工作情况与前述丰田公司电子调节悬架系统相似。在减振器活塞杆内设有一个由步进电动机驱动的控制杆，控制杆转动回转阀时使能改变阻尼孔的大小，从而改变减振器阻尼的大小。

空气弹簧的执行元件能分别动作。空气供给系统由空气压缩机、干燥器、储气罐、流量控制阀、前阀总成、后阀总成等组成。从空气压缩机输出的空气经干燥器送到储气罐。储气罐由高压分罐与低压分罐，高压开关与低压开关和回收泵组成。

高压罐为系统储存高压空气，当空气压力小于 745 kPa 时，高压开关接通信号输入 EMS ECU，EMS ECU 发出指令启动压缩机转动。当空气压力达到 930 kPa 时，高压开关断开，ESM ECU 发出指令使压缩机停止转动。

当 EMS ECU 发出指令降低空气弹簧压力时，空气排到低压分罐。当低压罐压力达到 140 kPa 时，将低压开关断开信号输入 EMS ECU，EMS ECU 接通回收泵，使空气从低压罐压入高压罐。当低压罐压力小于 70 kPa 时，低压开关接通，EMS ECU 发出指令使回收泵停止转动

流量控制阀由流速改变阀、前放气阀、后放气阀共三个电磁阀组成。流速改变阀控制压缩空气从高压罐通过前、后阀总成流入前后空气弹簧。前放气阀控制空气从前空气弹簧过前阀总成流入低压罐及压缩机上的排气阀，后放气阀控制空气从后空气弹簧经过后阀总成流入低压罐和排气阀。

9.5.4 变高度、变刚度、变阻尼 EMS 指示灯的功能

电子控制悬架系统具有多种控制功能，并设有模式选择开关。因此，采用了许多指示灯来显示悬架系统的工作状态，指示灯安装在组合仪表板中央，如图 9.15 所示。

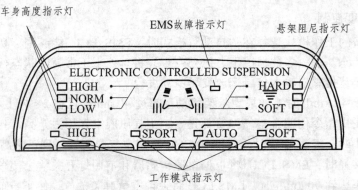

图 9.15 三菱汽车电控悬架系统工作状态指示灯

左边一组（三个指示灯）为车身高度指示灯，三个指示灯旁边分别标有"HIGH（高）""NORM（正常）""LOW（低）"标记，表示车身（空气弹簧）的状态。

右边一组（三个指示灯）为悬架阻尼指示灯，上面一个指示灯旁边标有"HARD（坚硬）"标记，下面一个指示灯旁边标有"SOFT（柔软）"标记，表示减振器阻尼的状态。

在"车身高度选择开关"左上方设有一个指示灯，标记为"HIGH（高）"，若驾驶员选择空气弹簧为"高位"模式时，则此灯发亮。

在"减振器工作模式选择开关"上方都设有相应的指示灯，分别标有"SPORT（运动）""AUTO（自动）"或"SOFT（柔软）"，用以显示驾驶员选择的减振器阻尼工作模式。

在面板中间偏右位置设有一个悬架系统故障指示灯，该指示灯未作任何标记。当 EMS ECU 检测到电子控制悬架系统发生故障时，将发出指令使故障指示灯发亮。

实训　电控悬架系统故障诊断与检修

1. 故障诊断流程

转向装置、悬架及轮胎和车轮中的故障原因很多，因此，在处理故障时必须考虑各方面因素。通常在路上测试车辆，应注意避免受错误的现象所左右。在路上测试车辆时，允许路面不平或隆起。测试路线的选择必须与用户使用的平均路面情况相近，以便再现所报告的情况。

进行下列预先检查，校正所发现的任何非标准的情况。检查下列各项：检查轮胎压力是否正确，检查轮胎的不均匀磨损，检查连接是否松动，检查转向管柱到转向齿轮的接头上的间隙，检查前悬架上是否有部件松动，检查前悬架上是否有部件损坏，检查后悬架上是否有部件，检查后悬架上是否有部件损坏，检查转向齿轮上是否有部件松动，检查转向齿轮上是否有部件损坏，检查轮胎失衡或圆度，检查轮胎是否不平衡，检查车轮是否损坏，检查车轮轴承是否松动或运转不良，检查动力转向装置油位。

如果空气悬架警示灯在发动机运转时发亮，则控制组件已检测出电控空气悬架系统中有两个故障。电控空气悬架的诊断与维修过程因汽车的不同而异。应根据汽车制造商的检修手册中所推荐的步骤进行。

当空气悬架警示灯指示出一个系统故障时，可进入下列诊断步骤：

（1）确保空气悬架系统开关接通。

（2）接通点火开关 5 s 后再断开。让驾驶员车门开后，而将其他门关闭。

（3）将位于控制组件附近的诊断引线接地，在窗户降下时关闭驾驶员车门。

（4）接通点火开关。警示灯应以 1.8 次/s 的速度连续闪亮，表示该系统处于诊断模式。

在该诊断步骤中有 10 个测试。当将驾驶员车门打开后关闭时，控制组件从一个测试转换到下一个测试。诊断步骤中的前 3 个测试是：

（1）后悬架。

（2）右前悬架。

（3）左前悬架。

在这 3 个测试过程中，应将每个悬架位置升起 30 s、降下 30 s，再升起 30 s。例如，在第 2 个测试时，该步骤之后为右后悬架。如果在测试过程中接收到所期望的信号或非法信号，将停止测试，且空气悬架警示灯发亮。如果在前 3 个测试中所有的信号和命令都正常，警示灯继续以 1.8 次/s 的速度闪亮。

在进行第 4~10 个测试时，空气悬架警示灯以测试号码所对应的数字闪亮。例如，在第 4 个测试时，警示灯闪亮 4 次后暂停，再闪亮多于 4 次。当完成第 4 个测试后闪亮序号是连续的。必须将驾驶员车门打开后关闭才能移至下一次测试。在 4～10 个测试中，维修人员必须倾听且注意各种元件，以检查出反常工作。警示灯只能指示出所进行测试的测试号码。在第 4～10 个测试中由控制组件所进行的动作如下：

（4）将压气机循环切换，使之以 0.25 圈/s 的速度接通与断开。该动作限于 50 圈。

（5）将放气电磁铁每 1 s 打开并关闭一次。

（6）将左前空气阀每 1 s 打开并关闭一次，且将放气电磁铁打开。此时汽车的左前角应缓慢下降。

（7）将右前空气阀每 1 s 打开并关闭一次，且将放气电磁铁打开。此时汽车的右前角会缓慢下降。

（8）在此测试时，将右后空气阀每 1 s 打开并关闭一次，且将放气阀打开。此动作应导致汽车的右后角缓慢下降。

（9）将左后电磁铁每 1 s 打开并关闭一次，且将放气阀打开。此动作应导致汽车左后角缓慢下降。

如果在测试顺序进行过程中发现了故障，可以在空气阀或放气阀的绕组及连接导线上进行指定的电路测试，以确定问题发生的原因。

2. 诊断类型

电子控制悬架系统故障诊断有几种类型：驱动循环诊断、维修间诊断、弹簧充气诊断等，下面分别介绍这几种诊断（测试仪 STAR Ⅱ 见图 9.16）：

1）驱动循环诊断

驱动循环诊断显示汽车上次驱动后发生的故障码。该检测主要用于测试车速输入和检测间歇性故障。

一个故障可能引起几个故障码，诊断中显示的每个故障码都有相应的定点测试。进行循环诊断的步骤如下：

（1）以 24 km/h 以上的车速驱动汽车至少 4 min，然后将点火开关转到 OFF 位置。

（2）打开行李盖，确认空气循环 ON/OFF 开关在 ON 位置。

（3）松开 STAR 测试按钮使它处于 HOLD 位置。

（4）将 STAR 测试仪连接到空气悬架诊断座上，然后将 STAR 测试仪转到 ON 位置。至少等待 5 s 后按下 STAR 测试按钮，使它处于 STAR 位置。在 20 s 内 STAR 测试仪应该持续显示下列代码之一：

（1）15：驱动循环诊断完成，无故障。断开 STAR 测试仪，退出驱动循环诊断。

（2）40 到 71：驱动循环诊断完成，而且系统内发生故障。记录系统所有故障，然后运行维修间诊断。

（3）所有其他代码：根据维修手册进行相应的定点测试驱动汽车进行检测，直到悬架控制指示灯点亮或技师觉得无故障出现。完成驱动循环诊断后，要执行维修间诊断。

2）维修间诊断

维修间诊断有三部分内容：一是自动/手动测试；二是故障码显示；三是功能测试。

自动/手动测试：该测试让空气悬架 ECU 进行自检以及检查各部件的操作。执行完这些测试后"STAR"测试仪会显示"12/OK 开始手动测试"或"13/有故障，开始手动测试"。此时应执行手动输入检查。

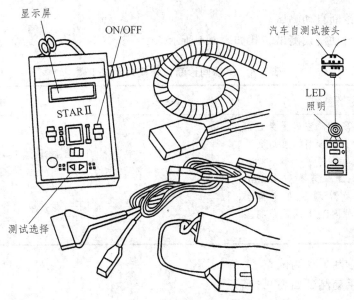

图 9.16　测试仪 STAR Ⅱ

　　故障码显示：可以用"STAR"测试仪显示故障码。每个检测到的故障码将显示 15 s。故障码将一直显示到不再需要时为止，此时应记下故障码。

　　功能测试：驱动循环诊断期间记录的故障码应与维修间诊断期间记录的故障码进行比较。两个测试中都出现的故障码是硬故障。只在驱动循环诊断中出现的故障码是间歇性故障。

　　（1）维修间诊断的步骤。

　　维修间诊断的测试步骤如表 9.3 所示。

表 9.3　维修间诊断的测试步骤

测试步骤	结果	措施
1. 将蓄电池充电器与汽车连接起来，并在显示过程中保持连接； 2. 如果需要，松开 STAR 的测试按钮，使它处于弹起的 HOLD 位置； 3. 打开行李盖，并将 STAR 测试仪连接到空气悬架诊断插座上，并将 STAR 测试仪转到 ON 位置； 4. 把空气悬架 ON/OFF 开关转到 OFF 位置后再拨回 ON 位置； 5. 检查客厢和行李厢中的载荷，卸掉所有负荷，汽车必须处于整备重量； 6. 确认点火开关处于 OFF 位置并等待 10 s； 7. 不踩制动踏板，把点火开关打到 ON/RUN 位置； 8. 确认大灯、加热风扇等断电； 9. 等待最少 5 s 后按下 STAR 测试按钮，使它处于压下的 TEST 位置	在 20 s 内 STAR 测试仪持续显示下列代码之一： 10 21～28 80	执行维修间诊断自动测试

（2）维修间诊断自动测试。

维修间诊断自动模式测试步骤如表 9.4 所示。

表 9.4　维修间诊断自动模式测试步骤

测试步骤	结果	措施
STAR 仪显示代码 10，空气悬架已经完成自检，正执行自动诊断，在进行自动检测期间禁止触摸或停靠车辆。如果没有空气调平故障，测试需要 3～4 min，如果有空气调平故障测试可能需要 14 min，测试结束时 STAR 测试仪将显示代码	STAR 测试仪将显示代码：12 或 13	自动测试未测到系统故障，转入下一步手动测试 自动测试测到系统故障，转入下一步手动操作

（3）维修间诊断手动测试。

维修间诊断手动测试如表 9.5 所示。

表 9.5　维修间诊断手动测试

测试步骤	结果	措施
空气悬架 ECU 已经完成自动检测，正等待技师执行下列手动操作： 1. 打开司机侧车门，开着司机车门坐到车上； 2. 完全踩下加速踏板，然后松开； 3. 用力踩下制动踏板，然后松开； 4. 方向盘左右转动至少 1/4 圈； 5. 下车，关闭司机侧车门，然后逐个打开关闭其他三个车门； 6. 上述步骤完成好，松开 STAR 测试按钮到 HOLD 位置 5 s 后，再接下 STAR 测试按钮保持在压下的 TEST 位置	STAR 测试仪持续显示下列代码之一： 11 40～79	完成维修间诊断未发现故障 完成维修间诊断发现故障，只记录至少显示两次的故障，进行相应的故障码诊断

（4）维修间诊断检测到的系统故障。

如果驱动循环诊断故障列表中包括代码"55"，把它加到刚刚作出的"维修间诊断"故障列表中。

驱动循环诊断检测出的故障在维修间诊断中没有重复出现的故障码将按间歇性故障处理。

为了节省修复系统故障的时间和人力，对故障码进行了分组。由于某些系统故障能够而且确实会产生其他系统故障，因此按照故障优先级顺序进行处理是十分重要的。

在驱动循环诊断或维修间诊断过程中，是否检查到系统故障时的处理办法：

① 如果检测到系统故障，则参照《维修手册》中的优先级列表，确定要采取的纠正措施。

② 如果没有检测到系统故障，则点火开关转到"OFF"位置，退出维修间诊断。

警告：检测到系统故障码将以数码顺序逐个显示。最好一个系统故障码显示完毕后，故障码列表会重复显示。只要 STAR 测试按钮处于"TEST"位置，故障码列表会一直滚动显示

3）弹簧充气诊断

有时定点测试需要维修人员进行弹簧充气诊断，弹簧充气诊断允许对单个弹簧进行充气，排气和进行个别检查。

（1）弹簧充气诊断步骤如表 9.6 所示。

表 9.6　弹簧充气诊断步骤

测试步骤	结果	措施
为了弹簧充气诊断，需执行下列步骤： 1. 电池充电器与汽车连接起来，并在显示过程中保持连接； 2. 如果需要，松开 STAR 的测试按钮，使它处于弹起的 HOLD 位置； 3. 把空气悬架 ON/OFF 开关转到 OFF 位置后再拨回 ON 位置 4. 确认点火开关位于 OFF 位置并等待 10 s 再转到 ON/OFF 位置 5 s 后松开自动踏板； 5. 关闭大灯，加热风扇等； 6. 等待至少 5 s 后按下 STAR 测试按钮	在 20 s 内 STAR 测试仪持续显示下列代码之一： 21～38 其他	点火开关转到 OFF 位置

（2）进入弹簧充气诊断程序步骤如表 9.7 所示。

表 9.7　进入弹簧充气诊断程序步骤

测试步骤	结果	措施
已进入弹簧充气诊断，为了选择/启动所需的弹簧充气测试，在所需的故障码显示至少 5s 后，松开 STAR 测试按钮，使它处于弹起的 HOLD 位置。只读 STAR 测试按钮处于 HOLD 位置，所选的功能便持续作用。当充气量或排气量达到要求时，按下 STAR 测试按钮，使它处于压下的 TEST 位置，这将停止测试并再次开始滚动显示测试码	STAR 测试仪显示下列代码： 21—右前空气弹簧排气 22—左前空气弹簧排气 23—右后空气弹簧排气 24—右前空气弹簧充气 25—左前空气弹簧充气 26—右后空气弹簧充气 27—左后空气弹簧排气 28—左后空气弹簧充气	点火开关转到 OFF 位置

注：汽车任何一角的空气弹簧排气和充气的每个代码，将按大小顺序逐个显示。最大的代码显示之后，代码列表将重复显示。只要"STAR"测试按钮处于压下的"TEST"位置，这种滚动显示方式，就会持续下去。

练习题

1. 简答题

（1）汽车电子调节悬架系统 EMS 主要由哪些部件组成？常用控制开关有哪些？

（2）高度控制开关设有哪几个挡位？该开关在"HIGH"位置时，车身将怎样进行控制？

（3）电子控制变高度空气弹簧悬架系统的主要功用是什么？主要控制部件有哪些？

（4）电子控制悬架系统 EMS 调节空气弹簧悬架高度的方法是什么？怎样调节车身高度？

（5）何谓阻尼？电子控制悬架系统 EMS 调节减振器阻尼方法是什么？

2. 选择题

（1）装备电控悬架系统 EMS 的汽车在急转弯或急加速时，乘坐人员能够感到悬架较为（   ）。

    A. 坚硬　　　　　B. 柔软　　　　　C. 仰头

（2）装备电控悬架系统 EMS 的汽车在紧急制动对，乘坐人员能够感到悬架为（   ）。

    A. 坚硬　　　　　B. 柔软　　　　　C. 仰头

（3）装备电控悬架系统 EMS 的汽车正常行驶时，乘坐人员能够感到悬架为（   ）。

    A. 坚硬　　　　　B. 柔软　　　　　C. 仰头

（4）小轿车装备的车身高度电控系统调节车身高度的范围一般为（   ）。

    A. 5 ~ 10 mm　　　B. 10 ~ 30 mm　　　C. 30 ~ 100 mm

（5）车身高度电控系统完成车身高度调节所需时间约为（   ）。

    A. 10 ~ 20 s　　　B. 20 ~ 40 s　　　C. 40 ~ 60 s

项目 10　车载网络技术

【学习目标】

（1）了解车载网络的应用与发展。
（2）熟悉车载局域网的构成与分类。
（3）熟悉车载局域网典型原理、诊断与检修。
（4）掌握车载局域网故障诊断的基本方法。

任务 10.1　车载局域网技术的应用与发展

　　汽车车载局域网（LAN，Local Area Network）是随着计算机网络的发展而发展起来的汽车网络通信技术。所谓通信就是利用电信设备传递信息。计算机互联网又称为计算机通信网，是指分布于各处的多台计算机在物理上互相连接，按照网络协议相互进行通信，以共享硬件、软件和信息等资源为目的计算机系统。计算机通信网的建立为信息和资源共享开辟了道路，形成了新型的"网络信息服务"工业。

　　车载局域网是汽车网络的统称，又称为汽车车载局域通信网，是指分布在汽车上的电器与电子设备在物理上互相连接，并按照网络通信协议相互进行通信，以共享硬件、软件和信息等资源为目的的电器与电控系统。可见，在物理上互连的电器与电子设备（即硬件）和通信协议（软件）是 LAN 必不可少的两个条件。实际上，在物理上互连就是利用导线（称为数据总线）将若干个电器或电子设备（称为模块或控制模块）连接在一起组成一个网络；通信协议则是为了共享硬件、软件和信息等资源而制定的控制信息交换的一系列规则。通信协议有很多，如控制器局域网通信协议（CAN，Controller Area Network）（即 CAN 协议）、汽车局部互联网通信协议（LIN，Local Interconnect Network）（即 LIN 协议）、汽车局域网通信协议（VAN，Vehicle Area Network）（即 VAN 协议）、多媒体定向系统传输网通信协议（MOST，Media Oriented System Transport）（即 MOST 协议）等。

10.1.1　汽车采用局域网（LAN）技术的目的

　　随着汽车电子技术的迅速发展和广泛应用，汽车电子化程度越来越高，汽车上安装的电子设备越来越多。如电子控制制动力分配系统（EBD）、电子控制制动辅助系统（EBA）、动态稳定控制系统（VSC）、车辆保安系统（VESS）、中央门锁控制系统（CLCS）、前照灯控制与清洗系统（HAW）、轮胎气压控制系统（TPC）、刮水器与清洗器控制系统（WWCS）、维修周期显示系统（LSID）、液面与磨损监控系统（FWMS）、自动空调系统（AHVC）、座椅位置调节系统（SAMS）、车载电话（CT）、交通控制与通信系统（TCIS）以及可开式车顶控制系统等。

1949—1999 年，汽车电器线束增加的情况如表 10.1 所示。可见，如果电器线束仍采用传统的布线方式连接，不仅线束变得更加粗大，质量也大大增加。其中，1999 年与 1990 年相比，汽车上电器线束增加 80 ~ 120 kg，占整车质量的 4% ~ 10%。电器与电子设备的大量应用，一方面导致汽车导线布置杂乱、安装空间狭小、检修十分不便；另一方面，也为汽车采用计算机网络技术创造了条件。

表 10.1　汽车上电器线束 50 年的增加情况

年份	线束种类与导线数量
1949	导线数量约 40 条，连接器数量约 60 个
1990	导线数量约 1900 条，连接器数量约 3800 个；线束长度约 3 km，线束质量约 39 kg
1999	线束长度、质量为 1990 年的 3 ~ 4 倍，ECU 数量约 60 只，电动机数量约 110 只，因此，采用了总线连接成网络系统，约 3 个

10.1.2　车载局域网 (LAN) 技术的发展

1983 年是汽车行业和汽车技术发展具有划时代意义的一年。因为德国 BOSCH 公司于 1983 年提出了众所周知的利用计算机总线技术实现汽车车身、动力及其传动系统控制器局域网（CAN）通信的基本协议。CAN 通信协议的发展历程如表 10.2 所示。1999 年，CAN 通信协议被国际标准化组织 ISO 11898-1 标准认可，标志着车载局域网的发展进入了一个崭新的阶段。

表 10.2　汽车控制器局域网 CAN 通信协议的发展历程

年份	发展情况	年份	发展情况
1983	德国博世公司开始研究控制器局域网 CAN	1992	使用 CAN 的车辆实现批量生产
1986	博世公司发表 CAN 通信协议；欧洲汽车于同年 12 月开始采用 CAN	1994	CAN 通信协议被国际标准化组织 ISO11898 获得认可
1987	首批 CAN 单片机制成	1995	ISO11898 进行修改
1989	CAN 单片机实现批量生产	1996	三菱 Mitsubishi 公司投产 CAN 单片机（M37630）
1991	CAN 通信协议被国际标准化组织 ISO11519-1，同年 9 月，CAN 协议升高到 Ver. 2.0B 版本	1999	CAN 通信协议被国际标准化组织 ISO11898-1 获得认可

网络必须按照规定的协议进行通信，才能实现网络预期的功能。因此，通信协议（或通信标准）是构成局域网的重要内容。在网络通信协议的制定和研制符合网络通信标准的产品方面，都已取得突破性进展。最有代表性的有博世（BOSCH）公司制定的控制器局域网 CAN，

CAN通信协议早在1999年国际标准化组织ISO就已确认为ISO11898-1串行通信协议(标准)。除此之外，还有英特尔（INTEL）公司推出的SAE J18065网络通信标准。

在网络产品方面，半导体厂商已将CPU与相关的电子模块组合，制作出了满足上述各类LAN要求的系列单片机。飞利浦（Philips）、英特尔（INTEL）、摩托罗拉（Motorola）等公司都已研制生产符合相关网络协议要求的芯片。例如，将微处理器CPU与CAN控制器集成在一起的产品有飞利浦公司研制的P8XC591，P8XC592芯片，达拉斯-马克西姆（Dallas-Max-im）集成产品公司研制的DS80C390芯片；CAN控制器有飞利浦公司的SJA 1000，PCA82C200芯片；用于连接CAN控制器与物理总线的CAN总线收发器有飞利浦公司的PCA 82C250芯片等。

为了满足汽车网络控制的需要，更好地完成各控制系统之间的信息交流、协调控制、资源共享，使通信协议达到标准化、通用化之目的，世界各国始终都在积极合作，力求制定统一的LAN国际标准。

10.1.3　车载局域网（LAN）技术的应用

汽车应用网络系统以来，为了满足汽车电子控制系统的不同控制目的和使用要求，各公司或组织开发研制了性能各异的车载网络。主要车载局域网的协议名称、通信协议、通信速率、开发与推行单位如表10.3所示。

不同的车载局域网具有不同的特点，侧重的功能也各不相同。控制器局域网CAN为双线总线，既可用于动力及其传动系统，也可用于车身系统，1986年12月欧洲汽车开始投入使用；汽车局部互联网LIN为单线总线，主要用于开关与操作系统，2003年开始投入使用；光缆总线局域网FlexRay总线为光缆，主要用于安全控制系统；多媒体定向传输网MOST主要用于车载电话、音响装置、视频设备和卫星导航等信息系统。

1. 局域网（LAN）技术在汽车内部的应用

早在1983年，丰田公司就在世纪（Century）牌轿车上应用了光缆连接的车门控制网络系统。该系统采用了集中控制方法，车身电控单元ECU对各车门的门锁、电动门窗玻璃进行控制，从而实现了多个节点之间的连接与通信（即信息传输）。这就是最早在汽车上应用的光缆网络系统。

1986年12月，欧洲汽车开始采用德国罗伯特（博世Robert Bosch）公司开发研制的利用计算机总线实现通信的汽车车身与动力传动系统控制器局域网CAN。至1992年，使用CAN的车辆已经批量投入生产。

1987年，汽车上应用了利用铜线连接的网络系统。如日产公司的车门门锁、电动门窗玻璃控制系统，通用GM公司的车灯控制系统等。控制方法仍然采用集中控制，并已投入批量生产。

2000年，奥地利维也纳的TM计算机技术公司以与CAN协议不同的思路提出了控制系统的新协议，即关于控制器局域网CAN的时间触发协议（TTP，Time Triggered Protocol on CAN）协议。该公司成立于1998年，拥有的关于时间触发协议的技术与软件广泛用于汽车和其他产业，主要致力于"X-by-wire"技术领域的开发研究。

表 10.3 汽车主要车载网络的特点与应用情况

局域网协议名称		核心内容	通信速率	开发时间	开发推行单位	应用情况
车内控制协议	CAN: controller Area Network（控制器局域网协议）	动力传动与车身系统控制用 LAN 协议（CAN 协议）	1 Mb/s	1986	BOSCH 公司、ISO	欧洲汽车
	VAN: Vehicle Area Network（汽车局域网）	车身系统控制用 LAN 协议	1 Mb/s	1988	国际标准化组织	美国汽车
	LIN: Local Interconnect Net-work（汽车局部互联网协议）	车身系统控制用 LAN 协议，液压控制组件专用 LIN 协议	20 kb/s	1999	LIN 协议	欧洲汽车
	SAE J1850 协议	车身系统控制用 LAN 协议	10.4 kb/s	1994	汽车工程师协会	美国汽车
	TTP: Time Triggered Protocol on CAN（控制器局域网时间触发协议）	重视安全、按用途分类控制用 LAN 协议	2 Mb/s	2000	TTT 计算机技术公司	
	TTCAN: Time Triggered CAN（控制器局域网的时间—触发通信协议）	重视安全、按用途分类控制用 LAN 协议	1 Mb/s	2000	BOSCH 公司	
	Byteflight 通用时分多路复用协议）	重视安全、按用途分类控制用 LAN 协议	10 Mb/s	2000	BMW 公司	
	FlexRay（光缆总线局域网协议）	重视安全、按用途分类控制用 LAN 协议	5 Mb/s	—	Chrysler 和 BMW 公司	—
车外网络	D2B/Optical；Domestic Digital Bus/Optical（光缆总线音频协议）	音频系统通信协议	5.6 Mb/s	2000	Chrysler 公司	美国、日本及欧洲汽车
	MOST: Media Oriented System Transport（多媒体定向系统传输网协议）	信息系统通信协议	22.5 Mb/s	1988	Daimier Chrysler 和 BMW 公司	BMW7 系列，Daimier Chrysler E 系列轿车
	IEEE 1394: Institute of Electrical and Electronics Engineers（电气与电子工程师学会信息系统网协议）	信息系统通信协议	100 Mb/s	—	电气与电子工程师学会	—

"X-by-wire"直译为靠电线驱动的系统，但实际上表示的是一种控制方式，即将操作指令转换成电信号，利用计算机控制运行的控制方式。在汽车上类似的系统有 Drive-by-wire 系统，即经过专门处理的单片机控制驱动系统；Steering-by-wire 系统，即经过专门处理的单片机控制转向系统；Brake-by-wire 系统，即经过专门处理的单片机控制制动系统等，这些系统统称为 X-by-wire 系统。从广义上来讲，X-by-wire 是指在动力传输系统中，根据不同用途并经过专门处理的车载局域网 LAN。如果将 X-by-wire 系统用于制动、操纵、变速等子系统的局域网，即将车载局域网 LAN 的范围缩小到某一个电子控制子系统，那么汽车设计的自由度就可大大增加。不仅可以逐步改进汽车设计，降低整车网络成本，而且能够提供更多的网络选装空间。因此，X-by-wire 局域网是前景十分广阔的小规模车载局域网 LAN。如图 10.1 所示为采用光缆通信的 X-by-wire 局域网在安全系统的应用情况，如图 10.2 所示为采用光缆通信的 X-by-wire 局域网在动力传动系统的应用情况。

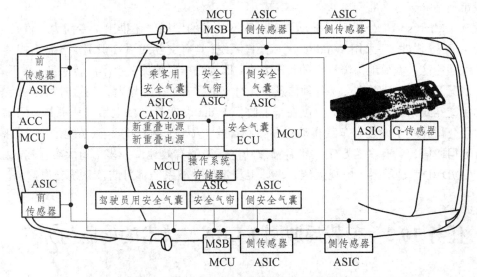

图 10.1　X-by-wire 局域网在安全系统的应用

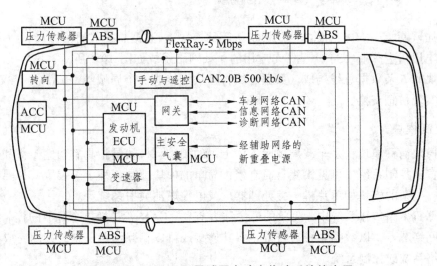

图 10.2　X-by-wire 局域网在动力传动系统的应用

为了实现音响系统的数字化，建立了将音频数据与信号系统综合在一起的网络。由于这种网络需要将大容量的数据连续地输出，因此在这种综合网络中采用了光缆进行通信。

2. 局域网（LAN）技术在汽车外部的应用

当汽车引入智能交通系统（ITS，Intelligence Traffic System）时，由于汽车要与车外交换数据，因此在信息系统中将会采用更大容量的网络及其通信协议，如光缆总线音频系统网络（D2B，Domestic Digital Bus）及音频系统通信协议、多媒体定向系统传输网络 MOST 及信息系统通信协议、电气与电子工程师学会信息系统网 IEEE1394 及信息系统通信协议等。

汽车互联网技术同计算机互联网一样，正在蓬勃发展。汽车互联网是一种无线通信系统。通过汽车互联网，人们在汽车上就可像在家里一样进行上网、收发电子邮件（E-mail）等。

国际商业机械公司（IBM 公司）与摩托罗拉（Motorola）公司合作开发了车用无线互联网技术，该技术可使驾驶员和乘客能够在车上收发 E-mail，从事电子商务与网上购物活动，查看股市行情和天气预报等。

微软（Microsoft）公司为了推动汽车互联网技术的发展，还推出了专门为"汽车上网"设计的 Autopc 软件，并采用 Windows CE 操作系统，具有交互式语言识别等各种多媒体功能。

这种功能能够有效地保障汽车的行车安全，因为汽车驾驶员在手不离转向盘、眼不离行驶前方的情况下，可与计算机交换各种信息。如行车前方有无交通堵塞，最短时间行驶导航等。

利用交互式语言识别功能，也可在车上收发 E-mail、拨打网络电话或从事其他网上业务。

通用公司开发了设装有车载自动化办公设备的"汽车上网系统"。该系统采用了超高速光纤串行数据通信，具有多路数字式影音播放功能，能够有效地调控多信道大容量输入、输出信号，CD/DVD、显示器、电视天线、全球卫星定位导航系统都可与该系统交换信息。

任务 10.2　车载局域网（LAN）技术的构成与分类

10.2.1　车载局域网（LAN）的构成

车载局域网（LAN）主要由控制模块（简称模块）、数据总线、通信协议和网关等 4 部分构成。丰田雷克萨斯 LS430 型轿车应用的车载网络系统如图 10.3 所示，该系统主要由 29 个控制模块和 5 条数据总线构成。数据总线将模块连接成 5 个局域网（LAN），各 LAN 之间通过网关实现信息交换。

1. 控制模块

控制模块简称模块，是车载局域网（LAN）的硬件。模块是指具有独立工作和通信能力的电子装置或控制系统。可见模块有简有繁，简单的模块就是一种电子装置，如温度和压力传感器等；复杂的模块如单片机（微处理器）或电控燃油喷射系统等。

在计算机多路传输系统中，简单的模块称为节点。LAN 就是把单个分散的控制设备（模块）变成网络节点，以数据总线为纽带，将其连接成可以相互沟通信息，共同完成各自控制任务的网络系统或控制系统。

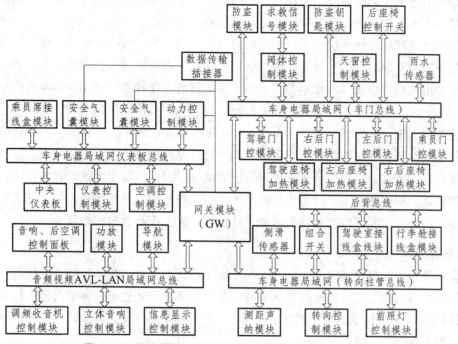

图 10.3　雷克萨斯 LS430 型轿车车载网络系统的构成

2. 数据总线

数据总线也是车载局域网（LAN）的硬件，是指模块之间传输数据和信息的通道，就是通常所说的"信息高速公路"。数据总线的功用就是传输数据和信息。

LAN 的一条数据总线通常是一根导线或两根导线（双绞线）。如果系统可以发送和接收数据，则其数据总线称之为双向数据总线。LAN 普遍采用双绞线数据总线，克莱斯勒轿车计算机控制信息显示（CCD，Computer Controlled Information Display）局域网双绞线数据总线的连接如图 10.4 所示。

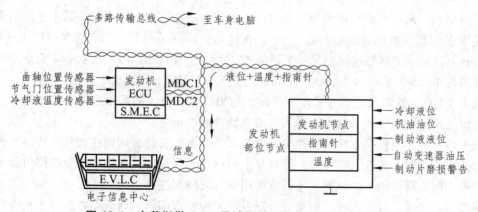

图 10.4　克莱斯勒 CCD 局域网的双绞线数据总线的连接

利用数据总线传输数据，在一条数据线上传递的信号可以被多个模块共同享用（即共享），从而提高数据传输效率，充分利用信息资源。众所周知，个人计算机的键盘只有 104 位键，可以发出一百多个不同的指令，但键盘与主机之间的数据总线只有 7 根导线，键盘正是依靠这 7 根导线上不同的电平组合（编码）来传递信息。

将数据总线和编码技术应用于汽车电器与电控系统，可以大大简化汽车线路。通过使用编码信号来表示不同的动作与含义，经过解码后的指令就可控制（接通或断开）相应用电设备（如步进电动机、电磁阀和显示器等）的工作电路或工作状态，将 100 多年来汽车线路一直采用的"一线专用制"变换为"一线多用制"，从而减少汽车导线数目与线束长度。

高速数据总线及其网络容易产生电噪声（电磁干扰），这种干扰往往导致数据传输出现错误。数据总线检测是否出错的方法有多种，其中之一是检测一段特定数据的长度，当数据出错时再重新进行传输，但这样会使系统运行速度减慢。因此，解决电磁干扰的方法：一是使用价格较昂贵、功能更强大、结构更复杂的模块；二是使用双绞线数据总线，其数据传递是基于两条线的电位差，可以有效抑制电磁干扰信号，大大提高数据传输效率。

3. 通信协议

通信协议是指在车载局域网（LAN）的实体（模块）之间，为了达到共享硬件、软件和信息等资源的目的而制定的控制信息交换的一系列规则。换句话说，通信内容（传输什么数据）、通信方法（怎样传输数据）和通信时间（何时传输数据）等，都是各个实体可以接受且必须遵从的"条约"。

通信协议犹如交通规则，包括"交通标志"的制定方法。通信协议的标准（"条约"）蕴含"唤醒访问"和"握手"。"唤醒访问"就是发给一个模块的信号，改变因为这个模块为了减少功耗而处于的休眠状态。"握手"就是工作模块之间相互确认兼容（即表示"欢迎光临"）。作为汽车维修人员，并不关心通信协议本身，而是关心协议对汽车维修诊断的影响。为什么各汽车制造厂家都制定通信协议呢？因为通信协议本身取决于车载网络系统要传输多少数据，要用多少模块，数据总线的传输速率要多快。由于大多数通信协议以及使用该协议的数据总线和网络都是专用的，因此，维修诊断时必须使用专门的软件或测试仪器。

4. 网关（GW）

众所周知，从一个房间走到另一个房间，必然要经过一扇门。同样，从一个网络向另一个网络发送信息，也必须经过一道"关口"，这道关口就是网关。顾名思义，网关（GW，Gate-way）就是一个网络连接到另一个网络的"关口"。在如图 10.3 所示的雷克萨斯轿车车载网络系统中，5 个局域网（LAN）之间的网关模块（GW）就相当于 5 道"关口"。

网关（GW）的定义是：在采用不同体系结构或通信协议的网络之间进行互通时，用于提供协议转换、数据交换、路由选择等网络兼容功能的设备。

网关是一种充当转换重任的计算机系统或接口设备，又称为网间连接器和协议转换器。

网关在传输层上实现网络互连，是最复杂的网络互联设备，仅用于两个高层协议不同的网络互连。网关既可用于广域网互连，也可用于局域网互联。

在人与人之间进行交谈时，如果交谈双方使用的语言不同，就需要有翻译人员进行翻译（语言转换），才能成功进行交流。在使用不同的通信协议、数据格式或语言，甚至体系结构完全不同的两种系统之间，网关可以进行转换和翻译。汽车网络系统是由若干个局域网（LAN）组成，由于不同车载局域网（LAN）的速率和识别代码各不相同，因此，当信号从一个 LAN 进入另一个 LAN 时,必须改变其速率和识别代码,才能被另一条数据总线接收(识别和处理),这个任务就由网关(GW)来完成。

汽车网络系统的网关简称汽车网关或网关(GW),是一种连接不同类型的车载局域网,并将信息从一个网络协议转换到另一个网络协议的计算机系统或接口设备(智能服务器)。汽车网关(GW)既是网间连接器,又是协议转换器。

上海大众途安(TOURAN)汽车采用的控制器局域网(CAN)如图 10.5 所示,该 CAN 设有 1 个网关模块 J533 和 5 个局域网(LAN),利用动力系统总线(Antrieb CAN-Datenbus)、舒适系统总线(Komfort CAN-Datenbus)、娱乐信息系统总线(Infotainment CAN-Datenbus)、仪表系统总线(Kombi CAN-Datenbus)和诊断总线(Diagnose CAN-Datenbus)5 条总线和网关模块将 5 个 LAN 连接成为一个网络系统。由图可见,网关(GW)连接 5 个 LAN 接口设备,当一个 LAN 的信号进入另一个 LAN 时,必须经过 GW 进行转换。

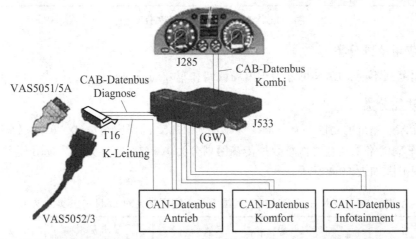

图 10.5　上海大众途安汽车 CAN(网关 GW 与数据总线的连接关系)

汽车网关(GW)的主要功能是网间连接和协议转换。除此之外,GW 还具有改变信息优先级别的功能。如当车辆发生碰撞事故时,安全气囊电控单元 SRS ECU 会向整车网络系统发送碰撞传感器检测的减速度信号,该信号传输到动力系统局域网(LAN)时,其优先级别非常高,以便切断行驶动力,防止造成更大伤害;但当该信号传输到舒适系统局域网(LAN)后,网关(GW)就会调低其优先级别,因为舒适系统 LAN 接收到该信号后,其功能仅是控制车门和车灯开启,避免人体遭受伤害。

10.2.2　车载局域网(LAN)的分类及应用

世界各公司研发的 LAN 种类很多,至今尚无统一的分类方法。常见的有按用途、应用范围和功能进行分类。

1. 按用途分类

按用途不同,LAN 大致可分为车身系统局域网、安全系统局域网、动力传动系统局域网和信息系统局域网四大类,各类 LAN 的通信速率、基本构成和通信协议如图 10.6 所示。

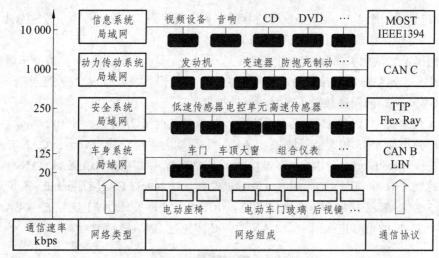

图 10.6　车载局域网按用途分类简图

2. 按应用范围分类

按应用范围不同，LAN 可分为车内局域网和车外局域网两大类，如表 10.3 所示。

3. 按功能分类

不同 LAN 侧重的功能各有不同。为了便于 LAN 的研究与设计，美国汽车工程师学会（SAE）的车辆网络委员会将汽车数据传输网划分为 A，B，C 三类，其应用对象、数据传输速率和应用范围如表 10.4 所示。

表 10.4　LAN 按功能分类（美国汽车工程师学会对 LAN 的分类方法）

网络类别	应用对象	数据传输率	应用范围	备注
A 类 LAN	控制传感器与执行器的低速网	1 ~ 10 kb/s	电动车窗、电动座椅、灯光照明和后视镜等控制	
B 类 LAN	独立模块之间信息共享的中速网	10 ~ 125 kb/s	车辆信息中心、故障诊断、电动车门、车顶天窗和组合仪表显示等控制	相当于车身系统 LAN
C 类 LAN	实时控制的多路传输高速网	125 kb/s ~ 1 Mb/s	主要用于发动机控制 EEC、防抱死控制 ABS、牵引力控制 ASR、悬架控制 EMS 等领域	相当于动力及其传动系统 LAN 和安全系统 LAN

10.2.3　汽车局部互联网（LIN）的特点

汽车局部互联网（LIN，Local Interconnect Network）主要用于控制开关与操作系统组成的车载局域网，如图 10.7 所示。

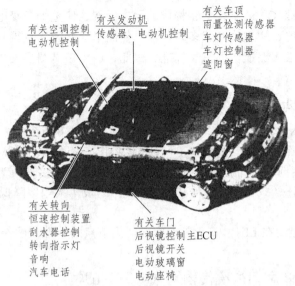

有关空调控制
电动机控制

有关发动机
传感器、电动机控制

有关车顶
雨量检测传感器
车灯传感器
车灯控制器
遮阳窗

有关转向
恒速控制装置
刮水器控制
转向指示灯
音响
汽车电话

有关车门
后视镜控制主ECU
后视镜开关
电动玻璃窗
电动座椅

图 10.7　车载局部互联网（LIN）的应用

汽车局部互联网是由欧洲汽车制造商于 1999 年提出的车载局域网，2003 年开始投入使用，主要目的是降低车载局域网成本。LIN 协议为串行通信协议，数据总线为单线总线。

1. LIN 总线与 CAN 总线的关系

CAN 总线作为控制器局域网的标准总线已经成为主流，但是低速 CAN 总线用于车身控制网络成本太高。这是因为车身控制网络底层设备多为低速电机和开关器件，对实时性控制要求不高，但节点数目多，且布置分散，对成本比较敏感。

LIN 总线是一种新型的低成本汽车车身总线，可以弥补低速 CAN 总线成本高的不足。

LIN 总线的目标定位是作为 CAN 的辅助总线，用于车身控制网络的低端场合，实现汽车车身网络的层次化，以降低汽车网络的复杂程度，力求成本最低。

LIN 总线主要应用于汽车车身中的联合装配单元，如车门模块、车顶模块、座椅模块、空调模块、组合仪表盘模块、车灯模块等。每个模块内部各节点间通过 LIN 总线构成一个低端通信网，完成对外围设备的控制，如图 10.8 所示。各个模块又作为一个节点，通过网关（智

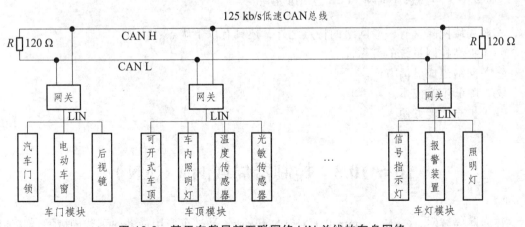

图 10.8　基于车载局部互联网络 LIN 总线的车身网络

能服务器）连接到低速 CAN 总线上，构成上层主干网，使整个车身电子系统构成一个基于 LIN 总线的层次化网络，实现分布式多路传输，使网络连接的优点得到充分发挥。由于目前尚未建立汽车车身低端多路通信的汽车标准，因此，LIN 正试图发展成为低成本低端串行通信网络的行业标准。

2. LIN 协议的特点

局部互联网（LIN）协议作为车身低端网络协议具有以下两个显著优点：

（1）节约材料、降低成本。与低速 CAN 协议相比，数据传输线从 2 根减少到 1 根，因此可以节省大量导线；此外，副节点的振荡器由石英或陶瓷振荡器改为电阻式振荡器，收发器由差动放大式改为比较式，通信软件减少，因此网络成本大幅度降低，仅为采用低速 CAN 总线网络的一半。

（2）网络扩展方便。在 LIN 中，无需改变任何副节点的软件或硬件，就可直接添加节点。

10.2.4 多媒体定向系统传输网（MOST）的特点

MOST 协议是采用光缆通信的网络协议。在 MOST 协议中，不仅对通信协议给出了定义，而且提出了分散系统的构筑方法、遥控操作与集中管理方案等。采用 MOST 协议进行通信，不仅可以实现各种设备的集中控制，而且可以减轻系统开发人员的负担，减轻连接各部件线束的质量和降低噪声。MOST 协议具有以下特点。

（1）可以传输三种数据。MOST 协议利用一个低价的光纤网络，可以传输以下三种数据：
同步数据——实时传送音频信号、视频信号等流动型数据。
非同步数据——传送访问网络及访问数据库等的数据包。
控制数据——传送控制信息以及控制整个网络的数据。

（2）抗干扰能力强。MOST 协议采用光纤传输信息，因此，网络不会受到电磁辐射干扰和搭铁的影响。

（3）连接多媒体设备多。MOST 协议采用一根光纤传输信息，最多可以同时传送 15 个频道 CD 质量的非压缩音频数据。在一个局域网上，最多可以连接 64 个节点（电子装置）。

10.2.5 车载局域网（LAN）的优点

车载局域网除具有一般网络的特点之外，还具有以下优点：
（1）提高控制系统的可靠性。
（2）网络组成灵活方便。
（3）降低生产成本。
（4）扩充功能方便。

任务 10.3 控制器局域网（CAN）

控制器局域网（CAN，Controller Area Network）是汽车应用最多的车载局域网，其通信协议（即 CAN 协议）是一种串行通信协议，CAN 总线允许多站点同时发送。因此，既保证信息处理的实时性，又能保证网络系统的可靠性。CAN 总线的传输介质既可使用双绞线，也可使用同轴电缆或光导纤维，通信速率可达 1 Mb/s，应用范围遍及实时控制的高速网络到低成本的多线路网络，发展前景十分广阔。

10.3.1　控制器局域网（CAN）的构成

汽车控制器局域网是指分布在汽车上的多个控制器（即电控单元 ECU）在物理上相互连接，并按照网络通信协议（CAN 协议）相互进行通信，以共享硬件、软件和信息等资源为目的的控制器系统。

CAN 是由中央控制组件 CEM、控制器局域网总线（CAN 总线）和若干个电子控制器（电控单元 ECU）等器件构成。如图 10.9 所示为动力及其传动系统和车身系统部分 ECU 组成的 CAN 示意图。

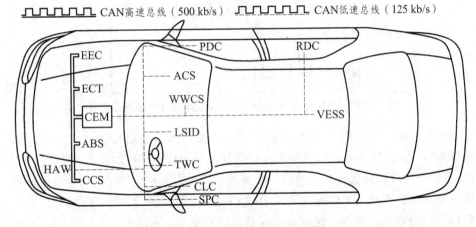

图 10.9　控制器局域网 CAN 的构成

EEC—发动机电子控制系统 ECU；ECT—电子控制自动变速 ECU；CEM—中央控制电子组件；ABS—防抱死制动 ECU；
CCS—巡航控制 ECU；SPC—座椅位置调节 ECU；CLC—中央门锁 ECU；HAW—前照灯控制与清洗 ECU；
TWC—车顶天窗控制 ECU；ISID—维修周期显示 ECU；WWCS—刮水器与清洗器 ECU；
ACS—自动空调 ECU；PDC—乘员门锁 ECU；RDC—后门 ECU；
VESS—车辆保安 ECU

中央控制组件 CEM 由 CAN 控制器、CAN 收发器和微处理器 CPU 等组成。CEM 既是整车网络系统的控制中心，也是高速局域网与低速局域网的网关服务器，电路连接如图 10.10 所示。

控制器局域网（CAN）最常用的控制器件有 PHILIPS 公司研究开发的 SJA1000，PCA82C200，PCA82C250，P8XC591 和 P8XC592 等芯片产品。其中，SJA1000 和 PCA82C200 为独立的 CAN 控制器；PCA8X250 是 CAN 收发器；P8XC591 和 P8XC592 则将微处理器 CPU 和 CAN 控制器集成为一体。在独立的 CAN 控制器中，SJA1000 的功能更为完善，其内部逻辑框图以及外部接口连接如图 10.11 所示。

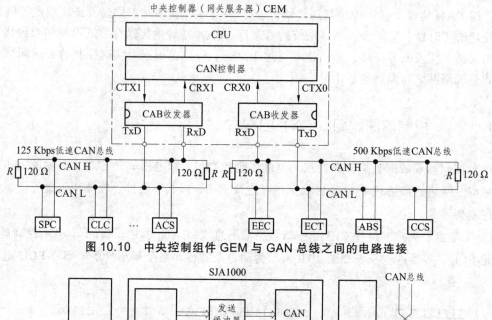

图 10.10　中央控制组件 GEM 与 GAN 总线之间的电路连接

图 10.11　CAN 控制器 SJA1000 内部逻辑及外部接口框图

　　SJA1000 拥有标准模式和皮利(Peli)模式两种应用模式。标准模式符合 CAN 协议的 2.0A 标准，能够实现 PCA82C200 的所有功能，接收缓冲器也增至 64 个字节；皮利（Peli）模式符合 2.0B 标准，具有扩展数据格式功能，增加了仲裁丢失捕获、错误代码读取等功能，设计更为灵活方便。接口管理逻辑电路负责 CAN 控制器与微处理器 CPU 之间的相互通信，CAN 核心块集成了数据收发、处理、定时及错误管理等功能。由于 CAN 控制器 SJA1000 的总线驱动能力有限，不能直接与 CAN 总线连接，因此，在 SJA1000 与 CAN 总线之间需要连接 CAN 收发器。SJA 1000 经总线收发器 PCA82C250 与 CAN 总线的连接原理如图 10.12 所示。

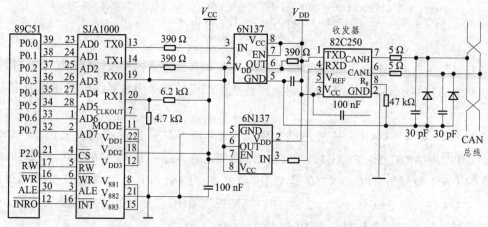

图 10.12　CAN 控制器 SJA1000 的典型应用方案

10.3.2 控制器局域网（CAN）总线的特点

CAN 总线由物理层和数据链路层构成。CAN 总线具有以下特点。

（1）所有节点均可发送和接收信息。CAN 总线是一种共享信息的通信总线，即总线上所有的节点都可发送和接收传输的信息（注：由于所有的节点都能接收全部信息，因此，信息不能送达某个指定节点）。

（2）信息发送按信息优先级进行。与总线相连的所有节点都可发送信息，发送信息的节点通过改变所连总线的电平就可将信息发送到接收节点。在两个以上节点同时开始发送信息的情况下，信息优先级最高的节点获得发送权，其他所有节点转为信息接收状态。

（3）通信速率高。CAN 总线采用两线差分传输数据，可支持高达 1 Mb/s 的通信速率。

（4）通信距离远。CAN 总线上任意两个节点之间的最大允许传输距离与其信息传输速率有关，如表 10.5 所示。在 1 Mb/s 速率下，CAN 总线通信距离可达 40 m；在 10 kb/s 速率下，通信距离可达 6700 m。因此，CAN 总线既可用于动力及其传动系统网络的连接，也可用于车身控制系统网络的连接。

表 10.5 CAN 总线通信距离与其信息传输速率的关系

信息传输速率	通信距离	信息传输速率	通信距离
1 Mb/s	40 m	50 kb/s	1300 m
500 kb/s	130 m	20 kb/s	2200 m
250 kb/s	270 m	10 kb/s	6700 m
125 kb/s	530 m	5 kb/s	10 000 m
100 kb/s	620 m		

10.3.3 控制器局域网（CAN）总线的连接

在车载局域网中，CAN 总线是由两根线 CAN-H（CAN-High 或 CAN+）数据线和 CAN-L（CAN-Low 或 CAN-）数据线构成。在某些高档轿车的 CAN 中设有第 3 条 CAN 总线，用于卫星导航系统和智能通信系统。

动力与传动系统的控制器采用 C 类高速 CAN 总线连接，车身控制系统的控制器采用了低数据传输速率的 B 类 CAN 总线连接，数据传输速率为 125 kb/s。各电控单元之间依据 CAN 通信协议相互进行通信，从而完成各种数据的交换。在中央电子控制组件 CEM 中，CAN 控制器具有双通道（CRX0，CTX0 通道；CRX1，CTX1 通道）的 CAN 接口，经过 CAN 收发器分别与高速（500 kb/s）CAN 总线和低速（125 kb/s）CAN 总线连接。各电控单元通过 CAN 总线与 CAN 收发器相连而相互交换数据。

CAN 控制器根据两根总线的电位差来判定总线电平的高低。总线电平分为显性电平与隐性电平两种，二者必居其一。

10.3.4 控制器局域网（CAN）通信速率的设定

1. 动力及其传动系统网络通信速率的设定

汽车动力及其传动系统的控制器主要包括发动机电子控制系统 EEC、电子控制自动变速系统 ECT、防抱死制动系统 ABS、电子调节悬架系统 EMS、车轮防滑转控制系统 ASR、电子控制制动力分配系统 EBD、电子控制制动辅助系统 EBA、动态稳定控制系统 DSC 和巡航控制系统 CCS 等。其 CAN 一般都采用 C 类高速 CAN 总线连接，数据传输速率可达 1 Mb/s。将这些控制器连接到 CAN 总线上，可以实现高速实时控制。

2. 车身控制系统网络通信速率的设定

汽车车身控制系统主要包括座椅安位置调节系统 SPC、中央门锁控制系统 CLC、自动空调系统 ACS 和车顶天窗控制系统 TWC 等。由于这些系统通常是以低速率进行数据传输，因此，车身控制系统采用了低数据传输速率速的 B 类总线。早期的汽车车身控制系统通常采用基于 J1850 标准的总线进行连接。

CAN 总线用于车身控制系统的连接时，采用的是一种容错式总线，即总线内置容错功能。因为汽车内部 CAN 总线是由两根线（CAN H，CAN L）构成，并采用双线串行通信方式传输数据，当 2 条总线中有 1 条出现断路或短接而搭铁时，网络可以切换至 1 线方式继续工作。CAN 通信协议要求从 2 线切换至 1 线期间不能丢失数据位，为此其物理层芯片比动力传动系统更复杂，数据传输速率也较低，通常采用的传输速率为 125 kb/s。此类总线逐渐被局部互联网总线（UN 总线）所取代，其根本原因是低速 CAN 总线应用于车身控制所面临的最大困难是成本较高。

10.3.5 控制器局域网（CAN）协议的特点

控制器局域网 CAN 具有以下特点：

（1）多主发送信息，即当总线空闲时，所有节点都可发送信息。CAN 通信协议规定：所有信息应以规定的格式发出。在总线空闲时，与总线相连的所有节点都可以发出新的信息。

（2）总线仲裁决定发送信息的优先级（即优先顺序）。在两个以上节点试图同时发出信息的情况下，利用标志符（以下简称 ID）决定优先级，以 Byte（比特）为单位对各信息的 ID 进行仲裁，仲裁获胜（被判断为优先级最高）的节点继续发送信息，仲裁失败的节点立即停止发送并转为接收状态。

（3）系统扩展灵活。由于与总线相连的节点没有节点地址信息，因此在向总线追加节点时，无需更改与总线相连的其他节点的软件与硬件，为网络系统的扩展提供了条件。CAN 总线可以同时连接许多单元。理论上 CAN 总线可以连接的节点数是无限的，但实际可以连接的单元数将受总线延迟时间与电负荷的限制。当降低通信速率时，可以连接较多的单元；反之，提高通信速率时可连接的单元数量将减少。

（4）不同网络可以采用不同的通信速率。CAN 协议可以根据网络规模的大小来设定通信速率。但在一个局域网内部，所有节点必须设定同一通信速率；否则，通信速率不同的节点连到一起时，节点就会出错而阻碍通信。不同的局域网可以采用不同的通信速率。

（5）具有错误检测、通告和还原功能。所有的节点都可以检测出错误（即错误检测功能），当检测出错误时，该节点立即向其他节点发送出错的通知（即错误通告功能）；当发送信息的节点检测出错误时，其发送状态将强制结束。被强制发信结束的节点会再反复传送信息，直至其信息可以正常传送为止（即错误还原功能）。

（6）错误的界定与处理。通过查询出错计数器值，就可知道网络通信质量。出错计数器这种计数方式能够确保单个故障节点不会阻塞整个网络。如果某个节点出现本地错误，其计数值将很快达到 96，127 或 255。当计数值达到 96 时，计数器将向控制器发出中断，提示当前通信质量较差。当计数值达到 127 时，该节点假定其处于"被动出错状态"，即继续接收信息，且停止要求对方重发信息。当计数值达到 255 时，该节点脱离总线，不再工作，而且只有在硬件复位后，才能恢复工作状态。

任务 10.4 车载局域网故障诊断与排除

10.4.1 车载局域网（LAN）故障的状态

在车载局域网中，一个控制单元的故障状态有以下三种形式。

（1）错误激活状态。错误激活状态是指可以参与总线通信的状态。处于错误激活状态的电控单元检测到错误时，将输出错误激活的标志。当在总线上检测出某电控单元连续 128 次出现 11 位隐性电平时，该电控单元就处于错误激活状态。

（2）错误认可状态。错误认可状态是指容易出现错误的状态。处于错误认可状态的控制组件可以参与总线上的通信。但在接收信息时，为了不妨碍其他控制组件通信，处于错误认可状态的控制组件不能发出出现错误激活的通知。当处于错误认可状态的组件检测到错误时，就会输出错误认可的标志。但是，如果其余处于错误激活状态的组件没有检测到错误，则判断为整个总线没有错误。此外，处于错误认可状态的组件在发出信号之后不能立刻又开始发信。在开始再次发信之前，在帧间间隔处要插入 8 位的隐性电平，即暂缓发送。

（3）总线关闭状态。总线关闭状态就是不能参与总线通信的状态。在总线关闭状态下，所有的信息发送与接收动作均被禁止。

这三种故障状态用发送错误计数器（TEC，Transmit Error Counter）与接收错误计数器（TEC，Receive Error Counter）进行管理（即进行界定），并由这些计数器的计数值对错误状态进行分类。发送错误计数器的计数值与接收错误计数器的计数值随条件变化而转变，错误状态与计数器计数值的关系如图 10.13 所示。

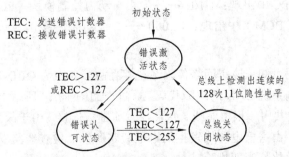

图 10.13 电控单元的错误状态及其转变条件

10.4.2　车载局域网（LAN）故障的原因

当装备网络系统的车辆出现故障时，首先应当检测网络系统是否正常。因为网络系统出现故障时，部分信息无法传输，接收这些信息的电控模块 ECU 将无法正常工作，从而为故障诊断带来困难。检修车载网络系统故障时，应根据网络系统的具体结构和控制回路具体分析。一般说来，引起车载网络系统故障的原因有三种：一是汽车电源系统引起的故障；二是车载网络系统的链路故障；三是网络系统的节点故障。

10.4.3　车载局域网（LAN）故障诊断与排除

针对车载局域网（LAN）产生故障的三种原因，下面分别举例说明其检测诊断与排除方法。

1. 汽车电源系统故障导致网络系统故障

车载局域网（LAN）的核心部件是带有控制器、发送器和接收器等具有通信功能 IC 芯片的中央电控模块（CEM），电控模块（CEM）的正常工作电压在 10.5 ~ 15.0 V 范围内。如果汽车电源系统提供的工作电压过低，就会影响电控模块（CEM）正常工作，从而导致整个网络系统出现通信短时中断现象。下面以上海别克轿车故障实例说明。

1）故障现象

一辆上海别克轿车在行驶过程中，经常出现转速表、里程表、燃油表和水温表指示为零的现象。

2）故障检测过程

用故障检测仪（故障扫描仪）TECH2 读取故障代码，发现各个电控模块中均无当前故障代码，但存在多个历史故障代码。

在安全气囊控制模块 SDM 中出现：

U1040——失去与 ABS 控制模块的对话；

U1000——二二级功能失效；

U1064——失去多重对话；

U1016——失去与动力控制模块（PCM）对话。

在仪表控制模块 IPC 中出现：U1016——失去与动力控制模块（PCM）对话。

在车身控制模块（BCM）中出现：U1000——二级功能失效。

3）故障分析和排除

经过读取故障代码可知，该车网络传输系统存在故障，因为 OBD-II 规定"U"字头的故障代码为车载网络传输系统 LAN 的故障代码。通过查阅图 10.14 所示上海别克轿车电源系统电路图可知，电控模块共用一根电源线，并且经过前围板连接。由于故障代码为间歇性故障，因此，可以断定故障是由这根电源线发生间歇性断路所致。检查线路发现，该电源线存在接触不良现象，经处理后故障当即排除。

2. 车载局域网（LAN）的节点故障

节点指的是车载局域网（LAN）的电控模块 ECU。因此，节点故障就是电控模块 ECU 故障。节点故障包括软件故障和硬件故障两个方面。

软件故障是指传输协议或软件程序有缺陷或冲突，从而使车载网络系统通信出现混乱或无法正常工作。这种故障一般都成批出现，且无法维修。

硬件故障一般是由通信芯片或集成电路故障引起，造成车载网络系统无法正常工作。对于采用点对点传输信息的低版本通信协议网络，如果发生节点故障，将出现整个汽车多路信息传输系统无法工作。下面以帕萨特 BS 轿车故障为例说明。

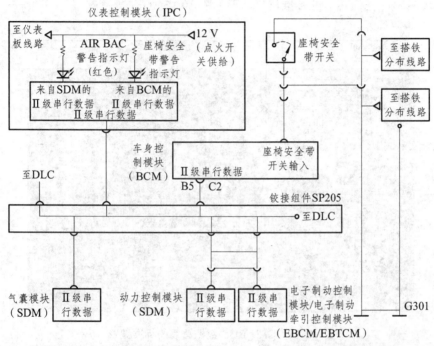

图 10.14　上海别克轿车仪表、SRS、ABS 与牵引力控制模块电路

1）故障现象

一辆上海帕萨特 BS 轿车在使用中出现机油压力报警灯和安全气囊故障指示灯报警现象，与此同时，发动机转速表不能指示转速。

2）故障检测

用 V.A.61552 故障诊断仪读取发动机控制系统的故障代码，发现有两个偶发性故障代码，一个是 18044——安全气囊控制单元无信号输出；另一个是 18048——仪表数据输出错误。

用 V.A.61552 故障诊断仪读取仪表系统的故障代码为：01314——发动机控制单元无通信；01321——到安全气囊控制单元无通信。

3）故障分析与排除

通过读取故障代码可见，发动机控制单元和安全气囊控制单元均无信号传输。因此，可初步判断故障与车载网络系统有关。检查汽车电源线路也未发现故障，故障很可能是节点或链路故障。用替换法尝试安全气囊控制单元，故障得以排除。

3. 车载局域网（LAN）链路故障

当车载局域网的链路（或通信线路）出现故障（如通信线路短路、断路以及线路物理性质引起通信信号衰减或失真）时，都会引起多手电控单元无法工作或电控系统错误动作。

通信链路有无故障，一般都利用示波器或专用光纤诊断仪进行测试，通过观察实际通信数据信号与标准通信数据信号是否一致进行判定。

利用示波器测试通信链路传输的信号波形，并将实测波形与标准波形进行比较，能够有效判定通信链路有无故障。CAN-BUS（CAN 数据总线或 CAN 总线）状态的几种典型波形如下：

（1）CAN-BUS 总线传输的标准信号波形如图 10.15 所示。

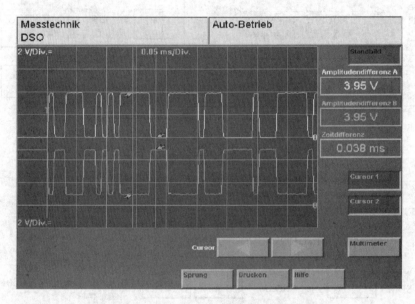

图 10.15　CAN-BUS 数据总线的标准波形

（2）CAN-BUS 数据总线搭铁短路时的信号波形如图 10.16 所示。

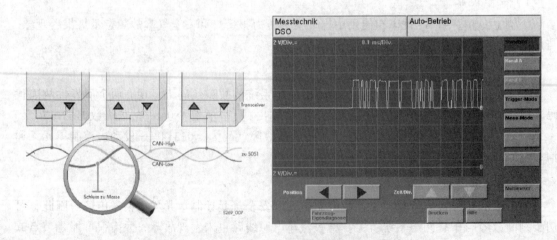

图 10.16　CAN-BUS 数据总线搭铁短路及其信号波形

（3）CAN-BUS 数据总线对正极短路及其信号波形如图 10.17 所示。

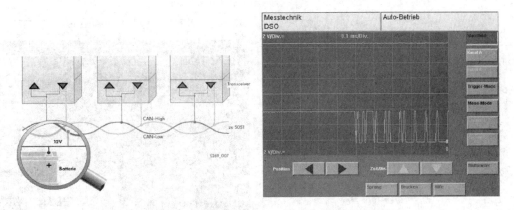

图 10.17 CAN-BUS 数据总线对正极短路及其信号波形

（4）CAN-Low 数据线断路及 CAN-BUS 数据总线信号波形如图 10.18 所示。

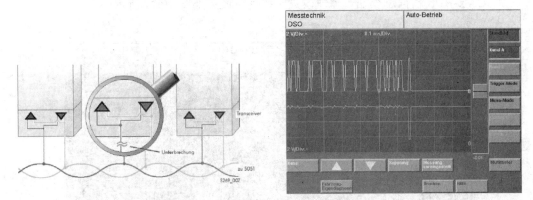

图 10.18 CAN-Low 断路及 CAN-BUS 数据总线信号波形

（5）CAN-High 与 CAN-Low 短路（总线直连）及 CAN-BUS 数据总线信号波形如图 10.19 所示。

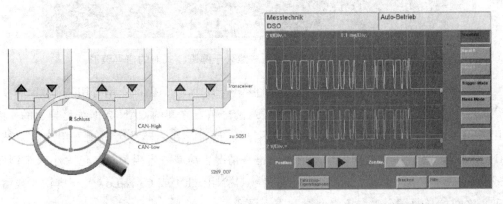

图 10.19 CAN-High 与 CAN-Low 短路及 CAN-BUS 数据总线信号波形

（6）CAN-High 与 CAN-Low 交叉连接及 CAN-BUS 数据总线信号波形如图 10.20 所示。

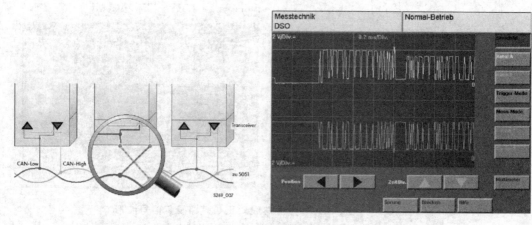

图 10.20　CAN-High 与 CAN-Low 交叉连接及 CAN-BUS 数据总线信号波形

（7）CAN-BUS 数据总线处于睡眠模式时的信号波形如图 10.21 所示。

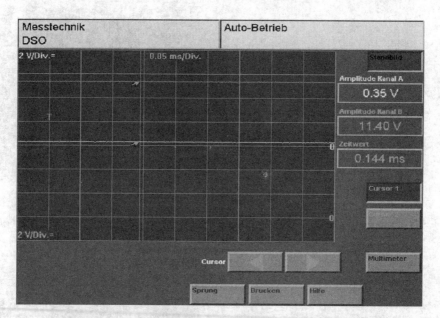

图 10.21　CAN-BUS 数据总线处于睡眠模式时的信号波形

　　因为 CAN-BUS 数据总线为双绞线（两根导线），所以，仍可应用万用表检测 CAN-BUS 总线的阻值来判断故障。在同一网络中，任意两个节点之间的 CAN 数据线是导通的。因此，可用万用表电阻挡测量数据线的导通情况来判定是否存在断路故障。用万用表电阻挡测量 CAN-High 与 CAN-Low 之间的电阻值时，正常情况下应有一定阻值（其值大小因车型而异，一般为 60 Ω左右）。用万用表电阻挡分别测量 CAN-High（或 CAN-Low）与搭铁（或蓄电池负极）之间的导通情况时，正常情况下应不导通。

练习题

一、选择题

（1）汽车车载控制器局域网（CAN）通信协议是（　　）公司提出的。

　　A. SAE　　　　　　　　B. BOSCH　　　　　　　C. TOYOTA

（2）CAN 通信协议被国际标准化组织 ISO11898-1 标准认可的时间是（　　）。

　　A. 1983 年　　　　　　B. 1992 年　　　　　　C. 1999 年

（3）飞利浦（PHILIPS）公司研制的 SJA1000 芯片是（　　）。

　　A. CAN 控制器　　　　B. CAN 收发器　　　　C. 中央控制模块（CEM）

（4）在车载局域网（LAN），模块称为（　　）。

　　A. 控制器　　　　　　B. 收发器　　　　　　C. 节点

（5）在两个不同的车载局域网（LAN）之间，实现信息共享必须配置（　　）。

　　A. 网关　　　　　　　B. 控制器　　　　　　C. 收发器

（6）汽车用 C 类车载局域网（LAN）的数据传输速率为（　　）。

　　A. 1 ~ 10 kb/s　　　　B. 10 ~ 125 kb/s　　　C. 125 kb/s ~ 1 Mb/s

（7）在 CAN 中，数据线 CAN-High 与 CAN-Low 之间的电压为（　　）。

　　A. 5 V　　　　　　　　B. 12 V　　　　　　　C. 24 V

（8）在车载局域网（LAN）中，中央电控模块（CEM）的正常工作电压为（　　）。

　　A. 4.5 ~ 5.0 V　　　　B. 5.5 ~ 12.5 V　　　C. 10.5 ~ 15.0 V

（9）宝来（BORA）轿车装备的动力及其传动系统控制器局域网（CAN）的通信速率是（　　）。

　　A. 1 Mb/s　　　　　　B. 500 kb/s　　　　　C. 125 kb/s

（10）宝来（BORA）轿车车身系统控制器局域网（CAN）的通信速率是（　　）。

　　A. 62.5 kb/s　　　　　B. 125 kb/s　　　　　C. 500 kb/s

2. 思考题

（1）何谓网络？何谓车载局域网 LAN？

（2）何谓通信协议？车载局域网 LAN 常用的通信协议有哪些？

（3）汽车采用局域网 LAN 技术的目的是什么？

（4）车载局域网 LAN 主要由哪几部分构成？

（5）何谓车载局域网 LAN 的模块？举例说明。

（6）何谓网关？车载局域网 LAN 网关 GW 的功能有哪些？

（7）按用途不同，车载局域网 LAN 可分为哪些类型？

（8）汽车车内局域网和车外局域网分别有哪些？

参考文献

[1]　吴基安，吴洋. 汽车电子控制技术[M]. 北京：金盾出版社，2010.

[2]　凌永成，于京诺. 汽车电子控制技术[M]. 2 版. 北京：北京大学出版社，2014.

[3]　黄云山，等. 汽车电器与电子控制技术[M]. 北京：人民交通出版社，2014.

[4]　于京诺. 汽车电子控制技术[M]. 北京：机械工业出版社，2013.

[5]　张蕾. 汽车电子控制技术[M]. 北京：清华大学出版社，2009.

[6]　崔胜民. 现代汽车系统控制技术[M]. 北京：北京大学出版社，2013.

[7]　谭克城，黎盛寓. 汽车底盘电子控制技术[M]. 北京：北京理工大学出版社，2010.

[8]　冯渊. 汽车电子控制技术[M]. 北京：机械工业出版社，2013.